ANNWYL D.J.

ANNWYL D.J

Detholiad o'r ohebiaeth
rhwng D.J.Williams, Kate Roberts
a Saunders Lewis
1924–69

Golygwyd gan
EMYR HYWEL

Argraffiad cyntaf: 2007

Dymuna'r cyhoeddwyr gydnabod cymorth ariannol
Cyngor Llyfrau Cymru

Cynllun y clawr: Robat Gruffudd

Rhif Llyfr Rhyngwladol: 978 0 86243 965 1
ISBN-10: 086243 965 5

Cyhoeddwyd yng Nghymru
gan Y Lolfa Cyf., Talybont, Ceredigion SY24 5AP
gwefan www.ylolfa.com
e-bost ylolfa@ylolfa.com
ffôn 01970 832 304
ffacs 832 782

Diolchiadau

Rhan o ffrwyth fy ngwaith ymchwil ar fywyd a gwaith D. J. Williams yw'r detholiad hwn o lythyrau, a charwn ddiolch yn bennaf i Dr Bleddyn Owen Huws, Adran y Gymraeg, Prifysgol Cymru Aberystwyth, am ei gefnogaeth a'i gyfeillgarwch yn ystod fy nghyfnod fel myfyriwr ymchwil dan ei ofal. Bu ei drylwyredd a'i amynedd a'i gynghorion gwerthfawr o gymorth amhrisiadwy i mi.

Derbyniais wybodaeth am Dr Mojer, Llydaw, trwy law Gwenno Sven-Myer, Aberystwyth, a dymunaf ddiolch iddi am ei chymorth'parod.

Dymunaf ddiolch yn ogystal i staff Llyfrgell Genedlaethol Cymru, Aberystwyth, am eu hynawsedd a'u parodrwydd i'm cynorthwyo'n ddirwgnach bob amser.

Diolch hefyd i Alun Jones am sawl awgrym gwerthfawr. Diolch i Robat Gruffudd am ei ddiddordeb yn y gwaith, i Lefi Gruffudd am lywio'r llyfr trwy'r wasg ac i'r Lolfa am gynhyrchu cyfrol hardd a glân.

Yn olaf carwn ddiolch i Deanna, fy ngwraig, am ei hamynedd a'i goddefgarwch tuag at yr ymchwilydd obsesiynol ac am ei chymorth yn cywiro'r broflen.

Byrfoddau

BAC Baner ac Amserau Cymru.

Hen Wynebau D.J. Williams, *Hen Wynebau*,
(Gwasg Aberystwyth, 1934).

LlGC Llyfrgell Genedlaethol Cymru,
Aberystwyth.

YChHO D.J. Williams, *Yn Chwech ar Hugain Oed*,
(Gwasg Aberystwyth, 1959).

Cynnwys

Rhagair   9

Rhagymadrodd   10

Y dauddegau: sefydlu'r Blaid Genedlaethol   41

Dechrau'r tridegau: Kate yn symud i'r Rhondda, yna

   i Ddinbych   65

Diwedd y tridegau: Tân yn Llŷn a Saunders yn ildio

   llywyddiaeth y Blaid   87

Yr Ail Ryfel Byd   107

Diwedd y pedwardegau: marwolaeth Morus, a llenydda   125

Dechrau'r pumdegau: swydd i Saunders, a llenydda   173

Diwedd y pumdegau: gwerthu gwasg Gee, llenydda   205

Dechrau'r chwedegau: dal i greu   249

Diwedd y chwedegau: y Blaid, llenydda a cholli Siân   285

Nodiadau   321

Mynegai   361

Rhagair

Mae dros 100 o lythyrau Kate Roberts a anfonwyd at D. J. Williams ar gadw yng nghasgliad D.J. yn y Llyfrgell Genedlaethol, a bron 50 o lythyrau a anfonodd D.J. at Kate Roberts yn ei chasgliad hithau. Yn y detholiad hwn cynhwyswyd 58 o lythyrau Kate Roberts a 44 o lythyrau D.J. O'r llythyrau a hepgorwyd, nodi trefniadau cyfarfod ac ymweld yn unig a wneir mewn amryw ohonynt neu, yn achos llythyrau Kate Roberts, trafod a chyhoeddi helbulon a marwolaethau teuluol. Glynwyd wrth yr un canllawiau yn achos yr ohebiaeth rhwng D.J. a Saunders Lewis. Cynhwyswyd 100 o lythyrau Saunders Lewis gan hepgor 29 ohonynt. Gwaetha'r modd, yn achos llythyrau D.J., dim ond saith ohonynt a gadwyd neu a drosglwyddwyd gan Saunders Lewis i'r Llyfrgell Genedlaethol. Yn naturiol, cynhwyswyd pob un ohonynt yn y detholiad hwn. Dylwn nodi, wrth benderfynu peidio â chynnwys llythyr yn y detholiad, imi geisio osgoi torri ar rediad yr ohebiaeth sydd weithiau yn bytiog, gan na chadwyd pob llythyr.

Wrth olygu'r llythyrau amcanwyd at beidio ag ymyrryd yn ormodol â'r orgraff, er mwyn cyflwyno darlun cywir a ffyddlon o'r gwreiddiol. Yn achos yr atalnodi, gwnaed newidiadau er mwyn eglurder ac ychwanegwyd acen grom weithiau a hepgor ambell gollnod. Er enghraifft, cofnodwyd *nwy'n* heb gollnod o flaen yr *r*. Nodwyd pob ymyriad arall, gan gynnwys nodyn gennyf i, trwy eu gosod o fewn bachau petryal. Cysonwyd teitlau llyfrau a chyfnodolion trwy eu hargraffu mewn print italig. Ar rai achlysuron prin barnwyd y byddai'n ddoeth hepgor rhannau o'r testun. Rhoddwyd elipsis (…) yn y bylchau hynny.

Rhagymadrodd

Hanes y llythyrau

Yr oedd Saunders Lewis a Kate Roberts ymhlith cyfeillion pennaf D. J. Williams a bu'n gohebu â hwy'n gyson am bron i hanner can mlynedd rhwng 1924 ac 1969. Anfonodd ei lythyr olaf at Kate Roberts, sy'n dangos nad oedd henaint wedi pylu dim ar finiogrwydd ei gof a'i feddwl, ychydig ddyddiau cyn ei farwolaeth ar 4 Ionawr 1970.[1]

Nodir hanes trosglwyddo llythyrau, papurau a llawysgrifau Saunders Lewis a Kate Roberts i'r Llyfrgell Genedlaethol yn rhagymadrodd Dafydd Ifans i'r gyfrol *Annwyl Kate, Annwyl Saunders*.[2] Yn achos D. J. Williams, trosglwyddwyd ei bapurau i'r Llyfrgell Genedlaethol trwy law ei nai, Mr Meredith Miles, Pen-y-bont ar Ogwr.

Gohebiaeth D.J. a Saunders Lewis

Y llythyr cynharaf a gadwyd o'r ohebiaeth rhwng D.J. a Saunders Lewis yw'r llythyr o eiddo Saunders Lewis dyddiedig 7 Chwefror 1924. Ni chadwyd llythyr o eiddo D.J. gan Saunders Lewis tan fis Gorffennaf 1948. O'r herwydd, unochrog gwaetha'r modd yw'r ohebiaeth a gadwyd rhwng y ddau. Serch hynny, mae cynnwys y llythyrau a gadwyd yn cadarnhau llawer o'r hyn sy'n hysbys am eu daliadau gwleidyddol a'u syniadaeth lenyddol ac yn goleuo ymhellach eu barn ar y pynciau hynny. Yn ogystal, trafodir crefydd yn achlysurol yn y llythyrau. Yn y drafodaeth honno cawn gipolwg ar ddyfnder anfodlonrwydd Saunders Lewis ag anghydffurfiaeth a gwlaneneidd-dra crefyddwyr Cymru.[3]

Gwleidyddiaeth D.J. ac S.L.

Gwleidyddiaeth yw prif bwnc y llythyrau a anfonwyd at D.J. gan Saunders Lewis rhwng 1924 a Hydref 1931. Rhaid aros tan 12 Hydref 1931 cyn iddo gyfeirio at weithiau llenyddol D.J. Yn y llythyr hwnnw mae Saunders Lewis yn ymateb yn frwd i bortread gan D.J. a gyhoeddwyd yn *Y Llenor*.[4]

Ym mis Chwefror 1924 yr oedd Saunders Lewis yn croesawu D.J. i gorlan y cenedlaetholwyr ac yn ei ystyried yn aelod cyflawn o'r ymgyrch a oedd ar droed i sefydlu Plaid Genedlaethol yng Nghymru. Nid oes dim syndod yn hynny oherwydd yr oedd D.J. eisoes er 1914 wedi cyhoeddi erthyglau cenedlatholgar yn *Y Wawr*.[5] Yn 1922 cyhoeddwyd 'Wales – its politics and no politics' yn *The Welsh Outlook*. Meddai yn yr erthygl honno:

> For says 'A.E.', the Irish lyric statesman, in advocating the right of the spirit of a nation as against the naked might of an Empire: 'The genius of Nationality develops from within by energies inherent in the race, as the tree from the seed. The genius of Empire grows strong by the alien elements it brings into control, as the savage by the wild horse he has tamed. The first springs from inherent right. The second depends upon the use of power.' So must the genius of the Welsh nation develop along those lines which have governed her growth in the past. The nation that gives her willing consent to become a mere imitator of another, however excellent the model may be, thereby barters away her own right to exist.[6]

Daw'n hysbys fod cynnwys erthyglau politicaidd D.J. wrth fodd Saunders Lewis. Meddai wrtho ychydig wythnosau ar ôl y gyntaf: 'Brafo am eich ysgrif heddyw i'r *South Wales News*.'[7] Meddai D.J. yn yr erthygl honno:

> The *raison d'être* for the emergence of the new Welsh State is to give the right to the Welsh people to speak to the world in its own voice. The Welsh language, the shrine of the national soul and the symbol of the nation's true entity, would be made the official organ of the State.

The Welsh State would neither have an Army or a Navy to
protect its interests, and would thus be able to give a great moral
lead to the world by being the first nation in history to trust Christ
rather than Caesar in its international relationships. The immense
revenue thus saved through disarmament would be devoted to
education and to social amelioration. Science and the Arts in all
their varied departments would be liberally patronised by the State
with a view to enriching the national life.[8]

Serch hynny nid oedd y ddau yn cytuno ar bopeth. Meddai Saunders
Lewis wrth D.J. yn ei lythyr i'w groesawu i rengoedd y mudiad
newydd:

Gwn yn burion nad ydych yn cytuno â mi ar bob pwnc. Nid
yw hynny o bwys, – y peth pwysig yw ein bod yn cytuno ar yr
ychydig egwyddorion hanfodol.[9]

Er nad yw Saunders yn ymhelaethu ar yr anghytuno hwn, ac er na
chadwyd llythyr D.J. a oedd, o bosibl, yn cynnwys manylion yr
anghytundeb, cyfeirir at y gwahaniaethau barn rhyngddynt o bryd i'w
gilydd yng nghorff yr ohebiaeth. Cawn gipolwg ar y gwahaniaethau
hynny mor gynnar ag 1928. Bu Saunders Lewis yn *Y Ddraig Goch*
yn ymosod ar y Sosialwyr a'r Rhyddfrydwyr, gan gynnwys Lloyd
George. Nid oedd hynny wrth fodd D.J. oherwydd credai, mae'n
debyg, fod arfer lledneisrwydd mewn brwydr i'w gymeradwyo.
Meddai Saunders Lewis wrth amddiffyn ei ddull brwydro di-flewyn-
ar-dafod:

Nid trwy ddweud bod y Rhyddfrydwyr a'r Sosialwyr yn bobl dda
yr enillwn ni neb oddi wrthynt. Ac fe ddigwydd fy mod i'n credu
mewn difrif mawr mai drwg a drwg iawn yw eu polisi ... eto ...
mi addawaf hyn, sef y dywedaf air da amdanynt bob tro y gwelaf i
unrhyw dda ynddynt, – dyna i chi addewid tal.[10]

Yn 1938, a Saunders Lewis yn dyheu erbyn hynny am roi'r gorau
i arweinyddiaeth y Blaid, meddai wrth gyfeirio at y tanio a fu ym
Mhenyberth:

Y mae hyd yn oed y Blaid eisoes wedi anghofio'r cwbl, ac yn

dadlau am Sosialaeth a Franco a Phabyddiaeth, ac yn cael hwyl a gwres yn trafod pethau'r papurach dyddiol.[11]

Yr hyn a gythruddai Saunders oedd fod y Blaid yn troi cefn ar ei babyddiaeth a'i geidwadaeth ef, ceidwadaeth a oedd, ys dywed Simon Brooks, 'yn chwyldroadol am ei bod wedi ei diffinio fel gwrthbwynt i wladychiaeth Lloegr...', tra bod 'rhyddfrydiaeth a Sosialaeth [ac ymneilltuaeth] ddyneiddiol, ryngwladol a gwlatgar ail hanner y bedwaredd ganrif ar bymtheg a hanner cyntaf yr ugeinfed ganrif yn rhan o wead grym Prydeindod'.[12] Ni ddadrithiwyd D.J. gan ymneilltuaeth feddal a Phrydeinllyd Cymru i'r graddau y dadrithiwyd Saunders Lewis a ymunodd â'r Eglwys Gatholig. Nid oedd Sosialaeth yn anathema iddo chwaith oherwydd bu'n Llafurwr brwd cyn ymuno â'r Blaid Genedlaethol.[13] Yn wahanol iawn i Saunders, felly, gallai D.J. fod yn gysurus yn rhengoedd Plaid Cymru er bod y Blaid yn newid ac yn anghofio'i gorffennol a'i pholisïau gwreiddiol. Pan benderfynodd Saunders Lewis ymneilltuo o fywyd cyhoeddus yn 1943 bu D.J. yn ceisio'i berswadio i ddal ati i wleidydda, fel y gwnâi yntau, yng nghysgod arweinwyr newydd a bleidiai bolisïau a thactegau gwahanol. Ni fynnai, yn wir, ni allai Saunders wneud hynny ac y mae ei ateb i gŵyn D.J. ei fod yn ymneilltuo yn amlygu hynny. Meddai wrth ei gyfaill:

... rhaid imi ... ateb ... eich cŵyn fy mod i'n ymneilltuo. Wel, ydwyf, gyfaill, ydwyf, o fwriad ac o awydd. Waeth imi gyfaddef hynny na pheidio. Yr wyf yn gweld fod pobl iau a mwy tebyg o lwyddo na mi yn barod i arwain y Blaid yn awr, ac yr wyf yn benderfynol o roi eu cyfle iddynt a pheidio â mynnu'r blaen. Dyna sydd orau i'r Blaid ac i'w nod. Yr wyf i wedi gwneud fy nhasg, a'u tro hwynt yw hi yn awr. Petawn i yn parhau'n amlwg, mi rwystrwn eu cynnydd hwynt.[14]

Yr oedd Saunders Lewis yn llygad ei le oherwydd erbyn 1946, ac yntau wedi rhoi'r gorau i wleidydda, yr oedd yn anfodlon ag arweinyddiaeth foneddigaidd a chyfansoddiadol Gwynfor Evans o Blaid Cymru. Meddai amdano:

Yr wyf yn gobeithio y gwelir Gwynfor ryw ddydd yn Wormwood
Scrubs – dyna'r un peth sy'n angen arno i'w wneud yn arweinydd
grymus. Rhy ychydig o ysbryd 1936 sydd yn y Blaid yn 1946 …[15]

Yn 1954 yr oedd D.J. wrthi o hyd yn ceisio denu Saunders yn
ôl i wleidydda. Ni sylweddolai ef y byddai cydweithio yn amhosibl
rhwng dau arweinydd mor wahanol â Gwynfor a Saunders Lewis.
Ond yr oedd Saunders yn llawn sylweddoli hynny a mynegodd ei
farn yn groyw yn ei ateb i gais D.J. Meddai wrtho:

> … byddai fy nychweliad i i wleidyddiaeth mor annhymig ac
> annerbyniol â dychweliad Rip Van Winkle. Heblaw hynny y mae
> Plaid Gwynfor Evans mor annhebig i'r Blaid y ceisiais i ers talwm
> ei llunio fel na fedrem ni ddim hyd yn oed ddeall ein gilydd. Y
> mae cyhoeddi o hyd ac o hyd mai dulliau 'cyfansoddiadol' yn unig
> a gymer y Blaid i ennill hunanlywodraeth – a dweud hynny wrth
> gofio Llywelyn ap Gruffydd! – gystal â dweud wrth y Blaid Lafur nad
> rhaid iddi gymryd Plaid Cymru fyth o ddifri. Ac y mae'n lladd yr
> unig ysbryd a allasai ysgwyd y wlad.[16]

Ie, diffyg menter arweinwyr ac aelodau Plaid Cymru i frwydro'n
anghyfansoddiadol ac i aberthu swyddi a pharchusrwydd a rhyddid a
boenai Saunders Lewis. Dyna, yn ei farn ef, a oedd yn angenrheidiol
er mwyn mynnu rhyddid gwleidyddol i Gymru a'r hawl iddi drefnu
ei bywyd ei hun. Yn 1959 cynghorodd ef D.J., oherwydd ei iechyd
bregus, i beidio ag ymgyrchu dros Waldo Williams mewn etholiad
cyffredinol. Nid oedd diben i'r Blaid fodoli mwyach gan na allai hi
amddiffyn buddiannau Cymru, fel y dangosodd pan roes y gorau i
frwydro yn erbyn boddi Cwm Tryweryn:

> … ar ôl Tryweryn, y peth gorau y geill y Blaid ei wneud yw
> diflannu'n dawel. Fel y dywedodd erthygl flaen y *Ddraig Goch*
> dro'n ôl: 'Nid Gwyddelod ydym ni.' A dyna feddargraff y Blaid.[17]

Er i Saunders Lewis fynegi ei ddiflastod â Phlaid Cymru mor groyw,
a dangos pa mor amhosibl y byddai i arweinwyr y Blaid ei dderbyn
yn ôl i'r gorlan ac iddo yntau gydweithio â hwy, dal i ymbil arno
i ddychwelyd at waith ym Mhlaid Cymru a wnâi D.J. gan orfodi

Saunders Lewis i ddweud wrtho:

> ... nid af yn ôl at waith ym Mhlaid Cymru. Ddaru 'chi feddwl
> am funud be' fyddai'r canlyniad pes gwnawn? Mi fyddai'n draed
> moch, – a heblaw hynny, yr wyf yn rhy hen ac wedi pellàu
> ormod, a'r Blaid hithau wedi symud ymhell iawn oddi wrth yr
> egwyddorion a osodais i iddi. Fe'm syrffedwyd i gan agwedd
> arweinwyr y Blaid tuag at orsaf atomig Trawsfynydd. Na, nid af yn
> ôl at waith politicaidd na hyd yn oed at ysgrifennu politicaidd. Ni
> ddywedaf air yn gyhoeddus am frad Tryweryn, er imi rai misoedd
> yn ôl feddwl o ddifri am dorri hyd yn oed gysylltiad mewn enw â'r
> Blaid ar gyfrif hynny.[18]

Yr oedd D.J., er iddo gydsynio i fod yn rhan o ymgyrch
anghyfansoddiadol, herfeiddiol Penyberth, yn barod i gyfaddawdu a
derbyn arweinyddiaeth feddal, gymodlon Gwynfor Evans. Ni ddylid
synnu at hynny gan ei fod yn heddychwr mawr.[19] Y syndod oedd,
efallai, iddo gytuno i losgi'r Ysgol Fomio yn 1936 o gwbl. Ymddengys
y perthynai rhyw ddeuoliaeth iddo yr oedd yn amhosibl i eraill ei
hamgyffred a'i derbyn. Er enghraifft, ni ellir dychmygu heddychwr
o argyhoeddiad fel Gwynfor yn derbyn arweiniad Saunders Lewis ar
fater Tryweryn. Ar y llaw arall, ni allai Saunders oddef heddychiaeth
arweinwyr y Blaid fel y pwysleisiodd yn 1960:

> Yn fy marn i y mae'r heddychwyr wedi gwneud mwy na'u siâr o
> niwed i Blaid Cymru. Ar ôl ffiasgo Tryweryn nid wyf i'n gweld
> unrhyw reswm da iawn dros barhad Plaid Cymru. Gwell darfod
> a diflannu na mynd ymlaen fel y mae hi yn destun chwerthin i
> Henry Brooke ac i'r Blaid Lafur.
>
> Ond gwell ymatal! neu mi fyddaf yn eich brifo chi, chi sy'n medru
> maddau popeth i bawb. Fedra i ddim; mae'r Blaid agos â chodi
> cyfog arnaf.[20]

Meddai ymhellach yn 1961 am heddychiaeth D.J. a'i gyd-
genedlaetholwyr heddychlon:

> ... fedra i ddim cydymdeimlo â'ch protestiadau heddychus chi
> – dim ond eu goddef yn siriol dosturiol! I mi meicrob fel y

twbercwlosis yn naear Cymru yw'r heddychaeth yma; hynny a laddodd Blaid Cymru dair blynedd yn ôl.[21]

Yn 1962 torrodd Saunders Lewis ei adduned i beidio â mynd yn ôl at waith na hyd yn oed ysgrifennu politicaidd a wnaed ganddo yn ei lythyr at D.J. ar 21 Tachwedd 1959. Penderfynodd draddodi a chyhoeddi ei ddarlith radio *Tynged yr Iaith*. Ymgais oedd honno i berswadio Plaid Cymru i ddychwelyd at ei gwreiddiau a mabwysiadu drachefn ddulliau herfeiddiol o ymgyrchu. Mae hynny, er yr holl droeon y gwrthodwyd ei ymbiliadau, yn ysbarduno D.J. i grefu ar Saunders i ddychwelyd i'r arena wleidyddol unwaith eto. Nid yw fel petai'n gallu dirnad amhosibilrwydd hynny. Myn ddweud wrtho:

> Diau y ceir pethau mawr a grymus gennych chi yn eich araith Gŵyl Dewi a fydd yn gyfle mor fawr i chi. Ond tybed onid oes modd i chi eto ddod yn ôl i gymryd rhan ymarferol, mewn rhyw fodd neu 'i gilydd, yn y frwydr dyngedfennol hon nad yw eto, diolch i Dduw, wedi darfod, – yn hytrach na thynnu eich gwisg atoch yn fwy eto, a'n gadael ni, drueiniaid twp a llwfr yn sbort i'r Diawl a'i griw.[22]

Yn sgil hynny wedyn cymer ei gyfle i glodfori Gwynfor. Trwy wneud hynny y mae'n cymeradwyo ei ddulliau brwydro cyfansoddiadol a gofalus ynghyd â'i heddychiaeth. Er iddo wybod pa mor atgas oedd y nodweddion hynny yn arweinyddiaeth y Blaid i Saunders myn awgrymu, naill ai'n groendew neu oherwydd ei naïfrwydd gwleidyddol, y dylai Saunders gydweithio â Gwynfor Evans:

> Mae Gwynfor yn wleidydd mawr a doeth pe câi chwarae teg gan y taeogion diffaith sydd o'i gwmpas, – a chanddo amynedd a gobaith sant ynghanol y cyfan. Mae lle i'r mwyaf fel y lleiaf ohonom sy'n deilwng o Gymru ynghanol angerdd y frwydr hon, heb feio neb na dim.[23]

Nid dyna'r unig dro i D.J. amddiffyn Gwynfor gerbron Saunders Lewis. Yn y llythyr a anfonodd ato ar Ddydd Calan 1963 mentrodd godi achos diarddel Neil Jenkins o'r Blaid. Awgrymodd y gwyddai Saunders am yr achos a bod ganddo fys yn y brywes. Dyma'r garfan yn y Blaid, llawer ohonynt yn Gatholigion, a fu'n feirniadol o arweinyddiaeth Gwynfor ac a fynnai gael gwared ohono. Awgrymodd yn ogystal, er bod Saunders ar sawl achlysur yn ei lythyrau ato wedi beirniadu arweinyddiaeth Gwynfor, fod ei feio 'am fethu â rhoi arweiniad priodol yn llwyr annheg … ' Yna wrth gloi ei lythyr awgryma y gallai Saunders a Gwynfor gyd-gwrdd i drafod y sefyllfa gan ddatgan unwaith eto fod Cymru'n 'ddigon mawr i gynnwys gwasanaeth pawb o'i phlant'.[24]

Nid oes dim tystiolaeth i gyfarfod ddigwydd rhwng Saunders a Gwynfor. Ni newidiodd Saunders ei farn ar arweinyddiaeth Gwynfor o'r Blaid chwaith. Ym mis Mawrth 1965 dywed wrth D.J. fod 'Pwyllgor Gwaith y Blaid wedi mynd ar gyfeiliorn ers blynyddoedd, – ac i raddau helaeth wedi lladd ysbryd y Blaid. Bydd yn rhaid ailgychwyn o'r newydd'.[25] Anwybyddu llwyr ddiflastod Saunders â Phlaid Cymru a wnaeth D.J., gan ofyn iddo gwta bythefnos yn ddiweddarach i fynychu cyfarfod ym Machynlleth i ddathlu deugeinfed pen-blwydd y Blaid. Yn sgil y gwahoddiad hwnnw, a wrthodwyd ganddo, cawn wybod nad hwyrfrydigrwydd Saunders i ailafael yn ei yrfa wleidyddol oedd yr unig reswm dros ei benderfyniad i gadw draw. Nid oedd croeso iddo o du arweinwyr y Blaid ychwaith. Meddai wrth D.J.:

> Mae'n ddrwg gennyf wrthod unrhyw gais gennych chi, ond ni
> fedraf ddyfod i Fachynlleth. Buasai'n brofiad chwerwach nag
> y gallwn ei ddal. Fe ddwedwyd yn blaen iawn wrthyf i amser
> Tryweryn na fynnai'r Blaid fynd yn ôl at fy nulliau i. Ni newidiais
> i fymryn ar fy argyhoeddiadau er pan gychwyn'som y Blaid. Y
> Blaid a newidiodd.[26]

Wrth ymateb i fuddugoliaeth Gwynfor yn isetholiad Caerfyrddin yn 1966 dywed Saunders ei fod yn llawen drosto gan ei fod yn haeddu ei gydnabod am ei flynyddoedd o lafur caled. Serch hynny, myn nad trwy ychydig o fuddugoliaethau mewn etholiadau cyffredinol y deuai senedd i Gymru:

> … mae arnaf ofn fod y Blaid yn meddwl mai dyma ddechrau'r

diwedd; nad oes ond ennill dwy neu dair sedd seneddol ychwanegol, ac yna fe ddaw senedd i Gymru.

Yn fy marn i, yn awr ac o'r cychwyn cyntaf, ni ddaw senedd i Gymru drwy senedd Loegr. Petai pob etholaeth Gymreig yn mynd i Blaid Cymru, nid drwy hynny y deuai hunan-lywodraeth. Ni ddaw hunan-lywodraeth ond yn unig drwy wneud llywodraethu o Lundain yn amhosibl. Y mae dysgu mai dulliau cyfansoddiadol sy'n mynd i ennill yn chwarae'n syth i ddwylo llywodraeth Loegr. A dyna'r hyn y mae Gwynfor a J.E. yn ei ddysgu o hyd ac o hyd, – ac yn gwneud drwg moesol mawr.[27]

Yna ychwanega:

Nid af i sgrifennu'r pethau hyn. Nid yw'n debyg y sgrifennaf ddim rhagor am wleidyddiaeth; y mae bwlch rhy fawr rhwng arweinwyr y Blaid a mi, ac ni chymerwyd sylw o ddim a awgrymais iddynt o gwbl, – tyst o 'Dynged yr Iaith'. Ond ni wnaf ddim ychwaith i rwystro dim ar eu hymdrechion, dim ond tewi.[28]

Ond ni fedrodd Saunders Lewis dewi'n llwyr ychwaith. Ym mis Hydref 1968 cyhoeddodd erthygl ysgytwol ei beirniadaeth ar Blaid Cymru yn *Barn*. Wrth gydnabod, mewn llythyr a anfonodd at D.J. ym mis Rhagfyr 1968, nad oedd ei chynnwys yn debyg o fod wrth ei fodd, dywed mai ei unig fwriad oedd ceisio dwrdio'r Blaid yn 'ôl i'r hen lwybrau', gan ychwanegu mai:

Y drwg mawr gyda'r Blaid heddiw yw na ŵyr hi mo'i hanes hi ei hunan heb sôn am hanes Cymru. Mae hynny'r un mor wir am ei pholisi economaidd. Ac y mae'r Blaid fwyfwy'n diystyru'r Gymraeg.[29]

O ystyried y dystiolaeth ynglŷn â'r cyswllt gwleidyddol rhwng D.J. a Saunders ymddengys mai naïfrwydd gwleidyddol sy'n peri i D.J. gredu yn y posibilrwydd o frwydro ar ddau ffrynt neu â dau ddull o dan ymbarél Plaid Cymru ac arweinyddiaeth Gwynfor. Cytunai D.J. â Saunders fod brwydro cyfansoddiadol ac anghyfansoddiadol gyda'i gilydd yn bosibl. Yr hyn na fynnai dderbyn oedd fod heddychiaeth

a thawelyddiaeth arweinyddiaeth Plaid Cymru yn dilyn ymadawiad
Saunders Lewis â gwleidyddiaeth ymarferol yn nacáu iddo'r cyfle i'w
pherswadio i ddilyn y dulliau a gymeradwyai. Ni chredai chwaith
na ellid ennill rhyddid i Gymru trwy ddulliau didramgwydd a
boneddigaidd. Fel Gwynfor a'i ddilynwyr, credai y byddai'r Saeson
yn eu mawrfrydigrwydd yn estyn i Gymru ei rhyddid gwleidyddol
ped enillid ychydig fuddugoliaethau cyfansoddiadol. Meddai yn
1945:

> One Welshman returned to Parliament in the name of Wales
> would carry more weight with the Government than the whole
> lot that are there at present. That day Parliament would know that
> Wales is a nation and our shame would begin to lift...[30]

Yna, mewn llythyr a anfonodd at Kate Roberts, llythyr sy'n amddiffyn
polisi'r Blaid o ddilyn trywydd didramgwydd y bwth pleidleisio,
dywed drachefn:

> Yr unig rym sydd gennym y mae Lloegr yn ei ddeall yw grym
> gwleidyddol. Rhaid i ni ei feithrin, costied â gosto, neu gilio allan o'r
> ffordd, yn gyff gwawd i genhedloedd y byd, ac yn ddamnedigaeth
> ymlaen llaw, i unrhyw fath o ddyfodol...[31]

Fel y gwelsom, gwyddai Saunders na fyddai Lloegr yn ildio'i gafael
ar Gymru trwy'r bwth pleidleisio oherwydd nid ar chwarae bach
y gellid llacio gafael Imperialaeth ar wledydd dan ei hawdurdod.
Meddai yn ei erthygl yn *Barn*:

> Ni rydd unrhyw lywodraeth Seisnig hunan-lywodraeth i Gymru
> nes bod llywodraethu o Lundain yn rhy ddrud ac yn cynhyrfu
> gormod o ddig a chwerwder a gormod o ddirmyg drwy'r byd i'r
> ormes fedru parhau.[32]

Heblaw am anfodlonrwydd Saunders ynglŷn â datblygiad
Plaid Cymru dan arweinyddiaeth Gwynfor Evans ac ymgais D.J. i
dawelu ei bryderon, cawn olwg dreiddgar ac ehangach, yng nghorff
yr ohebiaeth hon, ar ymrwymiad Saunders Lewis i Gymru, ei aberth
drosti, ei siom yn ei difrawder a'i diffyg dewrder, a'r erledigaeth

a ddioddefodd yn ystod ei gyfnod fel gwleidydd ymarferol. Ym mis Mawrth 1936 dywed: 'Chân nhw ddim dinistrio Llŷn heb dywallt gwaed Cymry.'[33] Nid bygythiad gwag fu hynny oherwydd penderfynodd aberthu ei ryddid trwy danio Ysgol Fomio'r llywodraeth ym Mhenyberth. Gwnaeth D.J. a Lewis Valentine yr un modd, wrth gwrs. Ond nid colli rhyddid am gyfnod oedd ei unig gosb. Bu'n rhaid iddo ddioddef '[c]lywed drewdod Cyngor Coleg Abertawe' – a cholli ei swydd ddarlithio yno. Meddai ym mis Tachwedd 1936: 'Yr wyf yn weddol sicr na ddarlithiaf yno fyth mwy, ac ni'm dawr ychwaith.'[34] Na, nid oedd yr aberth yn ei boeni oherwydd nid oedd gobeithion llwyddiant a chlod yn bosibl yn y cyfnod cynnar hwnnw i aelodau'r Blaid Genedlaethol. Gwyddai Saunders hynny, a gwyddai y deuai llwyddiant gyda'i thwf a llygru ar y mudiad:

> Hyd yn hyn nid oes gan neb ohonom ddim mewn golwg ond lles Cymru, dyna'n man cryf ni. Pan ddaw llwyddiant fe ddaw gobeithion personol hefyd yn ddiau, a llygru ar y mudiad. Dyna hanes mudiadau, ni raid wylo am hynny, ond ei dderbyn yn ddiolchgar fel arwydd o lwyddiant. Ond yr awr hon, yr wyf i a chithau a phawb ohonom mi dybiaf yn amhersonol ffyddlon i ddelfryd Cymru.[35]

Erbyn 1938 teimlai Saunders fod yr ymosodiadau ar y Blaid o dan gochl Ffasgiaeth wedi'u hanelu at ei babyddiaeth ef a dymunai roi'r gorau i'w lywyddiaeth ohoni.[36] Credai hefyd nad oedd gobaith iddo gael swydd yng Nghymru a theimlai y dylai chwilio am swydd mewn gwlad arall er mwyn ei deulu. Meddai wrth ei gyfaill: '... ni chaf fyth eto gyflog yng Nghymru, ac mi ddylwn er mwyn fy nheulu fynd i rywle lle y gallwn ennill bywoliaeth.'[37] Yn wir, teimlai fod Cymru wedi ei wrthod yn llwyr gan nad oedd ei phobl yn ei ddeall. Ei fai ef, felly, oedd aflwyddiant ymgyrch Penyberth. Hynny sy'n peri iddo ddatgan:

> Angen y Blaid ac angen Cymru yw arweinydd sy'n nes atynt ac yn haws iddynt ei ddeall. Pes caffent, neu pes cawsent, ni byddai ein

carchariad ni a'r treialon yng Nghaernarfon a Llundain wedi mynd yn ofer-wastraff fel y gwnaethant. Dylasent fod wedi cynnau tân yng Nghymru nas diffoddid mwy; eithr nid felly y bu.[38]

Yn dilyn ymgyrch ymarferol wleidyddol aflwyddiannus olaf Saunders Lewis, sef ei ymgeisyddiaeth yn Etholiad y Brifysgol yn 1943, sylweddolodd na fynnai'r Cymry dderbyn ei arweiniad. Meddai wrth D.J.: 'Yr wyf ers talwm yn gwbl dawel na ddaw fy nydd i ddim tra byddaf byw…' Ond er bod Saunders yn sylweddoli na allai'r Cymry dderbyn ei arweiniad di-lol, ni allai chwaith oddef ymlwybro'n araf, ddiogel tuag at friwsion o ryddid i'w wlad. Gwelai'n glir y câi iaith a hunaniaeth y Cymry eu difrodi'n angheuol o fod yn amyneddgar foneddigaidd. Yn 1957 fe'i clywir yn taranu yn erbyn etholwyr Sir Gaerfyrddin a ddewisodd Megan Lloyd George i'w cynrychioli yn hytrach na Jennie Eirian Davies, ymgeisydd Plaid Cymru:

Siom eto a gefais i yn etholiad eich hen sir, – sir fy nhad innau a'm holl dylwyth o ochr fy nhad. Diolch i'r drefn, welais i erioed â'm llygaid Megan Lloyd George. Mae gen i'r un maint o ffydd yn ei gonestrwydd hi ag oedd gen' i yn ei thad; yr unig wahaniaeth yw iddi dderbyn holl droeon-cynffon ei thad heb ddim o'i athrylith. Ond bydd yn ddisgleiriach aelod seneddol Llafur Cymreig na neb oddieithr Aneirin Bevan ei hunan; mae'r lleill yn stampiau post i gyd; ond dyna a fynn cenedl syber y Cymry. Nid oes gennyf eich duwioldeb a'ch dynoliaeth lydan garedig chi, Dai: mae'n gas gennyf fy nghenedl. Edrychwch ar bleidlais Mrs. Jennie Eirian Davies, a thynged dyffryn Tryweryn yn y fantol. Damnio Cymru![39]

Ni allai Saunders oddef taeogrwydd a difrawder ei gyd-Gymry. Er bod y nodweddion hynny yng nghymeriad y Cymry yn dân ar groen D.J. hefyd, gallai yntau faddau'r cyfan iddynt oherwydd ei 'ddynoliaeth lydan garedig' a gredai yn hynawsedd y ddynoliaeth gyfan. Y gred honno a fynnai'n ffyddiog y byddai Cymru'n ennill ei rhyddid trwy deg ac yn ddiaberth. Gwyddai Saunders Lewis mai breuddwyd gwrach oedd breuddwyd D.J. Dyna pam y ffieiddiai ei genedl daeog.

Sylwadau ar lenyddiaeth yn yr ohebiaeth rhwng D.J. a Saunders

Ym mis Tachwedd 1934 dywed Saunders wrth D.J. ei fod wedi darllen ei gyfrol gyntaf, *Hen Wynebau* deirgwaith, cyfrol sydd yn ei farn ef yn glasur oherwydd gloywder ei harddull.[40] Eto yn Ionawr 1950, wrth ymateb i drydedd gyfrol D.J. o storïau byrion, *Storïau'r Tir Du*, dywed fod yr arddull yn 'loyw gain'. Serch hynny, nid yw cynnwys y storïau difrif wrth ei fodd ac nid yw hyd yn oed ceinder eu Cymraeg yn eu hachub. Meddai am gymeriadau parchus a chynffonnog D.J.:

> … mae'n gas gen i eich pobl dda chwi. Mae 'na wlanen yn eu heneidiau a'u hymennydd sy'n fy nhagu i. Dyna fi wedi ei dweud hi! Yr arswyd annwyl.[41]

O graffu ar sylwadau Saunders Lewis yng nghorff yr ohebiaeth hon sy'n ymwneud â'i brofiadau fel gwleidydd ymarferol, gwelwn fod seiliau ei atgasedd tuag at gymeriadau dof D.J. i'w canfod yn yr helbulon a'r siomedigaethau a ddaeth i'w ran wrth geisio perswadio a chystwyo ei gyd-Gymry i ymfalchïo yn eu cenedl ac i amddiffyn eu treftadaeth.

Nid yw Saunders Lewis yn canfod gwlanen yn eneidiau cymeriadau *Hen Dŷ Ffarm*. Mynnai unwaith mai aristocratiaid balch o'u treftadaeth oeddynt.[42] Wrth ymateb i'r gyfrol ym mis Rhagfyr 1953 dywed fod y llyfr 'yn gyfoeth di-ben-draw a'r darlun o Nwncwl Jâms yn orchestol'. Yna, mae'n ailddatgan ei edmygedd di-ffin o arddull D.J.[43] Mae ei ymateb i'w ail gyfrol hunangofiannol *Yn Chwech ar Hugain Oed*, eto'n hynod gadarnhaol. Mae ei ddigrifwch yn ei blesio a'i geirfa goeth wrth ei fodd.[44] Terfyna Saunders ei ymateb beirniadol i weithiau llenyddol D.J. gyda theyrnged uchel a diffuant i'w hunangofiant dwy gyfrol. Meddai wrtho:

> … dylwn ddweud wrthych eich bod gydag Ellis Wynne a Charles Edwards ac awdwr y *Pedair Cainc*, yn rhan am byth o lenyddiaeth glasurol y Gymraeg. Ar air a chydwybod.[45]

Gyda llaw, pan glywodd Saunders Lewis am fwriad Waldo Williams i gyfieithu *Hen Dŷ Ffarm* fe ddywed, oherwydd ei edmygedd mawr o arddull D.J., y byddai ef yn arswydo rhag mentro arni. Ychwanega fod ei brofiad ef o gael ei gyfieithu yn peri diflastod iddo.[46]

Prin yw sylwadau D.J. ar weithiau llenyddol Saunders Lewis, wrth reswm, gan mai ychydig o'r llythyrau a anfonodd at Saunders Lewis a gadwyd. Yn sgil cyfeirio at ei ddrama *Excelsior*, mae D.J. yn achub y cyfle i geisio ei ddenu yn ôl i wleidydda gan gyffelybu Saunders Lewis i Job yn ceisio 'ffoi o flaen yr Arglwydd a'i gydwybod'.[47] Yn ei ymateb i'r ddrama *Cymru Fydd* mae D.J. yn hanner mentro awgrymu bod diweddglo'r ddrama yn dywyll ac yn gadael y gynulleidfa mewn dryswch.[48]

O gofio nad adolygodd D.J. unrhyw un o weithiau llenyddol Saunders Lewis yn gyhoeddus, teimlir ei fod mewn arswyd ohono ar y gwastad llenyddol. Eto, efallai fod hynny braidd yn annheg, gan na wyddys beth a ddywedwyd ganddo wrth Saunders Lewis yn y llythyrau a gollwyd.

Diddorol iawn yw sylwadau Saunders ar wewyr esgor ei ddrama *Blodeuwedd*. Meddai amdani: '... bu'n byw gyda mi chwarter canrif rhwng Act 2 ac Act 3 gan ddweud gair bob yn ail flwyddyn i'm hatgoffa ei bod hi'n tyfu.' Rhydd olwg inni hefyd ar y dylanwadau a fu arno ac a'i hysbrydolodd i'w chyfansoddi.[49] Noder yn ogystal ei sylwadau wrth gyfeirio at ei ddrama *Gymerwch chi Sigaret?* Dywed y carai efelychu clyfrwch a siniciaeth Anouilh a Coward a Marivaux er mwyn ymryddhau o grafangau crefyddolder anghydffurfiaeth Cymru. Ychwanega:

> ... ysywaeth, y mae pob drama a sgrifennaf yn mynd yn fwy ysgolsulaidd o hyd, ac y mae'n ffiaidd gennyf fel y mae'r cenedlaethau o bregethwyr yn dal eu gafael ynof ac yn mynnu er fy ngwaethaf fy nghadw yn eu rhych.[50]

Nid yw gweithiau llenyddol poblogaidd, gweithiau nad yw dyfnder myfyrio caled yr awdur yn eu grymuso, wrth fodd Saunders Lewis. O'r herwydd ni fedr oddef nofelau Islwyn Ffowc Elis. Meddai amdanynt:

Welais i ddim *Yn Ôl i Leifior* eto. Ysywaeth, ni fedrwn i oddef ei
ddwy nofel gyntaf ef, er fy mod yn meddwl mai da iawn yw ei fod
ef … ond gwell gennyf beidio â'i ddarllen (rhyngom ni'n unig mae
hynny).[51]

D.J. a Saunders a chrefydd

Wrth wrthod siec a gynigiwyd iddo gan D.J. yn dilyn ei ddiswyddiad
gan Goleg Abertawe, dywed Saunders yn gellweirus fod ganddo, er
gwaethaf ei babyddiaeth, fymryn o gydwybod. Y gydwybod honno
sy'n ei orfodi i restru ei enillion er mwyn dangos nad oedd yn rhy
anghenus. Wrth erfyn ar D.J. am ei faddeuant ychwanega:

> Mi wn mai peth aflednais, ar yr olwg gyntaf, yw gwrthod rhodd
> gan gyfaill. Ond gan fy mod i, chwedl chwithau, yn 'sant cas', a
> chwithau yn gythraul o gariad, a'm harosiad i yn y Purdan gan
> hynny yn ddigon meithach na'ch byr siwrnai chwi drwyddo,
> dyma fi'n mentro'n hyach ar eich graslonrwydd nag a fentrais i o'r
> blaen.[52]

Yn llechu yn y smaldod hwn y mae yna edefyn cryf o ddifrifoldeb,
oherwydd yr oedd drwgdybiaeth fawr yn y Gymru anghydffurfiol
hunangyfiawn a gorbarchus o babyddiaeth Saunders Lewis.
Blodeuodd y ddrwgdybiaeth honno, fel y gwelsom wrth ddilyn
trywydd ei yrfa wleidyddol, yn erledigaeth ar sawl achlysur. Noder
hefyd y gwrthodwyd swydd iddo ym Mhrifysgol Rhydychen (gweler
llythyr rhif 77, 28 Mawrth 1947) a swydd gyda'r BBC ym Mangor
(gweler llythyr 88, 9 Mai 1948). Wrth gwrs, nid drwgdybiaeth
unffordd oedd y diflastod hwn. Gwelsom eisoes yn ymateb Saunders
i gymeriadau da a duwiol D.J. gymaint y ffieiddiai ddiffyg dewrder a
thaeogrwydd ei gyd-Gymry.

Ar y gwastad crefyddol ni chredai Saunders mai dyletswydd
eglwys a chrefydd yw gwarchod y Gymraeg. Dyletswydd dynion
yw hynny nid dyletswydd Duw. A dyletswydd dynion yw addoli
Duw. Dyna a ddywed Saunders wrth gyfeirio at weithred Gwenallt
yn gadael yr Eglwys am nad oedd ei hesgobion yn Gymry Cymraeg.

Iddo ef ni wnâi Gwenallt ddim llai na diraddio crefydd wrth fygwth gadael yr Eglwys ar gorn ei Seisnigrwydd. Meddai amdano:

> Mae'n ddrwg gennyf am Gwenallt. Nonsens yw ei lythyr ef yn *Y Llan*, y llythyr a gododd *Y Faner* wedyn. Y mae bygwth gadael yr Eglwys am nad yw ei hesgobion hi'n Gymry Cymraeg yn diraddio crefydd. Wrth gwrs, fe ddylai'r Eglwys gael archesgob yn medru Cymraeg; ond y mae gadael yr Eglwys neu ymadael o'r Eglwys am nad yw, yn rhagdybio mai gwasanaethu dynion, y Cymry, yw swydd eglwys. Y mae'r Eglwys Gatholig yn gwbl ddi-Gymraeg yng Nghymru; damwain o eithriad yw'r Archesgob Macgrath. Mae popeth yn yr Eglwys Gatholig yn ddiflas gennyf i ond un peth, – fod ganddi, yn fy nghred i, yr offeren a roes ei sylfaenydd iddi, a thrwy hynny wasanaeth sy'n rhyngu bodd Duw. Mae'n ddirmygus gennyf i yr ysgolheigion Cymraeg sy'n mynd i'r capel oblegid bod y capeli anghydffurfiol yn cadw'r iaith Gymraeg yn fyw. I mi dyw hynny'n ddim ond cabledd dieflig, – ac y mae'n bur gyffredin.[53]

Yr oedd D.J., fel Gwenallt, yn mynnu rhoi pwys ar gyfrifoldeb eglwys a chrefydd dros warchod y Gymraeg a thros foesoldeb, yn enwedig heddychiaeth. Dyna a wnaeth yn ei stori 'Y Gorlan Glyd'. Ynddi dychenir gweinidog eglwys Seion, Bryncastell, sef Y Parch. John Ystwyth Jones, a oedd yn heddychwr mawr pan oedd hynny'n gymeradwy gan ei aelodau. Ond pan welai eu hanghymeradwyaeth hwy buan y newidiai ei lwybr a'i farn. Ond nid hynny yw gwendid gwaethaf yr eglwys chwaith. Eglwys hunangyfiawn a hunanfodlon ydyw sy'n gweld Duw fel cyfaill sy'n maddau popeth i'w haelodau ac yn cefnogi eu drygioni. Fel y nodwyd eisoes, addoliad yw crefydd i Saunders Lewis ac ni ddylai dynion ddisgwyl dim o law Duw. Wrth gyfeirio at ddarlith a draddododd ar Ann Griffiths dywed:

> A rhoi'r peth yn gryno; i mi, addoliad yw hanfod crefydd, ac felly y mae agwedd meddwl Ann Griffiths yn safon ac yn batrwm o'r peth. Ond yn y traddodiad ymneilltuol Cymreig a Chymraeg y mae teimladrwydd hyfryd a serchus a chynnes a'r syniad fod yr Anweledig yn frawd hynaf hoffus agos-atoch a chlyd, – mae'r ysbryd di-ddogma yna yn codi arswyd a chyfog arna' i.[54]

Gohebiaeth D.J. a Kate Roberts

Mae'r ohebiaeth a oroesodd rhwng D.J. a Kate Roberts yn cychwyn yn 1928. Gellir bod yn weddol ffyddiog fod y llythyr cyntaf a gadwyd, llythyr a dderbyniwyd gan D.J. a'i wraig Siân, gyda'r cynharaf yn yr ohebiaeth am fod D.J. yn cadw pob llythyr a dderbyniai yn ofalus. Er nad yw trafod gwleidyddiaeth mor flaenllaw yn yr ohebiaeth hon ag ydoedd yn yr ohebiaeth rhwng Saunders Lewis a D.J., mae'n debyg mai trwy gyfarfod ym mhwyllgorau a chyfarfodydd y Blaid Genedlaethol y blodeuodd y cyfeillgarwch rhyngddynt a barhaodd yn ddi-dor, ac ar y cyfan yn ddihelynt, tan farwolaeth D.J. Trafodir llenyddiaeth yn helaeth yn yr ohebiaeth ac, yn ogystal â chyfeirio at eu gweithiau eu hunain, mae ynddynt gyfeiriadau aml a blasus at weithiau llenyddol eu cyfoeswyr. Dylid nodi y bu cefnogaeth lenyddol y naill i'r llall yn bwysig iddynt, yn enwedig cefnogaeth ymarferol Kate Roberts i D.J. yn y fenter o gyhoeddi *Hen Wynebau*, ei gyfrol gyntaf. Cawn olwg newydd a phwysig hefyd, yng nghwrs yr ohebiaeth, ar y gefnogaeth ddiysgog a roddai D.J. i Kate a fynnai gadw ati i gyhoeddi'r *Faner* yn wyneb trafferthion busnes enbyd a beirniadaethau gelynion a chyfeillion.

Y cyfnod cynnar

Newyddion pwysicaf cyfnod cynnar yr ohebiaeth oedd cyhoeddiad Kate Roberts ym mis Mehefin 1928 ei bod yn bwriadu priodi Morris T. Williams.[55] Gwireddwyd y bwriad hwnnw y mis Rhagfyr dilynol. Bu canlyniadau'r uniad yn bellgyrhaeddol i Kate Roberts oherwydd, heblaw am roi'r gorau i'w swydd fel athrawes, ymunodd â'i gŵr yn y fenter fawr o brynu a rhedeg Gwasg Gee a chyhoeddi'r *Faner* am dros ugain mlynedd. Yn ogystal, bu'n rhaid iddi ysgwyddo baich rhedeg y fusnes yn ddi-gefn am ddeng mlynedd wedi marwolaeth Morris Williams yn 1946.

Diddorol yw sylwadau D.J. ar gyfarchiad agoriadol ei lythyr,

14 Ionawr 1929, sy'n hepgor defnyddio'r cyfenw 'Williams'. Ni fabwysiadodd Kate Roberts gyfenw ei gŵr am fod iddi enw fel awdures cyn priodi. Mae'r sylwadau pellach ar gyffredinedd y cyfenwau 'Jones' a 'Williams' yn ddiddorol. Yr oedd D.J. hefyd yn ymwybodol o Seisnigrwydd y cyfenwau a arferid yn ei gyfnod ef ond ni fabwysiadodd ffurf Gymraeg ar ei enw.[56]

Ym mis Medi 1929 mae Kate Roberts yn cyfeirio yn ei llythyr at gais D.J. am swydd prifathro Ysgol Ramadeg Pwllheli. Er ei fod yn athro profiadol yn meddu ar gymwysterau da, yr oedd iddo beth enwogrwydd fel cenedlaetholwr, ac ymddengys y cyfrifai hynny yn ei erbyn yn y cyfnod hwnnw, oherwydd aflwyddiannus fu'r cais.[57]

Mae cyfeiriadau aml at lenyddiaeth yn yr ohebiaeth gynnar a D.J'n clodfori gweithiau Kate Roberts yn gyson. Mae *Rhigolau Bywyd* yn waith '[m]eistres... y grefft'[58] a *Laura Jones* 'fel telyneg o brydferth'.[59] Mae ganddo hefyd gyfeiriad at *Monica*, Saunders Lewis ac ymddengys efallai fod newydd-deb y nofel a'i menter yn trafod trythyllwch yn tarfu ar ei barchusrwydd ac yn ei rwystro rhag gwerthfawrogi'r gamp sydd arni. Meddai amdani:

> Darllenais *Monica* hefyd; ond da gennyf mai *Laura* a ddarllenais ddiwetha i fynd â pheth o wynt pisio cathau i ffwrdd. Ond peth ofnadw o anodd i gael ei wared yw e. Fe fu gen i got unwaith pan own i'n grwt a fu'n dystiolaeth fyw o hynny am fisoedd wedi'r anffawd, – er mynych olchiadau cydwybodol fy mam. Rwy'n ofni y glyn y perarogl hwn wrth y Blaid hefyd. Y mae lle'r cathod yn y stori hon rywbeth yn debyg i'r *Greek Chorus* gynt, gallwn feddwl. Ond buasai'n well gen i eu miwsig hyd yn oed, na'u doniau ereill, i bwysleisio athroniaeth y gwaith.[60]

Nid llenyddiaeth Kate Roberts yw'r unig faes sy'n derbyn cymeradwyaeth D.J.; caiff Morris Williams ei glodfori hefyd am ei olygyddiaeth o bapur y Blaid Genedlaethol, y *Welsh Nationalist* am fod "na "uffarn o gic" ynddo fe'.[61]

Yn y cyfnod cynnar hwn cyn symud i Ddinbych ac ysgwyddo'r baich o redeg Gwasg Gee, bu Kate Roberts yn gynghorydd llenyddol i D.J. Cymer arni'r cyfrifoldeb o ddangos iddo'r peryglon o ysgrifennu stori fer sy'n ymdebygu i bortread. Dywed wrtho:

Rhaid i chwi fyned ymlaen gyda'r straeon yna D.J. Un cyngor sydd ar flaen fy nhafod os goddefwch ef gan un salach na chwi o lawer. 'Ceisiwch ymddihatru oddiwrth yr arddull sy'n crynhoi mewn stori.' Mewn character sketch, – lle mae angen bod yn gryno wrth ddisgrifio cymeriad, mae'r arddull yna'n ardderchog – ond mewn stori rhaid gadael i'r cymeriadau weithio allan eu tynged eu hunain heb help oddiwrth ein disgrifiadau ni. Efallai mai eich anffawd ydyw i chwi ysgrifennu character sketches cyn ysgrifennu stori.[62]

Bu'n ymhél hefyd â threfniadau cyhoeddi *Hen Wynebau*. Awgrymodd y gallai un o bortreadau D.J., nad oedd cystal â'r lleill, andwyo'r gyfrol gan ychwanegu y gallai adolygiad anffafriol '[d]dinistrio gwerthiant y llyfr … a thrwy hynny beri colled i'r cyhoeddwr'. Ychwanega:

Peth arall, nid yw'n deilwng ohonoch fel artist siarad yn sentimental am ryw gymeriad a hoffwch. Cynan a ddywedodd fod yn rhaid i'r artist ladd ei blant anghyfreithlon i gyd. Nid yw ronyn o wahaniaeth pa mor hoff oeddech chwi o'r hen frawd yna, rhaid i chwi gydnabod nad yw'r ysgrif yna gystal â'r lleill.

Yn aml iawn mae caru dyn yn rhwystr inni rhag ysgrifennu mewn ffordd 'detached' amdano. Mae'n debyg y medrwch chi ysgrifennu'n well am Danni'r Crydd nag am Siân. Ail ystyriwch y peth eto a rhowch wybod imi.[63]

Ar ôl derbyn ysgrif arall gan D.J. yn lle'r ysgrif nad oedd yn plesio, mae'n llawn canmoliaeth ohoni. Mae ei 'hanwyldeb' yn gymeradwy ganddi. Mae'r siopwr, meddai, 'yn hoffus dros ben ac yr ydych chwithau wedi ei ddisgrifio gyda'r urddas tawel a'i nodweddai ef ei hun'.[64] Kate Roberts felly sy'n gyfrifol am ddethol a dewis y deunydd ar gyfer y gyfrol a hi hefyd sy'n paratoi ac anfon yr ysgrifau i Wasg Aberystwyth.

Sylwadau ar lenyddiaeth yn yr ohebiaeth rhwng D.J. a Kate Roberts

Ar ôl symud i Ddinbych yn 1935 a chymryd at redeg Gwasg Gee, y nofel *Traed mewn Cyffion* oedd y gwaith llenyddol cyntaf i Kate Roberts ei gyhoeddi. Mae ei llythyrau yn cynnwys cyfeiriadau diddorol at hanes y nofel a'r ffaith iddi gael ei dyfarnu'n gydradd mewn cystadleuaeth eisteddfodol â gwaith tipyn salach.[65] Mae'n werth nodi hefyd fod Saunders Lewis wedi ymateb yn finiog feirniadol iddi ar ffurf drafft cyn ei chyhoeddi.[66] Ar y llaw arall, heblaw am deimlo bod ynddi ormod o gymeriadau a chynfas gyfyng, myn D.J. ei chlodfori'n hael.[67]

Yn ôl D.J., 'y gloyw-win puredig a geir yn *Ffair Gaeaf*', y gyfrol storïau byrion o eiddo Kate a gyhoeddwyd ganddi yn 1937.[68] Oherwydd ei edmygedd o'i dawn fawr fel llenor, ym mis Chwefror 1946, ychydig wythnosau ar ôl marw ei gŵr, ceisia ei pherswadio i ymddihatru o ofalon rhedeg Gwasg Gee a chanolbwyntio'i holl egni ar lenydda.[69] Ym mis Awst 1947 mae D.J. yn ailadrodd ei ddymuniad. Yna ym mis Tachwedd, wrth gyfeirio at y sylwadau a wnaed ganddi mewn sgwrs radio gyda Saunders Lewis ar ei dull o ysgrifennu storïau, dywed:

> Gresyn, yn wir, Kate, ac yr wyf yn teimlo hyn yn barhaus, na chaech chi eich amser yn gyflawn i ymroi yn llwyr i sgrifennu.
> Un Kate Roberts y mae Cymru wedi ei gael; ac ni wyddom, yn wyneb pethau heddiw a oes obaith iddi gael olynydd iddi.[70]

Caiff *Stryd y Glep* groeso brwd gan D.J. a chanmolir Kate Roberts ganddo am ddewis ffurf y dyddiadur sydd yn ei farn ef, yn gweddu i awdur 'sy'n gymaint pencampwr ar ddatrys meddyliau cudd y galon'.[71] Mae ei ganmoliaeth yn hael i'r nofel *Y Byw sy'n Cysgu* ac i'r gyfrol *Te yn y Grug*. Dewiniaeth Kate Roberts yn llunio cymeriadau 'diangof o fyw' sy'n denu ei sylw ac mae hynny'n peri iddo resynu at 'feddalwch merfaidd' cymeriadau ei storïau ef.[72]

Yn ei lythyr olaf, hyfryd a thyner ei naws, a anfonodd at Kate, y mae D.J. yn diolch am y gyfrol *Prynu Dol*. Mae'n hael ei ganmoliaeth ohoni ac yn teimlo mai dyma'r gyfrol orau oll o'i gweithiau. Ynddo cydnebydd iddi hi gymryd ei gyngor a defnyddio'i thalent lenyddol. 'Bendith arnoch chi, Kate,' meddai, 'wedi cael y ddawn a'r doethineb i ddewis y rhan dda na ddygir byth oddi arnoch.' Dyna gyngor na ddilynwyd ganddo ef ei hunan oherwydd iddo 'wastraffu'r gannwyll frwynen o duedd sgriblan' a feddai 'mewn erthylod o bethau pleidgar i bapurau Saesneg Sir Benfro'.[73]

Prin yw sylwadau Kate Roberts ar weithiau llenyddol D.J. yn yr ohebiaeth rhyngddynt. Nodwyd eisoes y cynghorion a gynigiodd i D.J. ar bortreadau *Hen Wynebau* ynghyd â'i sylwadau cyffredinol ar y grefft o lunio stori fer. Yn achos *Hen Wynebau*, diddorol yw nodi iddi grybwyll cyfieithu'r gyfrol i'r Saesneg. 'Buasai fel y gwin,' meddai.[74] Dyna farn, fel y gwelwyd, y byddai Saunders Lewis yn anghytuno'n llwyr â hi.

Er nad yw Kate Roberts yn clodfori pob stori fer a ysgrifennodd D.J., dywed wrtho, yn sgil gwrando ar drafodaeth radio rhwng D.J. a Saunders Lewis, fod yr holl ganrifoedd yn ei storïau 'yno yn haen ar haen'.[75] Serch hynny, ar ôl llunio *Storïau'r Tir Du* yr oedd D.J. yn ansicr iawn o'i ddawn fel lluniwr straeon byrion.[76] I gychwyn, clodfori'r gyfrol yn hael a wnaeth Kate Roberts. Mae'r storïau yn ei denu i'w darllen, mae'r brawddegau'n gynnil a'r goganu yn ddeifiol.[77] Ar ôl ei hymateb brwd derbyniodd Kate gais gan D.J. i adolygu'r gyfrol. Pylodd hynny ryw dipyn ar ei brwdfrydedd a'i gorfodi i gyfaddef nad oedd tristwch, yn ei barn hi, yn gweddu iddo. Ychwanegodd y byddai'n rhaid iddi gynnwys y farn honno yn ei hadolygiad gan bryderu y byddai hynny yn ei glwyfo.[78]

Ni chafwyd ymateb yn yr ohebiaeth o gwbl i *Hen Dŷ Ffarm*. Hynny oherwydd anghydfod rhwng D.J. a Kate Roberts ynglŷn â chyhoeddi'r gyfrol gan Wasg Aberystwyth a'i hargraffu gan Wasg Gomer, Llandysul.[79] Yn dilyn yr anghydweld hwn bu'r gohebu rhyngddynt yn hynod brin am ddwy flynedd a hanner a hynny, wrth reswm, yn gyfrifol am dawedogrwydd Kate Roberts ar achlysur cyhoeddi *Hen Dŷ Ffarm*.

Mam Kate Roberts, Catrin Roberts

Yn y gyfrol *Annwyl Kate, Annwyl Saunders* nodir i Kate Roberts fynnu mai'r peth amlycaf ynglŷn â'i mam oedd ei charedigrwydd a'i hysbryd hollol ddihunan.[80] Ymhelaethir ar hynny yn ei llythyr a anfonodd at D.J. ym mis Tachwedd 1943 ychydig fisoedd cyn ei marwolaeth. Hi oedd nyrs a bydwraig yr ardal a oedd yn barod i weini ar gleifion ar unrhyw adeg o'r dydd neu'r nos. Yn ei theyrnged iddi, meddai Kate: 'Ni wybu erioed ystyr y gair "Hunan", ac mae'n beth braf iawn cael dweud hynny' (t.117). Mae D.J. hefyd yn hael ei ganmoliaeth ohoni. 'Cawsoch dywysoges o fam,' meddai wrth Kate Roberts wrth gydymdeimlo â hi ar ôl iddi golli ei mam. Ac wrth ddwyn i gof ei ymweliad â hi beth amser ynghynt ychwanega: 'Fe'm swynwyd gan ei chwmni am yr ychydig oriau y prynhawn hwnnw, a'm synnu gan loywder a chryfder ei meddwl a'i chof yn ei hoed mawr hi' (t.118). Wrth ateb llythyr cydymdeimlad D.J. mynega Kate ei hannealltwriaeth o drefn bodolaeth yn wyneb cystudd creulon olaf ei mam. 'Teimlo yr oeddwn i,' meddai, 'sut y gallai'r Bod sy'n rheoli popeth adael i un a ddioddefodd gymaint o helbul ac o boen corff drwy ei hoes hirfaith, adael iddi ddioddef cymaint wrth droi cefn ar fyd mor ddigysur.' Synnai hefyd at ei sirioldeb ynghanol ei phoenau olaf (t.119)

Gwleidyddiaeth

Nid yw'r drafodaeth wleidyddol rhwng D.J. a Kate Roberts mor eang a rheolaidd â'r drafodaeth gyfatebol rhwng D.J. a Saunders Lewis. Serch hynny, yr oedd Kate Roberts yn genedlaetholwraig bybyr a fynychai gyfarfodydd y Blaid Genedlaethol, a Phlaid Cymru fel y'i hadwaenid yn ddiweddarach, yn rhyfeddol o ffyddlon. Noda yn ei llythyr at D.J. ym mis Gorffennaf 1964 iddi fynychu Ysgol Haf y Blaid 39 o weithiau'n ddi-dor (t.278). Mynychodd D.J. yntau ryw 30 ohonynt yn ddi-dor cyn i afiechyd ei rwystro (t.208). Ond nid y ffyddlondeb anhygoel hwn oedd cyfraniad mawr a phwysig Kate Roberts i genedlaetholdeb. Ei hystyfnigrwydd wrth frwydro i gadw awenau'r *Faner* yn ei dwylo er mwyn diogelu polisi cenedlaetholgar y papur cyhyd ag y gallai oedd ei chyfraniad nodedig hi.[81]

Ym Medi 1936 ceir ymateb heintus Kate Roberts i'r Tân yn Llŷn. 'Dyma beth yw gwroldeb!' meddai, a chyfeddyf na fedrodd gysgu ar ôl clywed y newyddion. Myn hefyd, fel ffeminydd cyn ei hamser, fod gwroldeb gwragedd y tri llosgwr gymaint ag eiddo'r gwŷr. Diddorol yw sylwi bod cyffion busnes eisoes yn gwasgu ar wynt Morris a Kate a hwythau ond wedi cymryd cyfrifoldeb am Wasg Gee gwta flwyddyn ynghynt. Eglura Kate:

> Yr ydym ni â'n traed mewn cyffion yn y busnes ac ni allwn ar hyn o bryd fod yn amlwg iawn yn ein gweithgarwch.

> Chwi gofiwch imi ysgrifennu yn erbyn Lloyd George i'r *Brython*; cefais lythyr dienw ffiaidd am hynny yn fy annerch i ond yn ymosod ar Morus yn ei gysylltiad â'i waith yma. Yn Ninbych y postiwyd ef. Fel yr ydym ninnau yn dioddef dipyn bach.[82]

Mae ymateb D.J. i sylwadau Kate Roberts ar y weithred yn mynegi ei obaith y gallai'r brotest ysbrydoli'r genedl i 'ddeffro o'i chysgadrwydd diobaith' (t.90). Bwydir y gobaith hwnnw gan Kate yn ei llythyr nesaf. Dywed fod rhannau o Gymru yn deffro ac ychwanega: 'Petai lecsiwn yn Sir Gaernarfon rŵan a Valentine yn ymgeisydd, mae'n siŵr yr âi i mewn' (t.94). Yn ei ymateb iddi nid yw D.J. mor ffyddiog. Erbyn hynny gwyddai'r tri llosgwr mai yn Llundain y byddid yn gwrando eu hachos. Er i Kate Roberts ddweud y byddai Cymru'n ferw gwyllt pe symudid yr achos i Lundain, go ddigalon yw sylw D.J. Meddai am ei genedl: 'Y mae bron â mynd i'r pen trwy hir waseidd-dra, ac ysgwyd cynffon' (t.95).

Ymddengys i'r gwaseidd-dra hwn dreiddio i rengoedd y cenedlaetholwyr erbyn 1959 oherwydd penderfynodd Plaid Cymru beidio â gweithredu'n anghyfansoddiadol ar fater Tryweryn. Serch hynny, amddiffyn arweinyddiaeth y llywydd a wnâi D.J.:

> … mae Gwynfor yn wladweinydd go fawr yn ôl fy marn i.
> Rhaid cofio'r defnyddiau rhyfeddol o frau sydd ganddo i weithio
> arnynt yng Nghymru yma, – llwfrdra canrifoedd yng ngwaed
> y bobl a'r holl gyfryngau propaganda bron yn nwylo Lloegr a'r
> Llywodraeth… Parthed Tryweryn, hyd yma, mae'r cyfan wedi bod
> mor annelwig ac ar wasgar fel na ellid gwneud dim yn ymarferol
> yno, hyd yma, fel gwrthwynebiad …[83]

Ychwanega yn ffyddiog: '… fe fydd yno weithredu gan y Blaid pan
ddaw'r adeg…' (t.241). Ac ar gorn hynny dywed ymhellach:

> Mae gennyn ni arweinwyr o ddewrder a gweledigaeth yng
> Nghymru. Rhaid i'r genhedlaeth hon ei disgyblu ei hun i dderbyn yr
> arweiniad neu fe fydd ar ben arnom.[84]

Gwaetha'r modd ni wireddwyd ei ddarogan a llywaeth iawn fu
gwrthwynebiad Plaid Cymru i foddi Cwm Tryweryn.[85] Serch
hynny, cadw'n driw i'w arweinydd a wnaeth D.J., ond nid felly
Kate Roberts. Yn Ysgol Haf 1961 cefnogodd gynnig gan Catherine
Daniel dros weithredu anghyfansoddiadol ac, o'r herwydd, digon
oeraidd oedd y gyfathrach rhyngddi hi a Gwynfor Evans. Meddai
amdano: 'Nid yw Gwynfor byth yn stopio i siarad â mi yn unlle, dim
ond nodio' (t.263). Dal ati i gefnogi gweithredu herfeiddiol a wnaeth
Kate Roberts fel y tystia ei chefnogaeth i weithred Emyr Llywelyn
yn gosod ffrwydryn yn argae Tryweryn (t.273), a'i hanfodlonrwydd
gyda'r Blaid yn rhoi ei holl ffydd mewn ymladd etholiadau:

> Beth sydd yn mynd i ddwad o'r Blaid? Ar un wedd siomedig iawn
> oedd canlyniad yr etholiad. Y cwestiwn sy'n fy mhoeni i yw, a eill
> y Blaid fod yn allu gwleidyddol yn y tir heb ymladd etholiadau? Ai
> dyna'r unig ffordd i ddangos cryfder (neu wendid) y Blaid?[86]

Ni chytunai D.J. â Kate Roberts ar y mater hwn. Caiff ateb llym
ganddo sy'n rhoi cip sydyn inni ar ei ymroddiad mawr, hyd at
aberth, i'r Blaid yn canfasio, yn dosbarthu taflenni, yn casglu arian ac
yn trefnu gweithgareddau yn ei henw. Meddai wrthi:

Mae gennym erbyn hyn lechen lân o gostau'r Etholiad o ryw £430, – a hefyd wedi cyfrannu'n barod rhwng £300 a £400 at Gronfa Gŵyl Dewi, a rhagolygon am Ffair Nadolig dda bythefnos i heddi, – Rhag 12. Does genny ddim amynedd â'r lot ddiwetha yma sy'n rhoi'r bai ar bopeth ond ar eu diogi a'u llwfrdra moesol nhw'u hunain ac ar Lywodraeth Lloegr am na wnaethon ni'n dda yn yr Etholiad diwethaf, – a mynd i'w cwd fel malwod â halen ar 'u cwte, a chwilio am ryw ffordd rwydd ma's ohoni fel rhoi heibio ymladd Etholiadau etc. Mae'n rhaid i ni fagu dewrder ysbryd ac ymladd ac aberthu fel y gwna'r cenhedloedd eraill, os ydym ni am haeddu byw o gwbwl.[87]

Daw dewrder ysbryd ac aberth D.J. i'w penllanw gyda'i benderfyniad i werthu ei etifeddiaeth, yr Hen Dŷ Ffarm, a throsglwyddo'r arian i goffrau Plaid Cymru. Meddai Kate Roberts wrtho wedi iddo rannu ei gyfrinach â hi: '… ychydig iawn o bobl fuasai'n aberthu cymaint ag a wnewch chi…'(t.301). Ni ellir ond cytuno â hi gan fod unplygrwydd D.J. bron yn unigryw.

Trafferthion busnes Gwasg Gee a'r *Faner*

Er nad yw Kate Roberts yn sôn am drafferthion busnes a helbulon rhedeg Gwasg Gee a chyhoeddi'r *Faner* cyn i'w gŵr farw, mae'n debyg nad oedd rhedeg y fenter o'r cychwyn yn fêl i gyd. Yn ei llythyr yn diolch i D.J. am fynychu angladd Morris dywed fod baich rhedeg y fusnes yn llethol gan ychwanegu:

Gwn hyn i sicrwydd heddiw. Petaem wedi aros yn Nhonypandy, buasai Morus yn fyw heddiw. Yr wyf mor sicr o hynny â bod y pin dur yma yn fy llaw.[88]

Serch hynny dywed fod y fusnes yn llewyrchus, ond ni olygai hynny nad oedd ganddi ddigon o drafferthion yn codi eu pen o bryd i'w gilydd. Yn 1947, er enghraifft, cynhwyswyd colofn gomiwnyddol yn *Y Faner* trwy ganiatâd ei golygydd, Gwilym R. Jones. Cythruddwyd Saunders Lewis gan hynny a bu'n rhaid i Kate Roberts ddarbwyllo'r golygydd mai cam gwag oedd rhoi gofod yn y papur i'r comiwnyddion (t.137-8). Crybwyllir hefyd anghydfod a fu rhwng Saunders Lewis a Morris Williams yn gysylltiedig â'r *Faner* cyn ei farw.[89]

Yn 1949 cawn wybod am drafferthion sylfaenol rhedeg gwasg argraffu. Crybwyllir trafferthion yn ymwneud â rhai o'r staff a oedd yn arafu'r gwaith o gyhoeddi llyfrau. At hynny rhaid oedd rhoi'r gwaith cyhoeddi llyfrau o'r neilltu er mwyn canolbwyntio ar argraffu rhestri etholwyr a mân betheuach tebyg a dalai'n well, ac nid oedd modd iddi brynu'r peiriannau newydd yr oedd eu hangen ar y Wasg am fod y 'Llywodraeth … yn lladd pob busnes, drwy allforio peiriannau a phob dim arall' (t.163).Fel y nodwyd eisoes, bu'r anawsterau hyn yn achos peth diflastod rhwng D.J. a Kate pan benderfynodd D.J. roi *Hen Dŷ Ffarm* i Wasg Gomer i'w chyhoeddi.[90]

Yn y pen draw bu trafferthion ariannol Gwasg Gee yn ormod i Kate Roberts a gorfodwyd hi i werthu'r Wasg a'r *Faner* i gwmni a fedrai fforddio buddsoddi yn y fusnes. Bu'r broses o werthu yn helbulus ac yn golled ariannol iddi. Ac fe'i beirniadwyd yn hallt gan aelodau Plaid Cymru, ei chyfeillion honedig, am iddi beidio â gwerthu'r fusnes i'r Blaid. Yn ei llythyr at D.J. ym mis Gorffennaf 1956 eglurodd nad oedd gan y Blaid y cyfalaf angenrheidiol i osod y fusnes ar seiliau cadarn. Pan ddywed nad oedd neb o'i chyfeillion wedi cysylltu â hi yn ei hargyfwng, heblaw am D.J. a Lewis Valentine, gellir dirnad dyfnder ei phoen a'i siom, yn enwedig ei siom yn niffyg cefnogaeth Saunders Lewis iddi yn awr ei hangen, a hithau wedi gwneud cymaint dros genedlaetholdeb trwy'r *Faner*.[91]

Diweddglo

Yn yr ohebiaeth a fu rhwng D.J. a'i ddau gyd-lenor a chyd-genedlaetholwr cawn olwg ddyfnach ar sawl agwedd ar lenyddiaeth a gwleidyddiaeth Cymru. Heblaw am hynny cynigir inni gyfle i wybod mwy am eu hymatebion i weithiau llenyddol ei gilydd a'u barn ar ddatblygiadau gwleidyddol eu cyfnod. Cawn hefyd olwg newydd ac ehangach ar rai o'r helyntion personol a fu'n dylanwadu arnynt, helyntion a fu weithiau'n eu rhwystro ac weithiau'n eu hysgogi i lunio eu gweithiau llenyddol.

Yr hyn sy'n taro rhywun wrth ddarllen eu llythyrau yw eu ffyddlondeb anhygoel i Gymru. Hawliant ein hedmygedd oherwydd aberthodd y tri, pob un yn ei ffordd ei hunan, dros y ddelfryd o sefydlu Cymru Rydd. Peryglodd D.J. ei swydd trwy weithredu'n herfeiddiol ym Mhenyberth ac wynebu ei garcharu am ei brotest. Yna, yn dilyn ei garchariad, er iddo osgoi cael ei ddiswyddo, bu wrthi'n ddyfal yn cyflawni'r manion na wnâi neb arall dros Blaid Cymru. Yn ddiamau, cwtogwyd ei gynnyrch llenyddol o'r herwydd. Dyfalbarhaodd â'i waith gwleidyddol diddiolch, hyd yn oed yn wyneb afiechyd. Peryglodd Saunders Lewis ei swydd a'i yrfa yn ogystal. Fe'i diswyddwyd ef yn dilyn ei garchariad ac fe'i cadwyd allan o bob swydd yng Nghymru, a thu hwnt hefyd o ran hynny, am 15 mlynedd. Gwasanaethodd Kate Roberts Gymru drwy roi ei hegni i gyhoeddi'r *Faner*, a thrwy hynny dioddefodd sen gelynion a chyfeillion ac fe'i cadwyd yn dlawd.

Dyma gorff o ohebiaeth ddiddan, wefreiddiol ac amrywiol ei hapêl a fydd yn ehangu ein gwybodaeth am gyfnod unigryw yn hanes Cymru. Ond nid diddanwch yn unig a geir yn y llythyrau hyn: dyma ddeunydd i'n hysbrydoli i weithredu dros barhad ein cenedl ac i ymhyfrydu yn y gwaddol a drosglwyddwyd inni gan ein tadau.

NODIADAU

[1] Llythyr rhif **209** dyddiedig 30 Rhagfyr 1969, t.319-20.

[2] Gweler Dafydd Ifans (gol.), *Annwyl Kate, Annwyl Saunders* (LlGC,1992), Rhagymadrodd, t.xi.

[3] Gweler T. Robin Chapman, *Un Bywyd o Blith Nifer, Cofiant Saunders Lewis* (Llandysul: Gwasg Gomer, 2006) am drafodaeth lawn ar fywyd a gwaith Saunders Lewis.

[4] Gweler llythyr rhif **25**, 12 Hydref 1931, t.70.

[5] Gweler: 'Y Brifysgol a Chymru Fydd', *Y Wawr*, I, tt.17-19; 'Prifysgol bara a chaws?', *Y Wawr*, III, tt.1-5; 'Y Tri Hyn' (Yr Ellmyn, y Sinn Ffeiniaid, a'r gwrthwynebwyr cydwybodol) *Y Wawr*, III tt.109-14.

[6] D. J. Williams, 'Wales – its politics and no politics', *The Welsh Outlook*, IX (Mawrth 1922), tt. 68-70.

[7] Llythyr rhif **2**, Dygwyl Dewi 1924, t.41.

[8] D. J. Williams, 'A Welsh State. The New Nationalism: a moral lead to the world', *South Wales News* (1 Mawrth 1924).

[9] Llythyr rhif **1**, 7 Chwefror 1924, t.42.

[10] Llythyr rhif **10**, 7 Mehefin 1928, t.50-1.

[11] Llythyr rhif **56**, 24 Gorffennaf 1938, t.104-5.

[12] Gweler Simon Brooks, 'Annibyniaeth barn: Colofn fisol y Golygydd', *Barn*, Rhif 524 (Medi 2006), tt.6-8.

[13] Gweler D. J. Williams, 'Forty years on the brink of politics in Pembrokeshire', *County Echo* (24 Medi 1959). Yn yr erthygl hon dywed: 'I seem to have been born a Nationalist for I do not remember a day when I was not one; bred a Liberal like my parents and the bulk of Welsh people towards the end of the last century; and converted into Socialism by the events of the First World War and by the teaching of its founders like Keir Hardie and his fellows who preached the brotherhood of man and the equal right of all nations, great and small, to self government.'

[14] Llythyr rhif **69**, 18 Ebrill 1944, t.121-2.

[15] Llythyr rhif **74**, 15 Gorffennaf 1946, t.131-2.

[16] Llythyr rhif **118**, 17 Hydref 1954, t.194-5.

[17] Llythyr rhif **148**, 29 Gorffennaf 1959, t.241-2.

[18] Llythyr rhif **150**, 21 Tachwedd 1959, t.245-6.

[19] Gweler erthygl D. J. Williams, 'Y Tri Hyn', a gyhoeddwyd yn *Y Wawr* yn 1916.

[20]Llythyr rhif **157**, 9 Medi 1960, t.254–5.

[21]Llythyr rhif **162**, 13 Awst 1961, t.261–2.

[22]Llythyr rhif **165**, 18 Ionawr 1962, t.264–5.

[23]Ibid.

[24]Llythyr rhif **166** (copi amgaeëdig), 1 Ionawr 1963, t.266–7.

[25]Llythyr rhif **177**, [4 Mawrth 1965], t.286–7.

[26]Llythyr rhif **178**, 28 Mawrth 1965, t.287.

[27] Llythyr rhif **193**, 8 Hydref 1966, t.303–4.

[28]Ibid.

[29]Rhif **201**, 9 Rhagfyr 1968, t.311.

[30]D. J. Williams, 'Welsh Economics and English Politics', *The Welsh Nationalist*(Medi 1946, t.1).

[31]Llythyr rhif **176**, 28 Tachwedd 1964, t.282–4.

[32] Saunders Lewis, 'Hunan-lywodraeth i Gymru', *Barn* (Hydref 1968, t.314).

[33]Llythyr rhif **34**, 17 Mawrth 1936, t.78–9.

[34]Llythyr rhif **44**, 21 Tachwedd 1936, t.92–3.

[35]Llythyr rhif **47**, dim dyddiad, t.96.

[36]Gweler llythyr rhif **54**, 10 Ebrill 1938, t.102–3.

[37]Rhif **56**, 24 Gorffennaf 1938, t.104–5.

[38]Ibid.

[39]Llythyr rhif **135**, 6 Mawrth 1957, t.220–1.

[40]Gweler llythyr rhif **32**, 20 Tachwedd 1934, t.77–8.

[41]Llythyr rhif **100**, 15 Ionawr 1950, t.174.

[42]Gweler Saunders Lewis, 'D. J. Williams', yn Gwynn ap Gwilym (gol.), *Meistri a'u Crefft, Saunders Lewis* (Caerdydd: GPC, 1981), tt.28–36. Fe'i cyhoeddwyd gyntaf yn *Llafar*, 4/2 (1955), tt.6–17.

[43]Gweler llythyr rhif **114**, 13 Rhagfyr 1953, t.191–2.

[44]Gweler llythyr rhif **151**, 13 Rhagfyr 1959, t.246–7.

[45]Llythyr rhif **155**, Y Sulgwyn 1960, t.252.

[46]Llythyr rhif **158**, Noswyl yr Holl Saint 1960 [1 Tachwedd], t.256.

[47]Llythyr rhif **165**, 18 Ionawr 1962, t.264–5.

[48]Llythyr rhif **196,** 16 Tachwedd 1967, t.305–7.

[49]Gweler llythyr rhif **91**, 17 Gorffennaf 1948, t.156–7.

[50]Llythyr rhif **124**, 10 Gorffennaf 1955, t.201.

[51]Llythyr rhif **135**, 6 Mawrth 1957, t.220–1.

[52]Llythyr rhif **59**, 27 Rhagfyr 1939, t.110–1.

[53]Llythyr rhif **140**, 14 Rhagfyr 1958 [*recte* 1957], t.228–9.

[54]Llythyr rhif **183**, 5 Medi 1965, t.291–3.

[55]Llythyr rhif **11**, 13 Mehefin 1928, t.52. Diddorol yw nodi bod Morris Williams wedi rhoi gwybod am fwriad Kate Roberts ac yntau i briodi ym mis Rhagfyr 1927. Gweler Dafydd Ifans (gol.), *Annwyl Kate, Annwyl Saunders* (LlGC, 1992), llythyr **24**, 5 Rhagfyr 1927, t.30.

[56]Gweler D. J. Williams, 'John Jones', *The Welsh Outlook*, VIII (Ionawr 1921), tt. 18-19.

[57]Llythyr rhif **17**, 18 Medi 1929, t.60 .

[58]Llythyr rhif **21**, 24 Rhagfyr 1929, t.66.

[59]Llythyr rhif **23**, 18 Ionawr 1931, t.68.

[60]Ibid. Gwelir ymateb brwd Kate Roberts i *Monica* yn ei llythyr rhif 57 yn Dafydd Ifans (gol.), *Annwyl Kate, Annwyl Saunders* (LlGC, 1992), tt.71-2.

[61]Llythyr rhif **28**, 21 Mawrth 1933, t.73-4.

[62]Llythyr rhif **29**, 26 Medi 1933, t.74-5.

[63]Llythyr rhif **30**, 5 Ionawr 1934, t.75-6.

[64]Llythyr rhif **31**, 12 Chwefror 1934, t.76-7.

[65]Llythyr rhif **35**, 24 Mawrth 1936, t.79-80. Cyfeirio at 'Suntur a Chlai' y mae Kate Roberts yn y llythyr hwn, teitl gwreiddiol *Traed mewn Cyffion*. Ysgrifennodd y nofel ar gyfer cystadleuaeth y nofel yn Eisteddfod Genedlaethol Castell-nedd, 1934. Nofel Grace Wynne Griffith a gyhoeddwyd dan y teitl *Creigiau Milgwyn* oedd yn gyd-fuddugol. Cyhoeddwyd *Traed Mewn Cyffion* yn 1936.

[66]Gweler Dafydd Ifans (gol.), *Annwyl Kate, Annwyl Saunders* (LlGC, 1992) tt.xvi-xvii a tt.108-111 am sylwadau'r golygydda beirniadaeth Saunders Lewis ac ymateb Kate Roberts i'r sylwadau hynny.

[67]Gweler llythyr rhif **38**, 27 Ebrill 1936, t.84-6.

[68]Llythyr rhif **53**, 11 Rhagfyr 1937, t.101-2.

[69]Llythyr rhif **72**, 24 Chwefror 1946, t.126-8. Mae D.J. yn ysgogwr ac yn ymyrrwr. Yn achos Saunders Lewis, dymunai ei weld yn gwleidydda'n ymarferol yn hytrach na throi ei gefn ar fywyd cyhoeddus ac ymroi i lenydda o ddifrif. Yn achos Kate Roberts, ei gweld hi'n ymroi i lenydda'n llawn amser yw ei ddymuniad a rhoi'r gorau i gyfrannu i fywyd cyhoeddus Cymru trwy gyhoeddi'r *Faner*.

[70]Llythyr rhif **85**, 15 Tachwedd 1947, t.148-9.

[71]Llythyr rhif **99**, 31 Mai 1949, t.171-2.

[72]Llythyr rhif **147**, 6 Ebrill 1959, t.239-41.

[73]Llythyr rhif **209**, 30 Rhagfyr 1969, t.319-20.

[74]Llythyr rhif **72**, 24 Chwefror 1946, t.126-8.

[75]Llythyr rhif **84**, 13 Tachwedd 1947, t.147-8.

[76]Llythyr rhif **97**, 22 Mai 1949, t.166-9.

[77]Llythyr rhif **101**, 24 Ionawr 1950, t.174-6.

[78]Llythyr rhif **102**, 2 Chwefror 1950, t.176-7.

[79]Gweler llythyr rhif **111**, 19 Rhagfyr 1952, t.188-9 a llythyr rhif **112**, 27 Rhagfyr 1952, t.189-91.

[80]Gweler Dafydd Ifans (gol.), *Annwyl Kate, Annwyl Saunders*, LlGC (1992).

[81]Gweler yn arbennig llythyr rhif **133**, 31 Gorffennaf 1956, t.216-9.

[82]Llythyr rhif **40**, 11 Medi 1936, t.88-9.

[83]Llythyr rhif **147**, 6 Ebrill 1959, t.239-41.

[84]Ibid.

[85]Am hanes llawn gwrthwynebiad llywaeth Plaid Cymru i foddi Cwm Tryweryn gweler Rhys Evans, *Gwynfor: Rhag Pob Brad* (Y Lolfa, 2005), Pennod 6, 'Dŵr Oer Tryweryn', tt.167-206.

[86]Llythyr rhif **175**, 26 Tachwedd 1964, t.281-2.

[87]Llythyr rhif **176**, 28 Tachwedd 1964, t.282-4.

[88]Llythyr rhif **73**, 26 Chwefror 1946, t.128-31.

[89]Gweler troednodyn 132.

[90]Gweler llythyrau **111** ac **112**.

[91]Llythyr rhif **133**, 31 Gorffennaf 1956, t.216-9.

Y LLYTHYRAU

Y dauddegau: sefydlu'r Blaid Genedlaethol

Annwyl D.J.

1

Coleg y Brifysgol,
Abertawe.
7 Chwefror, 1924

Annwyl Mr. Williams,

Yr oedd yn llawen gennyf gael eich llythyr. Yn wir, yr oeddwn yn disgwyl yr ateb a gefais. Gwn yn burion nad ydych yn cytuno â mi ar bob pwnc. Nid yw hynny o bwys, – y peth pwysig yw ein bod yn cytuno ar yr ychydig egwyddorion hanfodol. Ac mi ofalaf innau na ofynnir dim i neb ond ar y seiliau hynny. Felly, gan ganiatáu yr un amod a roddwch – 'hawl i ymryddhau gan ymrwymo'n bendant i gadw pob cyfrinach' – yr wyf bellach yn rhoi'ch enw ym mysg aelodau'r Mudiad. Y mae 'Llw Ymuno' i'w gymryd gan bob aelod, ac yn y cyfarfod nesaf (yn Abertawe oddeutu'r Pasg mae'n debyg) fe ofynnir hynny gennych. Fe'm gorchymynnir i ddywedyd wrthych na chaniateir i neb rhyw aelod sôn am y mudiad wrth neb ar hyn o bryd, ond byddwn yn ddiolchgar iawn am awgrymu enwau rhai y bernir y gallent fod yn aelodau. Ni chaniateir i minnau ddywedyd mwy ar hyn o bryd na bod Mudiad yn bod a chwithau yn awr yn aelod. Mi rof eich awgrym am Miss Hughes a'r Dr. Gwenan Jones i'r Pwyllgor gweithio.

Y mae'n rhydd i mi ychwanegu wrthych chi bod Bebb yn llywydd y mudiad.

Diolch am a ddywedsoch am Flodeuwedd. Mi roddais fwy o waith a mwy o'm meddwl yn y ddrama hon na mewn dim arall hyd yma, ond nid yw'r hanner eto wedi ei orffen.

Wel, diolch i chi am ateb mor unplyg. Cofiwch fod bod yn y mudiad yn rhoi hawl i chi ar wasanaeth yr aelodau eraill, ac mi gyfrifaf innau fy mod yn rhwym i'ch helpu gyda'r gwaith cenhadol hyd eithaf fy ngallu. Felly, galwch arnaf pan fynnoch.[1]

Yr eiddoch yn ddiffuant,
Saunders Lewis.

LlGC P2/38/2

2

Coleg Abertawe,
Dygwyl Dewi, 1924.

Annwyl Mr. Williams,

Gair ar frys [cyn] mynd i'r gwely. Mae hi'n 2.30 a.m. ar y gloch.

Ebrill 28 y mae'r wythnos ddrama yn Abertawe yn cychwyn. Mi ysgrifennaf yn fuan at y Mudiadwyr (dyna i chi air) a gofyn a allant oll gyfarfod yr wythnos honno. Ni allaf addo mwy na hynny. Os gwelwch chi B. B. Thomas dywedwch wrtho na allaf ateb ei lythyr am wythnos. Rwyf wedi 'nghladdu gan waith. Ond nid yw'r Mudiad yn aros yn llonydd. Rhaid symud yn araf iawn er mwyn diogelwch, ac y mae bod Bebb ym Mharis yn drueni. Ond ni laeswn ni ddim ein dwylo.

Brafo am eich ysgrif heddyw i'r South Wales News.[2]

Cofion dyn hanner cysgu,

Saunders Lewis.

LlGC P2/38/3

3

Coleg y Brifysgol,
Abertawe.
30 Mawrth, 1924.

Annwyl Mr. Williams,

Amgeuaf [*sic*] raglen cyfarfod nesaf y mudiad. Nid yw'r dydd wedi ei ddewis eto, ond fe geisir ei gael yn ystod wythnos ddrama Abertawe, h.y. tua diwedd Ebrill. Wrth gwrs ar ddydd Sadwrn.

Cofion cywiraf,

Saunders Lewis.

Cyfrinachol.

Ail Gyfarfod y Mudiad Cymreig.

(Yn Abertawe)

Pynciau i'w Trafod.

1.   Cymryd y llw.

2. Hanes y mudiad a chofnodion.
3. Tanysgrifiadau.
4. Sut i gychwyn propaganda.
5. Penderfynu a ellir ymladd lecsiwn dosbarth neu dref y flwyddyn hon; (a) y wedd ariannol; (b) y dosbarth i'w ddewis? (c) ymgeisydd, (d) Rhaglen.
6. Trefnu gwaith cenhadol a'r modd i gael aelodau.
Manylion amser a lle i ganlyn.

Cyfrinachol.
Y Mudiad: –
Amcanion: –
Cael Cymru Gymreig, ac felly
1. Gorfodi'r iaith Gymreig yng Nghymru yw prif amcan uniongyrchol y Mudiad, ac felly ym myd addysg y ceisir effeithio'n bennaf, – ond heb gyfyngu'r cylch ddim.
2. Cymru yn unig yn faes gweithio. Hynny yw, bod i'r mudiad amcanion politicaidd, a thrwy gynghorau lleol (sir, tref, dosbarth, plwy) y ceisir gweithio.
(H.Y. – nid mynd i senedd Lundain).
3. Tanysgrifiad – £2 y flwyddyn.
4. Dirgelwch yn anhepgor ar hyn o bryd.
5. Awdurdod gweithredu gan y pwyllgor gweithio.

Cyfarfod yn Abertawe, Mai 6.[3]
Penderfyniadau: –
1. Ein bod yn defnyddio pob moddion a ellir neu a aller er mwyn lledaenu'n syniadau.
2. Adolygu *Breiz Atao*.[4]
Darian – Dyfnallt, *Faner* – Peate etc.
Tyst – F.J.
Dinesydd Cymreig – D.J.W.
Seren Cymru, Seren Gomer, Efrydydd – B.B.T.
Y Llan – S.L.
Weekly Mail – G.J.W. etc.
3 *Breiz Atao* eto.
Pob aelod i gymryd 10 copi a rhoi copïau i lyfrwerthwyr a'u lledaenu fel y galler.
Cyfeiriad: – BREIZ ATAO,

21, Rue de la Chalotais,

Rennes,

Bretagne (Brittany).

4.   Bod y mudiad yn ymbaratoi i ymladd lecsiwn dosbarth yn
Nhreorci, a chymryd y draul.

—   Paratoi llenyddiaeth er mwyn hynny.

—   Yr ymgeisydd i ddechrau 'troi'r tir'.

LlGC P2/38/4

4

Elsworth,

Newton,

Mumbles,

Abertawe.

4 Medi, 1924

Annwyl D.J.,

Dyma fi newydd ddychwelyd, a'ch llythyr chithau'n f'aros.
Mi ddeuaf atoch i Abergwaun Ionawr 16, a'r testun yn syml 'Y
Genedl'. Trueni na all'sech chi aros yn Llydaw i gyfarfodydd y
Pan-Celtig. Cefais air gan Bebb yn gofyn i mi ddyfod yno, ond
'mi a briodais wraig ac felly ni allaf i ddyfod'. Aeth fy mhres i gyd
ar y mis mêl. Gwych o'r newydd am y ddau aelod arall sy gennych
mewn golwg. A gawsoch chi air gan Bebb am fater lecsiynau? Mi
fyddaf i yn Nhreorci y mis hwn, ac yna ar ôl cael siarad â Fred
Jones, mi obeithiaf allu trefnu i ddechrau propaganda mewn difri
yno. Ni bydd cyfarfod arall o'r mudiad hyd nes y bydd gennym
amcan pendant a rhywbeth i'w wneud.

Maddeuwch air byr, ond rwy'n llawn ffwdan yn ceisio trefnu'r
tŷ y dyddiau cyntaf hyn.

Cofion brwd iawn,

Saunders Lewis.

LlGC P2/38/7

5

3, New Well Lane,
Newton,
Mumbles,
Abertawe.
24 Tachwedd, 1924

Annwyl D.J.W.

Yr wyf wedi bod yn y gogledd am ddeuddydd ac yn Nhreorci cyn hynny, a dyna'r sut nad atebais eich llythyr yn gynt. Mi anfonaf air ar unwaith heno at Llwyd Evans. Mae'n hyfryd clywed amdano.

Fe aeth Bebb yn ôl i Baris. Myfi sydd i'w feio na bu cyfarfod o'r Mudiad tra fu ef yma yn y wlad hon. Fy rheswm dros ymatal oedd nad oedd gennym ddim cynllun na gwaith i'w rhoi gerbron y mudiad, ac felly nad oedd dim diben cyfarfod. Cytunodd yntau ar hynny. Dywedodd wrthyf eich bod chi yn paratoi cyfres o bamffledau dan nawdd y cymdeithasau Cymreig, ac yntau i sgrifennu un. Ai gwir hynny?[5] Os felly, nid buddiol i minnau eto baratoi dim tebig rhag i'r naill rwystro gwerthu'r llall. Rwy'n disgwyl mai o gwmpas y Nadolig y bydd cyfarfod nesa'r Mudiad, a bydd yn rhaid bod gennym gynllun propaganda erbyn hynny. Y mae un peth bellach yn fawr o'n plaid – ni bydd lecsiwn arall yn y wlad am rai blynyddoedd; caiff Cymru felly dawelwch a siawns i feddwl am ei hanghenion ei hun, – a dyna'n cyfle ninnau.

Ni welais i ddim yr *Efrydydd* y mis hwn eto.[6] Ond gwelaf yn *Y Faner* sôn mawr am ysgrif wych gennych chi yno. Fe'i caf yn Abertawe yfory. A chyda llaw – collais lythyr yn dweud pryd y'm disgwylir i i Abergwaun, ai ym mis Chwefror? Cofiwch fi at Ben Bowen Thomas.

Beth am yr ysgrif i'r *Outlook*?[7] Mae'n druan syrthio o'r papur hwnnw i waeth dwylo nag erioed, ond er hynny gall fod yn ddefnyddiol os cyhoedda ef eich ysgrif. Mae arna' i ofn mai methiant yw'r ymgais i ddefnyddio *Breiz Atao* i'n hamcanion. Nid oes digon o'r rhan Banceltaidd i fod yn effeithiol.

Ydych chi am ddyfod i Abertawe i weld yr 'All Blacks' – os dowch, rhowch wybod imi, fel y cyfarfom. – ac yn awr am lythyr i'r aelod newydd.

    Cofion llwyraf,

    Saunders Lewis.

LlGC P2 / 38 / 9

6

University College of Swansea,
Pnawn Gwener [? Chwefror 1926]

Annwyl D.J.W.,

    Yn gyntaf oll – llongyfarchiadau fil, a phob bendith a phob dedwyddwch, ac fel y dywedai'r Gwyddelod a'r Hen Gymry, ac fel y dywedaf innau o ran hynny, Duw a Mair a fo gyda chi.

    'Gwraig yw goreu blodeuyn

    Yn y Nef ond Duw ei hun.'

    Ond dyma longyfarch go ddiweddar a hwyr, meddwch chi? Nage gyfaill: bythefnos yn ôl yn unig y clywais i am eich priodi. Gwrandewch.

    Dechreu mis Tachwedd diwethaf fe gymerwyd fy nhad yn wael iawn. O hynny hyd yn awr cafodd dair operesion, ac y mae dwy nyrs yn y tŷ hyd heddiw. Yna noswyl Nadolig trawyd fy ngwraig yn wael, ac y mae hithau yn awr yng Nghaergybi gyda'i mam ac yn beryglus o wael, a bydd llawer mis, medd y doctor, cyn y gall wella. Rhwng popeth ni wn i ddim am y byd y tu allan imi ers pedwar mis, ac nid oes gennyf fawr calon i geisio gwybod ychwaith. Am y cyfarfod yn Llanelli ni chlywais i siw na miw amdano nes fy mod ddydd Gwener ym Mangor ar fy ffordd i Gaergybi i weld y wraig.

    Caerfyrddin? Argyhoeddwyd fi ym Mangor ei bod hi'n annichon ceisio am y sedd; ond os trefnwch chi bwyllgor neu gyfarfod yng Nghaerfyrddin ddydd Sadwrn nesaf (20ed Chwefror) gallwn ddyfod. Gallwn o ran hynny ddyfod y Sadwrn wedyn.

    Maddeuwch air byr. Cofion lu,

    Saunders Lewis.

LlGC P2 / 38 / 10

7

University College of Swansea,
Pnawn Llun [1926]

F'annwyl D.J.,

Y mae'n wir ddrwg gennyf ei bod yn rhy ddiweddar yn awr.
Amhosibl imi ddyfod. Yr oeddwn yn disgwyl clywed gennych ar
hyd y tair wythnos ddiwethaf, ac yn awr aeth yn rhy hwyr. Canys
y mae'n ddiwedd tymor yr wythnos hon a bydd gennyf nifer o
bwyllgorau a phapurau marcio y deg diwrnod nesaf, ac ar ben
hynny arnaf i y mae trefnu'r Ysgol Haf bellach, ac y mae cyflwr
ariannol y Blaid yn bur arw, a rhaid imi fynd ati i geisio apelio am
arian.

Heddiw y cefais eich llythyr.

Clywsoch fod H.R.J. wedi torri i lawr mewn iechyd?

Efallai y bydd rhaid galw pwyllgor yn Aberystwyth yng
ngwyliau'r Pasg.

A ydyw hyn yn niwsans mawr i chi? Y mae'n ddrwg enbyd
gennyf, ond ni allaf weld siawns am ddyfod. Gyda llaw, os bydd
angen (nid oes y funud hon) a ellwch chi fenthyg £20 i'r Blaid
am flwyddyn yn ddi-log? Peidiwch ar un cyfrif â'i anfon nes y
gofynnaf. Ond mi fyddaf yn eofn arnoch, os dywedwch y gellwch
heb anhwylustod mawr.

Cofion caredig iawn,

Saunders Lewis.

LlGC P2/38/12

8

9, St. Peter's Rd.,
Newton,
Mumbles, Abertawe.
3 Medi, 1927

F'annwyl D.J.,

Ar bob cyfrif ewch drwy Sir Gaerfyrddin. Ni allech ddim gwell.
Yn rhyfedd iawn ysgrifenaswn fy nodiadau i'r *Ddraig* ryw dridiau

cyn dyfod eich llythyr, ac ynddynt yr wyf yn cymell yn union y peth a fwriadasoch chithau.[8] Os ewch byddwch yn anrhydeddus rydd o'r pwyllgor yn Aber.

Amdanaf fy hun, yr wyf am fy nhaflu fy hun ar farn y pwyllgor. Yr wyf yn teimlo fwyfwy na allaf i wneud y ddau beth gyda'i gilydd, sef mynd o gwmpas i ddarlithio a siarad, a'r un pryd ysgrifennu. Y mae'r Nodiadau misol yn costio tipyn imi, a dyma fi'r dyddiau hyn yn llafurio'n ffrwd i orffen fy Mhantycelyn cyn y Pasg.[9] Os felly, oni ddylid rhoi caniatâd imi beidio â siarad a darlithio, a gwneud yr hyn a allaf oreu, sef sgrifennu. Canys gwn nad ydwyf yn siaradwr poblogaidd, er nad wyf fyth mi gredaf yn siarad nonsens.

A ydyw hyn yn rhy hunanol? Os ydyw, rhoddaf heibio fy nghynllun. Ond fy nghred yw mai felly y gwasanaethaf i oreu.

Pob llwydd i chi, a dymuniadau gorau.

Yr eiddoch yn gynnes dros ben,

Saunders Lewis.

LlGC P2/38/13

9

46, Wind Street,
Aber Dâr.
4 Mehefin, 1928

Annwyl Gyfeillion,

Mae'n debig y tybiwch fy mod i dan y dywarchen erbyn hyn. Ond yr wyf yn dal i chwythu o hyd er bod gwaith at fy nghlustiau weithiau. Meddyliais gael gair gennych ynglŷn â Chrwsâd Sir Gaerfyrddin ond dywedwyd wrthyf yr esgusodid fi y tro hwn ac ar un wedd yr oeddwn yn falch, er y buasai'n dda gennyf ddyfod i Shir Gâr.

Wel dyna Mond[10] wedi mynd i fyd gwell eto! Rhyfedd fel mae rhai ohonom yn mynd i fyd gwell cyn gadael y byd yma. Ond nid fy ffawd i yw hynny. Buasai'n dda iawn gennyf i ennill rhyw

chwechyn ar y Derby. Roedd chwarter ticed Swîp gennyf ond ni
ddaeth i'r golwg. Ni chefais erioed ddim am ddim yn y byd yma,
ac mae'n debig bod y rhan fwyaf o bobl y byd yma yn yr un bocs â
fi. Rhyw chydig o Fondiaid sy'n y byd yma a da hynny efallai.

Beth a ddigwydd? A yw'r Blaid am ddyfod ag Aelod allan?[11]

Addewais stori'r 'Gwynt' i D.J.'r Nadolig ac os dof o hyd iddi
cyn cau hwn fe'i rhof i mewn. Rhyw wynt o stori yw hi hefyd.
Sgrifennais un arall ar ôl hynny a darllenais hi ar y T.D.W. o
Abertawe. Ond ni wn pwy a'm clyw o'r fan honno. Nid oes neb
yr ochr hon i'r Iorddonen yn clywed Abertawe. Sgwn i a yw pobl
Abergwaun yn clywed!

Bydd gennyf ddigon i ddyfod â llyfr newydd o storïau byrion
allan cyn bo hir.[12]

Sut hwyl sy arnoch chi eich dau? Iawn gobeithio.

Cofion cynnes iawn atoch eich dau,

Kate.

LlGC P2/39/3

10

University College of Swansea,
7 Mehefin, 1928

Fy meiddgar gwyngar enllibus a doeth gyfaill,

Yr wyf yn cytuno y byddai cylchlythyr at etholwyr Caerfyrddin
yn beth da iawn, ac mi af ati heno i'w lunio a chael ei brintio gan
H. R. Jones ac yn *Nraig Goch* Gorffennaf.

Diolch i chithau am yr awgrym. – Ac yn awr at eich
beirniadaethau. Yn gyntaf oll (am ei fod yn agosaf i'm calon)
gwesty'r Emlyn Arms. Y mae'n ddrwg gennyf frifo teimladau'r
bobl dda yno, canys hoffais hwynt fel y dengys y peth a ddywedais
amdanynt. Ond er hynny mi gredaf fod yr hyn a ddywedais i yn
wir a bod yn gwbl deg ei ddweud. Wedi'r cwbl, nid oes neb arall
yn y wasg Gymreig a feiddia ddilorni ei gymeriad drwy gymryd
diddordeb beirniadol mewn tafarnau. Ni ddarllenais i air o ganmol

na beirniadu arnynt erioed yn Gymraeg gan neb o gwbl. Dylent
hwythau fod yn dra diolchgar imi am eu hadferteisio ac awgrymu
gwelliannau a rhoi parchusrwydd fy enw bondigrybwyll i fel
golygydd y 'Ddraig Ysgarlad' arnynt. Y maent yn werth eu hachub,
hynny yw, yn werth eu gwneud yn dai hyfryd, yn werth dyrchafu
eu safon, ac yn anad dim y mae'n dda bod beirniadaeth i ddyfod
nid oddiwrth Saeson er mwyn eu troi'n Seisnicach nag ydynt,
ond oddi wrth Gymry er mwyn dysgu iddynt mai plesio Cymro
chwaethus yw'r gamp uchel. – Ond mi sgrifennaf yn *Y Ddraig Goch*
eto rywbryd ar y pwnc.[13]

Eich ail bwnc, – y gyllideb, a beio ar Lloyd George a
Macdonald. Ie, ie, syr, ond sut y mae'r diawl bychan sy'n
sgrifennu nodiadau'r mis i lenwi dau dudalen o gwbl os na chaiff
ef feirniadu na Rhyddfrydwyr na Sosialwyr? Nid oes neb arall yng
Nghymru i'w beirniadu!! Nid trwy ddweud bod y Rhyddfrydwyr
a'r Sosialwyr yn bobl dda yr enillwn ni neb oddi wrthynt? Ac fe
ddigwydd fy mod i'n credu mewn difrif mawr mai drwg a drwg
iawn yw eu polisi. Ond eto, rhag ymddangos megis pebawn
yn ystyfnig ac yn gwrthod pob cyngor, mi addawaf hyn, sef y
dywedaf air da amdanynt bob tro y gwelaf i unrhyw dda ynddynt,
– dyna i chi addewid tal.

Ond diolch yn fawr am eich llythyr a'r cynghorion. Y mae
popeth fel yna yn help imi gan ei fod yn dangos imi beryglon ac er
fy mod yn fulaidd fy natur, eto mi geisiaf broffid o'r gwersi.[14]

O na bai gennym bwrs i'n galluogi i ymladd Caerfyrddin.

Cofion cu iawn at Mrs. Williams ac atoch chi,

Yn gynnes,

Saunders Lewis.

LlGC P2/38/17

11

46, Wind Street,
Aber Dâr.
13 Mehefin, 1928

Annwyl Gyfeillion,

Diolch lawer am eich llythyr. Fe fyddai'n dda gennyf ddyfod i Abergwaun i gael eich cwmni chwi. Ond mae arnaf ofn na fedraf ddyfod. Gwrandewch rwan ar newydd. A chyn bo chi'n dechreu darllen hwn, mynnwch frandi yn y botel bop, a dŵr i Siân gyda'r brandi. Dylswn ddywedyd y newydd y tro o'r blaen, ond yr oeddwn yn rhy swil. Mae Morus Kyffin a finnau yn meddwl priodi gyda'n gilydd o hyn i ben blwyddyn.[15] Flwyddyn i ddiwedd y term hwn, sef Haf 1929 y bwriadasom wneud ar y cyntaf ond yr ydym yn meddwl y gwnawn tua'r Nadolig os medrwn gasglu digon o arian. Yr arian sy ar ôl, ac oni bae am y *Deian a Loli*[16] yna buasai gennym ddigon yn awr. Modd bynnag, falle y medrwn ni gasglu digon at y Nadolig i gael gwelyau a llestri a chadeiriau. O ble daw y gweddill dwn i ddim. Dim ond ein ffrindiau a ŵyr y gyfrinach hon yn awr. Felly byddaf ddiolchgar os cedwch hi i chi eich hun. Yn anffodus iawn, mae'r athrawes sy'n dysgu Cymraeg yma gyda mi yn ymadael yn awr. Miss Roberts yw hithau. Ac mae pobl ddwl yn meddwl mai fi sy'n madael ac wrth gwrs ni fedrant feddwl fy mod i yn ymadael i ddim ond i briodi. Felly mae yma stori ar led yn Aber Dâr fy mod yn madael ond fe â honno i lawr pan welant fi yma y term nesaf.

Mae'n debig er nad yw yn sicr mai yn Aberystwyth y byddwn yn byw. Felly, D.J. a Siân dyna i chi le handi am holide. Fe fyddai'n dda gennyf ddyfod yna ond gan fy mod yn cynhilo, a chan fod ein Sadyrnau a'n Suliau yn bethau gwerthfawr iawn i Morus Kyffin a minnau fe faddeuwch am dro, er cystal a fyddai gennyf eich cwmni. Fe gaf eich gweled, eich dau gobeithio tua Llandeilo.[17]

Peth arall ni byddai gennyf fi ddim newydd i'w ddweud wrth aelodau Abergwaun.

Bûm yn annerch ym Medlinog ac Abercynon o fewn y pythefnos diwetha. Cynulliadau bach iawn.

Fy nghofion anwylaf atoch eich dau,
Kate.

LlGC P2/39/4

12

Bristol Trader,
Abergwaun.
18 Mehefin, 1928

Annwyl Gathrin,

Wel wir, fe wnaethoch yn ddoeth i roi'r awgrym ynglŷn â'r botel bop ar ddechreu'r llythyr. Oherwydd wedi i fi briodi'n hunan rwy'n synnu rywfodd glywed fod neb arall yn priodi; wedi dod i'w lawn synhwyrau, dywedwch. O'r ochr arall, cyn i fi briodi, rown i'n synnu braidd fod neb wedi troi'r deunaw, yn byw heb briodi. Fe fues i o bryd i'w gilydd yn meddwl am briodi â channoedd cyn 'y mod i'n ddeg ar hugain oed. Ond o hynny ymlaen, yr own i'n suddo'n sadiach i henlancyddiaeth anniddig, o flwyddyn i flwyddyn, hyd nes i Jane ddod i'm tŷ 'lodgings' i, a 'nghrafu i mas oddi yno. Ac wedyn, doedd dim amdani, ond y llam diadlam.

Wel llongyfarchiadau o waelod calon Kate, i chi ac i Morus Kyffin. Y mae'r peth pwysicaf o bob peth yn ddios, yn eich huniad chi'ch dau – cydnawsedd a chyd-ddealltwriaeth ysbrydol. O gael hwn yn sylfaen, fe gymer y mân betheuach ereill i gyd eu lleoedd priodol. Glywsoch chi'r cyfieithiad yma tybed, o'r ddwy linell adnabyddus

'Y sylfaen fawr safadwy

I roddi arni 'mhwys' –

fel

'The standing big foundation

To put on it my pound'

Wel Cathrin fach a Morus hoffus does genny' ond dymuno, yn well nag y galla i byth wneud mewn geiriau, fendith nef a daear ar eich pen chi. Gwyddoch fod yna dŷ agored i bob ryw fath o bobol yn y Bristol Trader: a gobeithio y cawn ni'r pleser rywdro, yn fuan gobeithio o'ch croesawu chi i gysgu dan ein trothwy, ys dywed

ANNWYL D.J.

Wil Ifan, wrth ofyn am 'lodgings'.

Rhaid eich gadael chi ar hyn o dro o leiaf, heb ddod i lawr i Abergwaun. Ond os gwelwch dwll ynddi, fe fyddem yn falch o'ch cael yma, cyn dydd y dyddiau. Fe gaech eich treuliau, beth bynnag, neu byddai yn gywilydd i ni. Gallech ddod eich dau gyda'ch gilydd, os nad yw hi'n rhy bwysig i gadw'r gyfrinach. Meddyliwch am hynny'n awr te.

Golygfa yn ystod yr etholiad hwn yn Sir Gaerfyrddin:

Ysgoldy Gwag, mewn tref lawn lle y cyhoeddesid siaradwr ar ran y Blaid ar awr neilltuol.

Y siaradwr yn cyrraedd, yng nghwmni dau gyfaill, – un ohonynt yn fardd.

Ebr bardd yn hollol ddifyfyr, wedi dod drwy'r drws:

'I mewn, heb sôn am enaid – i glywed
            Y glewion wroniaid;
        O Dduw, Tydi a ddywaid
        Ai hyn ydi y blydi Blaid.'

Y bardd oedd Waldo Williams , y lle – Hen dy Gwyn-ar-Daf.

Amser – 7.30 nos Sadwrn diwethaf. Cyhoeddwr y cwrdd, heb ganitâd y siaradwr – Huw Roberts. Siaradwr – dyn a elwir yn neb. Ei gyfaill – Neb arall.

Yr oeddem wedi penderfynu mewn pwyllgor yng Nghaerfyrddin gan nad oedd gennym ymgeisydd , mai ofer a fyddai cynnal cyrddau. Ond chwarae teg i'r hen H.R. ar ei orau eithaf y mae. Gwyn fyd na châi Cymru ran helaeth o'i ffoliineb. Fe'i hachubid wedyn. Y mae H.R. yn marw dros ei wlad yn ddiamheuol, ond byw drosti yw'r gamp i ddyn sy'n saff o dri chan punt y flwyddyn.

Ac yn Aberystwyth 'r ych chi'n mynd i setlo lawr ynte. Dyna lle y bydd llenora wedyn. – a chynnyrch y Wasg yn swyno ac yn synnu dyn.

Cofion mwyaf cywir a chynnes atoch eich dau oddi wrthym ni'n dou,

D.J. a Siân.

13

8, Lôn Isa,
Rhiwbina,
Caerdydd.
27 Rhagfyr, 1929 [recte 1928]

Annwyl D.J. a Siân,

Yr oedd eich llythyr y dydd o'r blaen yn hyfrydwch pur. Daeth
yma wedi bod ar drafalîs (chwedl pobl Sir Gaernarfon) drwy Aber
Dâr a Rhosgadfan.

Deuthom yma wythnos i ddifiau diwaethaf ac mae gennym
er y dydd cyntaf wely reit gysurus a phethau i wneud bwyd, ac
am wn i nad ydym fawr yn nes ymlaen byth. Mae'r ffenestri fel
llygaid tylluanod yn disgwyl am lenni drostynt, a Chatrin Robaits
yn cymryd gormod o ddiddordeb mewn gwneud bwyd a golchi
dillad i fynd ati i wneud y pethau sy'n rhaid eu cael cyn y gellir
galw tŷ yn dŷ. Ond fe ddaw fesul tipyn. Wn i ddim a wyddoch chi
rywbeth o grwydriadau Morus. Cafodd waith ar y *Western Mail*.
Dyna paham y chwiliasom am dŷ yn Rhiwbina.[18] Ond ymhen
tair wythnos daeth ei hen feistr o Donypandy i grefu ganddo
fynd yn ôl. Rhoes Morus ei delerau ei hun i lawr – sef byw yn
Rhiwbina, oriau llai a mwy o gyflog, a chafodd y cyfan ac felly yn
Nhonypandy y mae.

Hyd y gwelaf fi mae Rhiwbina yn lle braf iawn i fyw ynddo er
na welais i lawer arno eto; ac ni welsom neb a adwaenom yma eto.
Mae W. J. G. [W. J. Gruffydd] yn byw yma yn rhywle, ac yr ydym
ni'n dau wedi penderfynu mai rhyw dŷ yn Lôn y Dail ydyw, lle
mae lot o lyfrau i'w gweld wrth edrych o'r ffordd.

Mae gennym ni dŷ bach braf iawn. Credwn y bydd yn
ddel wedi ei orffen. Gwnaed ein dodrefn gan frawd Morus yn
y Groeslon, ac maent yn ddigon o ryfeddod o hardd a solat.
Rhaid i chi eich dau ddyfod yma i fwrw'r Sul rywdro. Bydd
yma groeso cynnes i chwi. Yr wyf yn berffaith hapus. Ni byddaf
byth yn meddwl am yr ysgol, ond fe'm mwynhaf fy hun yn
y tŷ yn gweithio a gwneud bwyd a disgwyl Morus adref o'i
waith – peth canmil hyfrytach na disgwyl cloch y wers olaf yn y

prynhawn, er mor dderbyniol oedd clywed honno.

    Cofion annwyl atoch eich dau,

    Yn bur,

    Catrin.

[Amgaeëdig]

Fy Annwyl D.J.,

    'Gair o atodiad' meddwn ar ddalen arall o bapur ac ar ôl ysgrifennu pedair lein dyma fi'n cael andros o flot ac yn gorfod ail ddechreu eto. Swm a sylwedd yr hyn a aberthwyd i'r tân oedd dweud fy mod fel hen geffyl yn nogio ac yn teimlo fy myd yn rhy braf i sgrifennu rhagor. Yr unig beth sy'n fy mhoeni i yw na fuasai Ysgol Haf Machynlleth wedi ei chynnal hanner can mlynedd yn ôl – buaswn wedi priodi ers wyth mlynedd a deugain felly – ac wrth gwrs byddai'n rhaid cael yr un faint o fy mlaen eto!

    Y mae Rhiwbina yn lle delfrydol i fyw ynddo. Ddoe y gwelais blismon am y tro cyntaf yma ac nid oedd hwnnw ond cwnstabl cyffredin heb yr un streipen. Fel y dywedais wrthych yn Llandeilo, gwn fod eich dymuniadau da chwi yn rhai cywir iawn ac yr wyf yn eu gwerthfawrogi. Yr wyf yn falch o feddwl fod Machynlleth wedi rhoi cymaint o bethau imi.

    Gyda llaw, a yw'n wir eich bod chwi yn anfon apêl at y Pwyllgor Gwaith i gael yr Ysgol Haf yn Llandeilo eleni eto?

    Er na chwrddais â Mrs. Williams teimlaf fy mod yn ei hadnabod ac anfonaf fy nghofion ati hi a chwithau, a gobeithio y caf eich gweld eich dau yn fuan.

    Toes yma ddim lle i roi 'Yours triwli' – Morus (na lle i'r 'Kyffin' ychwaith!).

LlGC P2/39/5

14

Y Bristol Trader,
Abergwaun.
14 Ionawr, 1929

Annwyl Gatrin Roberts a Morus Kyffin,

Gwn mai fel Mr. a Mrs. Williams y dylwn, a mod i fel dyn arall, eich cyfarch yr awrhon – ond fel uchod yr adwaen i chi oreu. Y mae personoliaeth gan 'Gatrin Roberts' a 'Morus Kyffin' ac enw megys y 'Bristol Trader'; ond nid oes gan 'Williams' fwy o bersonoliaeth nag sydd gan drwyddedwr y 'Trader'. Enw cyffredin ar bersonau cyffredin yw 'Williams' yr un fath a 'Boxer' am bob ceffyl blaen a 'Cochen' am bob buwch goch. Rhyw un 'Jones' ymhob cenedlaeth a 'ddeil ei ben yn uwch na'r don'. Un Fred Jones sydd heddiw mi greda: Ac onibai ei fod e'n ŵr Aelod-og, suddo a wnaethai yntau. Ryw gan mlynedd yn ôl bu'n frwydr rhwng y Siôn a'r Wiliam yn ein teulu ni y mae'n debyg. Diolch am y mân fendithion!

Wel dydi'r llythyr hwn, hyd yn hyn ddim yn rhyw dueddbennu (chwedl J. J. Williams) i gyflawni ei ddiben cyntefig – sef llongyfarch o galon a dymuno bendith a Duw'n rhwydd i chi'ch dou fach am y dyfodol. Wel, erbyn i fi feddwl, rwy wedi gwneud hynny o'r blaen, pan glywais i'r newydd gynta. Ond ni ellir gofyn bendith yn rhy aml. Fe'm maged i mewn teulu lle y gofynnid bendith ar fwyd bedair gwaith y dydd. Dyna shwd ces i fochau coch, efallai.

Wel Kate, 'rych chi wedi mynd yn ucheldrem ofnadw yn ych beirniadaethau diweddar. Rown i wedi meddwl cyhoeddi casgliad o storïau byrion – rywbeth yr un hyd â fi, a'r un dyfnder o ran hynny, – rywbryd o fewn corff y ganrif hon, cyn i fi weld *Y Faner* beth amser yn ôl.[19] Yn awr bwriadaf gyflwyno'r MSS yn sbils ar fasâr y Blaid. Bydd yn dda gan Huw Jôs eu cael, – er mai mwy o fwg nag o dân a geir ohonynt.

Os na chewch chi'r llythyr hwn, rhowch wybod os gwelwch fod yn dda, ys dywedai'r Gwyddel gynt. Y mae gan Siân yma ryw bishin o 'dyrci red' neu frown holand, neu French Merino neu rywbeth yn y tŷ a nod ar ei glust at rywbeth, – esgusodwch y metaffor.

Fe ddywedech chi Catrin, ar ddiwedd eich erthygl yn *Y Llenor* y peth a feddyliais i am dano lawer gwaith, sef, yr anhawster o gael nofel fawr yng Nghymru, oherwydd amgylchiadau arbennig – diffyg cyfle'r nofelydd, a phris uchel cyhoeddi gwaith hir a chylchrediad cyfyng.[20] Y blydi Blaid a Llywodraeth Gymraeg i ddiogelu anhepgorion ein bywyd yw'r unig obaith yn ddios.

Cofion cynhesaf atoch eich dau, a phob bendith a ellwch ddymuno am y dyfodol – oddi wrthym ni'n dau.

Yn ddiffuant yr eiddoch,

D.J. ac S.

LlGC Kate Roberts 140

15

9, Peter's Rd.,
Newton,
Mumbles,
Abertawe.
10 Mai, 1929

F'Annwyl D.J.,

A wnewch chwi ofyn i J. J. Evans ac R. A. Thomas roi tuag at gronfa lecsiwn Valentine?[21]

Mi anfonaf i at Titus Lewis.

A gaf i eich rhoi chwithau ymhlith y meichiafon swyddogol am £10? Neu ynteu a wnewch chwi eich termau eich hun â Mrs Gruffydd. Dyma fy mhwynt i – peidiwch â rhoi gormod. Os gwna pob un tua'r £10 bydd popeth yn iawn. Yr wyf yn awr yn credu fod digon i sicrhau'r deposit gennyf wedi ei addo.

Cofion,

S.L.

LlGC P2/38/19

16

9, Peter's Rd.,
Newton,
Mumbles,
Abertawe.
18 Medi, 1929

F'Annwyl D.J.,

Yn gyntaf, rhag imi anghofio wedyn, byddai hanes llawn o'r ymddiddan gydag A.E. yn amheuthun gennyf i'r *Ddraig*. Deled yn fuan. (Caiff ymddangos ar ôl Hydref 17).[22] Yn awr am Bwllheli. Rhagluniaeth a anfonodd yr ysgol haf yno wedi'r cwbl, a minnau ers yr ysgol yn melltithio'r Blaid a'r aelodau a'r lle. Ni bûm ddedwydd yno. Prosser Rhys yw'r gorau i sgrifennu at William George. Y maent yn ffrindiau iawn. Anfonwch ato. Mi sgrifennaf i at Miss Edith Thomas, Criccieth, a adwaen. Y mae ganddi beth dylanwad ar y George hefyd. Beth pe gofynnech i R. W. Parry os edwyn ef y Canon o Fethesda neu'r Dr. John Gruffydd?

Ped ysgrifennwn i at William George fy hun, ofnaf y barnai fy mod yn ceisio cael un o'r Blaid i mewn i'r Sir, ond ni feddwl ef hynny am Brosser Rhys.

Cofion lawer – yr wyf ar ganol nodiadau'r Mis i *Ddraig* Hydref, – yn bur iawn,

Saunders Lewis.

P.S.

Synnais ddarllen eich tystysgrifau a'ch cofiant. Nid oeddwn yn adnabod D.J. yn y David John Williams, Esquire, Oxon, double honours, a'r nofiwr mawr!!!

Paham na soniasoch am eich dyrnau a gadwai'r plant i'w lle ac a wacaodd unwaith ymysgaroedd y Valentine?

LlGC P2/38/20

17

8 Lôn Isa
Rhiwbina
Caerdydd
18 Medi, 1929

F'Annwyl Siân a D.J.,

Ar hanner gwneud cinio yr wyf ac yn cipio munud i sgrifennu.
Yr oeddem yn falch anhraethol o gael eich llythyr a phe na
chawsem ef yr oeddem am sgrifennu heb eich cennad at ddau neu
dri o bersonau wedi gweled eich bod ar y rhestr fer am Bwllheli.
Ond yn awr wedi cael y rhestr hon gwelwn fod yna gryn wyth neu
naw y gallwn ysgrifennu atynt i gyd a gallaf eich sicrhau y cewch
fôt tipyn go lew ohonynt. Adwaen rai ohonynt yn dda iawn.
Gresyn na allasech fynd i Sir Gaernarfon yr wythnos diwetha. Fe
fyddai cael golwg ar y 'llanc o Gaio' a chlywed ei ffraethineb yn
help mawr. Ond mae gennych rai da yn gweithio drosoch – y rhai
a enwasoch a feddyliaf rwan – nid y cwmni presennol yn gymaint.

Gobeithio yn fawr myntwn ni ein doi mai D.J. a fydd Prifathro
Ysgol Pwllheli. Ma digon o'i ishe fe lan sha'r North na i roi ticin
o drefan arnyn nhw. 'E fydd tre Pwllheli wetni yn un wên o'r
West End i Graig yr Imbill a'r hoil yn tywynnu yno drwy'r dydd
rowndybowt. Dyna fi'n colli Cwmrâg y De nawr.

Sut hwyl a gawsoch tuag Iwerddon? A fu eisieu'r fasged wrth
groesi. Edrych y gwyliau a'r Ysgol Ha a'r Cyfarfod Dirwest
hwnnw yn bell bell yn ôl erbyn hyn, ac ma Morus Kyffin a Catrin
Robaits wedi bwrw pwer o waith drwy'i dwylo oddi ar hynny.
Yr wyf wrthi yn ceisio gorffen cyfrol o storïau byrion i'r wasg.
Dim ond un a hanner sydd gennyf eto. Ond efallai y cymer yr un
a hanner hynny lot o amser i'w cyfansoddi. Yr wyf wedi stopio ar
hanner un wedi cael ofan y bydd pobl Rhosgadfan yn fy rhoi yn
jail am eu henllibio!

Rhaid i fi fynd at y tatws yna, os bydd gan Morus bwt i'w
ddweud fe'i rhydd i mewn wedi cyrraedd. Dymunwn y gorau
i chwi tua Phwllheli. Pryd ŷch chi am ddod yma i'n gweld?
Cofiwch fod croeso i chwi hyd y mynnoch.

Fy nghofion anwylaf
Yn bur fyth,
Catrin.

Yr un fath â'r wraig yw hi yn fy hanes i a chefais ormod o ginio i fedru meddwl am ysgrifennu. Pob llwydd ichwi. Cofion puraf
– Morus Kyffin.

LlGC P2/39/6

18

Y Bristol Trader,
Abergwaun.
22 Medi, 1929

Annwyl Gatrin a Morus Kyffin,
Diolch yn fawr iawn i chi'ch dau am eich parodrwydd parod yn helpu'r achos.

Yn y ngwir 'nawr, newidiwn i mo 'nghefnogwyr yn Sir Gaernarfon â Lloyd George ar un telerau. 'Remnants' Rhyddfrydiaeth ar y trai sydd ganddo ef yno – blaen donnau'r llanw ysbrydol sy'n fy helpu innau. George Davies. Kate a Morus Kyffin, Ben, Val. Moses Ruffydd, a'r dihafal Iorwerth feddyg, etc.

Y mae un o'm cefnogwyr goreu, Mr George Davies, wedi gweld halo'r sant o'm cwmpas rywdro, gallwn feddwl, wrth y geiriau graslon y mae wedi ddweud wrth rai am danaf. Gwêl cefnogwr arall 'y llenor!' yn brigo'n wythïen aur i'r wyneb ynof, drachefn. Edrych y llall arnaf fel 'dyn glwth ac yfwr gwin'. Eithr barn y mwyafrif yw, a diau mai hwy sydd yn nesaf i'w lle, – mai clown ydwyf. Y mae'n well genny beidio â dweud beth yw barn Jane. Dwg y barnau hyn oll i'm cof eiriau'r Salmydd gynt – 'Rhyfedd ac ofnadwy y'm gwnaed.''

Cawn wybod ar y 17 o Hydre, beth fydd barn y sanhedrin yn sir Gaernarfon am danaf!

Wel, Morus, caniatewch i mi'ch llongyfarch yn ddiffuant ar

eich crynodeb rhagorol o hanes yr Ysgol Haf ym Mhwllheli.
Teimlwn wrth ddarllen *Y Ddraig* fod yr adroddiad yn odidog o
dda a chywir.[23] A welsoch chi, gyda llaw, erthygl Lewis Spence ar
Blaid Genedlaethol Cymru yn y *Scots Independent* am Fedi?[24] Yn
ôl fy marn i y mae wedi llwyddo i daro ar brif bwyntiau'r Blaid yn
hynod o effeithiol.

Wel, hwyl fawr ac arddeliad llwyr, ar y gwaith i orffen y gyfrol
o storïau byrion, Kate. Yr wyf yn llyfu gên wrth feddwl am y
rhain, fel petawn yn cydio mewn dolen peint pan fo'r hwyl yn
uchel mewn Ysgol Haf.

Cofion cynhesaf atoch eich dau oddi wrthym ninnau'n dau; a
diolch yn fawr am y croeso i ddod i'r Lôn Isa. Fe fyddwn yn falch
o'r cyfle i ddod, pryd bynnag y down ni i Gaerdydd.

Yn ddiffuant yr eiddoch,

D.J.

LlGC Kate Roberts 151

19

Y Bristol Trader,
Abergwaun.
13 Hydref, 1929

Annwyl Forus a Chatrin,

Wel meddyliwch am danoch yn trafferthu cymaint â hynyna, er
mwyn y llai na'r lleia' o'r rhai hyn. Wel, Duw a dalo i chi 'mhlant
i. – ond fe leiciwn i gael cyfle i dalu am y rownd gynta o'i flaen e.
Ac os na fydde fe'n sharp bach, rwy'n ofni y bydde Morus wedi
mynnu setlo am yr ail rownd o'i flaen e – er yn hollol ma's o'i
dro. Wel, diolch o galon i chi'ch dau – dyna'i gyd sydd genny i'w
ddweud. Y mae rhai ereill wedi bod yn garedig y tu hwnt wrthyf
hefyd – ganwaith mwy na'm haeddiant. Y mae George M. Ll.
Davies wedi mynd i drafferth mawr i weithio drosof, a'r hen Val
hefyd, – nes bod arnaf gywilydd o honof fy hun.

Wel, Kate, y mae'n rhaid i mi ddweud fy mod i'n nabod fy
hun yn llawer gwell yn y darlun o honof yn *Y Ddraig Goch* am

Orffennaf diwethaf,[25] nag yn y pictiwr o honof yn y llythyr i Mr. R. E. Jones. Ond dyna, fe ddywedais wrthych o'r blaen yng ngeiriau synedig y Salmydd,

'Wele, rhyfedd ac ofnadwy y'm gwnaed [sic].'

Dydd Iau nesaf ynte, y byddaf o flaen fy ngwell yng Nghaernarfon. Ond er dycned a fu rhai cyfeillion yn perffeithio eu nerth yn fy ngwendid i, – nid oes genny le i deimlo'n siomedig o gwbl o'i cholli. W. J. Hughes bron yn sicr, a'i caiff hi, gallwn feddwl. Ond ni wiw i ddyn sy'n fyr ei goes eisoes ymollwng yn ei arrau, rhagllaw.

Wel 'nawr te, Kate, brysiwch â'r storïau byrion yn barod cyn gynted ag y gellwch, er mwyn i mi gael rhywbeth i godi 'nghalon ar ôl dydd Iau. A chithau Morus, rhedwch i godi'r tegell oddi ar y tan, os bydd Kate yn edrych yn 'fixed' ar y nenfwd mewn ymchwil am ansoddair iawn i ddisgrifio dyn â llygad tro ganddo, neu rywun a'i drwyn rywfaint cochach na'r gweddill o honom.

Cofion cynhesa oddi wrthym ni'n dau, atoch chi'ch dau,

D.J.

LlGC Kate Roberts 154

20

9, Peter's Rd.,
Newton,
Mumbles,
Abertawe.
12 Rhagfyr, 1929

F'Annwyl D.J.,

Nid oes gennyf ond gofyn eich maddeuant ac esbonio sut nad anfonais ddiolch yn gynt am yr ysgrif. Fel yma y bu: – nid oedd gennyf am bythefnos ddesg sgrifennu na dwylo glân, canys bûm yn papuro'r tŷ!! Ond fe ddaeth yr ysgrif yn ddiogel, a'ch llythyr; a bwriadaf ddefnyddio'r llythyr yn gystal â'r ysgrif yn *Nraig* Ionawr, ond wrth gwrs pan soniwyf am ganfasio am swyddi prifathrawon gofalaf na ddaw un arwydd na rhith arwydd imi dderbyn ffeithiau gennych chwi. Ond yn wir y mae'r sistem yn bwdr drwyddi, a'r gwaethaf yw nad oes arwydd gwella arni o gwbl.

Yn awr, yr ysgrif ar A.E. Mewn difrif, D.J. y mae hi'n gampus odiaeth, yn ddarn o newyddiaduraeth sydd hefyd yn llenyddiaeth. Y mae hi'n fyw, yn syndod o ddiddorol, ac yn dra gwerthfawr hefyd. Ni chefais i erioed ddim cystal yn *Y Ddraig Goch*, ac mi wn y gwna hi les i'r papur ac i'w gylchrediad.

Gwelaf chwi yn y Pwyllgor ar gychwyn Ionawr, Ionawr 3, mi dybiaf. Bydd gennym broblemau blin i'w trafod, ond trwy'r cwbl y mae'r Blaid, mi gredaf, yn ymsefydlu'n raddol yng Nghymru. Yr wyf mewn difrif hefyd am ofyn i'r pwyllgor chwilio am lywydd a all roi amser i gyfarfodydd ac annerch y wlad, a llywydd y bydd ei syniadau yn llai amhoblogaidd na'r eiddof i.[26]

Cofion a dymuniadau da i Mrs. Williams ac i chwithau,

Saunders Lewis.

LlGC P2/38/21

Dechrau'r tridegau: Kate yn symud i'r Rhondda ac yna i Ddinbych

21

Y Bristol Trader,
Abergwaun.

24 Rhagfyr, 1929

Annwyl Gatrin Wiliam,

Wel, yr ydym ni'n dau yn falch rhyfeddol ar yr anrheg Nadolig wych *Rhigolau Bywyd* a anfonasoch i ni. Fedrech chi ddim anfon dim byd gwerthfawrocach, na dim a bery mor ddigyfnewid â hwn.

Ein barn ni'n dau, Kate, ac y mae'n barn ni yn anffaeledig o fewn cylch y bar yn y Bristol Trader yw, fod y casgliad hwn yn rhagori hyd yn oed ar *Gors y Bryniau*[27] yn gymaint â'i fod yn aeddfetach ac yn gynilach. Yr oedd ôl llaw prentis ar rai o'r rheiny. Ond meistr, neu feistres yn hytrach, y grefft yn unig a geir yma. Fe'u darllenaswn wrth gwrs y rhan fwyaf o'r blaen, ond wele 'mi a'u darllenaf eto' yw fy mhrofiad, ac eto, ac eto hefyd, pan fo'r chwiw yn dod.

Credaf o hyd, mai 'Rhwng Dau Damaid o Gyfleth' yw'r peth goreu i gyd o honynt. Ai gwir yr hyn a glywais, sef fod hon i ymddangos mewn cyfieithiad Saesneg, mewn casgliad a gyhoeddir yn fuan? Yn sicr, ni fydd Cymru ar y cywilydd, os cywir y bwriad hwnnw a glywais.[28]

Y mae Siân wrth yr ŵydd; a finnau wedi cadw poteliad o win rhiwbob ar ôl, er mwyn dathlu Gŵyl y Geni mewn modd teilwng o Gristion od!

A fyddwch chi ym mhwyllgor y Blaid yn Aber, Ion 3. tybed. Gobeithio y byddwch yno eich dau, i ni gael whlia.

Maddeuwch yr oedi yn anfon diolch i chi. Ond diogi llethol diwedd tymor a'm rhwystrodd, a gwn fod gennych gydymdeimlad trylwyr â phob dioddefydd dan y dolur poenus, ansymudol hwnnw.

Cofion cynhesaf atoch eich dau oddi wrthym ni'n dau, a diolch calon unwaith eto am eich anrheg brisfawr.

Yn ddiffuant,

D.J.

O.N. O ie, fe fues bron ag anghofio Nadolig Llawen, Merry Christmas. Blwyddyn Newydd Dda a Happy New Year i chi'ch dou.

David John by Jane's order.

LlGC Kate Roberts 156

22

9, Peter's Rd.,
Newton,
Mumbles,
Abertawe.
7 Gorffennaf, 1930

Annwyl D.J.W.,

Diolch yn frwd am yr erthygl i'r *Ddraig*. Yr wyf yn dra balch o'i chael. Gobeithio y caf eto ragor gennych. A adwaenech chwi H.R. yn bersonol yn weddol dda? A oes gennych atgofion arbennig amdano? Os oes, a wnewch chwi anfon rhywbeth neilltuol felly imi ar unwaith, gan fy mod yn dymuno gwneud rhifyn Awst yn rhifyn coffa iddo. (Yn rhifyn Awst hefyd y daw eich erthygl ar Mr. Fred Jones allan.)[29]

Diolch hefyd am eich llythyr. Ofnaf na allaf i wneud dim yn awr i newid ar gynlluniau Valentine i ysgol Llanwrtyd, ond gwyddoch fy mod yn falch iawn o gael pob help a ellir ynglŷn â'u gwaith gan rai y tu allan i rengau'r Blaid. Peidiwch â phetruso dwyn awgrymiadau fel yna i'r Pwyllgor yn Llanwrtyd.

Fy nghofion cynnes iawn,
Saunders Lewis.

LlGC P2/38/22

23

Y Bristol Trader,
Abergwaun.
18 Ionawr, 1931

Annwyl Kate a Morus,

Blwyddyn Newydd Dda i chi'ch dau, a phob peth dymunol i'w dilyn.

Gwn i chi gael ergyd trwm diwedd y flwyddyn drwy farw eich brawd chi, Kate, a dyna'n un peth pam rwy'n sgrifennu'n awr. Gwelsom y nodiad yn y papur ar y pryd; ond fe oedwyd rhag anfon gair yr adeg honno rywfodd neu'i gilydd. Ond er yn hwyr, derbyniwch ein cydymdeimlad dyfnaf ni'n dau yn wyneb y brofedigaeth chwerw.[30]

Bûm yn darllen *Laura Jones* yn ystod y gwyliau. Ac yn y ngwir i, Kate, os ca i ddweud e yn ych wymad chi, y mae hi'n nodedig o dda. Y mae'r stori fel telyneg o brydferth, ac mor hapus â Laura ei hun, a chanddi'r un swyn, syml, anorchfygol. Dyma un o'r pethau gorau rych chi wedi 'wneud eto.[31]

Darllenais *Monica* hefyd; ond da gennyf mai *Laura* a ddarllenais ddiwetha i fynd â pheth o wynt pisio cathau i ffwrdd. Ond peth ofnadw o anodd i gael ei wared yw e. Fe fu gen i got unwaith pan own i'n grwt a fu'n dystiolaeth fyw o hynny am fisoedd wedi'r anffawd, – er mynych olchiadau cydwybodol fy mam. Rwy'n ofni y glyn y perarogl hwn wrth y Blaid hefyd. Y mae lle'r cathod yn y stori hon rywbeth yn debyg i'r *Greek Chorus* gynt, gallwn feddwl. Ond buasai'n well gen i eu miwsig hyd yn oed, na'u doniau ereill, i bwysleisio athroniaeth y gwaith. A'r stroc orau i gyd yw gwysio pêr ganiedydd Cymru i fendithio'u gweithrediadau.[32]

Rhaid terfynu'n awr, rhag i fi ddweud drosti – gair Rhyd-cymerau am 'exaggerate'.

Roedd hi'n ddrwg genny fethu â bod ym mhwyllgor y Blaid yn Aber. Ond rown i fel y mab afradlon, 'mewn gwlad bell' ar y pryd – a chael amser bron cystal ag yntau yno, er fod Jane gen i.

Cofion cynhesaf atoch eich dau, oddi wrth Sian a fi,

D.J.

24

8, Lôn Isa,
Rhiwbina,
Caerdydd.
3 Chwefror, 1931

Annwyl Gyfeillion,

Yr oeddem yn falch iawn o gael eich llythyr y dydd o'r blaen. Bûm yn meddwl tybed a welsoch hanes fy mrawd oblegid gwyddwn y byddai'n ddrwg gennych. Yr oedd yn brofedigaeth fawr iawn, oblegid ei ladd ei hun a wnaeth fy mrawd. Collodd ei wraig fis Awst diwethaf wedi iddi fod yn wael am ddwy flynedd gyda chancer o'r gwddf. Yn ystod yr holl amser yna bron bu yntau allan o waith. Wedi ei marw aeth yn ddigalon iawn ac yr oedd dan law doctor o hyd. Ond ni feddyliodd neb y buasai'n cymryd ei fywyd. Nid anghofiaf fyth y braw a gefais y diwrnod hwnnw. Yr wyf wedi medru ymddihatru'n lled dda oddi wrth feddyliau prudd, er anhawsed oedd hynny. Poeni ynghylch fy rhieni yn eu hen ddyddiau yr oeddwn fwyaf, oblegid nid âi ddiwrnod heibio heb i'm brawd ymweld â hwy gan ei fod yn byw yn y tŷ nesaf, ac mae'r ardd lle digwyddodd y trychineb o flaen eu llygaid bob dydd o'u bywyd.

Petawn i'n mynd i sgrifennu hanes fy mywyd fe fyddai'n llawn ar un ochr o bethau duon, duon, ac ar yr ochr arall o bethau heulog.

Nid oes dim canolig yn digwydd yn fy mywyd i.

Diolch yn fawr i chwi am eich geiriau caredig am *Laura Jones*. Nid wyf yn meddwl ei bod cystal â *Rhigolau Bywyd*. Yr ydym ni'n dau'n meddwl bod *Monica*'n wych iawn. Mae hi'n nofel fawr er gwaetha'r arogleuon. Ni chaiff Morus Kyffin a finnau amser i edrych ar ein gilydd bron y dyddiau hyn. Mae M. yn gweithio'n galed iawn efo'r Blydi Blaid a cheisiaf innau ei helpu dipyn. Bydd y Blaid yn gyfrifol am golledion i lenyddiaeth Cymru. Y gwir amdani yw mai ychydig iawn iawn o bobl sy'n gweithio gyda'r Blaid fel gyda phopeth arall, mae'n debyg. Ni bûm ar gyfyl y pwyllgor yn Aber oherwydd prinder arian.

Ein cofion cynhesaf ein dau,
Catrin a Morus Kyffin.

LlGC P2/39/7

25

9, Peter's Rd.,
Newton,
Mumbles,
Abertawe.
12 Hydref, 1931

Annwyl D. J. Williams,

Yn gyntaf oll mi ddywedaf wrthych yr hyn a ddywedais wrth bawb a welais hyd yn hyn, sef bod eich ysgrif yn y *Llenor* yr Hydref hwn yn gampwaith rhyddiaith mor bwysig â dim a ymddangosodd yn y *Llenor* erioed. Pellach, nid oes dim dau amdani, rhaid i chwi ddwyn yr ysgrifau hyn at ei gilydd yn llyfr, a bydd hwnnw yn un o bethau mawr ein hoes ni, yn sefyll gyda *Rhigolau Bywyd* ac *Ysgrifau* ymhlith campweithiau rhyddiaith ein canrif.[33]

Fy ail bwynt yw diolch am eich llythyr at fy agent. Mi anfonaf delegram atoch yfory rywbryd i ddweud wrthych os bydd dydd Sadwrn nesaf, Hydref 17, yn gyfleus imi deithio Dyfed, a dibynnaf wedyn arnoch chwi i drefnu fel y canlyn: –

Caerfyrddin – 10 a.m.
Hwlffordd – 12.30.
Aberteifi – 3 p.m.
Aberaeron – 5 p.m.
Ond nid Aberystwyth.

Os derbyniwch delegram yn dweud fod y diwrnod yn rhydd gennyf, a wnewch chwi geisio trefnu'r cyfarfodydd hyn a'u hysbysebu yn y papurau os oes angen ac anfon biliau i Mai Roberts, a'r man cyfarfod i minnau.[34]

Cofion a gobeithion,
Saunders Lewis.

LlGC P2/38/23

26

7, Kenry Street,
Tonypandy,
Rhondda.
8 Rhagfyr, 1931

Annwyl Gyfeillion Mwyn,

Rwy'n anfoesgar iawn, wedi oedi ateb eich llythyr caredig iawn a dderbyniais pan fu farw 'nhad. Ni allaf ddweud pa mor falch oeddwn o'i gael. Er na all neb sy tu allan fynd i mewn i deimlad y sawl sydd yn y brofedigaeth ar y pryd, eto mae gair bach o gydymdeimlad yn werthfawr iawn oddi wrth gyfeillion. Diolch yn fawr i chwi.

Gwelwch ein bod yn y Rhondda. Yr ydym wedi hen gartrefu yma erbyn hyn, ac yn hapus iawn.

Gwelwn fwy o bobl mewn wythnos nag a welem mewn tri mis yn Rhiwbina. Mae rhywun yn galw i'n gweld yn fynych ac mae yma ddarlithoedd a dosbarthiadau ddigon. Bu'r Athrawon W.J.G. a G.J.W. yma eisoes yn siarad ac mae Cassie Davies, Henry Lewis ac eraill i ddyfod. Awn ein dau bob nos Wener â'n llyfyr yn ein llaw i ddosbarth ar 'Berthynas Ryngwladol' dan Mr. Alun Oldfield Davies. Cawn bleser mawr ynddo a gellwch feddwl fel mae Morus Kyffin yn dadleu ar y diwedd ac yn dyfod â'r Blaid i mewn i bob ymdrafod. Fe ŵyr y dosbarth hwn yn Nhonypandy fwy am y Blaid nag a wyddai erioed o'r blaen.

Wel, beth ŷch chi'n feddwl o'r lecsiwn? Ar y dechrau yr oeddem yn siomedig nad aeth S.L. i mewn, oblegid wrth fyned o gwmpas i ganfasio iddo a chanfod cynifer oedd o'i blaid, tybiem y gallai ennill. Modd bynnag, nid ydym mor siomedig erbyn hyn. Mae naw cant yn dyrfa go lew (yn ystyr Sir Gaerfyrddin i'r gair) pe gwelem hwynt i gyd gyda'i gilydd.[35] Yr oedd gan 'nhad bartner yn y chwarel ers talwm, ac un dyhead mawr oedd gan hwnnw mewn bywyd, a dyna oedd hwnnw, cael gweled holl bobl y byd yn sefyll ar Sir Fôn â llathen sgwâr i bob un! Ac yntau'n edrych arnynt o Sir Gaernarfon, wrth gwrs. Felly gyda'r naw cant hyn. Pe gwelem hwynt i gyd gyda'i gilydd byddent yn dyrfa fawr.

Fe ddywed Morus Kyffin pe bai ganddo fodd yr hoffai fyned i siarad gyda D.J. dros y Blaid yn Sir Gaerfyrddin rywdro, a Siân a finnau fyned i rannu pamphledi!

Wrthi'n gweithio y mae Morus rwan dros y B. Blaid. Nid yw byth yn stopio gweithio drosti. Y Blaid, Blaid, Blaid yw hi yng nghwsg ac effro.

Amdanaf i, ychydig iawn o ynni sy gennyf i weithio dros ddim. Hyderaf eich bod eich dau yn iach a llawen.

Enfyn Morus a finnau ein cofion cynhesaf atoch eich dau a dymuniadau da am Nadolig Llawen.

Yn gywir fyth,
Kate.

LlGC P2/39/8

27

University College of Swansea,
Calan Mehefin, 1932

Annwyl D.J.,

Mae'n wir ddrwg gennyf na chawsoch Landeilo, ond wedi'r cwbl ni allaf ddweud bod yn syn gennyf. Y mae'r method o ennill swyddi yn sicrhau nad y dyn gorau odid fyth a'u caiff. Pan gaffom lywodraeth Gymreig, daw pen ar hynny ac ar ganfasio – bydd yr apwyntio'n gyfan gwbl yn nwylo'r Gweinidog Addysg ar gyngor yr adolygyddion. Felly'n unig y glanheir bywyd cyhoeddus Cymru. Y mae Cynghorwyr Sir Cymru yn codi cyfog arnaf i.[36]

Yr oedd bod Lloyd George a'i ferch ym Machynlleth yn ddigon i'm cadw i yn Abertawe hyd yn oed pe na bawn wrthi â'm holl egni yn ceisio gorffen cyfrol 1 *Braslun Hanes Llenyddiaeth Cymru*. Gorffennaf ef cyn Gorffennaf, os caf hamdden a hwyl.[37]

Maddeuwch air mor gwta am y tro.

Fy nghofion at Mrs. Williams,
Saunders Lewis.

LlGC P2/38/26

28

Y Bristol Trader,
Abergwaun.
21 Mawrth, 1933

Annwyl Morus a Chêt,

Llongyfarchiadau diffuant ar y rhifyn cyntaf o'r *Welsh Nationalist* dan eich golygyddiaeth chi, Morus.[38] Y mae 'na 'uffarn o gic' ynddo fe ys dywedodd y Mr. Walter Llyfni druan 'slawer dydd am 'uffarn o lais' pan drawodd e ma's i ganu 'Bugail Hafod y Cwm' am ddau o'r gloch y bore yn y White Horse yng nghynhadledd gynta'r Blaid ym Machynlleth.[39]

Diogi noeth a'm rhwystrodd lawer tro cyn hyn pan welwn nodyn proffwydol o waith y naill neu'r llall o honoch, megis eich llith chi Catrin ar y pwysigrwydd o ddysgu hanes Cymru yn Saesneg i'r dienwaededig; hefyd eich llythyr chi yn ateb Mr. William George a Tommy Levi ar gwestiwn ymreolaeth i Gymru;[40] ynghyd â'ch ateb chi Morris Kyffin i'r Listener-In. Rhyw St. John Irvine wedi 'i sbaddu (maddeuwch y term, annwyl frodyr a whariorydd ys dywed Ffredig Fawr gynt) o scribler yw'r gŵr hwnnw yn ôl fy marn i – yn cymysgu gwir a chelwydd fel y daw hi i daro, gyda'r amcan [?] o dynnu sylw yn unig.[41]

Rwyf eisoes wedi cael 4 dwsin yn lle un yn ôl fy arfer – o'r *Nationalist* am y tro hwn, ac am geisio fy ngorau i'w ledaenu.

Y mae lot fowr, fowr gen i i'w ddweud eto, – ond 'i bod hi'n hwyr, a Siân yn y gwely ers diwrnodau yn mwynhau dos dda o'r ffliw.

Cofion cynhesa oddi wrthym ni'n dau atoch chi'ch dau, – a'r llwyddiant a haedda eich brwdfrydedd di-ofn, di-dor chi'ch dau i'r *Welsh Nationalist* dan ei olygiaeth newydd.

Yn ddiffuant yr eiddoch,

D.J.

O.N. Cyflawnaf fy addewid â chi Morris o anfon rhywbeth i'r *Nationalist* cyn gynted ag y gallaf.[42] Buaswn wedi gwneud dros y Sul hwn 'nawr – mid-term – oni bai fod y penteulu'n ddigon sâl yn y gwely drwy'r amser, a finnau'n gorfod bod yn nyrs, yn bencogydd ac yn feddyg rhad yr un pryd.

D.J.

LlGC Kate Roberts 193

29

7, Kenry Street,
Tonypandy,
Rhondda.
26 Medi, 1933

Annwyl Gyfeillion mwyn,

Gobeithio na fesurwch ein anniolchgarwch oddi wrth ein distawrwydd – oblegid dylsem yn wir ysgrifennu cyn hyn i fynegi'r pleser mawr a roisoch inni yn Abergwaun. Cawsom siwrnai hollol ddidramgwydd yn ôl, ac yn wir edrychem yn ôl o hyd gyda hiraeth am yr amser braf a gawsom gyda chwi. Gobeithiwn yn fawr iawn y medrwch ddyfod yma rywdro er mwyn inni gael ceisio estyn tipyn bach o groeso i chwi. Cofiwch gadw darn o wythnos mewn golwg o hyn i'r Pasg nesaf i ddwad i'r Rhondda.

Ac yn awr mae ein cydwybodau yn ein pigo'n fawr. Nid ydym yn fodlon o gwbl i Gangen Abergwaun fyned i'r holl gostau yr aeth iddi gyda ni. Felly, dyma ni'n amgau 12/6 i dynnu ychydig ar y treuliau i lawr, ac nid oes dweud 'Na' i fod. Rhaid i chwi ei gymryd.

Ni ddigwyddodd dim byd rhyfedd er pan fuon yna. Ysgrifennais ysgrif i'r *W. Mail* nos Wener ac ymddengys yfory.[43] Gwyn fyd na fedrwn wneud arian mor rhwydd ag y gwneuthum honyna. Rhaid i chwi fyned ymlaen gyda'r straeon yna, D.J. Un cyngor sydd ar flaen fy nhafod os goddefwch ef gan un salach na chwi o lawer: 'Ceisiwch ymddihatru oddi wrth yr arddull sy'n crynhoi mewn stori.' Mewn character sketch, lle mae angen bod yn gryno wrth ddisgrifio cymeriad, mae'r arddull yna'n ardderchog – ond mewn stori rhaid gadael i'r cymeriadau weithio allan eu tynged eu hunain heb help oddi wrth ein disgrifiadau ni. Efallai mai eich anffawd ydyw i chwi ysgrifennu character sketches cyn ysgrifennu stori. Maddeuwch fy nigwilydd-dra. Gorffennodd Morus ddwy gyfrol Padrig Pearse. Mae'n awr wrthi'n darllen *Welsh People* John Rhys.[44]

(A chyn i Catrin orffen y llythyr hwn rhaid i minnau ddiolch o galon i chwi am eich croeso cynnes inni. Yr oedd yn gas gennyf adael Abergwaun, a charwn gael aros yna am wythnos neu ddwy arall. Y mae'n rhaid i chwi ddwad yma yn ystod y misoedd nesaf.

Gobeithio bod ein hymweliad ag Abergwaun wedi troi'n lles i'r Blaid hefyd, canys nid yw'n iawn i ni'n dau gael y budd i gyd.) [Llawysgrif Morus Kyffin]

Rhaid imi orffen rwan. Gyda llawer iawn o ddiolch a'n cofion cynhesaf atoch eich dau,

Catrin a Morus.

LlGC P/2/39/13

30

7 Kenry Street,
Tonypandy,
Rhondda.
5 Ionawr, 1934

Annwyl D.J.,

Mewn ateb i'ch llythyr heddiw hoffwn ddweud nad arnoch chwi y bydd effaith ddyfnaf adolygiad anffafriol. Wrth gyhoeddi llyfr rhaid ystyried yr awdur a'r cyhoeddwr, ac mae adolygiad anffafriol wedi dinistrio gwerthiant llyfr cyn hyn a thrwy hynny beri colled i'r cyhoeddwr. Peth arall, nid yw'n deilwng ohonoch fel artist siarad yn sentimental am ryw gymeriad a hoffwch. Cynan a ddywedodd fod yn rhaid i'r artist ladd ei blant anghyfreithlon i gyd. Nid yw ronyn o wahaniaeth pa mor hoff oeddech chwi o'r hen frawd yna, rhaid i chwi gydnabod nad yw'r ysgrif yna gystal â'r lleill.

Yn aml iawn mae caru dyn yn rhwystr inni rhag ysgrifennu mewn ffordd 'detached' amdano. Mae'n debyg y medrwch chi ysgrifennu'n well am Danni'r Crydd nag am Siân.

Ail ystyriwch y peth eto a rhowch wybod imi. Ar yr un pryd byddaf yn falch o gael yr ysgrif arall gennych. Peidiwch â sôn am ddiffyg amser – y chwi efo'ch gwyliau hir![45]

Cofion cynnes,

Kate.

LlGC P2/39/14

<hr>

31

7, Kenry Street,
Tonypandy,
Rhondda.
12 Chwefror, 1934

Annwyl D.J.,

Diolch yn fawr am eich ysgrif heddiw ac am gadw at eich gair. Mae hi'n rhagorol, D.J. Yn wir, medrwn grio wrth ei darllen oblegid ei hanwyldeb. Er na wn i nemor ddim am y lleoedd a enwch, eto mae eu henwau hyd yn oed yn farddoniaeth bur i mi, a gallaf ddychmygu am y cantorion yn mynd ar draws gwlad i ddysgu sol-ffa. Bûm yn perthyn i gôr plant fy hun unwaith ac aem i bentref bach dros y mynydd bob rhyw fis oblegid mai yno'r oedd y second sopranos yn byw. Nid aethom yno erioed heb roi grug y mynydd ar dân.

Mae'r siopwr yn hoffus dros ben ac yr ydych chwithau wedi ei ddisgrifio gyda'r urddas tawel a'i nodweddai ef ei hun.[46] Onid yw'n resyn bod y Gymru yma'n marw?

Anfonaf yr ysgrifau ymlaen i Wasg Aberystwyth yfory – gyda'r cyflwyniad i Siân. Ni fedrais eu hanfon heddiw oblegid ei bod yn ddiwrnod golchi a smwddio arnaf.

Mae fy nofel yn tyfu fesul tipyn. Ysgrifennais eisoes tua deng mil o eiriau.[47]

Maddeuwch air byr heno. Rhaid imi fynd ati i sgrifennu tipyn eto. Mae Morus mewn practis drama.

Ein cofion cynnes iawn ein dau atoch chwithau eich dau bach,

Kate.

<hr>

O.N. Credaf y bydd yn well cael geirfa, ond fe wna honno'r tro yn nes ymlaen, wedi i chwi gael y proflenni am y tro cyntaf.

Ni fedraf innau feddwl am idiom Gymraeg am 'wneud i fyny'. Mae Morus wrthi yn ei darllen rwan ac yn dylyfu gên.

K.

LlGC P2/39/14

32

Coleg y Brifysgol,
Abertawe.
20 Tachwedd, 1934

Annwyl Hen Wyneb,

Maddeuwch yr oedi. Bûm oddi cartref, a neithiwr y cefais eich llythyr. Dyma awgrymiadau ar frys: –

Awdl: Myfyrdod yr Esgob Gower yn Nhyddewi, 1346.

(Bu Gower yn esgob Tyddewi 1328-1346. Bu farw 1346. Ef a adeiladodd Balas yr Esgob, a roes y ffurf Othig Addurnol ar ffenestri a chorff yr Eglwys, a adeiladodd Lofft y Grog ac a orffennodd Gapel Mair. Ef oedd y pensaer-esgob mwyaf a welodd Cymru, ac yr oedd yn Gymro Cymraeg.)

Pryddest: – 1. Gandhi.

2. Afon Tywi.

3. Gresford 1934.

Prif Draethawd (£100).

Hanes a rhagolygon Llywodraeth Leol yng Nghymru.

(Welsh local government; a survey of its history and prospects.)[48]

A gaf i'n awr roi gwybod i chwi fy mod eisoes wedi darllen *Hen Wynebau* deirgwaith – heblaw'r tro y darllenais hwynt bob yn un ac un mewn cylchgronau. Y mae'r llyfr ar un naid yn ymrestru ymhlith clasuron diogel rhyddiaith Gymraeg. Gwyn eich byd, – pe medrwn sgrifennu Cymraeg yn debyg i chwi mi rown fy llaw dde'n llawen am y ddawn.

Cofion gorau at Mrs. Williams,

yn gu,

Saunders Lewis.

LlGC P2/38/27

33

> 7, Kenry Street,
> Tonypandy.
> 6 Hydref, 1935

Annwyl Ffrindie,

Hyn sydd i'ch hysbysu bod Morus Thomas Williams o'r cyfeiriad uchod yn cymryd drosodd fusnes argraffu Thomas Gee a'i fab, Dinbych ymhen pythefnos, ac y byddwn yn symud i'r ddywededig dref, Dinbych, i fyw ymhen pythefnos.

Nid oes amser mewn pwt o lythyr fel hyn i ddweud beth yw'n teimladau wrth feddwl am adael y Rhondda a mentro cymaint. Dim ond gair byr yw hyn i'ch hysbysu o'r ffaith. Gobeithio y gwelwn chwi yno tua'r haf nesaf.[49]

Ein cofion cynnes,

Morus Kyffin

a

Chatrin Robaits.

LlGC P2/39/18

34

> 9, St.Peter's Rd.,
> Newton,
> Mumbles.
> 17 Mawrth, 1936

Annwyl D.J.,

Diolch am eich llythyr calonogol. Y mae'r teimlad o'n plaid yn codi yn Llŷn ac yn Arfon yn gyffredin. Yr wyf yn cnoi cil ar y sefyllfa y dyddiau hyn, ac yn cynllunio ymgyrch bellach. 'Chân nhw ddim dinistrio Llŷn heb dywallt gwaed Cymry.

Brysiwch â'ch Casement. A welsoch chwi ei gofiant gan Dennis Gwynn?[50]

Cofion at Mrs. Williams ac atoch chwithau,

Saunders Lewis.

LlGC P2/38/29

35

Y Cilgwyn,
Parc Bach,
Dinbych.
24 Mawrth, 1936

Annwyl Gyfeillion,

Mae'n ddrwg iawn gennyf fod mor hir â hyn heb ateb eich llythyr caredig. Ond chi wyddoch fel mae hi, 'pobi a golchi a chario dŵr' yw hi yn yr hen fyd yma o hyd.

Rwyf newydd orffen smwddio golchiad mawr ac mae Morus wedi mynd i Noson Lawen ym Mangor – cael lifft mewn car. Fe gefais innau gynnig mynd, ond fe fuasai'r smwddio wrth gorn fy ngwddw yfory eto ped aethwn.

Wel, yr oedd yn flin iawn gennym ddeall am eich saldra (iaith Dinbych yw honna) chi Defi John. Ni ellir barnu neb wrth ei olwg mae'n amlwg, achos mae golwg iachus iawn arnoch chi efo'r bochau cochion yna. Gobeithio eich bod wedi mendio'n iawn ac na chawsoch bwl wedyn. Yr un fath y bu Morus ar ôl y Nadolig. Bu'n bur wael am dair wythnos. Fe fu farw junior reporter Gee yn sydyn iawn a chladdwyd ef ar y diwrnod oeraf yn 1935, sef y dydd cyn y Nadolig, ac yn y fan honno y cafodd M. ryw adwyth ar ei stumog a'i goluddion. Ond yn wir, mae'n well byth oddi ar hynny.

Mae Gee yn dyfod ymlaen yn iawn. Daw digon o waith i mewn, ond ni allwn ddweud am dipyn a yw'r gwaith yn talu ai peidio.

Maent bron wedi gorffen fy nofel, â i Abertawe i'w rhwymo ac yna – . Gyda llaw peidiwch â phrynu copi, fe ofalaf y cewch un. Darllenais innau *Creigiau Milgwyn*, ac ni ddarllenais ddim fawr

salach erioed. Fy marn erbyn hyn ydyw bod rhywun heblaw y fi
wedi cael cam, ac y dylsai rhai o'r rhai eraill fod yn nes i'r top.[51]
Wrth gwrs, fe ddywedai llawer fy mod i'n rhagfarnllyd, ond dyna
farn pawb o bwys y bûm yn siarad amdani â hwy. 'Long and
Melting' oedd disgrifiad dyn galluog iawn o Ddinbych yma amdani
– sef cyfieithiad rhyw wag o 'Hir a Thoddaid'.

Yr ydym yn cartrefu'n hapus iawn yn Nimbech yma. Mae
yma bobl hynaws, braf, garedig. Buasai'n werth i chwi fod yma ar
ddydd Mercher, sef diwrnod marchnad. Bydd cannoedd o bobl
o'r wlad i lawr – rhai ohonynt yn edrych fel pe buasent newydd
adael eu tad Noah. Cewch eu hanes pan ddowch yma a gweld rhai
ohonynt mi obeithiaf.

Cefais helynt efo 'nghoes beth amser yn ôl; bu am chwech
wythnos wedi ei bandio mewn plaster ac mae'n rhaid imi wisgo
hosan lastig hyd angau rwan. Ond ni rydd lawer o boen imi. Y
mae'r doctor a ddaeth yma'n fardd ac yn englynwr da iawn. Mae
hanner nos fel hanner dydd iddo, ac fe eistedd am oriau i ddweud
storïau. Mae ganddo surgery yn Llansannan. Cychwynnai oddi yma
yno am naw un noswaith. Gofynnais iddo pa bryd y cyrhaeddodd
yn ôl pan welais ef wedyn. 'Dau o'r gloch y bore,' meddai.

Cafodd nodyn fel hyn gan wraig ffermwr yn surgery Llansannan
un noswaith: 'Puls John just a darfod.' Pan fuasai'n gweld John
yr wythnos cynt nid oedd golwg marw arno o gwbl, a dyma fo'n
rhuthro yno a gadael y surgery. Pan gyrhaeddodd, yr oedd y wraig
wrthi'n golchi padell ffrio wrth y drws. Gwelodd nad oedd lawer
o'i le, a chafodd eglurhad ar y neges. Pills John oedd bron â darfod
ac nid ei buls ond fod orgraff y wraig dipyn yn wallus.

Cofiwch rhaid i chwi dreio dyfod yma'r haf nesaf. Nid yw'n
bell iawn o'r Borth – y Borth i'r Bermo, Bermo i Gorwen,
Corwen i Ddinbych.

Rhaid imi fynd i gyfarfod â'm gŵr rwan. Addewais fyned i fyny
i'r tŷ y mae perchen y modur yn byw ynddo.

Gobeithio eich bod eich dau mewn iechyd.

Ein cofion cynnes iawn ein dau,

Kate.

LlGC P2/39/19

36

Y Bristol Trader,
Abergwaun.
1 Ebrill, 1936

Annwyl Gathrin a Morus Kyffin,

Diolch yn fawr i chi am eich llythyr diddorol iawn y dydd o'r
blaen. Lwc i chi Kate golli'r Noson Lawen pryd yr ysgrifensoch ef,
neu fe fuasem ni wedi colli darn o lenyddiaeth flasus iawn. Stori dda
ofnadw oedd honno am 'buls John jist â darfod'. Onid oes ynddi
thêm drama a gadwai gynulleidfa ar flaenau ei thraed hyd y diwedd?
Beth am wneuthur rhodd o hono i'r Countess Barcynska?[52]

Gyda llaw, rown i ar fin anfon atoch bob dydd cyn i mi dderbyn
eich llythyr, i ddweud i mi fod yn gwrando i fewn arnoch yn darllen
pennod o'ch nofel y noson o'r blaen. Gwastraffu geiriau fyddai
canmol. Roedd Owen a'i fam a'i frodyr a'r wraig arall honno mor fyw
â phe buasent yn gyfoedion bore oes i mi yn Rhydcymerau 'slawer
[dydd.] Yr ydym bawb yng Nghymru sydd â dim synnwyr ynddynt
– ond y mae y rheiny'n brin, gwaetha'r modd – yn edrych ymlaen yn
eiddgar rhyfeddol am weld eich nofel.

Wel, wir, Kate, yr ych chi'n garedig i addo rhoi copi o honi
i ni. Dyna beth yw 'rhodd hanswm' ys dywedai Mam, taw ble
y cafodd hi'r ansoddair. Dod yn gymysg â'r Indian corn i'r ieir
wnaeth e allwn feddwl.

Wel dyna bamffled arswydus o rymus yw pamffled Saunders ar
Borth Neigwl.[53] Bu bron â chario'r dydd arnaf i wrth ei ddarllen
y tro cyntaf. Yr wyf wedi bod wrthi'n ddiweddar yn ei rannu
ymhlith swyddogion yr eglwysi yma, i gael gweld a ellir ei symud
hwy i wneud protest, ac hefyd yn ei anfon at weinidogion cyfrifol
yn eu henwadau y digwyddaf fod yn eu hadnabod. Credaf y bydd
hyn yn fwy effeithiol yn y pen draw na phasio penderfyniad bach
rhwydd yng nghwrdd y Blaid. Os na ddeffry peth fel hyn ryw
gymaint ar gydwybod eglwysi Cymru a'u penderfyniadau rhad
yn erbyn rhyfel pan oeddent yn dilyn ffasiwn rhyw chwilgryts o
Saeson yn Rhydychen a mannau tebyg – wel, y mae cyflwr ein

cenedl yn dra anobeithiol. Gwelsoch lythyr W. J. Gruffydd yn y *Western Mail* ddoe (Mawrth 30) yn ddiau – a'i deyrnged deilwng i Saunders.[54] Llythyr rhagorol yn wir ydoedd; oherwydd, yn sicr, fel unigolyn credaf fod gair W.J. Gruffydd y blynyddoedd hyn yn cyrraedd ymhellach na gair neb arall yng Nghymru. Geiriau ac nid gair sydd gan Gwynn Jones ers blynyddoedd bellach. Sôn am feirniadu eto, a welsoch chi, o ddifri beth mor gwbl hesb a diddim â'i *Feirniadaeth a Myfrdod*?[55] Gresyn na roddai ei hun yn llwyr i gyfieithu o hyn i maes, canys y mae'n gallu gwneud hynny yn ddiguro. Rwy'n ofni fod cysêt Gwynn wedi difetha rhin ei awen ers tro, – dyn wedi tyfu'n rhy sydyn i allu sefyll ar ei draed. Nid oes ganddo ddim yn aros ond ei hen 'jugglery' ar eiriau fel G. K. Chesterton.[56] Ond pe'r awgrymai rhywun hynny wrtho, fe gâi stroc – ei strôc olaf. (Dyna strôc deilwng o'i strôcs ef – 'Llundain i'r llundai' etc.) Maddeued Duw i mi os wyf yn gwneud cam ag un sydd wedi'r cyfan, yn ddios, yn un o wŷr mawr ein cenedl. Ond y mae ei wacder diddim ers tro wedi fy syrffedu.

Drwg iawn gennyf glywed i chi, yr hen Forus Kyffin, fod yn sâl hefyd. Ond iawn yw clywed eich bod chi wedi gwella'n llew.

Llawenydd mawr yw clywed hefyd fod Thomas Gee yn edrych yn llewyrchus. Argoel ragorol, yn sicr, yw fod digon o waith yn dod i mewn.

Bwriadaf fod ym Mhwyllgor y Blaid y Pasg, er na chefais wybod y dyddiad eto. Gobeithio'n fawr y caf eich gweld chithau'ch dau yno. Bydd Siân a fi yn aros beth amser gyda chwaer iddi gerllaw Aberystwyth.

Diolch yn gynnes iawn i chi am y gwahoddiad i Ddinbych. Ond fe fyddwch chi wedi bod yn Abergwaun cyn hynny.

Iwars trwli,

David John & Jane.

LlGC Kate Roberts 225

37

Y Cilgwyn,
Parc Bach,
Dinbych.
23 Ebrill, 1936

Annwyl Gyfeillion,

Nid oes gennyf amser heno i ateb llythyr diddorol iawn D.J. beth amser yn ôl, ond mae'n rhaid i mi anfon y *Traed mewn Cyffs* heb lawer o eiriau gydag ef. Wedi i chwi sgrifennu y daeth adolygiad T. J. Morgan allan ar *Creigiau Milgwyn* ynte?[57] Jiw, jiw, dyna adolygiad! Yr wyf yn siwr y bydd awdur *C.M.* yn dweud bod golygydd *Y Llenor* a minnau'n deall ein gilydd i'r dim, a bod yr adolygiad hwn allan yn y pudding time i werthu fy nofel i. Ond ni wyddwn i ddim amdano. Fe ddaeth y *Traed* allan ar y foment seicolegol honno pan gafodd yr awdur gymaint â hynny o amser i ailwampio'r stori a phan gafodd ei gŵr amser i'w roi ar y peiriant argraffu.

Ond dyna fe, chwedl y dyn hwnnw – hen gydweithiwr i nhad – a aeth i weithio i Birkenhead yn amser y Rhyfel a myned â'i ddocyn aelodaeth o gapel Bron y Foel gydag ef, meddai amdano'i hun yn y seiat ym Mirkenhead, 'Yr hyn sy'n golled iddynt ym Mron y Foel sydd yn ennill i chwi yma ym Mirkenhead.' Ac yr oedd yn bennaf scamp ei ardal. Felly, ni a obeithiwn, y bydd effaith yr adolygiad hwn.

Mae'n rhaid i'r *Traed* werthu'n dda neu fe fydd yn golled ariannol, oblegid fe'i dugpwyd allan yn rhy rhad o lawer am hanner coron.

Mae fy chwaer yng nghyfraith o Ebbw Vale yma'n treulio ei gwyliau gyda ni. Ddoe, buom ein dwy yn 'Llansannan wen ei gwawr' yn gweld y gofgolofn etc.[58] Mae o'n lle hyfryd – pentre bach tawel mewn pant ar lan afon Aled a'r tir yn codi o'i ddeutu. Cerddasom beth o'r ffordd yn ôl ac yr oedd yr olygfa o ben Hiraethog yn un fendigedig. Gwelem fynyddoedd Arfon yn y pellter yn un talp o eira.

Ond naw wfft i'r Saracen's Head yn Llansannan. Aethom yno i gael te, ac ni chefais erioed yn fy mywyd fy ngwasanaethu gan neb cyn frynted. Yr oedd y te yn eithaf, a'r tŷ yn lân, ond am yr eneth ei hun, ni buasech yn gafael ynddi â'r efail. Drwy drugaredd, ni allai siarad Cymraeg.

Dim ond ar ddydd Marchnad, dydd Mercher, y gellir mynd i'r pentrefi bach yma o gwmpas Dinbych, a cweit reit hefyd, hwya'n y byd y cadwant eu diwylliant Cymreig.

Wel, pob hwyl i chwi'ch dou a chofion cynnes Morus a finnau,
Yn bur iawn,
Catrin.

LlGC P2/39/20

38

49 High Street,
Abergwaun.
27 Ebrill, 1936

Annwyl Catrin a Morus,

Wel, diolch garit a mil am y *Traed mewn Cyffion*.

Ryw bythefnos yn ôl cefais gopi Val o'r Salmau hefyd a chofiais am y ffras 'We authors' a ddefnyddiai'r hen Ddisraeli gynt gyda chymaint callineb wrth siarad â' Grasusaf Fawrhydi y Frenhines Buddug.[59]

Wel, wir, Kate, allaf i ddim dweud mor falch ydwyf i a Siân o'ch llyfr. Yr oeddwn i wedi prynu copi ohono yn siop Martin er gwaethaf eich rhybudd chi ymlaen llaw, ac wedi gwerthu hwnnw i ffrind a alwodd yn y tŷ, a phrynu un arall wedyn.

Gorffennais ei ddarllen neithiwr yn lle mynd i'r cwrdd whech. Llew Dre-fin oedd yn pregethu, ac fel y dywedodd O. D. Jones, ysgolfeistr doniol y lle yma, wedi bod gartref drwy'r dydd ryw Sul yn sâl, a'r Llew wrthi yn y capel – 'O, gweinidogaeth poen yw hi wedi bod gyda fi heddi, a gweinidogaeth boenus gyda chi rwy'n gweld!' Ond yn lle gweinidogaeth poen fe gefais i wledd feddyliol ac ysbrydol o'r fath a garaf wrth ddilyn pererinion taith yr anial o genhedlaeth i genhedlaeth. Y mae'n waith tan gamp yn ddi-os – yn iach, yn gryf, ac yn gywir, – epig y dioddefwyr

– arwyr â'u traed mewn cyffion – a'r sawl a'u deallodd i'r gwaelod yn eu dehongli. Y mae Siân wrtho'n awr. Bu ei chwaer sy'n wan iawn ei hiechyd i lawr yma'r wythnos diwethaf, a rhwystrwyd y penteulu, ys dywedai Idwal Jones am Siân, rhag ei ddarllen ynghynt.

Petai raid i mi fod mor angharedig â dweud un peth ond ei ganmol fel y teimlaf yn ei gylch, mi fuaswn yn dweud mai ei unig wendid yw'r gwendid hwnnw sy'n ddyledus i amodau'r gystadleuaeth – sef y tair cenhedlaeth; gormod o gymeriadau neu ry fach o ganfas, ac oherwydd hynny diffyg amser i hamddena'n foddhaus a chyflawn uwchben y prif gymeriadau wrth eu datblygu'n llawn. Y mae'r cymeriadau hyd yn oed y rhai a ddatblygir lawnaf fel Jane Gruffydd, y ddwy Sioned, Twm, Owen ac Ifan yn gorfod rhuthro gormod ar y llwyfan – fel darluniau byw. Teyrnged odidog i allu creadigol awdur yw hynyna yn y gwaelod wrth gwrs – anfodlonrwydd darllenydd o ddwyn y wledd oddi arno ac yntau heb hanner ei ddigoni.

Pam ddiawl y'n ganwyd ni'n Gymry, dywedwch – 'we authors' a phob un arall sydd â digon o ddyfnder enaid ganddo i deimlo rhywbeth o gwbl. Pe buasech chi'n Saesnes fe fuasech ers tro wedi gwneud digon o arian o'ch gwaith fel ag i gael amser fel Galsworthy[60] i ddatblygu eich saga yn gyflawn o wŷr Arfon. Ond dyna fel y mae hi a does dim i'w wneud ond ymladd a'n 'traed mewn cyffion' yn y ffos olaf. Y mae pennill bach, cyfieithiad o Goethe, wedi dod i'm meddwl i lawer tro pan fwyf yn y mwd athronyddol hwn: [61]

> Her eyes do regard you
> In Eternity's stillness;
> Here is all fulness
> Ye brave to reward you:
> Toil and despair not.

Fe fues i'n meddwl, os haeddodd rhywun y geiriau yna ar gofgolofn iddynt, eich bod chi'ch dau, a'ch gwaith yn y Rhondda yn haeddu hynny. Ac am Jane, 'yr un fath â Tomos rw i' yw hi yn y mater hwn – er nad yw hi felly o bell ffordd, bob amser.[62]

Gyda'r cofion cynhesa atoch a'n diolch mwyaf diffuant am y rhodd, oddi wrthym ni'n dau.

Iwars triwli,

Davy John.

LlGC Kate Roberts 227

Diwedd y tridegau:
Tân yn Llŷn
a Saunders yn ildio
Llywyddiaeth y Blaid

39

Plaid Genedlaethol Cymru,
Abertawe.
4 Mehefin, 1936

Annwyl D.J.,

Anfonais eich llythyr ymlaen yn union i'r *Western Mail*. Y
mae'n dda neilltuol.

Mawr obeithiaf na siomwyd pobl wych Abergwaun wedi
iddynt fod mor bybyr â dyfod yr holl ffordd i Bwllheli.[63]

Fy marn onest i yw bod y cyfarfod yn llwyddiant ac y gwna yn
y dyfodol les dirfawr i'r Blaid. Ond efallai mai gwahanol iawn yw
barn y dyrfa a ddaethai o ffordd bell a chlywed y nesaf peth i ddim
yn y diwedd.

Cofion cu iawn at Mrs. Williams ac atoch chwithau,

Saunders Lewis.

LlGC P2/38/29

40

Y Cilgwyn,
Parc Bach,
Dinbych.
11 Medi, 1936

Annwyl Gyfeillion,

Dyma beth yw gwroldeb! A chan fod digwyddiadau'r dyddiau
diwethaf hyn megis cyhoeddi stâd o ryfel, mae gwroldeb y wraig
gymaint ag eiddo'r gŵr.[64]

Wel, wn i ddim beth i'w ddweud yn iawn ond dweud ein
bod ni yma yn falch o galon ohonoch eich tri a'ch gwragedd. Yr
oeddwn i yn rhy gynhyrfus i ddim y noson honno, yn effro hanner
y noson, a phob tro y deffrown, yn dadlau â rhywun neu'i gilydd
am iawnder yr hyn a wnaethoch. Buom yn dadlau hyd hanner nos
â phasiffist Cristionogol sy'n gwrthwynebu grym ar bob cyfrif, ac
mae'n debyg mai dadlau â hwnnw yr oeddwn i.

Buom yn Rhosgadfan ddydd Mercher (gyda llaw mae Morus

wedi pasio yn yrrwr modur yn ôl y ddeddf erbyn hyn) ac mae
mam yn dda ar yr helynt. Buasai hi'n falch iawn o gael cyfarfod
â chwi i gael curo eich cefn. Ac fe synnech fel y mae hi yn ateb
dadleuon dwl rhai o'n cymdogion a hithau bron yn 82. Buasai
wrth ei bodd cael dyfod i'r llys ddydd Mercher, a buasai ar ben ei
digon pe gwelsai fflamau'r tân hwnnw.

Y newydd gorau a glywais, modd bynnag, oedd clywed mam
yn dweud bod fy mrawd yn meddwl ymuno â'r Blaid yn awr. Ond
ni welais fy mrawd fy hun i gael gwybod i sicrwydd. Os ymuna, fe
fydd yn gaffaeliad gwirioneddol i'r Blaid. Mae o'n weithiwr selog
efo'r Blaid Lafur – wedi bod ers blynyddoedd – ac yn ysgrifennydd
cangen ei chwarel o Undeb y Chwarelwyr. Fe ŵyr am bethau fel yna
tu chwith allan. Y fo yw ysgrifennydd Neuadd Bentref Rhosgadfan
a godwyd gan y di-waith. Credaf ped ymunai y ceid cangen yn
Rhosgadfan. P'run bynnag, mae ef yn wahanol i'r Llafurwyr –sy'n-
frodyr-i-bawb-yn-y-byd, ac yn llawenhau yn eich gwroldeb.[65]

Pob hwyl i chwi yn y dyfodol. Gwyddom nad anturiasoch
heb feddwl am y canlyniadau, a beth bynnag fydd y rhai hynny
gobeithio y byddant yr hyn a ddymunwch chwi ac yn lles i'r Blaid.

Yr ydym ni â'n traed mewn cyffion yn y busnes ac ni allwn ar
hyn o bryd fod yn amlwg iawn yn ein gweithgarwch.

Chwi gofiwch imi ysgrifennu yn erbyn Lloyd George i'r
Brython;[66] cefais lythyr dienw ffiaidd am hynny yn fy annerch i ond
yn ymosod ar Morus yn ei gysylltiad â'i waith yma. Yn Ninbych y
postiwyd ef. Fel yr ydym ninnau yn dioddef dipyn bach.

Anfonwn ein dau ddymuniadau gorau ein calon i chwi gan
lawenhau yn eich gwroldeb.

Yn gywir iawn,
Kate.

LlGC P/2/39/21

41

49 High Street,
Abergwaun.
22 Medi, 1936

Annwyl Kate a Morus Kyffin,

O'r diwedd, wedi cael fy anal dipyn bach, dyma fi'n anfon gair o ddiolch i chi am eich llythyr caredig.

Ydyw, y mae'r sialens wedi ei rhoi. Ein gobaith pennaf yn awr, yn ôl ein barn ni'n tri, yw i eglwysi'r wlad gefnogi ein protest. Po galetaf y cawn ni hi, tebycaf oll, o bosib, yw y bydd i'r wlad ddeffro o'i chysgadrwydd di - obaith. Fe ddioddefwn y gosb yn orfoleddus pe byddai hyn yn debyg o ddigwydd.

Y mae'r llywodraeth wedi prynu darn o ardal Abergwaun yn awr, heb gysidro neb o gwbl ond gorfodi'r perchenogion i'w gwerthu, mewn cwm bach prydferth yn union y tu ôl i Abergwaun.[67] Ac nid oes neb yma'n dweud gair yn erbyn. Yr wyf i wrth gwrs â'm genau wedi ei selio tan y frawdlys; neu ynteu, fe fuaswn yn ceisio gwneud rhywbeth. Onid yw peth fel hyn yn ddigon i gynddeiriogi undyn?

Yr wyf eisoes wedi fy ngwahardd o'r ysgol gan y llywodraethwyr tan y frawdlys, Hyd. 12. Ond gan nad oes hawl gyfreithlon ganddynt i wneud hynny talant fy nghyflog i mi yn y cyfamser.

Y mae Siân, chwarae teg iddi, yn dal yn rhyfeddol o ddewr. Colli swydd fydd yr ergyd trymaf i ni wrth gwrs, fel sy'n debyg o ddigwydd. Ond gwyddem y canlyniadau'n ddigon da ymlaen llaw. Ac felly ni wiw grwgnach.

Gyda chofion cynhesaf atoch oddi wrthym ni'n dau,
D.J.

LlGC Kate Roberts 231

42

9, St. Peter's Rd.,
Newton,
Mumbles,
Abertawe.
25 Medi, 1936

Annwyl D.J.,

Diau y byddwch wedi cael gair yn awr gan J. E. Jones yn gofyn inni oll fynd i'r Dean Hotel, Oxford St., Llundain ddydd Gwener nesaf a chyfarfod â'r cyfreithwyr fore Sadwrn, Hydref 3, yno.

Gan hynny gellir cadw ein hareithiau tan y cyfarfod yno, mi dybiaf.[68]

Yr wyf i'n anfon heddiw i ofyn am stafell yn y Dean Hotel. A wnewch chwithau'n gyffelyb drosoch eich hun?

Cofion cuaf,

Saunders.

LlGC P2/38/30

43

9, St. Peter's Rd.,
Newton,
Mumbles,
Abertawe.
8 Tachwedd, 1936

Annwyl D.J.,

Yn gyntaf oll, sut mae'r galon? A ydych yn peidio â dihoeni mewn seguryd anfodlon? Gobeithiaf eich bod yn ysgrifennu'n ddyfal er mwyn troi'r hamdden gorfod yma yn ennill bythol i lenyddiaeth Cymru. Felly y gwnaf innau; gofynnodd y B.B.C. imi yr wythnos ddiwethaf sgrifennu drama radio iddynt ar Oes y Saint ar gyfer Dygwyl Dewi nesaf; cytunais, dechreuais arni, nid oes gennyf awr segur o gwbl.[69]

2. Yn ail, a ydyw'r AMA neu'r NUT[70] yn cymryd at eich achos ynglŷn â'ch cyflog? Os nad ydynt, a gaf i ofyn i Cornish, ein

cyfreithiwr, sy'n ffyrnig am y mater, ei gymryd mewn llaw?

3. Os gellwch heb ormod poen na dim cost, a gaf i ofyn i chwi anfon popeth sy gennych neu y gellwch ei gael o'r papurau lleol ynglŷn â Threcŵn, a hynny'n fuan?

A ydyw Mrs. Williams yn iawn? A ddywedwch chwi wrthi oddi wrthyf i fod pob dim yn ddiarswyd am eich dyfodol, – ac nid siarad tan ddwylo yw hynny.

Yn gu iawn,

Saunders.

LlGC P2/38/31

44

9, St. Peter's Rd.,
Newton,
Mumbles,
Abertawe.
21 Tachwedd, 1936

Annwyl D.J.,

Diolch yn fawr am eich dau lythyr a'r papuryn am Drecŵn.[71] Drwg gennyf weld eich bod yn sgrifennu eto o'r Bristol Trader ac felly wedi gorfod dychwelyd o'ch hoff a'ch priod sir. Ond newydd da a welais yn *Y Faner* fod eich llyfr newydd ar fin ymddangos.[72] Go dda; a bydd gwerthu mawr arno ac yntau'n sawru'n drwm o betrol a thân. Os yw Saeson bas gwaelod Sir Benfro yn dân ar eich croen, cofiwch eich bod wedi ennill lle bellach nid yn unig fel cynt ymhlith clasuron llên Cymru ond ymhlith teulu Owain y Glyn ar ddalennau hanes Cymru.

Y mae hynny yn help i minnau godi fy nhrwyn o glywed drewdod Cyngor Coleg Abertawe. Yr wyf yn weddol sicr na ddarlithiaf yno fyth mwy, ac ni'm dawr ychwaith.[73]

Yr wyf yn enbyd o brysur. Cyfarfod ym Maesteg nos Fawrth; af i Lanfair Talhaearn ddydd Gwener; cyfarfodydd Caernarfon a Ffestiniog wedyn; ac yr wyf wrthi gyda'r ddrama radio, ysgrif i'r *Llenor* ar Charles Edwards,[74] ac ysgrifennu fel arfer i'r *Ddraig* a'r

Nationalist.

Clywais dda a drwg am yr argraff a wnaeth cariad Mrs. Wally Simpson ar ei ymweliad â'r De.[75] Y mae Margaret yn cofio'n gu atoch. Dywedodd nad ysgydwodd hi law erioed mor aml gydag un dyn mewn cyn lleied o amser – ac o fraidd nas cusanodd.

Yn gu iawn,
Saunders.

LlGC P2/38/32

45

Y Cilgwyn,
Parc Bach,
Dinbych.
3 Rhagfyr, 1936

Annwyl Gyfeillion,

Mae'n siwr eich bod yn meddwl bod y Barnwr Lewis wedi cau fy ngheg unwaith ac am byth, gan mor ddistaw ydwyf.[76]

Er y praw', bûm yn rhy brysur i ddim, a golyga fod fel hyn am beth amser. Mae gennyf ddosbarth W.E.A. ar y Stori Fer a'r Nofel yn Nhanyfron, lle tua chwe milltir oddi yma. Mae gwaith paratoi ar ei gyfer ac mae mynd yno a dyfod oddi yno yn gryn drafferth gan ei fod yng nghanol y wlad a'r moddion cludo'n anaml. Bûm o gwmpas yn siarad tipyn hefyd ac yn ysgrifennu cryn dipyn – peth ohono'n fuddiol a mwy ohono fel arall. Chwi synnech fel y blinir fi gan geisiadau gan bobl i'w helpu i wneud papurau mewn Cymdeithasau Llenyddol a cheisiadau gan bobl yn gofyn imi ddarllen llawysgrifau eu nofelau. Yr unig beth o bwys a sgrifennais yw Stori fer i'r *Llenor* nesaf. Proffwydoliaeth ydyw am bobl yn torri mewn busnes.[77]

Ond yng nghanol yr holl brysurdeb acw ni pheidiais â meddwl amdanoch. Mae sôn amdanoch beunydd yma a phryder mawr amdanoch. Bu Morus yn Llundain ddechrau'r wythnos hon mewn arddangosfa argraffu a manteisiodd ar y cyfle i fynd i weld Aelod Seneddol Sir Ddinbych, y Dr. Morris Jones, a gofyn iddo'n blaen am ddefnyddio'i ddylanwad nid gyda'r Prif Weinidog yn unig ond gyda'r bobl sy'n penderfynu a symudir y praw' ai peidio. Yr oedd yn ffafriol iawn i wneud hynny. Credaf y bydd Cymru'n ferw gwyllt os digwydd hyn; er bod arwyddion mewn amryw leoedd mai marw hollol ydyw pobl. Yn y rhannau Cymreig mae deffro mawr – yn Sir Gaernarfon yn enwedig. Mae mam yn ymuno â'r Blaid er nad yw hi ddim ond 82 oed! Mae fy mrawd a fu'n gweithio'n gyhoeddus gyda'r Blaid Lafur am flynyddoedd yn gwneud hefyd. Bydd o'n gaffaeliad mawr i'r Blaid. Mae o ers un mlynedd ar ddeg yn ysgrifennydd Cangen ei Chwarel ef o Undeb y Chwarelwyr. Ffaith arwyddocaol yw hon, bod llawer o'r chwarelwyr yn gofyn am beidio â thalu eu political levy i'r Blaid Lafur, er y praw'. Dyna ddechrau'r diwedd. Petai lecsiwn yn Sir Gaernarfon rwan a Valentine yn ymgeisydd, mae'n siwr yr âi i mewn.

Mae llawer iawn o gydymdeimlad â chwi yn nyffryn Clwyd, er mai lle marw iawn yw hwn bellach. Mae pobl ifanc y wlad yn selog iawn o'ch plaid. Bydd Valentine yn siarad yma nos Fercher nesaf.

Sut ydych chwi'n teimlo eich dau? Gobeithio eich bod yn dal eich calon i fyny. Mae'r Bwrdd Addysg wedi ymddwyn yn warthus tuag atoch. Yr ydym yn byw mewn amseroedd rhyfedd iawn. Dyma helynt y Brenin eto, a'r rhyfel yn Sbaen.[78] Nid ydym yn cael byw heb fod yn sŵn rhyfel o hyd, un ai ar ôl un neu o flaen un arall, a'r ddwy yn taflu eu cysgodion.

Wel, yr ydym yn dymuno'r gorau i chwi yn y dyfodol agos. Gobeithio y daw pob dim fel y dymunwch ef.

Gyda'n cofion cynnes ein dau atoch eich dau fach,
Kate.

46

Y Bristol Trader,
Abergwaun.
14 Rhagfyr, 1936

Annwyl Forus a Kate,

Diolch yn fawr iawn i chi am eich dymuniadau caredig, beth amser yn ôl. Ie, yr 'Old Bailey' yw hi i fod. A newidia'r Ethiop ei groen, neu'r llewpart ei frychau? yw hanes holl ymwneud Siôn Bwl â'r cenhedloedd bychain. Y mae'n amlwg na fydd tynged Cymru yn wahanol. Gorau po gyntaf, mi debygwn, yw iddi ddechrau ar y driniaeth. Efallai y daw rhyw ddaioni ohoni, rywbryd, wedyn. Y mae bron â mynd i'r pen trwy hir waseidd-dra, ac ysgwyd cynffon.

Anfonaf *Storïau'r Tir Glas* i chi. Y mae'n flin gennyf weld cymaint o fân feflau orgraff ynddo. Yr oeddwn wedi meddwl yn ddi-os, cael proflen arall ohono. Ond yr oedd Prosser yn rhy awyddus i'w gael allan ar gyfer y gwyliau i ganiatáu hynny. Gwaith crwt ifanc yw'r storïau hyn – dyna rwy'n deimlo wrth ddarllen y rhan fwyaf ohonynt. Damwain, fwy neu lai, oedd i mi dreio fy llaw ar y storïau hyn – wedi danto ar fy ymdrechion cynnar yn y *Cymru Coch*, O. M. Edwards. Yn ddiweddar, wedi ennill yn y Genedlaethol a chael mwy o glod nag a haeddwn, y dechreuais gymryd at astudio crefft y stori fer, fel y dylwn.

Nid oes dim i'w wneud ond treio fy llaw eto, 'os dof i drwy'r anialwch' yr wyf ynddo ar hyn o bryd – gan obeithio y caf well arddeliad y pryd hwnnw. Rwyf wedi sgrifennu dwy yn barod ar ôl y rhai hyn – ar gyfer casgliad arall sef *Storïau'r Tir Coch*. Sbaddu'r cwrcyn yw un, dan y teitl 'Yr Eunuch'.

Gyda chofion fil atoch eich dau oddi wrth Siân a minnau.

Yn ddiffuant yr eiddoch, gan ddymuno i chi o galon Nadolig Llawen a Blwyddyn Newydd Dda,

D.J. a Siân.

*Ll*GC *Kate Roberts 234*

47

9, St. Peter's Road.,
Newton,
Mumbles,
Swansea .
[Dim dyddiad]

F'Annwyl D.J.,

Gair byr yn unig, gan fod gwaith fel pyramid o'm cwmpas. Diolch yn fawr am eich llythyr sy fel eich arfer yn hael a charedig ac yn filwaith mwy Cristnogol na dim a ddywedais i yn fy myw erioed.

Wrth gwrs, yr wyf yn credu ein bod ni'n iawn yn ein llwybr. Hyd yn hyn nid oes gan neb ohonom ddim mewn golwg ond lles Cymru, dyna'n man cryf ni. Pan ddaw llwyddiant fe ddaw gobeithion personol hefyd yn ddiau, a llygru ar y mudiad. Dyna hanes mudiadau, ni raid wylo am hynny, ond ei dderbyn yn ddiolchgar fel arwydd o lwyddiant. Ond yr awr hon, yr wyf i a chithau a phawb ohonom mi dybiaf yn amhersonol ffyddlon i ddelfryd Cymru. Gan hynny, nid oes berygl i'ch llythyr chi yn cydnabod cyfiawnder ein polisi ni roi chwydd yn fy mhen i. Dewisasom y ffordd anodd, wrth gwrs, ond yr unig ffordd (mi gredaf) na arweinia ddim i ddistryw.

Ie, wythnos gampus ym mhob modd, a chwrw da a chwmni'r goreuon. Cael bod yn gynnes ymysg Cymry hoffus yw un o freintiau bywyd. Bendith arnynt oll ac ar y cwrw ac arnom ninnau.

Yn gu dros ben,
Saunders Lewis.

LlGC P2/38/34

48

Y Cilgwyn,
Parc Bach, Dinbych.
9 Ionawr, 1937

Annwyl Gyfeillion,

Dim ond rhyw air bach i ddymuno'n dda i chwi ddydd

Mercher nesaf. Dwn i ddim beth i'w ddymuno chwaith ond gobeithio y dowch allan yn well nag y gobeithiwch gan gyfraith Lloegr.

Cefais amser o'r diwedd i ddarllen 'Dros y Bryniau Tywyll Niwlog' a mwynheais hi'n fawr iawn, ond fel stori nid yw cystal â 'Blwyddyn Lwyddiannus', eithr mae holl serchowgrwydd Sir Gaerfyrddin a Sir Benfro ynddi.

Aethom ein dau hefyd pa nosweth i wrando arnoch chi a Bili John, ac 'yn 'y ngwir' yr oedd yn rhagorol. Un o'r pethau gorau oedd eich porthi chwi D.J. yr 'ie' bach yna nawr ac yn y man. Yr oech chi'n gymwys fel petaech chi ar yr aelwyd gartre.

Mae'n ddrwg iawn gennyf nad yw'r boced yn caniatáu imi fod yn Llundain ddydd Mercher, ond bydd ein meddyliau efo chi'n gyson. Blin gennyf na chaf roi cusan i D.J.'r tro hwn. Oech chi, Siân, ddim yn anfodlon oech chi, i fi roi un iddo fe yn eich lle chi yng Nghaernarfon?

Yfasom eich iechyd da ddydd Nadolig gyda'r unig botel win a brynasom yn 1936.

Wel, bydded y duwiau'n garedig wrthych.

A'n cofion cynnes,

Kate a Morys.

LlGC P2/39/24

49

9, St. Peter's Road.,
Newton,
Mumbles,
Abertawe.
10 Ionawr, 1937[79]

Annwyl D.J.,

Y tebyg yw na byddaf ar eich trên chwi ddydd Mawrth. Bwriadaf fynd gyda'r trên cynnar o Abertawe sy'n cyrraedd Paddington un ar gloch.

Nid yw'r wraig yn dyfod gyda mi'r tro hwn gan nad wyf yn

ANNWYL D.J.

disgwyl dychwelyd na'm cario ar ysgwyddau o'r llys megis y bu
o'r geol ar heol Arfon. Ond cawn gwmni'n gilydd i Wormwood
Scrubs!

    Cofion hyd hynny,
    Saunders.

LlGC P2/38/35

50

Pengelli,
Castell Newydd Emlyn.
31 Awst, 1937

Annwyl Forus a Cet,

    Ar frys gwyllt er mwyn dal y post dyma fi'n amgau ar gais J.E.
fy neges i'r *Ddraig*, Fedi.[80] Neithiwr yn hwyr cyrhaeddais yma wedi
osgoi gwŷr y wasg bob un, diolch i'r nefoedd, a chael neges J.E.
ar fy ffordd yma. Gofynnai am i mi anfon y neges hwn ymlaen yn
uniongyrchol i chi, gan fod brys i gael y *Ddraig* yn barod yn ddi-
oed.

    Yn gorfforawl, meddyliawl, ac ysbrydawl, da gennyf ddywedyd
wrthych nad wyf ddiawl o ddim yn waeth wedi dianc o uffernawl
Lwyni'r Wermod.

    Gyda phob dymuniad da a hyfryd atoch eich dau. Daw cyfle i
anfon gair llawn yn ddiweddarach.

    Oddi wrth Sian a finnau.
    Iwars triwli,
    D.J.

LlGC Kate Roberts 247

51

9, St. Peter's Road.,
Newton,
Mumbles,
Abertawe.
20 Medi, 1937

Fy Annwyl D.J.,

Dyma fi'n ôl o'r diwedd yn fy nhŷ fy hun, neu'n hytrach yn nhŷ'r wraig. Yr ydych chwithau wedi ailafael yn yr ysgol 'ar ôl gofidiau'r ddyrys daith'!

Ni'ch gwelais chi na Val am funud hyd yn oed ar ôl cyfarfod Caernarfon, – ddim hyd yn oed i ysgwyd llaw. Sut y llwyddasoch i ddianc? Euthum i yn rhwydd ac ebrwydd yn fy nghar i Gaergybi.[81]

A ydyw'r byd yn ddieithr i chwi? Ni allaf i gredu eto nad yw popeth fel y bu gynt ac na ddechreuaf ddarlithio yn mis Hydref. Ni threfnais ddim newydd hyd yn hyn, ond meddyliaf am symud i'r wlad yn ardal Aberystwyth i fyw, os llwyddaf i gael tŷ neu ffermdy yno.

Sut dderbyniad a gawsoch gan y plant? A'r athrawon? Gwelaf lythyr da gan Jacob yn y *Western Mail* heddyw – llythyr gwir ddefnyddiol.[82]

Yr wyf wedi addo sgrifennu Nodiadau'r Mis i'r *Ddraig Goch* nesaf a dechreuaf arnynt heno – dechrau ailafael mewn dyletswyddau. Aeth Val gyda J.E. i Iwerddon ddydd Sadwrn am wyliau. Ofnaf i'w iechyd ef dorri yn awr wedi'r cwbl, mewn adwaith ar ôl y straen. Mae'r wraig yn cofio'n gu atoch ac at Mrs. Williams. Byddaf yn clywed peth euogrwydd wrth edrych ar y gwragedd yma a meddwl gymaint y boen a roddais iddynt, – ni allaf ond gobeithio bod cyfarfod Caernarfon wedi gwneud peth iawn iddynt am y misoedd gofidus.

Hyn mewn brys – cyn cychwyn ar ateb y degau o lythyrau sydd yma megis penyd wasanaeth gwaeth na gwnïo bagiau coch y post.

Yn gynnes iawn,
Saunders.

LlGC P2/38/36

52

9, St. Peter's Road.,
Newton,
Mumbles,
Abertawe.
3 Hydref, 1937

Fy Annwyl Dai Llywele,

Dyma lythyrau Liefmann[83] yn ôl i chwi. On'd yw ef yn sgrifennu'n annwyl? Mi anfonaf air ato. Ar bob cyfrif ewch rhagoch gyda'ch llyfr ar y Llwyni. Fe'i hadolygaf innau ef ym mhob papur Cymraeg sy'n bod er mwyn tystio i'ch anwiredd! Ond na, mewn difrif yr wyf yn eich annog i'w sgrifennu. Bydd yn rhywbeth newydd mewn llenyddiaeth Gymraeg.[84] Ond hyn o gyngor hefyd – penderfynwch yn sicr beth yw eich amcan, ac wrth ymdrin â chyflwr y carchar, y cosbiadau a'r disgyblaethau, byddwch yn sicr o'r ffeithiau. Fy unig ofn i yw nad oes gennych chwi lygaid i weld y drwg mewn dynion, – y mae eich atgofion yn debyg o fod yn orgaredig, a'r digrif diniwed yn y carcharorion yn eich hudo i anghofio gymaint oedd y cas a'r cenfigen tuag atom ni'n tri yn weddol unfryd-gyffredinol. Ond nid fy musnes i yw adolygu eich llyfr cyn i chwi ei sgrifennu! Felly gohiriaf yr adolygiad.

Am Abergwaun; hoffwn gael yr hanes yn llawn. Onid oes gan y Llynges Seisnig eisoes harbwr yn Aberdaugleddau a Doc Penfro? Os felly pam y mynnant symud i Abergwaun?

A wyddoch chwi hanes Mr. Maurice Twoney [?] o Drecŵn oedd yn gwrthod gwerthu ei dir i'r Llu Awyr? Hoffwn yn fawr gael ei hanes ef a hanes ei achos yn y llys yn llawn. A oes modd? Beth am y papur lleol?[85]

Fy nghofion yn gu at Mrs. Williams a chofion y wraig.

Yr eiddoch fyth,

Saunders.

LlGC P2/38/37

53

Y Bristol Trader,
Abergwaun.
11 Rhagfyr, 1937

Annwyl Kate a Morris,

Un o'r pethau hynny sy'n parhau beunydd i lonni calon dyn oedd eich rhodd hardd o *Ffair Gaeaf*, y dydd o'r blaen. Diolch o galon gywir i chi am y gyfrol werthfawr. Y mae rhwymiad y gyfrol rodd hon bron bod yn deilwng o'r cynnwys; ac y mae hynny'n ddweud mawr.

Diwedd y tymor a'i ganlyniadau echrydus sy'n gyfrifol am yr oedi mawr cyn cydnabod y rhodd. Pwy a ddyfeisia Robot Farciwr wn i. Un diffyg yn unig sy'n tynnu ôl o'm gwerthfawrogiad o'r llyfr, sef i mi orfod addo o'm hanfodd ysgrifennu tipyn o adolygiad arno i Dafydd Jenkins ar gyfer *Heddiw* – 'Storiau Hen Ferch' Jane Ann Jones ac yntau, y mawr a'r bach yn y greadigaeth, gyda'i gilydd.[86]

A ydych chi wedi darllen Jane Ann ac yn gwybod pwy ydyw wn i. Yr wyf i wedi darllen rhyw ddwy neu dair ohonynt, i brofi eu blas – blas gwin siop cemist mewn cwrdd cymundeb rwy'n deimlo sydd arnynt; yn lle'r gloyw win puredig a geir yn y *Ffair Gaeaf*.

Y mae ceisio ysgrifennu adolygiad i mi yr un fath ag yw eistedd arholiad i blant sy'n hoffi barddoniaeth. Yr unig beth y gellir ei ddweud am lyfr fel hyn wrth bob dyn ydyw, – prynwch ef, os nad ydych chi'n ffŵl perffaith. Am Jane Ann, rhaid i mi fynd am dro neu ddau gyda hi eto, cyn dweud dim casach amdani. Un fach ifanc yw hi yn y grefft yn ddiamau.

Rwyf newydd fod yn darllen hanes cwrdd Saunders yn Nimbych, a Chyffin o'i gadair yn ateb cwestiwn yr ymholydd cydwybodol â'i lais ei hun.

Balchder i galon dyn yw gweld troi allan gynifer o lyfrau da eto'n Gymraeg, yn wyneb pob dylanwad andwyol ar Gymru. Y mae ychwanegu llyfrau da yn rhwym o olygu ychwanegu darllenwyr iddynt.

Wel, hen gyfeillion hoff, nid oes gennym ond dymuno Nadolig Llawen a Blwyddyn Newydd Dda o galon i'r ddau ohonoch oddi wrth Dafydd a Siân sy'n cadw'r Bristol Trader, – a'r diolch cynhesaf eto am y rhodd odidog. Iechyd da i'r Achos Dirwestol!

Yn ddiffuant,

D.J.

LlGC Kate Roberts 256

54

Hen Dŷ Abermad,
Llanfarian,
Aberystwyth.
10 Ebrill, 1938

Fy Annwyl Dai,

Daethom yma y dydd cyntaf o Ebrill, ffyliaid Ebrill yn wir. Ond y mae'n hyfryd yma yng nghanol y wlad y dyddiau braf hyn o wanwyn, – pur annhebig i'r llynedd, gyfaill?

Pa beth a fynnwch imi ei wneud gyda'r gweinidogion hyn, eich pedwar cant anrhyfelgar? Eu hel ar un llwyfan? Sut?

Yr wyf yn rhoi'r llywyddiaeth ar y Blaid i fyny yn Abertawe yn Awst, ac yn rhoi rhybudd o hynny yn y Pwyllgor Canol y Pasg yma. Y mae gennyf dri rheswm dros wneud: ni allaf fforddio aros yn y swydd ar ôl y flwyddyn hon; nid yw fy nhin i'n hoffi'r swydd; ac o dan yr ymosod ar Ffasgiaeth y Blaid yr hyn sydd yno mewn gwirionedd yw drwgdybiaeth, sydd ar gynnydd mawr, o'm pabyddiaeth i. Y mae hyn bellach yn peri digalondid mewn nifer o ganghennau. Mi wn, pan ymddiswyddaf, y bydd y Blaid dan dipyn o gwmwl am dymor byr. Ond yn y pen draw bydd y peth yn llesol; fe etholir llywyddion am bedair blynedd y tro, ac ni chysylltir y Blaid wedyn ag enw un dyn fel y gwneir yn helaeth yn awr, a'r Blaid felly'n dioddef oddi wrth fy nrygau personol i. Felly yr wyf yn erfyn arnoch fod yn help imi yn y Pwyllgor Canol nesaf yma i ddewis olynydd.[87]

Y mae Margaret yn anfon ei chofion at Mrs. Williams ac atoch chwithau. Ac felly finnau, – yn 'yfed atoch'.

Yn gu iawn,

Saunders.

LlGC P2/38/38

55

Y Cilgwyn,
Parc Bach,
Dinbych.
20 Ebrill, 1938

Annwyl Gyfeillion,

Ar Eisteddfod Genedlaethol Dinbych y mae'r bai na chlywsech gennyf cyn hyn ac ar Twm o'r Nant a'i *Dri Chryfion Byd*. Ni bu amser i ddim ond i bwyllgorau ac i anterliwt drwy'r gaeaf.

Mae arnaf eisiau diolch yn arbennig i chwi D.J. am eich adolygiad ar *Ffair Gaeaf* yn *Heddiw*. Os oes bai arno – gormod canmol yw hynny. Ond diolch yn fawr i chwi am fod mor hael.

Gwelsoch *Y Traethodydd* mae'n debyg. Fe gofiwch am y teimladau da (?) sy rhwng Dewi Wms a minnau er Eisteddfod Caernarfon 1921, pan ddywedodd y brawd nad oedd fy storïau i yn storïau o gwbl a rhoi'r wobr i R. Lloyd Jones – a Huws a'i Fab yn gwrthod cyhoeddi storïau hwnnw wedyn am eu bod yn rhy sâl, er mai hwy a roisai'r wobr.[88] Yn ddiweddar hefyd gwrthododd Morus gyhoeddi argraffiad newydd o'r *Clawdd Terfyn*![89] Ond i beth yr oedd arno eisiau ymosod ar Saunders druan, ond wrth gwrs am ei fod yn Rhyddfrydwr rhonc.

Wel, shwd ma petha'n mynd sha Abergwaun? Pryd yr ych chi'ch dou am ddod lan i Ddimbach?

Cofiwch y bydd croeso i chi bryd y mynnoch. Byddwn yn dechrau adeiladu tŷ newydd yn fuan – gweld mai dim yw dim yw talu rhent, er nad oes gennym yr un bensen at adeiladu tŷ chwaith. Fe fuasai gennym pe baem heb dalu rhent er pan ŷm yma.[90]

Caiff Morus eich gweld tua Aberystwyth ddydd Gwener. Nid

wyf i ar y pwyllgor gwaith mwyach ac nid oes arnaf eisiau bod.

Maddeuwch air byr fel hyn heno. Ar gychwyn i rihyrsal anterliwd. Mae nifer ohonom i fod i gynhyrchu, ond y fi yw'r unig un sy'n dangos ei drwyn yn y rihyrsals.

Ein cofion cynnes ni'n dau,

Catrin Robaits.

LlGC P2/39/27

56

Hen Dŷ Abermad,
Llanfarian,
Aberystwyth.
24 Gorffennaf, 1938

Annwyl D.J.,

Bûm yng Nghaergybi am dridiau, a doe y cefais eich llythyr a'r copïau o'r *County Echo*; yr oedd yn dda iawn gennyf eu darllen. Yr ydych yn brwydro'n nobl iawn dros Gymru a Chymraeg ym Mhenfro, ac ni bydd eich gwaith yn ofer, – y dyfodol a ddengys ei werth.[91]

Yr wyf yn bodloni o'm hanfodd – maddeuwch y croesddywediad – i aros yn y llywyddiaeth tan 1939. Mi wn yn y bôn nas dylwn, oblegid ni chaf fyth eto gyflog yng Nghymru, ac mi ddylwn er mwyn fy nheulu fynd i rywle lle y gallwn ennill bywoliaeth. Ond gwelaf fod yn rhaid imi aros flwyddyn arall o leiaf er mwyn y blaid. Felly y gwnaf, a gobeithiaf roi'r Ddeiseb ar gychwyn yn y cyfarfod brynhawn Mercher yn Eisteddfod Caerdydd, – fe'ch gwelaf chwi yno, gobeithiaf. Byddaf yn yr Eisteddfod rai dyddiau o leiaf.

Y mae'r diffyg arweinwyr derbyniol yn y Blaid yn parhau i'm blino ac i'm poeni, oblegid er mor anferth yw'r chwydd sydd ar fy mhen nid oes gennyf awydd cryf i fod yn Hitler na hyd yn oed yn Dolfuss[92] i Gymru, a byddai'n hyfryd gennyf roi'r swydd i arall ac ymgilio i lenyddiaeth. Angen y Blaid ac angen Cymru yw arweinydd sy'n nes atynt ac yn haws iddynt ei ddeall. Pes caffent, neu pes cawsent, ni byddai ein carchariad ni a'r treialon

yng Nghaernarfon a Llundain wedi mynd yn ofer-wastraff fel y
gwnaethant. Dylasent fod wedi cynnau tân yng Nghymru nas
diffoddid mwy; eithr nid felly y bu. Y mae hyd yn oed y Blaid
eisoes wedi anghofio'r cwbl, ac yn dadlau am Sosialaeth a Franco a
Phabyddiaeth, ac yn cael hwyl a gwres yn trafod pethau'r papurach
dyddiol. Yr wyf innau'n fy nghlywed fy hun yn y Blaid bellach yn
bur debyg i'r cyfaill Jonah yn y llong, ac yn sbïo dros ymyl y bwrdd
i edrych am y morfilyn caredig a rydd imi lety. Y mae'n ddigrif
iawn gennyf ddarllen yn y *Western Mail* am y perygl yr wyf ynddo
o'm taflu allan – a minnau'n dyheu am y peth, – ac nid yw fy
awydd i amdano yn ddim wrth awydd y wraig, oblegid y mae hi'n
argyhoeddedig hollol fy mod yn awr wedi cyflawni fy ngwaith.

Dyna ddigon o siarad amdanaf fy hun, – maddeuwch fy
hunanoldeb. Ond nid oes gennyf fawr o newydd arall. Clywais
ddoe fod G. J. Williams[93] wedi ei ryddhau am flwyddyn o'i waith
yng Nghaerdydd i fynd i'r Eidal i astudio'r llu o lawysgrifau
Cymraeg, neu Gymreig eu diddordeb, y trawodd ef arnynt yno y
pasg. Y mae ef yn haeddu ei ffawd dda, bendith arno, nid oes ei
hafal yng Nghymru fel ysgolor yn ei faes, – ond cenfigennaf yn
bechadurus wrtho; byddai blwyddyn yn yr Eidal yn fy nharo i yn
awr gystal â deng mlynedd yn y nefoedd. Yr Eidal a Ffrainc, a'r
bobl lawen, a'r lliw a'r gwin a'r bwydydd, – y gwareiddiad Lladin,
– caraf hwynt, Dai, gwledydd yr haul a'r olewydd.

Yn iach y boch, eich dau annwyl,
Saunders.

Yr Ail Ryfel Byd

57

Hen Dŷ Abermad,
Llanfarian,
Aberystwyth.
14 Medi, 1938

Annwyl Dai,

Maddeuwch imi am deipio llythyr am dro, gan fod gennyf nifer i'w sgrifennu.

Anfonais ddoe lythyr i'r *Manchester Guardian* yn gosod allan safle'r Blaid yn yr argyfwng presennol.[94] Os cyhoeddir ef diau mai yfory (Iau) neu ddydd Gwener yr ymddengys. Os tyr rhyfel allan yr wythnos hon yr wyf wedi dweud wrth J.E. am alw'r Pwyllgor Gwaith i Aberystwyth dydd Sadwrn. Gwneir hynny os bydd angen drwy delegram. Y mae agwedd yr holl wasg Saesneg at araith rymus Hitler yn bur anobeithiol. Y mae llafur Lloegr a'r Undebau Llafur oll yn ysu am ryfel, ac oni thry pethau yfory, ymddengys yn ôl papurau heddiw fod rhyfel ar fin torri allan yn awr.

Fy anhawster i yw gwybod beth y geill y Blaid ei wneud fel corff, heblaw rhoi cyngor cyffredinol i'w haelodau a chyhoeddi datganiad yn mynegi ein hagwedd tuag at y rhyfel. Nid oes gennyf hyd yn hyn unrhyw olau ar y broblem. Un peth go hawdd yw mynegi ein safbwynt fel hyn:

1. Nid oes achos dros ryfel ac ni wnaethpwyd dim effeithiol gan Loegr i'w atal.

2. Nid oes gan Loegr hawl i alw ar Gymry drwy gonsgriptiwn i ymladd.

3. Ni all neb o'r Blaid ymladd dros ffiniau anghyfiawn a drefnwyd yn Versailles yn unig er mwyn cadw yr Almaen dan draed.

4. Gan hynny ni all aelodau'r Blaid nac ymuno o wirfodd nac o orfod mewn byddin na gweithiau arfau.[95]

Ond ni wn i a ddylid gwneud hynny yn fath o orchymyn neu beidio. Oblegid golyga hynny roi holl swyddfa a pheirianwaith a swyddogion y Blaid ar unwaith yn nwylo'r plismyn, a golyga hefyd orchymyn i aelodau ifainc y Blaid ddioddef heb ein bod yn abl i estyn unrhyw gymorth iddynt na'u hamddiffyn o gwbl.

Gwych iawn, iawn (chwedl J.E.) yw eich llith ar Aberteifi,[96] a gwych o waith a wnaethoch eich dau, rhagorolion y Blaid. Cymeraf yn ganiataol y bydd J.E. yn ei rhoi yn *Y Ddraig* nesaf oll, ac yn wir y mae gorchfygu Aberteifi fel yna yn arwyddlon iawn i ddyfodol y Blaid.

Fy nghofion gorau atoch eich dau,

Yn gynnes iawn,

Saunders.

LlGC P2/38/40

58

Plaid Genedlaethol Cymru,
Hen Dŷ Abermad,
Llanfarian,
Aberystwyth.
[Dim dyddiad]

Annwyl Dai,

Diolch am eich llythyr a'i newydd diddorol. Mi sgrifennaf at Mr. Morris. Pe gellid ei ennill i'r Blaid byddai'n rhagorol. Ond chwi, sy'n hen gyfaill iddo, a fedr orau ei gymell a'i oleuo ar egwyddorion y Blaid. Beth bynnag am hynny, mi anfonaf i ddweud wrtho y byddai ei groeso yn fawr a bod digon o gyfle i gydweithio ym Morgannwg.

Does gennyf fawr o newydd, ond fy mod yn dyrnu arni yn *Y Faner* ac yn ddihamdden i fawr ddim arall. Yr wyf am sgrifennu'r wythnos nesaf ar *Blasau'r Brenin* Gwenallt a ailddarllenais yn ddiweddar am ei fod yn gynnyrch gorfodaeth filwrol y rhyfel diwethaf, a cheisiaf ddweud gymaint o gampwaith rhyddiaith Gymraeg ydyw.[97] Mae yn fy mryd hefyd wneud erthygl rywdro'r haf ar brif ryddieithwyr yr oes hon, gan gynnwys y bondigrybwyll D.J.W., ac wedyn mi gasglaf yr erthyglau llenyddol yn llyfr ar derfyn y flwyddyn.[98] Y mae peth canmol ar *Y Faner*, ond fy marn i yw nad ydyw hanner cystal ag y gallai fod, a bod lle mawr iddi wella.

Methais ddyfod atoch i'r Borth ar ôl y pwyllgor canol diwethaf. Yr oedd pobl acw erbyn imi ddychwelyd.

Cofion cynnes atoch eich dau,

Saunders.

LlGC P2/38/41

59

Hen Dŷ Abermad,
Llanfarian,
Aberystwyth.
27 Rhagfyr, 1939

Fy Annwyl, Annwyl Dai,

Fe welwch eich siec y tu mewn i'r llythyr hwn. Yn awr, na chythruddwch; gwrandewch, – yn bwyllog. Dyma fi ar fy ngliniau o'ch blaen ac yn dweud y gwir megis mewn cyffesgell neu'r swyddfa trethi: Nid fy malchter sy'n peri imi ei danfon yn ôl, ond syniad o gyfiawnder yn unig.

Dyma fy incwm i ar hyn o bryd: –

O'r Faner £150

O'r Coleg Catholig £100

Dosbarth W.E.A. £30

Rhent un tŷ £50

Swm = £330

Fe welwch nad wyf i'n dlawd. Gwir mai ansicr yw'r cwbl ac y gallaf weld diflannu'r rhan fwyaf o'r enillion os try pethau'n ddrwg yn y rhyfel, ac yr wyf yn ffraeo llawer (oherwydd fy malchter) gyda pherchennog *Y Faner*. Ond ar hyn o bryd, a fyddai'n onest ynof i dderbyn pumpunt gan un nad yw'n ennill fawr ychwaneg na mi fy hunan? Gan hynny, credaf mai fy nyletswydd yw gofyn, mor ostyngedig ag y caniatâ fy natur lwsifferaidd, i chwi ganiatáu imi ddychwelyd hwn fel y galloch chwithau ei roi i'r Blaid neu i rywun sy'n ddigon tlotach na mi. Gwariais i bum punt y Nadolig hwn ar ddau gâs bendigedig o win Ffrainc (St. Emilion) ac o win Sbaen (Sierri), yn rhannol fel rhoddion Nadolig ac yn rhannol i borthi fy mlys fy hun. A fyddai, gofynnaf eto, yn onest mewn dyn felly dderbyn pumpunt gan gymydog o'r Scrubs nad yw fyth yn gwario arno'i hunan cyn edrych i graffu a oes cyfle i'w wario ar rywun arall gyntaf? Yr wyf i yn hoff iawn o arian, Dai annwyl, ac mi garwn yn hynod gadw'r siec yma; ond er fy mod i'n babydd, y mae gennyf ryw fymryn o gydwybod yn aros yn weddill o hyd; a'r gydwybod honno, dratia hi, nid fy natur na'm blys, sy'n gorchymyn imi ofyn i chwi a gaf i ddychwelyd y siec er mwyn i chwi ei defnyddio lle y mae'r angen yn eglurach?

Yr wyf yn erfyn – yn bur hyderus yn awr – am eich maddeuant. Mi wn mai peth aflednais, ar yr olwg gyntaf, yw gwrthod rhodd gan gyfaill. Ond gan fy mod i, chwedl chwithau, yn 'sant cas', a chwithau yn gythraul o gariad, a'm harosiad i yn y Purdan gan hynny yn ddigon meithach na'ch byr siwrnai chwi drwyddo, dyma fi'n mentro'n hyach ar eich graslonrwydd nag a fentrais i o'r blaen.

Yr wyf yn gweithio'n awr ar act olaf drama fydryddol arall. Y B.B.C. a ofynnodd amdani cyn y rhyfel ar gyfer radio Nadolig. Bellach sgrifennaf hi a chyhoeddaf hi fy hunan heb ei darlledu, gan fod y darlledu Cymraeg yn ymarferol ar ben. A ddarllen'soch chwi hen stori *Amlyn ac Amig* a droswyd o Ladin i Gymraeg tua'r 15fed ganrif? Dyna'r stori a gymerais i i'r ddrama. Mae'r deunydd yn odidog, ac mi wn fod rhannau o'r ddrama yn dda, yn well na *Buchedd Garmon*, ond y mae'r act olaf yr wyf arni'n awr yn rhoi poen enbyd imi; yn araf iawn y tyf hi o gwbl ac nid yw'n magu adenydd.[99]

Cofion annwyl iawn atoch eich dau a blwyddyn newydd a'i llond o fendith. Gwelaf chwi yn y Pwyllgor.

Yr eiddoch fyth,
Saunders.

LlGC P2/38/44

60

Llygad-y-Glyn,
Llanfarian,
Aberystwyth,
Ceredigion.
12 Rhagfyr, 1940

Fy Annwyl D.J.,

Mae'n hwyr glas imi ateb eich llythyr, a rhoi i chwi fy argraffiadau o gynhadledd Amwythig. Yr oedd hi'n ddiwrnod oer dros ben ac nid oedd y capel wedi ei gynhesu ddim. Dechreuwyd mewn oerfel a mynd ymlaen o oerfel i oerfel. Ni welais i erioed lywydd ar gynhadledd mwy dienaid na Gruffydd yno. Yr oedd ef mewn tymer ddrwg. Nid oedd ganddo ddim i'w ddweud. Ni ddywedodd ddim ychwaith o unrhyw bwys na fawr ddim arall o'r dechrau i'r diwedd. Nid oedd ei galon yno ac yr oedd ef yn fwy iaog na'r capel. Aeth popeth drwodd i bob golwg yn esmwyth. Ni chododd neb i yngan gair o feirniadaeth ar waith y flwyddyn. Yr oedd yno gynrychiolaeth reit barchus a digon cyflawn, ond nid oedd gelynion y pwyllgor yno, neu, os oeddynt, rhewyd hwynt gan yr awyrgylch i fudandod. Deuthum oddi yno yn sicrach fy meddwl nag erioed mai yn y Blaid yn unig y mae gobaith i'n gwlad, ac mai prif swydd cynhadledd Amwythig yw rhoi cyfle i mi ac un neu ddau arall o'r blaid sy ar y Pwyllgor wthio syniadau ac awgrymiadau'r Blaid ar Gymru a'r bobl swyddogol, yn union fel y'n cyhuddir o wneud gan y *Western Mail*. I ba beth arall y mae cynhadledd Amwythig da?[100]

Mae'r rhyfel yma'n nychu'n hir ac nid gwiw proffwydo ei ddiwedd. Nid gwaeth gennyf ba derfyn a fydd ond i Loegr beidio ag ennill. Nid wyf yn selog o blaid iddi golli'n bendant a syfrdanol, ond yr wyf yn selog am iddi beidio ag ennill. Mewn gair, yr wyf yn cytuno'n breifat i raddau go helaeth â newyddiadurwr neu 'grochanferwr' Cwrs y Byd yn *Y Faner*.

Ni welais eich llyfr na'ch proflenni eto er fy mod yn swyddfa Prosser yn fynych bob wythnos.[101] Nid wyf i'n cynhyrchu dim â ffrwyth ynddo i hyfforddi a diddanu gwŷr fy ngwlad y dyddiau hyn, ac ymglywaf yn boenus â'm diffrwythdra. Y peth gorau a wnaf yw darlithio'n wythnosol ar ddiwylliant Cymru i ddosbarth allanol nosau Llun yn Aberystwyth, a dyry hynny imi beth diddanwch.

Mae'r teulu'n lew ac yn cofio atoch eich dau. Gobeithio eich bod chwithau'ch dau'n siriol ac yn cael rhagor na dogn llywodraeth o fenyn i gadw irdeb eich gwedd ac i gael rhyw gic o dorri'r gyfraith.

Yn gu fyth a thra bwyf,

Saunders.

LlGC P2 / 3 8 / 4 7

61

Llygad-y-Glyn,
Llanfarian,
Aberystwyth,
Ceredigion.
3 Tachwedd, 1942

Fy annwyl Dai,

Yr wyf wedi cytuno i geisio am sedd y Brifysgol yn ôl eich dymuniad. Ond Dai bach mawr, yr ydych yn cyfeiliorni yn enbyd amdanaf. Yr wyf mor fflat ynof fy hun â ffroisen. Nid oes gennyf awydd i ennill y sedd o gwbl, ac yr wyf yn fy nheimlo fy hun mor debyg i Gandhi ag ydyw cosyn blwydd i hufen ffres. Felly Duw gyda chwi, fy mrawd annwyl,

Saunders.

LlGC P2 / 3 8 / 4 8

62

Llygad-y-Glyn,
Llanfarian,
Aberystwyth,
Ceredigion.
Pnawn Mercher *[dim dyddiad]*

Fy annwyl Dai,

Nawr y daeth eich llythyr. Ni chefais i ddim un gair i'm hysbysu bod cyfarfod yng Nghaerfyrddin. Mae'n sicr fod Gwynfor wedi anfon, canys un gofalus a da yw ef. Felly rhaid bod y llythyr wedi mynd ar ddisberod yn y post. Anfonais yn awr at Wynne Samuel i ofyn iddo roi hysbysiad am hynny yn y *Carmarthen Journal*. Yr oeddwn wedi disgwyl clywed bod cyfarfod. Ond pan na ddaeth gair cymerais fod Gwynfor wedi methu trefnu. Yr oeddwn yn segur yn y tŷ.

Mae'r etholiad yn un pur ddigrif o leiaf. Mae'r cŵn mawr yn cyfarth ac yn fy nychryn yn ofnatsan. Ond does mo'r help. Y peth gwych yw bod y Blaid yn awr yn cyfrif mor enbyd yn y cylchoedd pwysicaf yng Nghymru! Ac y mae hi wedi gorfodi i Ryddfrydiaeth fwrw'r ysbryd i fyny a mabwysiadu W.J.G. mae hynny'n fuddugoliaeth. Ac yn gwymp enbyd i W.J. druan.[102]

Gwelaf chwi y calan. Nadolig llawen iawn i chwi eich dau.

Yn annwyl iawn,

Saunders.

LlGC P2/38/49

63

Llygad-y-Glyn,
Llanfarian,
Aberystwyth,
Ceredigion.
3 Chwefror, 1943

Fy Annwyl Ddau,

Diolch mawr i Dai am eich llythyr. Y mae gorfoledd mawr yn Harlech a Llandinam a'r Amgueddfa Genedlaethol oblegid yr

Etholiad, onid oes?[103] Ond nid wyf i ddim gwaeth am hynny, ac ni fennodd y canlyniad ddim arnaf. Yr wyf ers talwm yn gwbl dawel na ddaw fy nydd i ddim byth tra byddaf byw, ac fel y canodd un aelod seneddol, 'Dydw i'n hitio dim pen botwm' oblegid hynny. Fe awn ymlaen megis rhai'n gweled y dydd yn torri, ac fe gaiff y gelynion bob llawenydd ond y llawenydd o dorri ein calonnau.

Iechyd da iawn i chwi, yr eiddoch fyth,

Saunders.

64

Llygad-y-Glyn,
Llanfarian,
Aberystwyth,
Ceredigion.
18 Mai, 1943

Fy Annwyl D.J.,

Mawr ddiolch i chwi am eiriau mor galonogol, er nad wyf i ddim yn eu credu! Yr wyf wedi dysgu'n derfynol na fyn Cymru ddim ohonof ond fel ysgrifennwr od a difyrrus. Ond y mae cael fy nghanmol hyd yn oed am 'Gwrs y Byd' yn rhoi pleser mawr imi – mae'n gywilydd gennyf ei gyfaddef, ond dyna'r gwir yn dy ddannedd di, yr hen natur ddynol.

Maddeuwch imi na fedraf i ddim addo nac ystyried dyfod i Abergwaun. Mae fy ngwaith yma yn fy nghadw fel nad oes gennyf ddiwrnod yn rhydd, ac yn wir ni allaf yr un pryd ysgrifennu bob wythnos gymaint ag a wnaf a mynd allan i annerch hefyd. Mae Prosser yn yr ysbyty eto dan driniaeth feddygol. Mae'n gwella'n siriol, ond bydd yno bythefnos o leiaf. Ni welais ddim o gynnyrch eich awen chwi ers peth amser. A yw hi'n iach?

Fy nghofion at Mrs. W. yn garedig iawn.

Yn gu iawn,

Saunders.

65

Y Cilgwyn,
Dinbych.
29 Tachwedd, [1943]

Annwyl Gyfeillion,

Diolch yn fawr am lythyr D.J. pa ddydd. Ysgrifennaf dros y
Swyddfa am fod arnaf eisiau sôn a diolch am bethau eraill.

Caiff araith Mrs. Rosina Davies sylw mawr ym *Maner* yr
wythnos hon. Felly nid ymhelaethaf.

Ynglŷn â'r Memorandum ar Gymraeg gorfodol yn y Matric,
Prosser sy'n delio efo phethau felly, gan mai ef yw golygydd *Y*
Faner a chanddo ef y mae'r copi. Ond fe ysgrifennais ato ddiwedd
yr wythnos a rhoi eich neges iddo.[104]

Diolch yn fawr iawn i chwi hefyd am ysgrifennu at mam.
Clywais ddydd Sadwrn oddi wrth fy chwaer yng nghyfraith iddi
ei dderbyn a'i bod yn llawen iawn o'i gael ac yn diolch yn gynnes.
Nid anghofiaf innau byth am eich meddylgarwch yn ei anfon. Mae
hi'n wael iawn ers mis ac yn orweiddiog. Yn wir, dylsai roi i mewn
a mynd i orwedd cyn hynny, ond bod yr hen greadures yn treio
ei gorau ddal i godi rhag rhoi trafferth i neb. Mae ganddi salwch
poenus iawn – casgliad (magwreth) ar y bledren, ac mae hwnnw'n
torri ac yn rhedeg ac yn ail gasglu o hyd, a hithau'n cael poenau
enbyd o'r herwydd. Mae hi'n rhy wan erbyn hyn i fedru codi o
gwbl ac yn bur ddigalon. Mae'n chwith iawn ei gweled. Nid wyf
yn credu y cyfyd hi byth o'i gwely eto, ond dyfyd y meddyg y geill
ddal yn hir, gan fod ei chalon yn gryf. Yr wyf yn poeni'n arw yn ei
chylch gan fod yma mor bell o Rosgadfan, a threuliaf wyth awr yn
y trên a'r bws pan af i'w gweld. Teimlaf yn reit hapus pan fyddaf
wrth erchwyn ei gwely, a buaswn yn fodlon eistedd felly ac edrych
ar ei hwyneb tra pery hi. Ond unwaith y dof yn ôl i Ddinbych
dechreuaf boeni wedyn a meddwl sut y mae hi, ac ofn cael newydd
drwg o hyd. Ni allaf yn hawdd fynd yno i aros oherwydd cwestiwn
y bwyd a buaswn yn rhyw gymaint o drafferth, er y buaswn o
help hefyd, i'm chwaer yng nghyfraith. Felly, ceisio mynd yno
bob pythefnos yr wyf. Mae pawb yn garedig iawn wrthi, yr ardal

i gyd. Ond bu hithau'n garedig iawn wrth yr ardal holl ddyddiau
ei phreswyl yno. Mae wedi geni ugeiniau o'u plant i'r byd, wedi
gweini ar eu cleifion unrhyw adeg o'r dydd neu'r nos ac wedi codi
o'i gwely gannoedd o weithiau i fynd at wely angau cymydog. Ni
wybu erioed ystyr y gair 'Hunan', ac mae'n beth braf iawn cael
dweud hynny ar derfyn ei hoes faith. Dywedodd y Cyrnol H.
Jones Roberts, Penygroes, meddyg enwog yn y cylch ar un adeg,
y mynnai ef weld bod mam yn cael cofgolofn ar ei bedd wedi iddi
farw. Ond mae'r cyrnol druan yn ei fedd ers blynyddoedd lawer.
(Brawd Major Hamlet Roberts[105] a fu'n ysgrifennu mor ddiddorol
i'r *Ford Gron* ac un o deulu o feddygon oedd ef. Dr. Hughie y
gelwid ef gan bawb.)

Wel, rhaid imi dewi. Anghofiais ddweud ar y dechrau fod y
llyfrau wedi mynd i Dilwyn Miles ond eisiau peidio â dweud iddo
gael y ffafr o gael y rhai a oedd allan o brint. Mae hi'n hwyr ar y
nos ac wedi bod yn ddiwrnod golchi.

Eto fy niolch cywiraf a'n cofion cynnes atoch eich dau,
Kate.

LlGC P2/39/29

66

49, High Street,
Abergwaun.
6 Ionawr, 1944

Annwyl Forus a Kate,

Dim ond gair yn amgau'r siec yma am £1. 10. 0. Cedwch yr
hyn sydd dros ben y ddau fil ar gyfer fy nyled i yn y dyfodol, os
gwelwch fod yn dda, – os oes peth dros ben erbyn hyn hefyd, gan
fod cryn amser bellach er pan ges i'r biliau hyn.

Blin oedd gennyf golli eich cwmni yn y Pwyllgor Gwaith eleni:
hefyd roedd Prosser druan yn y gwely gan y ffliw. Gwag yw Aber
heb Swyddfa'r *Faner*. Diolch i chi am gadw'r *Faner* i fynd mor
fendigedig o hyd. Y mae sgrifau Saunders ar Sgrifennydd i Gymru
etc. etc. wedi bod yn odidog. Dyna drasiedi na allai Cymru weld yr

arweiniad doeth ac arwrol a gynigir iddi.[106]

A sut ma'ch mam, erbyn hyn Kate? Yn llawer iawn gwell gobeithio, er gwaethaf y blynyddoedd.

Gyda'm cofion cywir iawn i a Siân atoch chi'ch dau, ac at eich mam a phawb o'r tylwyth, o'r ddwy ochr.

Iwars triwli, wishin iw a hapi niw ier,

Davy John.

LlGC Kate Roberts 324

67

49, High Street,
Abergwaun.

7 Chwefror, 1944

Annwyl Kate,

Dim ond gair ar ran fy ngwraig a finnau i ddatgan ein cydymdeimlad dwys ni'n dau â chi eich hun, ac â'r teulu i gyd ar golli eich annwyl fam.

Er ei hoed mawr, a'ch bod chi wedi cael amser i baratoi eich meddwl ar gyfer yr ymadawiad olaf hwn, nid yw'r gwacder ar ei hôl a'r chwithdod nad yw hi ddim yno mwyach i'ch derbyn ddim yn llai.

Cawsoch dywysoges o fam, Cathrin, a magodd hithau ferch a phlant teilwng ohoni. Rhoesoch i mi anrhydedd mawr, na allaf ei anghofio, wrth ofyn i mi ddod i fyny i weld eich mam o Gaernarfon ddechrau Awst diwethaf. Fe'm swynwyd gan ei chwmni am yr ychydig oriau y prynhawn hwnnw, a'm synnu gan loywder a chryfder ei meddwl a'i chof yn ei hoed mawr hi.

Yr oedd Gwenallt yn darlithio i'r Cymrodorion yn Abergwaun nos Wener diwethaf, ac yn aros gyda ni. Buom ein dau'n sôn am anfon gair o gydymdeimlad atoch gyda'n gilydd, o gofio'r prynhawn hwnnw y gwelsom hi yn eich cwmni y llynedd. Ond ni chaniataodd amser.

Clywed gan Gwenallt hefyd nad yw Prosser yn agos da o hyd.

Gobeithio'n fawr y bydd e'n llawer gwell yn fuan. Y mae'n golled fawr fod un fel Prosser yn gorfod bod yn y 'dry dock' yn hir.

Gyda'n cofion cynhesaf ni'n dau at Morus a chithau a'n cydymdeimlad yn fawr gyda phawb ohonoch fel teulu a thylwyth,

Yn ddiffuant,

D.J.

LlGC Kate Roberts 361

68

Y Cilgwyn,
Dinbych.
29 Mawrth, 1944

Annwyl Gyfeillion,

Mae'n wirioneddol ddrwg gennyf fod mor hir heb gydnabod y llythyr caredig a anfonasoch ar ôl marw mam. Bu gennyf lawer o bethau i'w gwneud, y mwyaf a'r tristaf, mynd trwy bethau mam a'u rhannu. Gwelwn fy mywyd fy hun o ddalen i ddalen, a dychryn wrth feddwl 'mwy sydd eisoes wedi'i dreulio'.

Cafodd mam gystudd creulon o galed, fel y dywedais mewn llythyr o'r blaen, a rhywffordd yr oedd yn well gweld ei gollwng o'r poenau yr oedd hi mor ymwybodol ohonynt. Ond eto i gyd nid yw hynny'n lleihau'r hiraeth ar ei hôl, nag yn pylu rhyw lawer ar y cof sy gennyf am ei dioddef. Cefais fod gyda hi y tridiau a'r teirnos olaf o'i bywyd ag eithrio'r ychydig oriau y bûm yn darlledu ym Mangor, a rhyw ddwyawr bob nos o geisio cysgu. Ni chwynai ddim, ond dywedai weithiau, 'Choelia i byth y dioddefodd bren daear erioed gymaint â hyn.' Ac ni wyddom o gwbl ym mha le y cafodd yr ymadrodd 'pren daear'. Teimlo yr oeddwn i sut y gallai'r Bod sy'n rheoli popeth adael i un a ddioddefodd gymaint o helbul ac o boen corff drwy ei hoes hirfaith, adael iddi ddioddef cymaint wrth droi cefn ar fyd mor ddigysur. A rhyfeddu ati hithau'n medru gwenu mor hoffus arnom, ie, a medru dweud ambell sylw craff ychydig cyn marw.

Daeth Valentine i'w chladdu (angladd hollol breifat), a rhoes sglein ar yr amgylchiad. Fe weddïodd yn union fel y buasai hi'n dymuno iddo, ac fe ddarllenodd bennod ar lan ei bedd, sy'n wir i gyd mi gredaf. Amgaeaf hi. Fel y gwelwch, cyfieithiad Valentine ei hun ydyw a gwn y bydd o ddiddordeb i chwi.

Fe soniodd lawer am eich ymweliad â hi fis Awst.

Cafodd bleser mawr yn eich cwmni, a gwerthfawrogodd y llythyr a anfonasoch iddi'n fawr.

O drugaredd, mae Prosser yn well eto, buom yn bryderus iawn yn ei gylch am rai wythnosau. Ac mae'r hen ryfel yma'n gwaethygu pob dim.

Gobeithiwn eich bod chwi eich dau'n iach. Fe gaiff Morus eich gweld tua'r Pwyllgor Gwaith. Buaswn i'n dyfod i lawr efo fo, ac aros mewn llety, pe gwyddwn y cawn fwyd a thân. Ond mae'n ormod menter.

Eto, ein diolch cywiraf a'n cofion cynhesaf,
Kate.

LlGC P2/39/30s

Amgaeëdig.

CATRIN ROBERTS

Tachwedd 14, 1854 – Chwefror 1, 1944

Cyfieithiad y Parchedig Lewis Valentine o'r bennod olaf o Lyfr y Diarhebion, a ddarllenwyd ganddo ar lan ei bedd, ym Mynwent Rhosgadfan, Chwefror 4, 1944:

Pwy a fedr gael gwraig rinweddol? Y mae hi'n werthfawrocach na'r cwrel. Calon ei gŵr a ymddiried ynddi, a lles mawr a fydd hi iddo ... Elw nid colled fydd hi iddo holl ddyddiau ei bywyd. Y mae hi'n debyg i longau marsiandwyr sy'n cludo ymborth o bell. Cyfyd ymhell cyn y wawr er mwyn bwydo ei theulu ... gwêl fod diwydrwydd yn talu iddi ... Ni ddiffydd y canhwyllau yn ei thŷ trwy gydol y nos. Nid oes arni hi ofn caledwaith ... nid yw ei breichiau byth yn segur. Hael iawn yw hi wrth dlawd, a da yw yr

anghenus wrthi ... Diogel iawn yw ei safle hi – y mae hyder yn
ei chwerthin gan ei bod yn gweld ymhell. Y mae synnwyr yn ei
siarad, a diogelwch yn ei chyngor. Hi a graffa ar ffordd ei thylwyth
o fyw – ni fwyty hi fara seguryd. Canmol ei phlant hi beunydd, ni
flinant ar roddi geirda iddi. 'Cyflawnodd,' meddent, 'lawer gwraig
bethau gwych iawn, ond ni fu neb tebyg i ti.'

Twyllodrus yw ffafr – diflannu mae tegwch – cedwch eich
teyrnged i ferch o gymeriad. Rhowch iddi'r clod a haedda ei
gweithredoedd, a chanmolwch hi ar goedd am ei gwasanaeth.

69

Llygad-y-Glyn,
Llanfarian,
Aberystwyth,
Ceredigion.
18 Ebrill, 1944

Fy Annwyl Dai,

Bron na ddylwn ddweud 'fy annwyl dad enaid'! Yr ydych yn
gweinyddu llawer o 'jam' cyn dyfod at y bilsen yn eich llythyr.
Ond yn wir i chi nid wyf yn meddwl fod fy siawns i i'm cofio
gan genedlaethau a ddêl gystal o lawer iawn â siawns awdwr *Hen
Wynebau*. A hyd yn oed pe bai gystal, a ydych chwi'n meddwl
bod gadael enw ar eich ôl – 'Exegi monumentum aere perennius'
chwedl Horas – o unrhyw werth neu gysur yn awr i'r byw neu
wedyn i'r marw? Mae'n amheus gennyf.

Ond nid dyna sy'n rhaid imi ei ateb, eithr eich cwyn fy mod
i'n ymneilltuo. Wel, ydwyf, gyfaill, ydwyf, o fwriad ac o awydd.
Waeth imi gyfaddef hynny na pheidio. Yr wyf yn gweld fod pobl
iau a mwy tebyg o lwyddo na mi yn barod i arwain y Blaid yn awr,
ac yr wyf yn benderfynol o roi eu cyfle iddynt a pheidio â mynnu'r
blaen. Dyna sydd orau i'r Blaid ac i'w nod. Yr wyf i wedi gwneud
fy nhasg, a'u tro hwynt yw hi yn awr. Petawn i yn parhau'n
amlwg, mi rwystrwn eu cynnydd hwynt.[107]

A dyna sydd orau gennyf. Nid wyf wedi chwerwi dim oll,
er fy mod yn deall mai gwir yw bod Cymru wedi fy ngwrthod,

chwedl chwithau. Ond nid yw hynny'n ddim; gyda'm llyfrau y dymunaf fod mwyach, gyda Fyrsil ac Akempis[108] a'r hen lenorion Cymraeg hefyd, a throi at y *Tir Coch* ac at *Hen Wynebau* i ddysgu sut i sgrifennu Cymraeg ar ôl cwrsio'r byd. – Ynglŷn ag annerch cyfarfodydd cyhoeddus, fedrwn i ddim mwyach. Mae'r spring wedi torri. Mi barhaf i sgrifennu, ond nid oes arnaf eisiau mynd yn ôl i waith arweinydd o gwbl.

Ni buaswn yn sôn amdanaf fy hun mor ddigywilydd, ond mai chwi a'm slensiodd! A dyna ben yn awr.

Sut hwyl sydd arnoch chwithau?

Ni welais stori gennych ers tro. Bydd Prosser a minnau yn sôn llawer amdanoch, a bydd T. H. Parry-Williams yn canu clod i'ch Cymraeg mewn aml seiat yng Ngwasg Aberystwyth. Mae'n bryd i Val a ni'n dau gael cyfarfod i fynd dros hen atgofion.

Cofion cynhesaf, ac at Mrs. Williams,

Saunders.

LlGC P2/38/52

70

Llygad-y-Glyn,
Llanfarian,
Aberystwyth,
Ceredigion.
13 Rhagfyr, 1944

Fy Annwyl Dai,

Ni ellwch chwi fyth anfon yn rhy aml ataf i – nid wyf innau'n anghofio cyfeillach y Scrubs a'r noson ym Mhwllheli; newidiodd gwrs fy mywyd i, ac y mae'r ddau a fu gyda mi ar wahân i bawb arall yn fy meddwl.

Anfonais i eisoes at J. E. Jones i annog ymladd sedd Castell Nedd gyda Wynne Samuel yn ymgeisydd. Gwnewch chwithau yr un modd. Yn anffodus bu Wynne yn dra esgeulus o'r etholaeth, a gwell ganddo grwydro'r tu allan iddi, – neu dyna a gwynir yn ei erbyn. Ond cytunaf i fod yn ddyledus ar y Blaid ymladd y sedd a chychwyn ar y gwaith gyda'r trylwyredd mwyaf. Da iawn gennyf am eich gair da i Wynne fel siaradwr. Clywais innau iddo annerch myfyrwyr Aberystwyth mewn dadl gyda Chomiwnydd, Idris Cox, a'i guro'n lân a gwneud argraff dda ar y myfyrwyr. Ef a Gwynfor yw dau arweinydd newydd y Blaid bellach, ac fe ânt â hi ymhell ar ffordd llwyddiant, gobeithio.

Does gen i fawr o newydd, ond yn unig (ac y mae hyn yn breifat am dipyn, os gwelwch yn dda) fy mod wedi derbyn gwahoddiad i fod yn aelod o'r Cyngor Addysg Cymreig bondigrybwyll.

Cofion cynnes iawn atoch eich dau,

Saunders.

LlGC P2/38/53

71

Llygad-y-Glyn,
Llanfarian,
Aberystwyth,
Ceredigion.
Sul 10 Mehefin, 1945

Fy annwyl D.J.,

Yn y Pwyllgor Gwaith ni chlywais i enwi Vic Jones o gwbl na gair o sôn amdano gan neb. Pan ddywed Mrs. Vic Jones fy mod i – 'S.L.'s own words' – wedi gosod amodau am ddychweliad Vic Jones i'r Blaid, y mae hi'n anghywir. Ni ddywedais i hynny wrth neb o gwbl, ac wrth gwrs ni byddai gennyf rithyn o hawl na gallu i wneud dim o'r fath; mater i Bwyllgor Rhanbarth yw enwi ymgeisydd seneddol.

Pethau peryglus iawn yw adroddiadau ail-law am ymddiddanion, yn arbennig pan fydder yn cario adroddiad gan rywun at rywun arall, a heb fod y naill yn ymddiried yn y llall. Yr unig beth a ddywedaf i yw nad oedd gennyf ddim un dim â dim a wnaed ynglŷn ag etholaeth Ogwr, ond yn unig annog Ted Merriman yn y Pwyllgor Gwaith i baratoi ar gyfer ymladd y sedd yn yr etholiad nesaf, ar ôl hwn, – ac fel aelod cyffredin o'r

Pwyllgor yn unig y siaredais. Y mae holl gynnwys llythyr Mrs. Vic Jones yn newydd imi. Ni wn ba faint ohono sy'n hygoel ac y mae'r cyfeiriad at Trefor Morgan, a roddwyd ger ein bron fel yr ymgeisydd dewisedig, yn anffodus.

Gwynfor Evans yw llywydd ymarferol y Blaid yn y De. Petawn i yn ei le ef, yr hyn a wnawn fyddai mynd i'r etholaeth, Ogwr a Garw, a galw'r aelodau ynghyd a rhoi trefn ar y busnes yno a chael sicrwydd eu bod yn bendant a diysgog yn y Blaid. Ond fel y gwyddoch, mae tipyn o'r blagard ynof i, ac nid oes dim yng Ngwynfor! Diolch fyth nad rhaid imi roi bys nac ewin yn y brywes.[109]

Sut yr ydych chwi? Ai mwynhau'r rhagolwg o'ch rhyddhad o gaethiwed?

Yn gu iawn,
Saunders.

LlGC P2/38/54

Diwedd y pedwardegau: marwolaeth Morus, a llenydda

72

49, High Street,
Abergwaun.
24 Chwefror, 1946

Annwyl Kate,

Y mae wedi bod yn fy mryd i i sgrifennu atoch er dydd yr angladd; ond rywsut yn gohirio o hyd. Teimlwn wrth feddwl mynd ynghyd â hi, fel y teimla pob un arall, y golled a gawsoch chi a'r gwacder ym mhobman ar ôl colli partner bywyd fel yr annwyl Forus; heb sôn wrth gwrs am y golled a gafodd pawb ohonom ar ei ôl, colli personoliaeth ag ynddo lond gwlad o heulwen, a'r heulwen honno'n egni i gymaint o gyfeiriadau.

Ni wn am ddim o'ch trefniadau personol chi ar gyfer y dyfodol; cario ymlaen *Y Faner* yn lle Morus yn ddiau, gan fod hynny, mewn rhyw ystyr, yn fath o rwymedigaeth foesol arnoch. Ond gresyn enbyd yw eich tynghedu chi, Kate, yn rhy lwyr i fusnes, gan mai y ddawn fawr a roddwyd i chi, wedi'r cyfan, yw sgrifennu llenyddiaeth a fydd yn dreftadaeth fythol i fywyd Cymru. Y mae digon o ddynion busnes da i'w cael na allant fyth fod yn ddim ond dynion busnes.

Ymholi â mi fy hun yn unig a fûm i, ac nid treio busnesa drosoch chi, – ond tybed a fuoch chi'n meddwl weithiau, o ymdeimlo â'ch gwir ddawn, am y posibilrwydd o ymryddhau o gaethiwed swyddfa'r *Faner* a'r dreth barhaus ar eich nerth yno, heb sôn am y perygl o lethu'r awen gynhenid ac ymroddi i lenydda yn gyfan gwbl. Efallai fod y ffaith fod y rhyddid yna gen i'n awr yn peri i mi feddwl amdanoch chi fel uchod. Fe wn i fod pwysau'r ysgol, yn enwedig yn ystod y blynyddoedd olaf, a'r ymwybyddiaeth gudd wedyn – gwir ai gau nid wyf yn sicr yn aml – fod gennyf rywbeth pellach a oedd yn rhaid arnaf i'w fynegi, yn gwneud bywyd, ar adegau, yn faich llethol i'w ddwyn. Ar ben hynny wedyn yr oedd y cant a mwy o fusneson lleol yn hawlio amser a sylw.

Erbyn hyn yr wyf wedi cael bron deufis o ryddhad o'r ysgol, – a chredwch fi, rhyddhad ydyw mewn gwirionedd. Yn llenyddol, os caf siarad yn fras, nid wyf wedi gwneud dim ond rhyw led-orffen stori a oedd ar ei hanner gennyf, ac ymhell o fod yn bles ar honno. Gwnes dipyn o waith lleol – trefnu cyrddau, siarad peth fy hun – yr wyf wrthi'n trefnu cwrdd i Douglas Young ar hyn o bryd. Ond yr wyf yn gallu dod i ben â hyn yn awr, heb dreth nosol bron o golli dwyawr o gwsg fel cynt – heb deimlo'r un gollyngdod o gwbl o ddechrau term i'w ddiwedd.

Ond rhaid ymatal, rhag i'r llythyr hwn fynd yn ddim ond math o ollyngdod personol heb feddwl am neb arall.

A newid siarad, ynte, llyfr gwych, mewn gwirionedd, yw llyfr diwethaf Tom Parry yng 'Nghyfres Pawb' [sic][110] Y mae'n glasur o feirniadaeth gryno ar ein cyfnod ni. Cawsoch chi deyrnged odidog a wir haeddwch ganddo; ac y mae'r hyn a ddywed amdanaf innau yn garedig anghyffredin ar ei ran. Ond o'r braidd y teimlaf i y dyry ef i Saunders ei gyflawn le ar y cyfan. Mater o ffansi bersonol yw hyn wrth gwrs, – ond ar wahân i'w bethau llwyr grefyddol, nid yw Tegla erioed wedi apelio cymaint â hynny ataf i. Y mae ei ddychymyg alegoriaidd, er ei glyfred, yn ormod i mi. Y mae rhywbeth yn llipa a diflas yn aml yn ei storïau hefyd, megis yn *Gyda'r Glannau*[111] er fod ei grap ar gymeriadau'n wastad yn gywir.

Y mae Siân wrthi ger y tân y funud yma, yn darllen *Dial y Tir*[112] ac yn fy niddanu'n awr ac eilwaith â dyfyniadau nodweddiadol Febaidd megis y disgrifiad yma o ferch – 'y sylwedd brau a brodiog hwnnw'. Gweler gwaelod tud. 61 ar ei hyd a 62 – 'cronnai gwefusau eu hiaith, a'u hiraeth, eu swyn a'u syndod, eu gwrid a'u gwres (cf tud.104), a gwasgent i'w gilydd naid y gwaed a nwyd y galon' – a'i mil myrdd o afieithusrwydd tebyg – loshin wedi toddi'n stecs. Gellir dweud am gymeriadau Bebb yng ngeiriau'r Salmydd – 'Efe a'n gwnaeth ni ac nid ni ein hunain'.[113]

Wel, Kate annwyl, rhaid dibennu, 'er fod prydydda'n neis 'ys gwedodd Dai Blaengorlech 'slawer dydd yn ei gân i ardal Rhydcymerau. Gorffennai Dai ei gân:

> 'Os daw y cash i daro
> Rhowch i mi spesial preis.'

Gyda chofion cynhesaf Siân a finnau atoch,

D.J.

Cofiwch fi yn gynnes iawn at Gwilym R. a'i wraig, ac at bobl ryfeddol garedig siop Myddleton. D.J.

LlGC Kate Roberts 700

73

Y Cilgwyn,
Dinbych.
26 Chwefror, 1946

Annwyl D.J.,

Yr oeddwn yn dyfod adre o'r offis heno ac wedi tynghedu i mi fy hun sgrifennu atoch, ac erbyn imi gyrraedd y tŷ dyna le'r oedd eich llythyr hoffus ar lawr y lobi. Ac mor falch oeddwn o gael sgwrs efo chi drwy lythyr hyd yn oed, er ei fod yn codi lot o hiraeth arnaf.

Dylswn fod â chywilydd ohonof fy hun am fod mor hir heb sgrifennu atoch, i ddiolch i chwi am ddyfod i fyny i'r angladd ac am eich ysgrif ragorol ar Morus yn *Y Faner*.[114] Ond gwn am eich calon faddeugar chwi ac am eich dychymyg a fedr synio sut y bu hi arnaf ers agos i ddeufis bellach. Caled a chwerw iawn a fu'r dyddiau; llawn o boen a helbul (ar wahân i'r galar a'r hiraeth) a llawn o waith. Nid oes arnaf eisiau cwyno'n gyhoeddus – yr wyf am gadw dyddlyfr, a gallaf fwrw fy mhoen i mewn i hwnnw, fel petawn yn mynd at Dduw – peth cas yw galaru ar goedd, gan na ŵyr neb ddim ond ei alar ei hun. Mae pawb a fu yn yr un amgylchiad erioed wedi mynd drwy'r un pethau, yn wahanol efallai. Ond yn ychwanegol at y pethau cyffredin yr â pawb drwyddynt – mae baich y busnes arnaf i. A baich llethol ydyw. Gwn hyn i sicrwydd heddiw. Petaem wedi aros yn Nhonypandy, buasai Morus yn fyw heddiw. Yr wyf mor sicr o hynny â bod y pin dur yma yn fy llaw. Hawdd yw sôn am aberth Morus, ond pwy a gofia hynny ymhen ugain mlynedd eto, pan fyddaf i un ai yn fy medd neu'n dal i weithio i gadw corff ac enaid wrth ei gilydd?

Gwerthfawrogaf yn fawr iawn eich awydd chwi am i mi adael y busnes, a rhoi fy holl amser i lenydda, yn enwedig pan ddaw hynny oddi wrth frawd o lenor hael ei galon. Ond sut yr wyf i fyw? Nid oes gennyf ddim ond yr hyn a ddaw o'r busnes, ac ni fedraf dynnu arian o hwnnw heb weithio rhywfaint tuag ato, pe na wnawn ddim ond cyfeirio amlenni.

Dirmygai Morus a minnau bob amser bobl a dynnai arian o fusnes heb roi gwaith i mewn ynddo. Peth arall, gwnaeth Morus imi dyngu lawer gwaith na werthwn y busnes. Gwn y cawn lawer o arian amdano pe gwerthwn ef yn awr. Ond meddylier am yr hyn a allai ddigwydd – gallai'r *Faner* fynd i ddwylo imperialwyr, sosialwyr neu Babyddion. Yr hyn a wnaf gyntaf wedi setlo pethau fydd gwneud rhyw fath o weithred i sicrhau na newidir polisi'r *Faner*. Efallai yn y diwedd y tyn hynny ei gwerth i lawr ar y farchnad, ond byddaf i wedi mynd erbyn hynny.

Felly, nid oes gennyf ddewis ond cario ymlaen. Ar hyn o bryd mae pethau'n ddigon llewyrchus. Trasiedi fawr Morus oedd iddo orfod mynd pan ddechreuodd weld ffrwyth ei lafur.

Ond peth rhyfedd yw busnes. Gellwch roi eich arian i mewn ynddo, a chael digon ychydig allan ohono. Â'r elw yn dreth incwm ac i dalu am beiriannau &c. Ychydig iawn o arian sychion a geir o fusnes. Eiddo ydyw o hyd; ac wedi i chwi farw, fe droir yr eiddo hwnnw yn arian sychion gan rywun arall.

Modd bynnag, mae un llygedyn o obaith y caf fwy o amser i sgrifennu. Bûm yn chwilio ac yn chwilio am ddynes i gadw tŷ ers saith wythnos o amser a heddiw y cefais yr hanner addewid cyntaf. Gobeithiaf na siomir fi yn hyn o beth. Caf roi gofal y tŷ'n gyfan gwbl arni hi, a bydd fy ngwaith yn y Swyddfa'n gyfryw ag a rydd fwy o amser i mi sgrifennu. Sgrifennais un stori fer newydd yn ddiweddar ar gais D. R. Hughes ar gyfair y Llyfr Anrheg nesaf. Addewais ei hysgrifennu iddo rhwng Ionawr 8 a Ionawr 15. Ond yr oeddwn yng nghanol y storm y pryd hynny, a thybiais y troai i rywle arall. Ond ceisiodd wedyn ac ysgrifennais un anorffenedig iddo – anorffenedig am nad oedd digon o ofod ganddo imi ei sgrifennu'n llawn. Sgerbwd stori ydyw – profiad a gefais yn ystod y rhyfel hwn.[115]

Ydyw, mae llyfr Tom Parry'n dda. Ond mae'n rhy fyr iddo fedru gwneud chwarae teg â'i destun. Cytunaf â chwi'n hollol am Degla. Teimlaf bob amser fod yna ryw wers neu bregeth o dan bopeth a sgrifenna. Mae arnaf ofn na ddarllenais yr hyn a ddywedodd am S.L. – bûm yn ddigon hunanol i beidio â darllen dim ond y bennod ar ryddiaith.[116]

Mae eich disgrifiad o Febb yn berffaith. Dywedais innau'r un peth mewn dull llawer mwy diawen wrth Tom Parry beth amser yn ôl. Ni ddarllenais i Dial y Tir eto, ond pan glywais fod ym mryd Bebb ysgrifennu nofel, dywedais ynof fy hun mai methiant a fyddai, gan na feddai'r gynneddf i adnabod cymeriad. Dyna swm yr hyn a ddywedais wrth T.P.

Mae'n dda iawn gennyf eich bod yn mwynhau eich seibiant. Ydyw, mae cael ymryddhau o efynnau ysgol yn beth braf. Felly y teimlais i 17 mlynedd yn ôl pan briodais. Yn y dyddiau braf hynny, byddwn yn eistedd yng nghanol y bore a gwneud paned o de i mi fy hun, ddim ond er mwyn dangos fy mod yn rhydd! Gobeithio y cewch lawer blwyddyn i gyfoethogi ein llenyddiaeth ymhellach. Ond, onid ydych yn teimlo, D.J., na fedrwch ysgrifennu am ddim ond y gorffennol? Felly'r wyf i. Yn ôl, yn ôl, mae fy nefoedd o hyd, yn y dyddiau pan oeddwn dlawd ac yn hapus, pan oedd pawb gartref yn ei gynefin, cyn i ryfel ddyfod, pan oedd peth mor sych â'r Hyfforddwr yn flasus ar y tafod ac ar y cof.[117]

Gyda llaw, a fuoch chi'n meddwl am gyfieithu peth o'ch gwaith i'r Saesneg? Beth am droi Hen Wynebau? Buasai fel y gwin.[118]

Wel, rhaid imi dewi. Mae fy ffrind a ddaw yma i gysgu, wedi mynd i ddawns heno – dawns yr Urdd.

Fel y soniais wrthych pan oeddych yma, sgwrs ddwaethaf Morus a minnau ddeufis i nos yfory oedd ein bod am roi anrheg i chwi wrth i chwi riteirio. Ernes llyfr a fwriadem, ond gan y gwna'r siec yma'r un tro yn union, a chan nad af yn agos i lawer o siopau, ni waeth imi roi hon mwy na'r ernes llyfr ddim. A chaiff Siân eich helpu i ddewis a'i rannu. Gobeithio ei bod hithau'n cael mwy o seibiant rwan efo chi, a gobeithio y cewch eich dau lawer iawn o flynyddoedd gyda'ch gilydd, a chael iechyd i'w mwynhau. Bendith arnoch!

Diolch lawer iawn eto am wneud y fath ymdrech i ddyfod i gladdu Morus ac am eich ysgrif.

Fy nghofion cynnes iawn atoch eich dau,

Catrin.

Amgaeëdig – Taflen angladd Morris Thomas Williams; Marw – Ionawr 6, 1946. Angladd Ionawr 9.

LlGC P2/39/31

74

Llygad-y-Glyn,
Llanfarian,
Aberystwyth,
Ceredigion.
15 Gorffennaf, 1946

Fy Annwyl D.J.,

Can diolch i chwi am eich llythyr a roes lawenydd i'm calon. Ai arwydd o wendid yw fy mod yn blasu pob mymryn o'ch gweniaith mwyn ac yn ei lyncu'n ddihalen?

Yr oeddwn yng Nghaerdydd (ar waith y Cyngor Addysg Cymreig) y dydd yr apwyntiwyd Griffith John yn Athro, a chawsom yfed ynghyd wydriad o win Oposto i ddathlu'r dyrchafiad. Gofynnodd yntau imi a ystyriwn i ddyfod ato yn ddarlithydd. Ond nis gwnaf. Byddai gwrthwynebiad mawr o Gyngor y Coleg, ac at hynny byddai'n galed ar T. J. Morgan sy'n naturiol yn disgwyl y dyrchafiad. Ni wnaf fyth eto gais am swydd ym Mhrifysgol Cymru. Pe digwyddai gwyrth a bod cynnig swydd imi, – peth gwahanol fyddai hynny. Ond yr wyf yn debycach o fynd, mi obeithiaf, i'r Purdan nag i'r Brifysgol.[119]

Ni allaf fod gyda chwi yn yr ysgol haf. Yr ydych yn nobl yn mynd yno a bydd eich cael yn gymorth ac yn gryfder i Gwynfor a

J.E. a Wynne Samuel. Yr wyf yn gobeithio y gwelir Gwynfor ryw ddydd yn Wormwood Scrubs – dyna'r un peth sy'n angen arno i'w wneud yn arweinydd grymus. Rhy ychydig o ysbryd 1936 sydd yn y Blaid yn 1946, neu buasai buddugoliaeth Butlin yn amhosibl.[120] Cofiwch fi at Val pan ddaw atoch, – gwae fi na bawn Fedyddiwr er mwyn bod gyda chwi'ch dau.

A ydych chwi'n llenydda yn awr wedi'ch ymbensiyniad? Yr wyf i wedi datgladdu drama *Blodeuwedd* o hen rifynnau'r *Llenor* ac yn arfaethu ei gorffen. Gwneuthum eisoes y drydedd act a dechrau'r act olaf. Ac yr wyf yn cynllunio ail gyfrol yr *Efrydiau Catholig*.

Cofion cynnes at Mrs. Williams ac atoch chwithau, yn gu fyth, Saunders.

LlGC P2/38/55

75

Y Cilgwyn,
Dinbych.
21 Tachwedd, [1946]

Annwyl D.J.,

Yn gyntaf peth, dylwn ymddiheuro am oedi ateb eich llythyr (a ddaeth fore Mawrth). Yr oeddwn wedi fy syfrdanu wrth weld y fath siec hael at Gronfa Achub Ewrop, ond gwyddwn cyn dechrau darllen eich llythyr eich bod chwi y tu ôl iddi yn rhywle. Wel, diolch calon i chwi D.J. Ysgrifennaf lythyr ar wahân i'r swyddogion a'r gynulleidfa, fel y caffont ef y Sul yma. Ni allaf ddweud fel mae pethau fel hyn yn rhoi hwb i'r galon y dyddiau du hyn. Maent yn ddyddiau du, yn ddu iawn ar Ewrop, ac ar ein gwlad fach ninnau hefyd. Nid ydym yn gweld pa mor ddu, wrth ein bod yn ei ganol ar hyn o bryd. Credaf y byddwn yn edrych yn ôl arno ryw ddiwrnod ac yn methu gwybod sut y daethom trwyddo o gwbl. Ond byddaf o hyd yn cofio am oriau duon rhyfel 1914-18. Bob tro y cofiaf am fechgyn Cymru y pryd hynny, daw rhyw boen fel cyllell i'm calon. A da fyddai inni o hyd ddarllen englynion Bob Parri – rhag inni anghofio.[121]

Diolch hefyd am eich gwaith da ynglŷn â Phreselau. Yr oedd eich llythyr i'r Cyngor yna'n wych.[122] Ond wyddoch chi, ni chredaf y gwneir dim byth nes i rywun farw dros Gymru. Mae'n rhaid i rywbeth ddigwydd a ddengys i'r llywodraeth bwdr yna yn Llundain fod Cymru o ddifrif.

Gwneuthum fy ngorau i gael gwaith i'r Llydawr ond yn ofer. Cawsom farn arbenigwr yn rheolau Undeb yr Argraffwyr, ac ni chaem ef yma heb roi cyflog llawn yr Undeb iddo, neu buasai'r lleill yn creu helynt. Ac wrth gwrs buasai'n amhosibl rhoi'r cyflog llawn iddo heb ei fod yn gwybod ei waith. Yn ôl ei gyfaddefiad ef ei hun, ni wyddai ddim. Yr oedd yn amhosibl inni ei gymryd fel prentis hefyd gan ei fod yn rhy hen.

Mae gan Bryan Jones un awgrym, sef y gallai rhai o Gymry'r Blaid yn Llanuwchlyn ei gymryd i weithio ar y tir, ac ysgrifennaf at Dr Moger i awgrymu hyn. Mae'n rhoi poen imi feddwl na allaf wneud dim dros y trueiniaid.[123]

Cefais air gan Elis D. a Jini y bore yma – rhyw ddigon symol yw Elis o hyd, weithiau'n well a weithiau'n waeth, ac yn reit ddigalon yn aml.

Diolch i Siân am ei sylwadau caredig ar *Traed mewn Cyffion*. Euthum i'w darllen ryw noson gan fod ar Wyn Griffith[124] eisiau stori fer imi i'w chyfieithu, ac yn meddwl y gallai pennod o *T.M.C.* wneud y tro. Wyddoch chi, wrth ei darllen, fe euthum i weiddi crio, uwchben tynged druenus dyn, yn enwedig y gymdeithas fach honno yn y gongl fechan honno o'r byd. Maent i gyd, yn un gymdeithas fud, yn eu beddau yn yr un fynwent erbyn hyn, – mam oedd yr olaf ohonynt.

Bûm yn ysgrifennu ychydig yn ddiweddar, fe welwch ei ganlyniad yn llyfr Jiwbili'r Urdd.[125] Mae'n debyg fod gennych chwithau rywbeth i mewn. Credaf yr un fath â chwi am Islwyn Wms. Yn wir, fe awn i mor bell â dweud, pe tynnech ei dafodiaith y tynnech bopeth o'i storïau. Wrth gwrs, fe all y dafodiaith gyfleu'r cymeriad a'r amgylchedd.[126]

Gobeithiaf weld Cassie ddechrau'r mis. Bu Elwyn Roberts a'r

merched yna o Ddulyn yma ddoe – merched diddorol dros ben
– un ohonynt yn gwybod lot o Gymraeg. Wel, diolch o waelod
calon eto D.J. Caf eich gweld chwi a Siân cyn bo hir.

A'm cofion cynnes iawn atoch eich dau,

Kate.

LlGC P2/39/35

76

Llygad-y-Glyn,
Llanfarian,
Aberystwyth,
Ceredigion.
6 Ionawr, 1947

Fy annwyl Dai,

Llythyr hir a weddai, ond yr wyf wedi ffarwelio â'r wraig am
bythefnos, ac yn gorfod cadw tŷ a phob dim fy hunan, fel na allaf
gael amser i sgwennu fel y dymunwn.

Heddiw y cefais i'r *Fflam*. Nid oes dim rhaid i chwi bryderu am
eich stori o gwbl. Y mae hi'n dda o ben i ben ac y mae'r tindroi y
cwynwch amdano yn taro'r modd dychanus i'r dim. Ni ddywedaf
ei bod yn y dosbarth uchaf o'ch gweithiau, ond y mae hi'n ennill
ei gradd 'gyda chlod'.[127] Gyda llaw, darllenais eich holl weithiau
drwodd er pan fuoch yma. Y mae'r straeon yn well nag y cofiwn
i eu bod; byddant yn rhan o lenyddiaeth Gymraeg. Ond ar bob
cyfrif yn y byd ewch ati heb ymdroi i wneud yr hunangofiant.
Bydd hwnnw yn fwy na sêl ar y cyfan. Ac yn awr, yn eich nerth, y
mae ymroddi.

Amdanaf fy hun, nid oes gennyf amser, fel y dywedais, i drafod
y mater. Ond fe deimlwn yn euog pe na ddatguddiwn i chwi
gyfrinach, – ond gofynnaf i chwi beidio â sôn am hyn wrth neb
y tu allan i'r Bristol Trader – yr wyf wedi anfon cais i mewn am
Gadair Celteg Rhydychen sy newydd ei hysbysebu. Nid tebygol o
gwbl y caf hi. Gwn am eraill sy'n cynnig sy ganddynt well siawns.
Ond o leiaf yr wyf wedi anfon i'm cynnig fy hun yn ymgeisydd.[128]

Os na chaf hi, ni chymeraf y swydd y mae'r Blaid yn ei chynnig imi. Nid af i ddadlau hyn gyda chwi, ond yn syml ni fedrwn ei chymryd. Blwyddyn newydd hunangofiannus i chwi.

Saunders.

LlGC P2/38/57

77

Llygad-y-Glyn,
Llanfarian,
Aberystwyth,
Ceredigion.
28 Mawrth, 1947

Fy annwyl Dai,

Maddeuwch nodyn byr. Y mae anfon allan yr *Efrydiau Catholig* yn llyncu fy amser cyn y post prynhawn.

Ie, Ifor Williams a sicrhaodd na chawn i gadair Rhydychen a rhoes ei ddisgybl ei hun i mewn. Ni bu rhestr fer nac ymddiddan na dim ond cyhoeddi'r dewis.

Os oes gennych chwi ddylanwad gyda Kate Roberts dywedwch wrthi fod rhoi colofn reolaidd i Niclas y Glais a'i griw yn y *Faner* yn andwyo'r papur a'i ddylanwad ar Gymru.[129] Nid oes gennyf i fawr o gysylltiad â hi ac ni chlywaf fyth air am y papur o Ddinbych. Ond y mae'r golygu wedi dirywio'n sobr er pan fu farw Prosser.[130]

Cofion gorau atoch eich dau,

Saunders.

LlGC P2/38/58

78

Y Cilgwyn,
Dinbych.
1 Ebrill, 1947

Annwyl D.J.,

Diolch am eich llythyr a dderbyniais y prynhawn yma tua chwech pan ddychwelais i de. Yr oedd yn gwbl amhosibl imi ei ateb cyn y post heno, ond af ati rwan cyn mynd i'm gwely fel y gallaf ei bostio bore yfory ac i chwithau ei gael efo'r post cyntaf fore Iau.

1. Diolch yn fawr am yr ordor am *Y Faner*. Mae eich gweithgarwch a'ch aberth dros Gymru yn ddiddiwedd. Ond nid oedd y bunt i mewn. Gobeithio'r annwyl mai amryfusedd ydyw ac na bu neb yn 'gweld ei wyn arni' fel y dywedwn ni yn Sir Gaernarfon am gymryd peth nad yw'n eiddo inni.

2. Apwyntiad Rhydychen. Ni wn beth i'w wneud ynglŷn â'r sinach bach dan dîn yna o Fangor. Fe wn beth i'w ddweud yn iawn. Clywswn hanes yr apwyntiad gan Tom Parry ddydd Sadwrn. Bu ef ac Enid a Mrs. Caerwyn Williams yma ar eu ffordd o'r Sanatorium, lle mae ei gŵr Caerwyn Wms ar hyn o bryd. Ond ni ddeellais fod pethau cynddrwg â hynyna, eu bod wedi apwyntio heb restr fer. Yr wyf wedi troi fy nghefn ar y dyn bach yna o Fangor, wedi gwrthod ysgwyd llaw efo fo, wedi gwneud popeth ond ei daro, ac efallai nad yw hynny'n amhosibl pe bai digwydd imi fod ar yr un Seiat Holi ag ef eto. Tybiai Tom a finnau y gallai S.L. dreio am le Idris Foster yn Lerpwl ac y gallai fod siawns go dda ganddo am y lle. Ond pwy sy'n apwyntio yn y fan honno wedyn? Credaf mai gwneud mwy o ddrwg nag o les a wnai cael y myfyrwyr i brotestio, oblegid fe ddywedai'r awdurdodau ar unwaith nad oedd neb i fod i ymyrryd â hwy. Credaf mai'r unig obaith sydd ganddo yw ceisio am le yn rhywle lle na bydd un diawl o Gymro ar y pwyllgor apwyntio. Mae'n resyn mawr drosto, mae ganddo wir achos i fod yn chwerw, ond beth a fedrwn ei wneud dwn i ddim.[131]

3. Mater y golofn gomwnyddol. Gofynnaf i chwi yn enw pob dim sy'n gysegredig gadw popeth a ddywedaf dan y pennawd hwn yn hollol gyfrinachol, oblegid sylweddolaf fy mod yn gwneud yr hyn na ddylwn ei wneud, sef trafod un o'm cydweithwyr yn ei gefn. Cytunaf yn hollol â S.L. fel y caf ddangos yn ymarferol yn nes ymlaen, ond teimlaf yn flin wrtho hefyd am geisio ymyrryd â golygydd *Y Faner* drwy ysgrifennu atoch chwi, a'm gosod i dan orfod i drafod un o'm cydweithwyr. Ond gan i S.L. ysgrifennu

atoch rhaid i minnau egluro'r sefyllfa. Y tro cyntaf y gwybûm i
am 'Golofn y Chwith' oedd wedi i'r *Faner* ddyfod allan wythnos
i heddiw. (Wrth gwrs, mae'r *Faner* wedi ei gorffen nos Fawrth.)
Pan ddarllenais y golofn wythnos i heno cefais sioc fy mywyd a
theimlwn yn ddig iawn ac yn sobr o ddigalon am mai dyma'r tro
cyntaf i ddim fel hyn godi er pan fu farw Morus. Pan oedd M.
yn fyw byddai'n anghytuno llawer â styntiau'r Golygydd, ond
chwarae teg i Morus, ni byddai byth yn ymyrryd ond gadael y
llaw rydd iddo. Ond fe fyddai'n ceisio siarad ag ef a cheisio dangos
iddo ffolineb rhai pethau, ond byth yn dweud wrtho fod yn rhaid
iddo wneud dim na pheidio â gwneud dim. Penderfynais innau
fod yn ddewr fore Mercher a siarad â'r Gol., a dywedais wrtho
ei fod yn gwneud peth y byddai'n edifar ganddo ryw ddiwrnod
oblegid unwaith y câi'r Comwnyddion lathen fe gymerent ddwy.
Yna rhoddais ein profiad ni yn Nhonypandy iddo. Cymerodd ein
cangen fach ni o'r Blaid yn Nhonypandy ystafell glyd iawn y tu
ôl i'r Llyfrgell am dymor gaeaf cyfan, ei rhentu ymlaen llaw am
2/6 yr wythnos a chynnal cyfarfodydd yno. Wrth fod yr ystafell
yn gynnes fe ddoi ugeiniau o bobl yno, gwrandawent yn ddigon
astud, ond unwaith y doi'r drafodaeth, mynnai'r Comwnyddion
y llawr iddynt hwy eu hunain a phropaganda'r Comwnyddion ac
nid y Blaid a geid yn y diwedd gan fod ein nifer ni mor fychan.
Mynegais hyn i gyd i'r Gol. gan obeithio y gwelai synnwyr y peth.
Dywedodd iddynt ofyn am gongl fechan ac iddo yntau addo tipyn
bob pythefnos iddynt. Ond ni wn a fydd un yr wythnos nesaf.
Dangosais yn ddigon plaen fy anfodlonrwydd mewn ffordd ddigon
clên gobeithio. Ond os â ymlaen, bydd yn rhaid imi gael sgwrs
eto, a cheisio dangos ddarfod i Morus a minnau aberthu llawer
iawn wrth brynu'r *Faner* (bydd y baich o'i phrynu am fy ngwddf
i tra fyddaf byw) ac os oes ar y Comwnyddion eisiau gwneud
propaganda drwy'r iaith Gymraeg yna prynent bapur eu hunain.
Pa'r iws yw i'r *Faner* wneud ei gorau dros Gymru a rhoi lle ynddi i
bobl nad ynt yn malio dim ffeuen yn neb na dim ond Rwsia?[132]

Mae G.R. yn hen foi hoffus, hawdd cyd-weithio â fo, yn

weithiwr caled ac yn deyrngar dros ben. Ond mae yna ryw
ddiffyg sadrwydd ynddo, neu ddiffyg barn. Ni all ddeall pobl na'u
hamcanion drwg; diniweidrwydd byrbwyll ynddo yw hynny,
e.e. aeth ar y Cyngor Tref yr un pryd â Morus ond ers blwyddyn
bellach aeth yn ffrindiau â rhyw glic bach nad ydynt hanner call
nac yn malio dim yng Nghymru, a dywed pobl yn y dref wrthyf
o hyd fod effaith colli cefn M. arno. Ni fedr sefyll ar ei wadnau ei
hun rywsut. Hefyd pan mae'n dewis cyfeillion, dewis rhyw bobl sâl
a wna, pobl na wnant unrhyw les iddo mewn unrhyw ffordd, pobl
lai nag ef ei hun bob tro.

   Rwan, mater anos ei drafod, sef ysgrifennu at S.L. Gobeithiaf
y medraf eich argyhoeddi ei bod yn amhosibl imi wneud. Ni
allaf egluro sut yr aeth hi'n ddrwg rhwng M. ac S.L. rywle o
1942 i 1943. Fe wyddwn i'r adeg honno beth oedd achos y
drwg i gyd, ond ni wyddwn mo'r manylion hyd ar ôl i M. farw
er i Prosser ddweud rhai pethau nas gwyddwn wrthyf. Nid oedd
ar M. eisiau fy mhoeni, mae'n debyg. Nid wyf am ddweud nad
oedd bai ar M. ond yr oedd llawer mwy o fai ar S.L., neu'n
hytrach yr oedd ymddygiad S.L. ar ddiwedd yr anghydfod yn
hollol annheilwng o Gristion, er ei fod yn hollol deilwng o
Babydd sy'n credu bod y diben yn cyfiawnhau'r moddion.
Credaf yn sicr na buasai S.L. wedi ymddwyn fel y gwnaeth oni
bai ei fod yn Babydd ac yn gweld cyfle i Babyddiaeth. Ni allaf
egluro mwy na hynyna heb fod yn annheyrngar i goffadwriaeth
Morus, y dyn y rhoddais fy holl ymddiried ynddo am ddeunaw
mlynedd o amser. Os oedd ysgrifennu i fod, cafodd S.L. ddigon
o gyfle i wneud hynny adeg y bu farw M. Ond y cwbl a gefais
oedd telegram fel hyn: –

   'Newydd glywed am eich profedigaeth fawr. Deuaf i'r angladd.'

   Fe ddaeth i'w angladd; ond nid i gydymdeimlo â mi, fel y
gallwn brofi petai raid. Nid wyf yn dal dig tuag ato, ni fedraf
ddal dig at bobl er iddynt wneud eu gwaethaf imi. Deuthum i'r
cyflwr yma wedi blynyddoedd o ymdrech galed â mi fy hun. Ar
un adeg byddwn yn casáu fel llofrudd, ond nid rwan. Ond ni
fedraf sgrifennu at Saunders gan y teimlwn wrth wneud fy mod

yn bradychu Morus. Petai ef yn fyw, mi wn yn iawn sut y buasai, petawn i'n mynegi awydd i sgrifennu, fe fyddai Morus yn gweld rheswm y peth. Ond nid yw'r marw yma i siarad drosto ef ei hun. Drwg gennyf eich siomi D.J. oblegid gwn mai eich ysbryd Cristnogol a'ch symbylodd i geisio gennyf, ac yr wyf innau'n llai na Christion. Byddaf yn sôn llawer am gael thema i nofel, ond credaf mai fy mywyd i fy hun yw'r thema fwyaf y gwn i amdani. Nid profedigaeth syml o hiraethu a gweld chwithdod ar ôl y marw yw fy mhrofedigaeth i, er bod hynny bron â'm gwasgu i'r ddaear weithiau, ond profedigaeth gymhleth a'i baich bron yn ormod i'w ddwyn. Y caredigrwydd mwyaf y gallasai'r Brenin Mawr ei wneud â mi fuasai fy nghymryd innau ymaith drannoeth marw Morus cyn imi ddyfod i wybod beth yw poen. Ond rhaid imi ei wynebu a'i wynebu bob dydd o'r newydd ar ôl agor fy llygaid. Mae'n rhaid fod gennyf gyfansoddiad cryf i fedru dal. Modd bynnag, gellwch ddweud wrth S.L. fy mod i wedi sôn ers wythnos wrth Ol. y *Faner* am wrthuni'r golofn gomwnyddol, ond na wn eto beth fydd y canlyniad.

Yr oeddwn yn falch iawn o gael cip arnoch yn Llandrindod. Gwelais chwi unwaith yn gwrando'n seraffaidd iawn ar eich hen gyfaill William Havard. A diolch lawer am eich llythyr arall hefyd. Mae eich dadansoddiad o storïau'r *Goeden Eirin* yn braff iawn. Tua 1910 bu hetiau mawr fel ambarel yn y ffasiwn ond ni pharhasant yn hir. Galwent ormod o sylw atynt eu hunain ac aent i lygaid pobl. Ond mae meddwl mawr tu ôl i'r storïau hyn.[133]

Mae hi'n tynnu am hanner nos a dim ond Tos a finnau wrth y tân, Tos yn chwyrnu dros y tŷ fel rhyw hen ŵr. Diolch lawer i chi am sgrifennu D.J. a pheidiwch â chymryd yn angharedig fy mod i'n benstiff. Rhoes eich llythyr ryw ysgytiad ofnadwy imi, drwy wneud imi gofio am bethau y byddai'n well gennyf eu hanghofio. Ond gwerthfawrogaf eich llythyr er hynny. Gyda chofion annwyl iawn at Siân a chwithau,

Yn gynnes fel bob amser,

Kate.

Hol notiad.

Clec i Siân a chwithau gael cnoi cil arni wrth y tân. Mae R. T. Jenkins[134] yn priodi efo Myfanwy Williams Aber Dâr ym mis Rhagfyr. Dwêd hynny yn yr *Aberdare Leader* yr wythnos hon. Awst 1946 y bu farw Mrs J. Sut y medr pobl anghofio'r marw mor fuan sydd y tu hwnt i mi i'w amgyffred. Ond dyna fe, ni'n gwnaed i gyd yr un fath.

LlGC P2/39/36

79

Ar bapur Llyfrau Pawb.
10 Ebrill, 1947

Annwyl D.J.,

Dim ond gair ar frys yw hwn i gydnabod derbyn y bunt rhag i chwi boeni a meddwl iddi fynd ar goll. Rhoddais y cyfeiriad arall i Miss Ellis at y lleill, a bydd Dafydd Lewis yn cael dwy *Faner*, sef yr wythnos gyntaf a'r ail o'r mis hwn.

Cefais sgwrs arall â'r Gol. ar y mater a drafodwyd gennym, ac erbyn hyn gwêl ei gamgymeriad. Parodrwydd caredig i wneud cymwynas â T.E.N. [T. E. Nicholas] oedd y cyfan, a parodrwydd rhy fyrbwyll. Gwêl ef ei hun erbyn hyn eu bod yn mynd yn rhy hyf yn union fel y lleill yn Nhonypandy. Wedi cychwyn, anodd yw tynnu'n ôl yn awr. Ond credaf y bydd yna dolli tipyn yn y dyfodol. Gresyn na feddyliwyd ymlaen llaw beth a olygai, diffyg meddwl ydoedd i gyd. Ond, ar bob llw, cyfrinach yw hyn i gyd. Rhaid i mi fyw yma yng nghanol pob dim a rhwyfo heibio i greigiau digon dyrys.

Fy nghofion cynnes iawn atoch eich dau,
Kate.

LlGC P2/39/37

80

49, High Street,
Abergwaun.
18 Awst, 1947

Annwyl Kate,

Rwyf wedi bod yn meddwl sgrifennu atoch ers dyddiau i ddiolch i chi am 'y wledd wastadol' mewn popeth sydd dda yn y byd hwn a gefais i a'r lleill o'r cwmni fel gwesteion i chi dros yr Ysgol Haf. Rwyf wedi bod yn dweud tipyn o'r hanes wrth Siân gan fanylu ar y sylw arbennig a rôi'r cyfaill Toss i'n nhraed i. Bron nad yw e wedi dysgu adnod newydd i fi: 'Gwylia ar dy droed wrth fyned i dŷ Kate.'

Piti na fyddech chi ryw ganllath yn nes yma, Kate, i ni gael peth o'ch cwmni weithiau.

Bûm ar y tramp mewn llawer lle er pan adewais Ddinbych a Bae Colwyn – yn y Borth ac Aberystwyth, yng nghyrddau dathlu dau can mlwyddiant Hawen, Rhydlewis, hen eglwys fy nhad yng nghyfraith; yng Nghaerfyrddin ddydd Iau diwethaf, ym mhriodas Ray Davies; yna i Rydcymerau am ryw ddeuddydd, ac yn ôl yma yn hwyr brynhawn Sadwrn.

Heno y daw Siân, gan iddi hi fynd yn ôl i'r Borth at ei chwaer o Gaerfyrddin.

Y Llydawiaid druain, dri mewn oed a thri phlentyn dan chwech ond wedi mynd yn ôl ddydd Sadwrn. Yn ôl at Gwynfor eto yr aethant; rwy'n credu. Y mae ef a Rhiannon wedi bod yn ardderchog o garedig hefyd.[135]

Gyda llaw, pwy a welsom ni yng Nghaerfyrddin ond yr hen Elis Bach a Jinnie[136] – wedi dod i lawr yno am y dydd gydag Eluned Ellis Williams i briodas Ray, ei ffrind mawr hi. Rown i mor falch o'u gweld nhw â phe nas gwelswn ers blwyddyn. Ond nid oedd modd eu gwahodd i Abergwaun gan fod y tŷ'n llawn yno.

Gobeithio eich bod chi eich hun, a staff *Y Faner* gyda'i gilydd yn dechrau dod dros y straen enbyd a fu arnoch dros yr Ysgol Haf a'r Eisteddfod. Bûm yn meddwl o ddifrif am yr holl waith a olygai'r cyfan yma i chi. Dyna drueni na fyddai modd i chi, Kate, ymneilltuo a chael rhoi eich hun yn llwyr i gyflawni'r genhadaeth a roddwyd i chi. Fe fedr llawer un wneud eich gwaith chi yn y swyddfa: ond fedr neb ond Kate Roberts gyflawni gwaith y wir Kate Roberts.

Wel, dyna strôc eto, ynte – J. T. Jones, yn ennill y gadair![137] Y mae rhyw ddawn anghyffredin ynddo fe, hefyd. Ond yr hyn a deimlaf i am yr awdlau yma, ag eithrio'r goreuon ohonynt fel eiddo Gwynn Jones a Williams-Parry, gymaint yr ymdrech a'r gor-gywreinio i ddweud yr hyn y gallesid ei ddweud yn llawer gwell a mwy effeithiol mewn rhyddiaith syml – stori Bob Parry eto, wrth gwrs, a'r ceffyl yn neidio'r clwydi a'r llyn dŵr etc, er mwyn dangos ei gampau, yn hytrach na chario'r marchog ar ei daith yn ei ffordd naturiol ei hun. Ni wnaeth Bob mewn cynghanedd ond sgit yr 'Hwyaden' a'i ychydig englynion anfarwol er dyddiau'r 'Haf', a hynny fel protest yn erbyn caethiwo'r awen y mae'n debyg.[138]

Ond dyna fe, rhaid terfynu, 'er fod prydydda'n neis' ys dywedodd Dai Blaengorlech 'slawer dydd: –

'Rhaid imi'n awr derfynu
Er fod prydydda'n neis;
Os daw y cash i daro
Rhowch imi spesial preis.'

Dyna bennill olaf Dai yn ei gân i ardal Rhydcymerau hanner can mlynedd yn ôl, a Jones Sgŵl Abergorlech, 'nwncwl Ffred Jones, yn beirniadu – bron ddwywaith maint Ffred, er cymaint hynny, ac yn agos iawn mor ddoniol.

'Beth yw eich enw chi, Dafydd?' gofynnai'r Sgŵl wrth i Dafydd ddod ymlaen i hôl y wobr, a hynny yn acen ddigamsyniol y Cilie!

Gyda'n cofion cynhesaf ni'n dau atoch, a diolch o galon eto, Kate, am eich caredigrwydd mawr.

Yn ddiffuant,

D.J.

81

Y Cilgwyn,
Dinbych.
18 Hydref, 1947

Annwyl D.J.,

Mae lot o amser er pan dderbyniais eich llythyr a minnau wedi
bod yn rhy brysur i'w ateb. Byth er pan dderbyniais ef daeth rhyw
'interruptions' chwedl R.W.P. wrthych chi yn Llandeilo ers talwm.
Yr hyn a â mwyaf o'm hamser yw'r ffaith bod fy nai, bachgen
Richard fy mrawd o Rosgadfan, yn Llangwyfan yma, dan y diciâu.
Bu yn y fyddin am bum mlynedd, a cheisia'r fyddin ddweud yn
awr ei fod arno cyn ymuno, er iddynt ei dderbyn yn A.1. Yn
ysbyty Bryn Seiont, Caernarfon yr oedd hyd oddeutu mis yn ôl,
pan ddowd ag ef yma i gael archwiliad. Ond fe'i cadwyd yma, gan
y bydd yn rhaid iddo gael operasiwn ddifrifol yn o fuan. Ceisiaf
fynd i'w weld bob Sadwrn a daw rhai o'm teulu yma i aros. Gresyn
garw trostynt, nid yw fy mrawd yn gryf o gwbl ei hun, a chafodd
salwch difrifol yn 1920-21 a adawodd ei ôl arno byth, a bu allan o
waith am chwech i saith mlynedd yn y dirwasgiad. A rwan wedi
i Goronwy adael yr ysgol a dechrau gweithio (yn y Banc yr oedd
cyn mynd i'r fyddin) dyma hyn yn dyfod ar eu traws.

Tra fyddaf yn cofio, a gawsoch chwi lythyr a yrrais i ymlaen
oddi yma ym mis Awst? Daeth llythyr yma wedi ei gyfeirio i
'Davey' ac ni wyddwn ar wyneb y ddaear pwy a allasai fod, ond fe
wawriodd arnaf ymhen tipyn y gallsech chi fod wedi gwneud rhyw
fistêc. Dwn i ddim a oeddwn yn iawn, ond fe'i hanfonais yna.

A glywsoch chi'r sgwrs nos Fercher? Gresyn garw gorfod
gadael un cwestiwn allan, a hynny oherwydd nad aeth A.Ll.W.
[Alun Llywelyn-Williams] reit drwy'r sgript yr eildro yn y rihyrsal.
Tybiodd ar ôl y darlleniad cyntaf y gwnaem ef mewn hanner
awr. Ond yn y darllediad hwnnw, darllenai S. yn naturiol hollol,
a minnau'n mynd ar garlam, yn baglu ar draws geiriau a gwneud
'smoneth' o bethau ys dywedai fy nhad. Yna aed drwy'r sgript
wedyn, a phopeth yn iawn, a thorrodd A.Ll.W. ni ar yr hanner

gan ddweud y byddai popeth yn iawn. Ond yn y darllediad credaf
i S.L. a minnau ddarllen yn arafach. Mynnwch D.J. gael mynd
drwy'r sgript i gyd ddwywaith. Costiodd lot o boen imi roddi
fy nghyffes ger bron y byd, a chyfarfod ag S. y tro cyntaf ar ôl
cynhebrwng Morus. Ni fedrais wynebu'r peth heb gael tabledi gan
Dr. Thomas i stanshio fy nerfau. Dyma sydd ar y bocs, 'Un dabled
i'w chymryd awr cyn y darllediad.' Fe ddylai'r bocs yna fynd i lawr
i hanes fel y peth a'm cynorthwyodd i i wynebu munud anodd.
Da gennyf er hynny i hyn fod yn foddion i ddyfod ag S. a minnau
at ein gilydd, oblegid er gwaethaf popeth, mae gennyf feddwl
mawr ohono, yn enwedig o'r S.L. syml hwnnw a adwaenem ni
yn Ysgolion Haf cynnar y Blaid. Duw Mawr, na chaem yr amser
hwnnw'n ôl.[139]

Fy nghofion cynnes atoch eich dau fach.

Yn gu iawn,

Kate.

LlGC P2/39/38

82

Y Cilgwyn,
Dinbych.
24 Hydref, 1947

Annwyl D.J.,

Rhag digwydd i'n llythyrau groesi eto, dyma fi'n ateb eich
llythyr a gefais fore Mawrth yn weddol fuan. Diolch lawer amdano,
ac am y siec. Gyda llaw, a oedd y bil yn iawn? Cofiaf i chwi anfon
arian i mi i dalu am anfon *Y Faner* i nifer o bobl, ac euthum â
hwy'n syth i'r lle dylent fynd. Ond yr oedd gennyf ryw syniad i
chwi dalu'r union gyfrif y pryd hynny. Ond efallai naddo, neu
efallai i'r *Faner* fynd am fwy o amser nag y gofynasoch amdano.
Rhowch wybod i mi. Bydd yn mynd am y trimis nesaf i'r Athro
J.H.[140] Naw wfft iddo!

Yr oedd rhywbeth wedi dweud wrthyf fi y byddai gan D.J. ryw
gyhoeddiad arall noson y darlledu. Croeso i chwi fenthyg fy nghopi

oni chewch un gan A.Ll.W. Ond copi S.L. yw'r nesaf i'r hyn a ddarlledwyd, oblegid bod yna atebion yno nad ydynt ar y sgript arall. A welsoch *Y Cymro* ddoe ar y mater? Petai Gabriel ei hun ar staff *Y Faner* ac yn darlledu neu wneud rhywbeth arall mor berffaith ag y gallai angel ei wneud byddai'n rhaid i'r *Cymro* gael bai ynddo.[141] Credaf mai Selwyn Jones yw'r Alun Trygarn yna, a phwy yw ef i ddweud beth yw stori fer nac i siarad ar unrhyw gangen o Lenyddiaeth? Os S.J. ydyw, mae ei gyllell ynof fi er dyddiau Tonypandy oherwydd imi ei ddal ar un neu ddau o'i driciau anonest.

Teimlaf yn hynod ddigalon y dyddiau hyn. Wn i ddim pam, onid am fod y dyddiau'n byrhau a minnau'n dychwelyd i'r tŷ o'r offis i aelwyd ddi-dân a digysur ac yn rhy ddiflas i ddechrau gwneud bwyd imi fy hun. Mae rhywbeth mewn heulwen haf wedi'r cwbl at godi calon rhywun. Ond nid oes arnaf eisiau neb i gadw tŷ imi, fe ddioddefais ormod o dafod cas a diffyg gofal gan y llall, fel na fedraf feddwl am gymryd neb.

Ac mae costau byw wedi codi cymaint fel na fedrwn fforddio cadw neb erbyn hyn heb aberthu llawer iawn. Nid oes fawr neb yn galw y dyddiau hyn chwaith, mae pawb mor brysur ac mae mor dywyll i ddod lawr at ein tŷ ni. Ar hyn o bryd, mae Mrs. Watkin drws nesa yn America, ond daw hi'n ôl yr wythnos nesaf. Bu hi'n hynod garedig wrthyf, yn garedig iawn, hithau wedi colli ei gŵr yn sydyn yn 1943 a'i merch (annwyl iawn) yn 21 oed yn 1939. Ond efallai mai dim ond pwl o ddigalondid yw hwn ac y cilia'r düwch yma sydd o flaen fy llygaid cyn bo hir. Maddeuwch imi am sôn, D.J. Drwg gennyf flino eich ysbryd hapus chwi.

Fy nghofion cynnes iawn ac at Siân,

Yn bur,

Kate.

O.N. Mae Tos yn rêl boi, ac yn bihafio fel gŵr bonheddig bach. Daw i'r offis efo mi bob dydd, a chyfartha ar bawb nas adwaen. K.

83

Llygad-y-Glyn,
Llanfarian,
Aberystwyth,
Ceredigion.
24 Hydref, 1947

Fy Annwyl D.J.,

Dyma'r sgript yn awr. A wnewch chwi fynd trwyddo a

1. Ateb y cwestiwn ar dudalen 9a, y ddau gwestiwn yn wir os gellwch, ac ar dud. 5a dipyn bach yn fwy perthnasol i'm cwestiwn i.

2. Cwtogi a thorri allan dipyn er mwyn dwyn y cwbl i gylch 28 munud o sgwrs heb orfod rhuthro.

3. Wedyn anfon y sgript i Fangor at Alun Llywelyn-Williams i deipio dau gopi terfynol, un i bob un ohonom, a dyna'r gwaith, ond y darlledu, drosodd.

Fy marn i a barn Llywelyn-Williams yw fod y sgript yn rhagorol odiaeth, ac ni wneuthum ond bwrw mor ychydig i mewn o'm rhan fy hun i wneud y peth yn ymddiddan ac i 'ddangos fy ochr', ag a fedrwn. Os torri i lawr, efallai mai'r stori am y cyrchu cwrw yn y gambo tud. 7-8 sydd orau i'w bwrw allan, a'r paragraff a nodais ar dudalen 11; yna mi gredaf y gellir mynd drwy'r cwbl mewn pryd.[142]

Yr oedd Kate yn dda iawn yn fy marn i. Maddeuwch air mor gwta, ond rhaid imi ruthro i geisio llunio rhyw fath o 'Gwrs y Byd' cyn post yfory – melltith ar y gwaith ffiaidd sy'n lladd pob gallu creadigol ynof.

Yn gu iawn,
Saunders.

LlGC P2/38/59

84

Y Cilgwyn,
Dinbych.
13 Tachwedd, 1947

Annwyl D.J.,

Bûm yn od o hir yn ysgrifennu atoch i ddweud fel y mwynheais eich trafodaeth wythnos i neithiwr. Trafodaeth wych iawn, D.J., a theimlwn fod yr hyn a ddywedodd Storm Jameson yn y rhagymadrodd i *A Summer Day*,[143] am draddodiad y tir, yn fwy gwir amdanoch chwi nag amdanaf fi. Teimlais yn y drafodaeth yn fwy na hyd yn oed yn eich gwaith fod yr holl ganrifoedd yn eich storïau, yno yn haen ar haen. Credaf petai rhyw hen foi a oedd yn byw yn Rhydcymerau yn yr ail ganrif ar bymtheg yn codi o'i fedd a darllen eich storïau y buasai yn ei weld ei hunan yno.

Prysur iawn wyf fi rhwng popeth. Gwelsoch imi fod wrthi'n rhyddhau'r 'Fedw Deg' o grafangau'r Saeson, ac yn awr wedi imi glywed gan Goronwy O. Roberts ei fod yn rhydd, dyma air oddi wrth Peate yn dweud y dylid cael allan a oedd y lle o werth hanesyddol cyn dechrau gwneud stŵr; a'i fod ef wedi deall nad oedd yn rhydd. Just fel y fo.[144]

Cefais drip bach sydyn yn sgil canwr o'r Swyddfa yma i weld Elis a Jini yn Nhalysarn wythnos i heno. Mae Elis yn cwyno'n arw efo phoen yn i 'lode (chwedl Thomas Bartley) rwan, poenau mawr ganddo yn ei fraich.

Ond mae'n siriol iawn, a Jini ac yntau mor groesawgar bob amser. Buont y tu hwnt o garedig wrthyf fi. Mae eu tŷ fel ail gartref i mi. Heddiw y bu Tos allan gyntaf er ddydd Gwener, wedi cael casgliad ar ei droed. Gorfod i mi ei gario at y ffarier ddydd Sadwrn. Daliodd ei gystudd reit ddi-rwgnach.

Dyna drasiedi ofnadwy oedd marw Bessie Griffiths, chwaer Gwyn Griffiths, a'i gŵr ym Mhontarddulais. Adwaenwn Bessie'n dda iawn yn y Rhondda 'slawer dydd. Geneth fach siriol, gywir, hapus, weithgar. A wnewch chwi ddiolch i Cassie am ei llythyr a'r pamffled – gwych iawn? Daw adolygiad arno eto a chofiwch fi ati, os gwelwch yn dda. Rhaid imi orffen rwan. Pob hwyl.

Gyda chofion cynnes iawn at Siân a chwithau,

Kate.

LlGC P2/39/40
___

85

49, High Street,

Abergwaun.

15 Tachwedd, 1947

Annwyl Kate,

Rown i ar fin sgrifennu atoch ers dyddiau pan ddaeth eich llythyr chi y bore yma.

Yn gyntaf dim, diolch yn fawr i chi am eich geiriau caredig iawn yn *Y Faner*, ac yn y llythyr am sgwrs Saunders a mi am y stori. Gwerthfawrogaf eich sylwadau yn fawr, does dim angen dweud.[145]

Fel y dywedais wrthych y tro o'r blaen rwy'n credu, ni sgrifennais i ddim yn gyflymach nag â llai o drafferth erioed. Yr oedd cwestiynau Saunders wedi'm goglais gymaint fel y gollyngais fy hun i fynd, fel cybydd ar ddamwain wedi dechrau mynd ar sbri. Rhywbeth i Saunders gyda'i reddf feirniadol lem i ddewis y gorau ohono, os gorau hefyd, a olygwn i'r gybolfa ddiymatal hon fod. Ond gadawodd ef y cyfan i fynd fel yr oedd – ag eithrio'r cymaint a oedd yn rhy hir ar gyfer y darlledu.

Cefais fenthyg copi o'ch sgwrs chi a Saunders gan Alun Llywelyn-Williams. Y mae ynddi oleuni gwerthfawr ar eich dull chi o ysgrifennu storïau, sef eich canfyddiad cyffredinol o gymdeithas, a'ch myfyrdod parhaus sy'n rhan ohonoch uwchben yr hyn a welwch. Y mae stôr eich storïau, felly, yn ddiderfyn. Gresyn, yn wir, Kate, ac yr wyf yn teimlo hyn yn barhaus, na chaech chi eich amser yn gyflawn i ymroi yn llwyr i sgrifennu. Un Kate Roberts y mae Cymru wedi ei gael; ac ni wyddom, yn wyneb pethau heddiw a oes obaith iddi gael olynydd iddi. Ac un bywyd a gaiff y Kate Roberts honno. Gresyn na allech adael y golofn goginio yna, gan nad oes gan y bobl druain ryw lawer i'w gael i'w goginio, yn llonydd, – fel y gallech chi goginio y bwyd a bery yn fywyd tragwyddol i Gymru gyfan.

Rwyf newydd fod yn gwrando ar Peate yn sôn am y silff lyfrau ar y radio, – yn ei ddull arferol, yn condemnio ei 'betes noirs' [*sic*],[146] Dewi Prys, ac Aneirin ab Talfan, a chanmol pawb arall y mynnai ennill eu ffafr fel ag i ddiogelu ei gorfflu personol. Ond, yn wir, y mae Aneirin yn rhy groendew a thrwm ei glust i fynd ynghyd â chyfieithu barddoniaeth, yn anad dim. Er i mi gael copi'n rhodd ganddo, rywdro, y mae ei gyfieithiad o benillion telyn Cymru i Saesneg yn drafesti arswydus ar yr iaith.[147] Ni ddylai neb ond Gwynn Jones gynnig y fath beth, debygwn i.

Gwnaeth Peate un gymwynas fawr â mi heno. Wrth sôn am *Y Llinyn Arian* parodd i mi gydio yn y llyfr eilwaith, gan na wneuthum ond ei flasu pan gefais ef. Ac, yn wir, y mae'n drysor o lyfr mewn gwirionedd. Os gall Cymru heddiw sgrifennu'r pethau hyn, ni all Cymru yfory fod mor ddiobaith. Y mae athrylith cenedl wych yn y gyfrol hon, – er gwaethaf hwnnw na raid i mi ei enwi yma. Fel darn o seicoleg plentyn, heb sôn am ddim arall ynddi, y mae 'Begw' yn sicr o fod ymhlith eich pethau gorau chi, Kate, ac yn profi i'r dim yr hyn y soniech amdano yn y sgwrs. Y mae 'Arbenigwyr' Islwyn Williams yn ddoniol iawn hefyd, yn fwy o ysgrif nag o stori efallai, gan mor hunanatgofus yr ymddengys i mi. Y chi yw'r ferch fach or-sensitif a gofidus yn 'Begw' yn ddiau, ond wedi bod drwy bair eich dychymyg y mae hi'n greadigaeth newydd.

O sôn am Peate, eto, ynteu, beth ŷch chi'n feddwl amdano fe'n anfon gair o ddiolch i mi am y sgwrs ar y radio, a ninnau wedi bod yn plufio ein gilydd yn ddigon cas yn *Y Faner* ryw dipyn yn ôl. Rhaid fod y byd yn gwella er gwaethaf cwymp Dalton.[148] Clywais ddechrau da sgwrs Gwilym R. 'Pawb â'i Farn' nos Iau diwethaf. Ond rown i'n gorfod mynd i ryw gwrdd wedi rhyw 5 munud o amser.

Gyda'n cofion cynhesaf ni'n dau atoch,

D.J.

Annwyl D.J.

(Amgaeaf stampiau am *Y Faner* am y tri mis nesaf gan ddechrau yr wythnos hon, plîs, i Mr. Sylvan Howells, gol. y *Tivyside Advertiser*, Aberteifi, Cardigan.)

LlGC Kate Roberts 754

86

Y Cilgwyn,
Dinbych.
Nos Sul, 21 Rhagfyr 1947

F'Annwyl Gyfeillion,

Diolch yn fawr am eich cerdyn ac am lythyr D.J. ddoe. Ni fedrais i gael amser i brynu hyd yn oed gerdyn Nadolig i neb y flwyddyn hon. Rhyw ruthr fawr yw bywyd o hyd, a minnau'n mynd yn hen ac heb yr ynni i ruthro fel a fyddai gennyf. Diolch yn fawr hefyd i D.J. am ei lythyr arall beth amser yn ôl. Nid oes gennyf amser i ateb yr un o'r ddau yn awr, ond efallai y caf gyfle eto ddechrau'r flwyddyn.

Dim ond gair yw hwn i ddymuno'n dda i chwi y Nadolig a'r Flwyddyn Newydd a bob amser.

Yma y byddaf y Nadolig efo Thos a'm hatgofion. Ond nid yw bod ar fy mhen fy hun y Nadolig yn blino mwy arnaf nag ar ryw adeg arall. Cefais wadd i fynd at Elis a Jini ac at fy nheulu, ond mae meddwl am y daith ar ôl rhuthro i orffen pethau yn ormod i mi, a hefyd mae yma ryw deimlad (dwl efallai) na fedraf gau drws y tŷ ar y Nadolig. Ni wneuthum hynny erioed yn ystod 17 mlynedd o fywyd priodasol. 19 mlynedd i heddiw y priodasom yn ôl dydd yr wythnos.

Wel, dyna fo, dim iws cwyno. Mae gennyf nai bach, Goronwy, 24ain oed, yn y Sanatoriwm yma, wedi cael operasiwn fawr iawn, ac mae arnaf ofn na bu'n fawr o lwyddiant. Ond rhaid iddo gael dwy eto. Mae o mor glonnog â'r gog, neu'n ceisio bod beth bynnag. Af i'w weld bob Sadwrn – wedi bod yn y fyddin am bum mlynedd. Eithr ddoe euthum i'r Seilam yma i weld cyfnither imi sydd yno ers ymhell dros flwyddyn, ac O drueni. Y hi a'r merched o'i chwmpas. Nifer o fodau dynol wedi eu claddu'n fyw. Mae'r cricymalau ar fy nghyfnither hefyd, a phob tro yr af yno, gwelaf hi'n mynd yn llai ac yn llai. Yr oedd yn crio ddoe o hiraeth am ei chartref – Ond ni wn pam. Nid wyf yn tybied bod ei gŵr na'i phlant yn poeni llawer yn ei chylch, neu dyna'r syniad a gaf fi. Pan roddais i dri ŵy a thri oren iddi, yr oedd fel petai wedi cael llond trol o sofrins yn hollol. Ni thybiais erioed ei bod yn bosibl i neb ddyfod i'r cyflwr a'r ffurf a oedd ar rai o'r merched yno. Byddai'n drugaredd i'r rhan fwyaf ohonynt gael mynd i'w hun hir. Ac yr oedd rhai yn y gwely yn gwneud dim ond llygadrythu ar y seilin. Wel, mae gennym lawer i fod yn ddiolchgar amdano. Mae gennyf fi gyfeillion piwr iawn, fel chwi, ac ychydig eraill sy'n sgrifennu ataf yn gyson, a theimlaf fod eu meddyliau, er bod eu personau yn bell oddi wrthyf, yn agos ataf bob amser. Hir oes i chi, a phob bendith yn wastad.[149]

Gyda'm cofion annwyl iawn atoch eich dau,
Kate.

O.N. Yr oeddwn innau yng Nghaerdydd ddydd Gwener, ym mhwyllgor y B.B.C. wedi cyrraedd yn y bore bach, a thrafaelu'n ôl dros nos wedyn. Gresyn na wyddwn. Yr un fath â'ch pwyllgor chwi, dwli yw mynd i hwn; ni wna A. Oldfield Davies ddim byd ond dal tân ei feistr yn Llundain. Peth arall, mae arnaf ofn fod Elis D. yn gwaelu. Mae ganddo boenau mawr yn ei fraich a'i goes yn awr. Bûm yno am funud dair wythnos i heddiw, a dywedodd Jini wrthyf ar y slei na chawsai newydd da o gwbl gan y doctor pan alwasai. Ond cedwch o i chi eich hun wrth gwrs. K.

LlGC P2/39/41

87

Llygad-y-Glyn,
Llanfarian,
Aberystwyth,
Ceredigion.
13 Ebrill, 1948

Fy Annwyl Dai,

Ugain munud wedi i chi fod yma dychwelais innau a dywedodd gŵr y glo wrthyf: 'Fe fu gŵr bonheddig yn holi amdanoch gynnau.'

'Do, sut un oedd o?'

'Adawws o mo'i enw, ond ro'dd ganddo sbectol cry' a rhyw dipyn o gest, crwtyn gwritgoch tua'r deugain oed yma.'

'Doedd dim golwg fel petai o wedi bod lawer o'i amser yn y jêl arno?'

'Wedwn i mo hynny; dillad parch oedd amdano.'

'Ond felly y bydd y rheini hefyd.'

'Wel, doedd Cymro ddim am 'i wadd e i mewn, ta p'un.'

O, ie, D.J. Caffed y gŵr bonheddig ychydig amynedd y tro nesaf.

Mae'r wraig oddi cartref, ond daw'n ôl yfory. Af innau i Gastell Nedd ddydd Iau tan y Sul. Nid yw fy modryb yn dda, ysywaeth. Ac ar hyn o bryd y mae tridiau o ffliw dieflig arnaf innau, a'm hesgyrn a'm pen yn seirff gwichlyd a'r byd oll yn ffiaidd, a baw ydyw byw. Yr wyf newydd orffen proflenni *Efrydiau Catholig*, ond gan mai rhyw heretic o Fethodus a drowyd hyd yn oed o'r sêt fawr ydych chwi, ni ddywedaf ragor. Y mae llenyddiaeth Gymraeg yn marw – does neb yn cyhoeddi dim, pawb dan y ffliw. Gwae fi fy myw!

Hyn o bwdu oddi wrth dy gyd-aderyn-creim,
Saunders.

LlGC P2/38/61

88

Llygad-y-Glyn,
Llanfarian,
Aberystwyth,
Ceredigion.
Sul 9 Mai, 1948

Annwyl D.J.,

Rhyw gais i ddianc oddi wrth newyddiaduraeth wythnosol oedd fy nghais am y swydd ym Mangor. Diau fod Alun Llywelyn-Williams yn well dyn i'r swydd ac y mae ef eisoes ym Mangor. Fy nghamgymeriad i oedd anfon cais i mewn o gwbl.[150]

Gwelais y printiwr ddoe, ac ni bydd yr *Efrydiau*'n barod tan ddydd Iau neu Wener. Rhoddais hysbysebau'n rhy gynnar yn y papurau.

I beth y mynnwch chwi bedwar copi? A bod eu heisiau arnoch, fe'u cewch. Ond os helpu'r achos yw'r 10/6, Dai, does dim rhaid nac angen o gwbl. Y mae'r C.T.S. (Cymdeithas y Gwir Catholig) wedi rhoi £420 i gadw'r *Efrydiau Catholig* am wyth mlynedd. Wrth gwrs does neb yn cael tâl am ddim, ond nid yw'n costio dim ond amser i mi na neb arall. Ond cewch eich pedwar copi os oes arnoch eu heisiau. Y rheswm yr wyf i'n gorfod cyhoeddi yw bod pob cyhoeddwr wedi gwrthod – ofn cael eu cysylltu â'r fath gyhoeddiad!

Does gen i ddim newydd. Yn wir, brwydro yn erbyn digalondid a syrffed ar fywyd yr wyf i ers talm. Y mae'r wraig yng Nghastell Nedd yn gofalu am fy hen Fodryb yno sy'n wael ac wedi ei gadael heb forwyn na housekeeper. Yr ydym yn cynnig hyd at ddwy bunt a chweugain am wraig dda gyfrifol, heb fedru taro ar neb. Byd od yw hyn.

Yn gu,
Saunders.

LlGC P2/38/64

89

Llygad-y-Glyn,
Llanfarian,
Aberystwyth,
Ceredigion.
23 Mehefin, 1948

Fy Annwyl D.J.,

Mae'r Clwb Llyfrau am gyhoeddi ymddiddanion y storïwyr byrion yn llyfr.

A wnewch chwi baratoi eich sgript i'r wasg? Gellwch roi'n ôl ynddi bob dim a dorrwyd allan o ddiffyg amser yn y darlledu. Erbyn diwedd Gorffennaf? A'i hanfon ataf yma.

Cofion cu iawn,

Saunders.

LlGC P2/38/63

90

49, High Street,
Abergwaun.
16 Gorffennaf, 1948

Annwyl Saunders,

Dyma'r sgript yma yn ôl wedi bod â'r rhwber trwyddi. Cewch chithau wneud a fynnoch arni eto. Hoffwn dynnu eich sylw at y tri pheth bach yma (a) ar waelod tudalen 8 rwyf wedi cam ddyfynnu llinell Pope,[151] fel y nodasoch yn y stiwdio. 'The greatest study of mankind is man.' Nid 'greatest' ond rhyw ansoddair arall sydd i fod yma. Rwy'n methu taro ar yr un iawn; ac nid oes gennyf amser i fynd trwy gerdd Pope i'w chwilio ar hyn o bryd. Cewch chi, o'ch am adael y dyfyniad i mewn, osod y gair iawn yn lle 'greatest' os byddwch garediced, ŵr mwyn.

(b) Gwaelod tud. 9. Wrth ddarlledu fe osod'soch chi ryw frawddeg fer ar lun cwestiwn i mewn y fan yna nad yw lawr gennyf i. Fe ddywed eich copi chi beth ydoedd yn ddiau. Y mae diwedd y frawddeg 'O fywyd Cymru', a weithredai fel ciw, i lawr gennyf i fel y gwelwch.

(c) Gwaelod tud. 11 – nas darlledwyd. Gwn nad yw'n hollol ar y stori fer; cewch chi farnu ai da yw ei gadw i mewn ai peidio.

Wel, Saunders, byddai'n dda calon gennyf, laweroedd o weithiau, gael sgwrs â chi ar wahanol faterion. Nid oes neb yn croesi fy meddwl yn amlach na chi, ac i mi fod yn onest.

Bu'r hen Val yma'n aros dros y Sulgwyn – cyfarfod pregethu a chawsom seiadau ac atgofion cyfoethog. Gresynem yn enbyd na allech fod gyda ni.

"When shall we three meet again.

In hail, in thunder, or in rain?"

meddai witches Macbeth ar y rhostir 'slawer dydd.

Gyda llaw, credaf i, Cassie Davies ac eraill nad ydych chi wedi sgrifennu dim erioed yn fwy cywir ac ysbrydoledig na'r ysgrif yna ar Addysg Cymru ryw dair wythnos yn ôl yn 'Cwrs y Byd'.[152] Os na ddwg honna ei ffrwyth ryw dro rhaid nad ydyw Cymru ond creigle. 'Creigl', gyda llaw, ydoedd ynganiad rhyw grwt yn y dosbarth gen i ryw dro o'r gair yna. Roedd ei dad yn flaenor Baptis hefyd. Buom yn gwrando ar y darllediad gwych o *Buchedd Garmon* y nos Sul o'r blaen ac atgofion byw o'r tro cyntaf y clywsom ef yn dod yn ôl. Fy 'cheek' i yn mynd at y 'governor' a ddug y rhagorfraint yna i mi, peidiwch ag anghofio, Saunders.[153]

Rwyf ar fin gorffen stori fer hir; beichus, llethol feichus o hir, meddai Siân, – ar hyn o bryd. Ofnaf, ysywaeth, fod Siân yn iawn. Mae hi wedi bod yn begian arnaf yn daer i'w gadael wedi iddi ddarllen rhan go dda ohoni ryw dro. Ond fe'i gorffennaf cyn y gwyliau gobeithio. Dychan ar eglwys lwyddiannus y dyddiau hyn, yn fugail a phraidd ydyw dan y teitl 'Y Gorlan Glyd' a darnau o lyfr Jeremiah, lle y mae testun pregeth y gweinidog yn fyrdwn iddi: Y pethau gorau o ddigon yw'r dyfyniadau o Jeremiah yn y bregeth.

Cofion fil atoch,

D.J.

LlGC MS 22725E Llythyrau at Saunders Lewis 207

91

Llygad-y-Glyn,
Llanfarian,
Aberystwyth,
Ceredigion.
17 Gorffennaf, 1948

Fy Annwyl D.J.,

'The proper study of mankind is man', ebr eich Pab chwi, ac ystyr Ladinaidd, sef priod astudiaeth (ystad bardd, studio byd), yw ystyr 'proper' yn y fan honno. Felly rhoddaf yr ansoddair yn ei le yn y sgript a mawr ddiolch amdano. Chwi yw'r cyntaf i anfon y teipsgript yma.

Bu eich cyfaill, Dr. William Thomas, yma'r wythnos hon yn cynnig pedair ysgol imi i ymweld â hwy y tymor nesaf.[154] Yn eu plith ysgol mewn pentref o'r enw Abergwaun, yn llawn o wŷr enwog ebryf, a derbyniais innau'r cynnig ar ei ben.

Gwych yr hanes am eich stori fer-hir. Peidiwch â gadael i Mrs. Williams eich rhwystro. Mi ofelais i gymryd gwraig anghyfiaith. Does dim i chwi i'w wneud ond cymryd asgwrn gên mul a'i tharo hi ag ef os cais hi eich rhwystro rhag gorffen y stori. Dowch i mi gael ei darllen hi ar ôl ei gorffen. Ac wedyn ewch i fyfyrio o ddifrif ar gyfrol gyntaf eich hunangofiant.

Gobeithiaf innau gael danfon copi o *Flodeuwedd* atoch cyn pen pythefnos. Y mae *Blodeuwedd* yn gu iawn gennyf; hi yw fy nghampwaith i – bu'n byw gyda mi chwarter canrif rhwng Act 2 ac Act 3 gan ddweud gair bob ail flwyddyn i'm hatgoffa ei bod yn tyfu. A chyn i'r beirniaid oll ddweud mai T. S. Eliot[155] yw fy mhatrwm i, bardd na wn i ond ychydig yn gymharol amdano, mi ddywedaf i mai Sophocles[156] a Corneille[157] yw'r ddau ddylanwad cryfaf o lawer iawn ar *Amlyn ac Amig* ac ar *Flodeuwedd*, a bod *Blodeuwedd* yn fwriadol Roegaidd ei thechneg a'i meddwl. Gweld Sybil Thorndyke yn actio *Medea* Euripides[158] a'm hysbrydolodd gyntaf i gychwyn ar *Flodeuwedd*. Ond nid Euripides a borthodd y ddrama yn ei thwf, ond ei frawd mwy.

A ddarllensoch chwi ail gyfrol *Cofiant Tom Ellis*?[159] Chwarae teg i Tom Iorwerth, y mae ef wedi gwneud gwaith da a gwerthfawr. Mae gen'i ddiolch mawr iddo am destun dau 'Gwrs y Byd', gan ddechrau dydd Mercher nesaf.

Y tro diwethaf y sgrifen'soch atoch [*sic*] fe ddywed'soch air am Gatholigiaeth, sef mai'ch unig gŵyn yn ei herbyn oedd ei bod yn dwyfoli Mair, a gofyn'soch 'onid yw'r Drindod yn ddigon?' Bûm yn meddwl beth yw'r ateb uniongred. Gwadu ein bod yn dwyfoli Mair? Ni'm credech. Ond yr ateb syml wrth gwrs yw cyfaddef y cyhuddiad a chydnabod nad yw'r Drindod ddim yn ddigon bellach; canys ewyllys od y Drindod ei hun yw dwyfoli'r holl ffyliaid a greodd hi gan ddechrau gyda Mair. Rhaid i bob ffŵl gyrraedd yr un safle â Mair ryw ddydd neu raddio yn y lle arall. Gan hynny 'waeth inni godi'n hetiau i'n Harglwyddes er mwyn cynefino.

Yn gu iawn,

fy annwyl Fethodist,

eich cyd-babydd,

Saunders.

LlGC P2/38/65

92

Llygad-y-Glyn,
Llanfarian,
Aberystwyth,
Ceredigion.
4 Medi, 1948

Fy Annwyl D.J.,

Darllenais y stori y noson y daeth hi yma. Yna fe'm galwyd i Gastell Nedd yn sydyn – y wraig sy'n gofalu am y tŷ i'm modryb wedi mynd am wyliau – a bu raid imi fynd yn sydyn heb y MS. Dychwelais ddoe.

Yr wyf yn hoffi'r gwaith ac yn ei gael yn dda, – pob dim ond y saith gair cyntaf, sy'n ddiangen. Nid oes gennyf unrhyw gŵyn am ei feithder, – y mae'n creu ei awyrgylch a'i fyd, ac y mae'n dychan yn ddyfnach o'r herwydd. Unwaith neu ddwy efallai fod yr arddull

157

yn tueddu'n hytrach at weddu fwy i draethawd nag i stori ddychan. Ac eto wrth drin Edith, y mae i'm bryd i ormod o ddangos ochr o'i phlaid; buasai triniaeth fwy eironig yn fy mhlesio i, ei dangos hi'n unig o safbwynt y Cyhoeddwr a'r sêt fawr, a thrafod 1868 felly hefyd. Ond adwaith personol yw hynny, – nid eich stori chwi fyddai hi fel yna. I mi, y mae'r cyfanwaith yn rymus ac yn dangos twf pwysig yn eich celfyddyd.

Af i Ddinbych yfory am dridiau i enciliad blynyddol y pabyddion Cymraeg. Amgaeaf y rhaglen i chwi weld nad mynd ar sbri yr wyf!

Mawr ddiolch am gael darllen 'Y Gorlan Glyd',

a'm cofion,

Saunders.

LlGC P2/38/66

93

49, High Street,
Abergwaun.
Nos Nadolig, 1948

Annwyl Kate,

Diolch yn fawr iawn i chi ac i Toss am y llun bonheddig ohonoch eich dau y bore yma. Wrth edrych ar wyneb sobr Toss fyddwn i fyth yn gallu credu mai ef oedd y bwystfil ffyrnig hwnnw a fynnai fy llyncu i'n gorfforol beth amser yn ôl, gan ddechrau arnaf gerfydd blaen fy nhraed. Fodd bynnag, wele ef a finnau wedi gweld pob i Nadolig arall, a heddwch yn teyrnasu rhyngom, gobeithio. Rhowch fy nghofion caredig iawn iddo, os gwelwch fod yn dda; a'm haddewid i i beidio ag ymddwyn yn annheilwng eto yn ei ŵydd fel ag i haeddu ei sylw ceryddol. Y mae ei rywogaeth ef a mi yn bersonol wedi bod ar delerau da neilltuol â'n gilydd erioed – o ddyddiau Mac,[160] y cyntaf ohonynt a gofiaf, hyd y dwthwn hwn.

Nid ydym wedi anfon cardiau Nadolig i neb eleni, ac eithrio i ryw ychydig o blant agos atom. Ond rown i'n golygu anfon gair atoch chi o hyd; ond daeth y Nadolig cyn i mi allu gwneud. Y mae ein dymuniadau gorau ni'n dau gyda chi dros y Nadolig a thros y Flwyddyn Newydd a phob Blwyddyn ar ei hôl, fel y gwyddoch.

Dyma'r rheswm cyntaf oedd genny' dros sgrifennu: Ryw fis yn ôl cefais lawysgrif o ryw 130 tud. gan ŵr na wyddwn i ddim am ei fodolaeth hyd yn ddiweddar. Mae e'n awr yn byw yn y Beddau, gerllaw Pont-y-Pridd, ond fe'i faged yn grwt yn ardal Abergorlech, ryw dair milltir yn groes i fanc uchel a chwm dwfn afon Gorlech o'm hen gartre i. Theophilus Griffiths yw ei enw. Ysgrifennodd ataf yr haf diwethaf, beth amser cyn yr Eisteddfod Genedlaethol, yn gofyn a thowlwn i lygad dros ryw fath ar Hunangofiant yr oedd e wedi ei sgrifennu yn cynnwys ei atgofion o ardal Abergorlech hyd nes y gadawodd yr ardal honno yn bur gynnar.

Clywswn hanes y teulu pan own i'n grwtyn yr ysgol. Yr oedd y rhieni yn byw ar ffarm fach yn ardal Llansadwrn; o fewn ychydig bach iawn o amser i'w gilydd bu farw'r tad a'r fam, gan adael pump o blant bach, yr hynaf ond rhyw ddeuddeg oed, os da y cofiaf, ar eu hôl. Cymerwyd y plant, un yma a'r llall draw, gan berthynasau. Daeth un ferch at ei mam-gu i ardal Rhydcymerau, ac yr oedd hi tua gwaelod yr Ysgol pan own i yn y top; a daeth brawd arall iddi at ei dad-cu a'i fam-gu o'r ochr arall, i'r Pistyll, ffarm yn ymyl Abergorlech − sef y Theophilus Griffiths yma.

Ceisiais drefnu i gwrdd ag ef yn Steddfod Penybont, fis Awst diwethaf. Ond methodd y trefniant. Fodd bynnag, daeth yr hunangofiant i mi. Ac yn 'y 'ngwir i chi, Kate, − fel y byddwch chi'n 'y nynwared i weithiau − fe'm synnwyd ac fe'm synnwyd gan ei gynnwys. Nid yw Griffiths wedi cael addysg llyfr a gramadeg Cymraeg − y mae ynddo gannoedd o fân wallau sillafu, a chamarfer amseriad berfau yn fynych wendid ynddo. Ond yn wir i chi, y mae'r Mr. Griffiths yma yn llenor wrth glust ac wrth reddf. Y mae'r llyfr wedi ei sgrifennu'n gywir ac yn ddiffuant, heb ynddo unrhyw ymdrech i wneud camp ar ei waith. Ac eto, yn fy marn onest i, y mae camp arno. Drwy iddo fel awdur 'Cwm Eithin' fyw gyda hen bobl, ei dad-cu a'i fam-gu, a chanddo sylwadaeth graff a chof da, y mae'r MSS hyn yn ddogfen gymdeithasol bwysig

o fywyd top Sir Gaerfyrddin yn hanner olaf y ganrif o'r blaen a
dechrau'r ganrif hon. Gallwn feddwl fod Griffiths tua'r un oed â fi
– ryw gymaint wedi troi'r 60.

Y mae ganddo hefyd ddawn i adnabod cymeriadau a'u
disgrifio'n annwyl a charedig, ond heb fod ofn dweud y gwir
amdanynt. Gall adrodd stori mewn tafodiaith yn dda; ac un
o'r pethau mwyaf swynol ynddo yw ei wyleidd-dra, hoffus,
diymhongar.

Efallai nad y fi yw'r gorau i farnu gwerth y gwaith hwn,
oherwydd y gwn i bron am bob tŷ a chilfach a chwm y sonia
ef amdanynt, gan eu bod mor agos i'm cartre, ac adwaenwn yn
bersonol lawer iawn o'r bobol y sonia ef amdanynt. Ond gallaf
dystio'n bendant i gywirdeb ysbryd y cyfan. Ac fel y dywedais y
mae'r awdur yn llenor wrth ddawn, er nad wrth ddysg.

Fe'm swynwyd i gymaint yn bersonol gan werth y gwaith,
fel y'm temtir i ofyn i chwi, a fyddech chi'n barod i'w ddarllen
drwodd i gael gweld a gyd-olygech â mi ei fod yn werth i'w
gyhoeddi. Wrth ddarllen trwodd fe gywirais i mewn pensil y mân
wallau amlycaf ynddo. Y mae tua 100 tud. ohono mewn teip
hyfryd; a'r 30 neu fwy tud. arall mewn llaw digon hawdd i'w
ddeall.

Fe ddywedais i wrth yr awdur yr anfonwn air atoch chi yn ei
gylch; ac os boddlonai rhyw Wasg i'w gyhoeddi y byddwn i'n
barod i fynd trwyddo eto a'i baratoi'n fanylach ar gyfer ei argraffu,
ac ysgrifennu rhyw bwt o ragair neu gyflwyniad iddo.

Mi wn i o'r gorau am eich prysurdeb enbyd chi; ond os
teimlwch y gellwch chi hepgor digon o amser i fynd trwyddo fel
ag i ffurfio barn amdano, fe allwn i ofyn i Mr. Griffiths am ei anfon
ymlaen i chi. Ganddo ef y mae e'n awr. Awgrymwn i fel teitl
iddo 'Y Llanc o Lannau Cothi'. Gorffen yr hanes ganddo gyda'i
ddisgrifiad o Ffair Gŵyl Barna, Llandeilo, gyda'i ddisgrifiad o was
ffarm arall ac yntau'n cyrraedd adref o'r ffair a'r wawr yn torri,
wedi cerdded deng milltir o ffordd, a'i hudo i benderfynu mynd
i'r gweithiau, gan yr arian ffri a'r bywyd llawen i bob golwg a gâi
Shoni Hois a barnu wrth eu sgwaro yn y Ffair honno, – rhagor

yr oriau maith, y gwaith caled, a'r arian bach a gâi'r bechgyn ar y ffermydd.[161]

Mater arall eto, 'te. Wn i a gawsoch chi air oddi wrth J.E. ar y pen. Y Pasg diwethaf fe anfonais i'r MSS o lyfryn bach ar *Mazzini* yr addawswn ers tro byd ei sgrifennu. Ddoe cefais air oddi wrth Gwynfor yn dweud na allent gyhoeddi hwn yn awr gan fod ganddynt amryw bethau yn barod ar waith, rhai ohonynt, fel llyfr arall gan Dr. D. J. Davies a llyfr ar [?Mazaryk] [*sic*] gan frawd Gwyn Griffith, wedi eu cysodi'n barod, rwy'n deall.[162] Hwyrach eu bod wedi anfon atoch chi; ond gennyf i y mae'r copi yn awr, wedi ei gael yn ôl ddoe. Ond yr wyf i wedi ei roi iddynt hwy cyn belled ag y mae unrhyw elw personol, os byddai elw, o gwbl, yn troi ohono, – ragor nag y dymunwn i gadw gafael ar y 'copyright'.

Yn drydydd ac yn olaf ynte, – wedi llith mor faith, wele o'r diwedd yr hyn y dylaswn fod wedi ei ddweud yn gyntaf dim, – sef diolch i chi am stori mor fyw a diddorol yn y rhifyn hwn o'r *Faner*.[163] Y mae gennych ddawn y dewin, Kate, o'r elfennau mwyaf syml i greu stori fyw, gofiadwy ei chymeriadau. Y mae 'Begw' eisoes wedi ennill ei phlwyf mewn llenyddiaeth Gymraeg drwy'r *Llinyn Arian*. Neithiwr yr oedd Waldo yn y tŷ yma yn canmol eich stori chi, hefyd. Y mae soned wych gan Waldo onid oes ar 'Y Geni' a Gwenallt a Saunders yn ei gyfieithiad yn gampus a mawreddog.

Cofion fil oddi wrthym ni'n dou,

D.J.

Ll/GC Kate Roberts 790

94

Y Cilgwyn,
Dinbych.
8 Ionawr, 1949

Annwyl D.J.,

Mae'n wirioneddol ddrwg gennyf fod mor hir heb ateb eich llythyr. Ond gwn y deëllwch pan egluraf. Yr oedd gennyf stori ar ei hanner ers talwm iawn. Yr oedd yn fy meddwl er 1945 ond fel y daeth pethau i'm rhwystro.

Ysgrifennais un ran o dair ohoni yng ngwanwyn y flwyddyn hon, a bu Gwasg Gee yn fy mhen am imi frysio a'i gorffen cyn y Nadolig. Fe euthum ati yn Nhachwedd a Rhagfyr aros ar fy nhraed hyd un a dau o'r gloch y bore reit aml, cymryd tabledi (a gefais gan y Dr.) i'm cadw'n effro, a gorffennais ei sgrifennu'n rhwydd cyn y Nadolig. Penderfynais wedyn y mynnwn orffen ei chodi'n dwt ar unwaith, a dyna benderfynu gwneud hynny, a gorffen 2.15 a.m. fore Mercher diwethaf, er bod gennyf rai pethau i'w newid ynddi eto. Gorfod ei gadael ar ei chanol am ychydig i sgrifennu'r Stori Nadolig yna y buoch mor garedig â'i chanmol. Stori hir fer, tua 15,000-18,000 o eiriau yw'r un newydd – *Stryd y Glep* – ar ffurf dyddiadur. Dyddiadur dynes sy'n orweiddiog ers tair blynedd wedi syrthio a brifo ei chefn. Mae lot o bethau'n digwydd. Brawd 60 oed a ffon eu cynhaliaeth i raddau, yn priodi, drwy i ddynes redeg ar ei ôl, dynes a gaseir gan y chwaer a chwaer arall sydd gartref. Nid af i sôn, ond y peth mwyaf ynddi yw profiadau'r ddynes wael yn wyneb hyn i gyd, profiadau o eiddigedd, casineb, o gariad, o gyfeillgarwch, o amser yn myned heibio, o anobaith, ac o obaith ar y diwedd. Mae cwmni bach yn taro i mewn bob nos Sul, ceir eu sylwadau hwythau, fel y maent a wnelent â'r garwriaeth a'r briodas. I bob pwrpas, diwedda'n dwt drwy i ŵr gweddw, hen gyfaill er bore oes i'r teulu, ddyfod i letya at y ddwy chwaer, ac i deuluyddes hwnnw fyned yn lloerig, am ei bod hi â'i llygad ar y gŵr gweddw. Ond nid yw'r diwedd mor dwt wedi'r cwbl er ei gynllunio a'i gynllwynio bron gan y chwaer glaf er mwyn y chwaer arall, oherwydd ei phrofiad ydyw, nad oes dim cwblhau na rhoi pen ar y mwdwl ar ddim mewn bywyd, ac y bydd hi'n ailddechrau hel meddyliau a chael ei phoeni'n feddyliol gan rywbeth eto. Cymer o fis Mai hyd fis Medi yn 1938, ond deil Joanna. John, mewn llai na hynny o amser. Rhoddodd gyfle imi ddweud tipyn o bethau am gymdeithas mewn tref fach fyglyd yng Nghymru a hefyd am fywyd yn gyffredinol.[164]

Yn awr, at fater eich llythyr, wedi'r holl ragymadrodd yna. (O ie, anghofiais ddweud imi orfod mynd i lawr i Gaerdydd ddydd Iau i Bwyllgor Llên y Steddfod a dychwelyd yn hwyr neithiwr. Golchi a llnau heddiw a chricymalau.)

Byddwn yn falch iawn o gael golwg ar eich llawysgrifau – eich un chwi ar Mazzini, ac un y cyfaill o Rydcymerau, a byddwn yn falch iawn o'u cyhoeddi os medrwn sut yn y byd. Ond mae llawysgrifau yn pentyrru yma, rhai ers blynyddoedd, ac nid oes fai ar neb ond yr amgylchiadau am hynny. Bu ein gosodwr ar lyfrau (lino operator) yn wael ac oddi wrth ei waith am ddeng wythnos yn 1948, ac mae yn wael eto ers pythefnos. Bu agos iddo â marw o dan operasiwn wythnos i ddydd Mawrth diwethaf. Mae gartref o'r ysbyty, ond ni wn pa bryd y daw'n ôl at ei waith. Ac yn aml iawn, rhaid gadael llyfrau i wneud gwaith arall megis rhestr etholwyr &c; a'r rheiny yw'r pethau sy'n talu. Ond cur pen mwyaf Miss Ellis yn awr yw'r rhwymo. Arferem anfon llyfrau i ffwrdd i'w rhwymo, ond yr oedd hynny mor ddrud, ac mae gennym ninnau ddyn ardderchog yn gwneud hynny a phump o brentisiaid ganddo, fel y tybiwyd y byddai'n werth gwneud y cwbl yma. Ond yr ydym yn brin o beiriannau, oherwydd nad yw'n bosibl eu cael, heb aros am tua thair blynedd. Rhaid gwneud y cwbl efo llaw, wedyn cymer amser hir iawn. Mae llyfrau Hooson a T. Rowland Hughes yn aros yn awr am na fedrir rhwymo digon o gopïau ar gyfer yr archebion a ddaw i mewn.[165] Fel yna mae'r Llywodraeth hon yn lladd pob busnes, drwy allforio peiriannau a phob dim arall.

Diolch yn garedig iawn i chi D.J. am eich geiriau gwerthfawrogol o'm stori. Dyna'r stori anhawsaf ei thechneg a ysgrifennais erioed, gan fod y ddwy stori am y colli ffordd a llosgi'r pwdin gennyf yn barod. Wedyn yr anhawster oedd eu gweithio i stori, ac nid just eu dweud fel y byddai Glasynys.[166] A'r diwedd oedd yr anhawster mawr, oblegid yr oedd arnaf eisiau ei gwneud yn simbol o stori ei hun, yn cael ei geni, yn marw, ac yn atgyfodi drachefn.

Gwelais Gwenallt yn y pwyllgor. G. J. Williams yn wael, ffliw ar y stumog ac ni fedrai fod yno. Mae eich llun yn *Gwŷr Llên*, yn rhagorol, ond ni ddarllenais ysgrif Dafydd Jenkins eto, na dim un arall, dim ond bywgraffiad Bob Parri ganddo ef ei hun. Mae hwnnw'n werth 8/6. Wedi gorffen y llyfr yma, caf hamdden i fynd ati i'w ddarllen.[167]

Rhaid imi fynd i'r gwely rwan. Nid wyf yn cael cysgu hanner digon a phan af i'r gwely byddaf yn troi a throsi am hir. Gwelais Mrs. Saer (Ray Davies) ychydig amser yn ôl yn Llangwyfan. Mae hi'n gwella'n dda, neu roedd hi y pryd hynny ac yn edrych yn well, neu'n dewach beth bynnag, na phan welais hi yn Abergwaun.

Dymunaf i Siân a chwithau y flwyddyn orau bosibl, ac edrychaf ymlaen at weld y llawysgrifau.

Gyda'm cofion cynnes iawn atoch eich dau,
Kate.

LlGC P2/39/44

95

Y Faner,
Gee a'i Fab, Cyf.
25 Chwefror, 1949

Annwyl D.J.,

Mae'n wir ddrwg gennyf fod mor hir heb ysgrifennu atoch ynghylch y llawysgrif. Mae hi wedi bod yn ddyrys yma. E.B.J. gartre o dan y ffliw un wythnos a minnau'n helpu ychydig yn rhagor. Wedyn fe aeth y wraig sy'n helpu tipyn arnaf yn y tŷ yn sâl, ac ni welais hi ond un darn o brynhawn ers tair wythnos. Ac fel arfer gartref yn y tŷ y byddaf yn darllen llawysgrifau. Caf fwy o lonydd yno. Ond dechreuais ar *Mazzini* yr wythnos hon a'i fwynhau'n fawr iawn cyn belled. Yr ydych wedi gweithio'n galed ac wedi cael hwyl ardderchog ar y gwaith. Soniwch yn eich llythyr eich bod yn tybio ddarfod i chwi syrthio rhwng dwy stôl. Nid wyf yn meddwl hynny, oblegid mae'n amhosibl gwneud hanes Mazzini yn symlach nag y gwnaethoch chwi ef i'r dyn cyffredin, heb i chwi yn gyntaf ysgrifennu llyfr elfennol, megis llyfr i blant ar hanes yr Eidal, ac wrth gwrs, ni wnâi hynny mo'r tro. Mae'r llyfr fel y mae, yn ateb ei bwrpas yn rhagorol, sef rhoddi hanes bywyd a gwaith Mazzini i bobl fel fi, ac aelodau eraill o'r Blaid a Chymry sy'n ymddiddori yn y pynciau yma, boed hwy ddysgedig neu annysgedig, heb iddynt orfod ymgynghori â llyfrau manwl ysgolheigaidd. Oblegid hynny, fe wnaethoch wasanaeth mawr i Gymru, D.J.

Pryd y cyhoeddir ef, Duw'n unig a ŵyr. Mae R. W. Griffith, y lino operator sy'n gosod llyfrau gartre'n wael eto. Rhyngoch chi a fi, mae'n gur pen ofnadwy inni fel ffyrm, oblegid ei fod yn mynd allan i ganu lawer gwaith mewn wythnos, ac yn gwneud ffortiwn ar hynny. Wedyn, mae'n sâl o hyd. Bu bron iddo farw dan operasiwn yn yr ysbyty ddechrau'r flwyddyn; ac ymhen pythefnos yr oedd yn canu yn rhywle ac yn dreifio car oddi yma i Fangor*. Mae o gartre nawr eto ers deng niwrnod. Wedyn yn y cyfamser daw jobbing i mewn a rhaid gwneud hwnnw gan mai hwnnw sy'n talu orau. Ond fe ysgrifennaf eto D.J. Nid oes olwg i'm llyfr innau gael ei argraffu am dipyn.[168]

Sut hwyl sydd ar Siân?

Fy nghofion annwyl iawn atoch eich dau,

Cathrin.

*Cyfrinach yw hyn.

Ar ôl gorffen darllen *Mazzini*, fe ymosodaf ar hunangofiant yr ardderchocaf Theophilus. Onid yw bod yn olau yn y sgrythur yn beth braf?[169]

LlGC P2/39/46

96

Llygad-y-Glyn,
Llanfarian,
Aberystwyth,
Ceredigion.
3 Ebrill 1949

Fy Annwyl D.J.,

Anfonaf yr *Efrydiau* yfory. Mae digon ar ôl. Oedd, yr oedd yn ddrwg gan Margaret a minnau fethu eich gweld eich dau brynhawn

Mawrth yn ystod yr ymweliad. Arnom ni a'n hanghynefindra yr oedd y bai, a barnu eich bod oddi cartref. Ni chefais sgwrs â Cassie chwaith. Cyfarfod anfuddiol a gawsom gyda'r staff, – diflas, yn wir, a go anobeithiol. Gobaith gorau'r dyfodol yw y bydd y gyfundrefn addysg yma oll yn torri i lawr ac yn ymchwalu cyn rhy hir.[170]

Mae'n debyg eich bod wedi darllen llyfr diwethaf y Clwb Llyfrau. Cefais yr wythnos diwethaf hefyd gyfrol olaf y *Cymmrodorion Transactions*. Ynddi y mae anerchiad Gruffydd pan roddwyd iddo fedal y Cymmrodorion. Gesyd ef chwi a Williams Parry ynghyd fel llenorion wedi eu magu ar fron y famwlad, – a dyna un marc da i Gruffydd. Perswadiodd Elwyn Evans fi i siarad ar y radio gyda dau ffŵl tebyg imi ar ddyfodol Gorllewin Ewrop. Bûm yn wamal feddal i gytuno rhag ymddangos yn rhy sarrug. Does gen i ddim diddordeb yn y dyfodol, mae heddiw yn fwy na llond fy mhlât. Yr wyf yn ddiolchgar am eich clod i Gwrs y Byd, – yr wyf yn ei glywed ar fy asgwrn cefn fel llaw ar gefn cath yn canu ei chrwth!

Dowch y ffordd yma'n fuan,
Saunders.

LlGC P2/38/68

97

49, High Street,
Abergwaun.
22 Mai, 1949

Annwyl Kate,

Y mae arnaf ddyled o lythyr, neu lythyron am wn i, ers tro hir, a bwriadwn sgrifennu o hyd. Ond yn awr dyma eich rhodd dra derbyniol yn ei gwneud hi yn anorfod. Gwyddoch gymaint yr wyf yn mwynhau ac yn edmygu eich gwaith, heb sôn am gael ohonom ein dau eich llyfr diwethaf, *Stryd y Glep*, yn rhodd bersonol gennych chi. Dyna drysor arall i'w gadw yn y cysegr sancteiddiolaf.

Rwyf hyd yma wedi gorfod hunanymwadu rhag ei ddarllen, ag eithrio rhyw 18 tudalen gyntaf y methais ei gollwng pan agorais y parsel. Rhyw ychydig ddyddiau cyn hynny daethai wyth bwys union ar y glorian o MSS i'm llaw, – nofelau'r Eisteddfod eleni, chwech ohonynt. Darllenais, neu'n hytrach darllenodd Siân hwy i fi, dair ohonynt yn barod; dwy ohonynt yn wanllyd, ac un yn dda, – yn ddigon da i'w gwobrwyo onid oes ei gwell yn ôl.[171]

Roedd Cassie[172] yma i de heddiw; Siân a hithau wedi darllen *Stryd y Glep* a finne'n cario'r glep i chithe'n awr drwy ddweud eu bod nhw'n dweud ei bod hi'n darllen yn flasus iawn – a'r datguddiad ar y diwedd o gyffes yr orweiddiog feirniadol yn cyfiawnhau'r manylu yn y dyddiadur ar hyd y ffordd. Gyda llaw, Kate, onid ydych chi wedi rhoi ei phris o 3/– yn llawer rhy isel, a'r pris am lyfrau wedi codi cymaint yn ddiweddar? Ni chredaf y byddai neb yn gwrthod talu 4/6 neu 5/– am lyfr fel hwn o'ch gwaith chi.

Gyda llaw hefyd, y mae gen innau ryw gasgliad bach arall wedi ei orffen o ryw bump o storiau yr wyf ers peth amser wedi meddwl gofyn i chi beth fydd orau i 'wneud â hwy. *Storïau'r Tir Du*, ein term ni am gorsdir, neu dir mawn, yw'r teitl rwyf wedi ei osod arnynt. Storïau â'r ddau ryfel a'r cyfnod rhyngddynt yn gefndir iddynt ydynt i gyd, – ac eithrio'r 'Capten a'r Genhadaeth Dramor' sy'n sgit ar yr hen forwr yn y seiet, fel y cofiwch. Y llall yw 'Meca'r Genedl' a gyhoeddwyd yn rhifyn cynta'r *Fflam*.[173] Dychan ar weinidog ac eglwys esmwyth eu byd yw'r llall – 'Y Gorlan Glyd'.

'Colbo Jones yn Ymuno â'r Fyddin' yw un arall – athro o C.O. yn cicio dros y trasis, dychan ar un o Ysgolion Gwladgarol Cymru; a'r olaf yw 'Ceinwen', stori fer go hir, fel 'Y Gorlan Glyd', am ferch o Gymraes yn cael ei gorfodi i fynd i weithio i ffatri arfau yn Lloegr. Byddant i gyd rywle o 30,000 i 35,000 o eiriau.

Dwn i ddim beth i feddwl ohonynt – dim llawer, 'rwy'n ofni, gan nad ydynt ond hunllef y cyfnod hwn yn gwasgu ar fy ysbryd. Teimlaf ei bod yn iechyd i mi gael gwared arnynt, gan nad pa mor sâl y gallant fod. Teimlaf hefyd nad ysgrifennaf stori fer am yn hir, hir eto, os o gwbl, – a hynny nid am nad oes digonedd o ddefnyddiau storïau wrth law gennyf yn barhaus, – ond am nad wyf yn medru defnyddio'r cyfrwng hwn yn llwyddiannus. Gwn hefyd fod gennyf lawer i'w sgrifennu eto, os Duw a'i mynn, ac y bydd rhaid i mi sgrifennu rhywbeth costied a gostio i mi. Pa gyfrwng a gymer amser a ddengys.

Fodd bynnag, y peth cyntaf rwyf am ei wneud, yn union deg, wedi clirio ychydig ar y byrddau, yw mynd ynghyd â sgrifennu tipyn o hunangofiant, – hyd at fy myned i'r Coleg – *Yn Chwech ar Hugain Oed*. Dyna ei deitl efallai, – boreuddydd hapus fy mywyd – ar fferm gartref, dan y ddaear am bedair blynedd a hanner yn y Rhondda, yng Nghwm Dulais, ac yng Nghwm Aman, yna pasio'r King's School, a dwy flynedd yn athro cynorthwyol yn Nyffryn Edeyrnion; Ysgol Harri yng Nghaerfyrddin am naw mis a'r Matric, cyn mynd i Goleg Aberystwyth yn 1911 – 'i synfyfyrio' a myfyrio peth rhwng llawer peth arall.

Wrth gwrs, yn yr arfaeth y mae'r llyfr o hunangofiant yn llwyr eto, – a hwyrach mai ffoliineb yw sôn rhyw lawer amdano ymlaen llaw. Ond yr own i am gael eich barn rywdro ers tipyn am hyn.

Dyma'r mater ynte: Rown i'n hoff iawn o Dafydd Lewis, Gwasg Gomer, Llandysil. Bu'n garedig iawn wrthyf, fel y bu cynifer eraill, adeg yr Ysgol Fomio a'r prawf arnom. Wedi iddo argraffu fy nhri llyfr dros Prosser Rhys gofynnodd i mi a gâi ef y cyfle ar y llyfr nesaf a gyhoeddwn. Ni allwn innau yn hawdd wrthod. Wedi marw Prosser prynwyd Gwasg Aberystwyth gan Wasg Gomer. Er mwyn cywiro fy addewid â Gwasg Gomer drwy Dafydd Lewis, ac o'm parch iddo, rwyf am roi un o'm llyfrau iddynt hwy i'w gyhoeddi, – er, a bod yn onest, difraw iawn yr wyf i wedi gweld y Brodyr Lewis, wedi marw Dafydd, i wneud dim o'm llyfrau i. Y mae'r tri allan o brint ers blynyddoedd ganddynt, er y rhoir hwy'n werslyfrau, fel y deallaf, yn rhai o'r colegau yn fynych, a myfyrwyr ac athrawon yn awr ac eilwaith yn ymholi a oes gennyf i gopi, neu gopïau i'w sbario. Cywirais broflenni'r *Tir Glas* dros flwyddyn yn ôl, gan ei fod wedi ei ddewis gan ryw fwrdd ar gyfer mis Medi 1949, meddent hwy. Ni chlywais air ymhellach amdano.

'Nawr 'te, Kate, a bwrw y gallaf i sgrifennu'r Hunangofiant bondigrybwyll yna o fewn y ddwy neu dair blynedd nesaf yma, ac yn wyneb fy addewid y soniais amdano i Wasg Gomer, ac os tybiwch chi y gall llyfr o'r eiddof fod yn werth ei gyhoeddi gennych – p'un fyddai ddewisaf gennych – cyhoeddi'r *Storïau'r Tir Du* sy'n barod yn awr, ynteu'r 'Hunangofiant' pan ddêl hwnnw, a'n bod ni i gyd yn fyw ac yn iach. Pe cawn i roi awgrym fy hun yn gyntaf – ond nid wyf am ei bwyso o gwbwl, – fe awgrymwn i roi'r cynnig cyntaf ar *Y Tir Du* i Wasg Gomer. Yna, fe fyddwn i yn gwbl rydd am y dyfodol wedyn, i wneud fy newisiad fy hun, parthed cyhoeddwr i ba beth bynnag y gall yr Arglwydd fy nghynorthwyo i'w lunio, rywbryd. Ac o'm hen gyfeillgarwch di-ymod â chi erioed, ac â Morris druan, gwyddoch pwy a gaiff y cynnig hwnnw. Os na fyn Gwasg Gomer y *Tir Du*, wrth gwrs, dyna fe i chi, i wneud fel y mynnoch ag e.

Credaf, os daw i ben, rywdro, y bydd yr 'Hunangofiant' yn rhywbeth llawer mwy heulog a dymunol i'w ddarllen na'r *Tir Du* sy'n ymwneud â'r dyddiau blin, 'a nesáu o'r blynyddoedd y dywedych nid oes i mi ddim diddanwch ynddynt.'

Wel, dyna fi wedi gosod o'ch blaen yr hyn a oedd ar fy meddwl ers tro i ofyn eich barn arno. Caf air oddi wrthych rywdro, pan fo cyfle gennych. Da oedd gennyf glywed eich bod chi'n cael blas ar yr ardderchocaf Theophilus. Fel y dywedais ni allwn i a faged yn sŵn cŵn Price Bryn Cothi, a saethu drylliau Syr James (Drummond) ond bod yn rhagfarnllyd drosto. Ni wyddwn sut y byddai iddo daro darllenydd niwtral.

Yfory, cyn dechrau ar un arall o'r llwyth teipscript yma o'r nofelau, rwy'n edrych ymlaen am orffen *Stryd y Glep*.

Gyda'n cofion cynhesaf ni'n dau atoch,

D.J.

LlGC Kate Roberts 808

98

Y Cilgwyn,
Dinbych.
27 Mai, 1949

Annwyl D.J.,

Mae hi'n un o'r gloch y bore a minnau newydd orffen fy smwddio, ond rhaid imi sgwennu gair i chi ei gael cyn y Sul.

Diolch yn fawr i chwi am eich llythyr. Eglurais i Miss Ellis yr amgylchiadau, ac yr ydym yn deall yn iawn. Popeth yn dda. Ie, gadael i'r Lewisiaid gael Straeon *Y Tir Du* fydd orau, ac i ninnau gael eich atgofion. Ond does bosib y bydd yn rhaid i chi gael tair blynedd i'w hysgrifennu. Tybed na fedrwch eu hysgrifennu o hyn i Fai nesaf, a'u cael allan erbyn Nadolig 1950. P'run bynnag, edrychaf ymlaen yn eiddgar iawn at eu darllen.

Heb orffen darllen llyfr yr Ardderchocaf Theophilus yr wyf eto. Darllenais ddarn mawr ohono yn y trên wythnos i ddoe (neu echdoe bellach) wrth fynd i gladdu gŵr fy hanner chwaer yng Nghaernarfon. Ond darllenais ddigon i wybod ei werth – mae'n siwr y byddwn yn ei gyhoeddi pe na bai ond am ei gefndir a'i eirfa odidog.

Teimlo'r wyf y gallai fod yn fyrrach. Mae'n ei ail-ddweud ei hun lawer, a phe trefnasid y llyfr yn well, ni ddigwyddasai hyn. Yn rhyfedd iawn, mae'n well am ddisgrifio natur a phethau felly, na dynion. Yn wir, mae tipyn o'r bardd ynddo.

Byddaf yn falch o'ch barn am *Stryd y Glep*. Nid ei hysgrifennu er mwyn datguddio dirgelwch ar y diwedd a wneuthum, ond ceisio gwneud toriad croes ar draws enaid merch yn dioddef, a'i hysbryd yn dioddef mwy na'i chorff, a cheisio dangos fel mae person yn troi oddi wrth gymdeithas ato ef ei hun, a mor anodd yw bod yn onest mewn cymdeithas ragrithiol. Hyd yma ni chefais farn dim ond rhyw dri neu bedwar arni, rhai ddim yn ei deall o gwbl yn amlwg.

Mae Tos yn disgwyl am i mi fynd i'r gwely. Mae ganddo fasged iddo ef ei hunan yn y llofft rwan, a chlustog a blanced arni. Ni buaswn yn medru bod yma fy hunan hebddo. Teimlaf y medrwn herio holl ladron y byd, dim ond ei glywed yn chwyrnu cysgu yn ei fasged. Mae o wedi cael ei got haf drwy gael cneifio un y gaeaf i ffwrdd. Piti na chawn i un cyn rhated.

Cofion cynnes iawn atoch eich dau,

Kate.

LlGC P2/39/50

99

49, High Street,
Abergwaun.
31 Mai, 1949

Annwyl Kate,

Diolch yn fawr am eich llythyr. Mi gynigiaf y *Tir Du* i Wasg Gomer, ynte, i gael gweld beth fydd eu hateb.

Wel, mi ddarllenais *Stryd y Glep* nos Sul diwethaf, a chael blas eithriadol arni, bob paragraff ynddi. Mae'r ddyfais yna o ddyddiadur yn eich gweddu chi'n dda sy'n gymaint campwr ar ddatrys meddyliau cudd y galon. Wrth gwrs, rown i wedi cael clue i'r stori gennych chi o'r blaen, ac wedi clywed Siân a Cassie'n sgwrsio amdani, ac yn wir wedi darllen tipyn ohoni fy hun, a hynny yn gwneud y cnewyllyn yn glir ac yn flasus eithriadol i fi. Mae dyn yn dod yn fuan i adnabod y cymeriadau drwy eich bod wedi eu gweld yn glir eich hun yn gyntaf. John, efallai, yw'r cymeriad a adewir fwyaf heb ei lanw i mewn, heblaw dweud amdano yng ngeiriau yr haliers adeg stop drams ar y partin dwpwl – nad yw dyn ddim yn siwr p'un mwy 'o bwtryn diawl neu o libyn uffarn' yw e oboutu'i fusnes. Ond teimlaf fod y gymdeithas gynnes fyw yna yn *Stryd y Glep* wedi ei thynnu'n rhagorol – y rhai hoffus fel Besi, Enid, Dan, a Ffebi ei hun, a Liwsi Lysti, (enw da iawn) yn 'gystal â Joana ddiwerth a Miss Jones druan: ac y mae'r aeddfedu mewn barn a thynerwch Ffebi fel effaith y cystudd yn brydferth iawn.

Wrth gwrs, ni allai ond menyw glaf fel yna gadw dyddiadur,

neu rywun fel Bebb sy'n gallu sgrifennu llyfr tra fydd e ar stôl yr athronydd yn ei dŷ bach. Ond pan aeth Bebb i sgrifennu nofel fe welodd na wnâi rhibi-di-res o eiriau pert yn taro'n erbyn ei gilydd mo'r tro. Ar 'i liniau y gall dyn ddehongli bywyd a sgrifennu stori; nid â'i ben yn dalog yn y gwynt. Fe ellir sgrifennu rhai pethau, megis disgrifio'n allanol yn ddiddorol a da yn y dull hwnnw.

A newid testun, on'd oedd gan Saunders erthygl odidog ar Gyngor Sir Gaerfyrddin y tro diwethaf, ac ar Iwerddon y tro cynt? Gresyn, yn wir, na cheid casgliad o brif ysgrifau Saunders mewn llyfr. Fe werthent fel tân, a byddent yn ysbrydiaeth ac yn arweiniad godidog, o'u cael gyda'i gilydd fel yna, yn y cyfwng hwn.[174]

Gyda llaw, y bore yma, cefais air te oddi wrth Theophilus yn gofyn a wyddwn i rywbeth am dreigl ei lawysgrif ef. Yn hytrach nag i mi ailddweud eich sylwadau chi yn eich llythyr diwethaf, credaf mai gwell i chi, pan gewch funud fach, ynghanol eich prysurdeb, anfon gair eich hun ato. Mae e'n hen foi dymunol iawn gallwn feddwl, – ac yn Henadur ar Gyngor Sir Morgannwg hefyd, fel y gwelais. Wrth gwrs, rwyf wedi gofyn iddo o'r blaen a oedd e'n gweld *Y Faner* yn gyson.

Gobeithio'n wir ei fod, neu, os nad ydyw, a bod copi ar ôl gennych, beth am anfon copi o'r rhifyn diwethaf iddo, ac yntau, hefyd, yn un o blant Sir Gaerfyrddin. Ofnaf mai ofer yw gofyn, ond pe digwyddai rhai fod yn sbâr fe fyddwn innau'n falch o'u cael, hefyd, nid heb dâl cofiwch, i'w hanfon i rai cydnabod i mi, megis D. B. Lewis a John Phillips – dau Gymro da, ond dau Sosialydd mwy – sy'n Gynghorwyr.

Wel, dyna ddigon nawr, – gyda'm llongyfarchion a'm diolch eto am y llyfr a chyda'n cofion cynhesaf ni'n dau atoch,

D.J.

LlGC Kate Roberts 810

Dechrau'r pumdegau: swydd i Saunders, a llenydda

100

Llygad-y-Glyn,
Llanfarian,
Aberystwyth,
Ceredigion.
15 Ionawr, 1950

Annwyl D.J.,

Yr wyf wedi darllen y *Tir Du* ddwywaith drwodd. Yr ail yw'r orau gennyf o ddigon, a'r drydedd wedyn. Y mae'r Capten yn gampwaith mawr o ddigrifwch ac yn un o'ch creadigaethau mwyaf chwi, a'i iaith a'i arddull yn gwbl ddigymar. Gwaith meistr.

Nid wyf yn hoffi Ceinwen ddim oll, na Cholbo lawer. Wrth gwrs, darllenaf bob dim a sgrifennwch gan fwynhau'r arddull a'r Gymraeg loyw gain hyd yn oed pan fo'r mater yn ddamniol – megis Ceinwen. Byddaf wrth eich darllen yn teimlo na ddylwn i ddim ymyrryd â'r Gymraeg; ond er fy holl edmygedd diffin o'ch gafael arni, mae'n gas gen' i eich pobl dda chwi. Mae 'na wlanen yn eu heneidiau a'u hymennydd sy'n fy nhagu i. Dyna fi wedi ei dweud hi! Yr arswyd annwyl.

Saunders.

LlGC P2/38/69

101

Y Cilgwyn,
Dinbych.
24 Ionawr, 1950

Annwyl D.J.,

Nid difaterwch nac anniolchgarwch a barodd imi oedi cymaint heb anfon gair i ddiolch i chwi am anfon copi o'ch llyfr imi, eithr diffyg amser. Erbyn hyn yr wyf wedi cyrraedd y stâd ddifrifol honno o orfod gadael pethau heb eu gwneud, a'r hyn sy'n ofnadwy ydyw fod y pentwr yn mynd yn fwy y naill ddydd ar ôl y llall. Petawn i'n medru ei gadw yn ei unfan fe fyddai hynny'n rhywfaint o gysur. Am y tro cyntaf erioed ni chefais amser i wneud pwdin Dolig na chacen y llynedd bellach, nac anfon cymaint â cherdyn i rai o'm cyfeillion pennaf. Daeth y ferch o Hwngaria yma ddiwedd Tachwedd a bu'n drafferthus iawn arnaf, gan nad oedd unrhyw howld ar ei gwario, wedi bod ym Mharis am ddeufis neu dri, a rhywun yno yn rhoddi arian iddi, a hithau'n gwario fel ledi. Erbyn hyn daeth i sylweddoli mor brin yw pethau yn y wlad hon ac mor brin yw fy arian innau. Wedyn nid yw'n hoffi dim o'r bwyd y gellir ei gael yma, dim llefrith na physgod na thomatoes. Cig yw ei hoff fwyd ac mae shwd lot o hwnnw i'w gael! Byddaf yn crafu fy mhen erbyn diwedd yr wythnos i feddwl am rywbeth. Mae hi'n gwmni mawr imi, a da hynny, oblegid yn yr haf bûm yn dioddef yn enbyd oddi wrth guriad y galon yn y nos. Mae ei thad a'i mam wedi dianc o Hwngaria ac y maent yn 'nelu at y wlad yma rywdro. Mae Daisy yn anelu at y Mericia – hynny yn yr arfaeth cyn iddi adael yr Yswistir. Wel, dyna ddigon o ragymadrodd.

Fe ddarllenais eich llyfr cyn gynted ag y daeth, ac yn wir, gorfod mynd ymlaen i'w ddarllen gan fy mod yn methu ei roi i lawr, gan gymaint y blas a gawn arno. Erbyn hyn gwelaf bwrpas a lle y gyfrol hon yn y gyfres – y tir du y daeth Cymru iddo yn y rhyfeloedd ac wedi hynny. Mae lliw hynny ar yr holl storïau yn y gyfrol hon. O safbwynt crefft credaf mai Ceinwen yw'r lleiaf llwyddiannus, am ei bod yn rhy debyg i reportage (da wrth gwrs), ond y hi sy'n denu rhywun i fyned ymlaen i ddarllen. Am y lleill, mae mwy o angen astudio uwch eu pennau ac aros dros y brawddegau i weld arwyddocâd eu cynildeb. A chryfder yw hynny. Credaf fod y goganu yn y stori gyntaf yn ddeifiol o gynnil. Medrasoch wneud iddi swnio fel petai popeth yn iawn, ac felly y tybiasem onibai am Edith. Strôc anfarwol oedd dyfod â hi i mewn. Stori ragorol yw 'Colbo' hithau, gresyn iddo farw er hynny. Yr oeddwn i'n teimlo mor angerddol wrth ei darllen fel y teimlwn y dylai ddyfod yn ôl yn fyw. Ond na, eich diwedd chi sy'n iawn.

Ond y ddwy stori orau yn eich llyfr yn fy marn i yw stori'r 'Capten' a stori 'Meca'r Genedl'. Yr ydych yn eich afiaeth yn disgrifio'r bobl hyn. Mae araith y Capten yn y cwrdd gweddi cenhadol yn feistraidd, a thynnu'r gwynt o swigod y bobl bwysig

yna tua Llandrindod yr un fath. Llongyfarchiadau calonnog, D.J.
Ewch ymlaen â'ch hunangofiant rwan.

Nid oes gennyf fi amser i sgwennu ar hyn o bryd, ond mae
arnaf ofn y bydd yn rhaid imi sgwennu stori yn lle 'Ledled' y tro
nesaf gan nad oes gennyf bwnc o gwbl i sgwennu arno.[175] A bydd
yn rhaid imi helpu tipyn gyda'r lecsiwn. Bûm yn pwyllgora llawer
yn ddiweddar hefyd – pwyllgor y B.B.C. a Glanllyn, ac ymladd
yn ddigon digefn dros hawliau Cymru. Byddai'n dda gennyf pe
bai amser imi sôn wrthych am y brwydrau. Oes, mae rhai pethau i
godi'n calon. Rhai'n proffwydo yr â Gwynfor i mewn, ond nid ef
ei hun.[176] Bu yma ddifiau.

Wel. Diolch yn gynnes iawn D. J. a phob hwyl.

Fy nghofion cynnes atoch chi a Siân,

Kate.

LlGC P2/39/52

102

Y Cilgwyn,
Dinbych.
2 Chwefror, 1950

Annwyl D.J.,

Diolch am eich llythyr. Rhoisoch fi mewn congl gas wrth ofyn
imi adolygu eich llyfr. Pan adolygais i *Cefn Ydfa*,[177] gwneuthum
lw nad adolygwn ddim o waith neb mewn nofel na stori fer byth
wedyn. Ni ddychmygais ei bod yn bosibl i neb ysgrifennu'r fath
Gymraeg â G. Dyfnallt Owen, ac yntau wedi ei fagu ar aelwyd
Gymraeg, a dyna'r adolygiad mwyaf rhagrithiol a sgrifennais erioed.
Ac mae'n ofnadwy meddwl bod gennym adolygwyr yng Nghymru
heddiw yn mentro adolygu heb roddi dim sylw i arddull. Hefyd
mae adolygu i mi erbyn hyn yn ddwbl ddeliciet, am fy mod yn
sgrifennu fy hun ac am ein bod yn cyhoeddi llyfrau ein hunain, ac
oni allaf ganmol bob cam o'r ffordd, hawdd iawn i bobl feddwl fy
mod yn lladd ar lyfr er mwyn gwneud drwg i gyhoeddwyr eraill.
Ond os ydych chi'n benderfynol am imi wneud fe wnaf. Wedi

meddwl ei roddi i D. Llew Jones yr oeddem.

Bûm yn meddwl am eich gwaith yn ei gyfanrwydd a deuthum i'r casgliad mai'r storïau hapus yw eich storïau gorau chwi. Petawn i yn adolygu'r *Tir Du* byddai'n rhaid imi ddatblygu'r syniad yna, ac er bod y storïau hyn yn ddatblygiad rhesymegol o'ch ymdriniaeth chwi o'r gymdeithas y codwyd chwi ynddi, ac yn dangos yn eglur y dirywiad a ddaeth drosti, eto, mae arnaf ofn y bydd yn rhaid imi ddweud nad yw tristwch yn gweddu i chwi, a'r storïau gorau yn y gyfrol yw'r rheiny lle mae'r dirywiad yn cymryd tro chwerthinllyd. Wn i ddim a fedrech chwi ddal rhyw adolygiad fel yna, ac a gytunech chwi â hynny. Bydd yn rhaid imi ganmol eich arddull yn fawr a dyna'r prif beth wedi'r cwbl.[178]

Dyna sioc a gefais neithiwr o glywed am farw ein hen gyfaill D.J.[179] Yr oedd wedi hybu mor dda yn ddiweddar ar ôl y driniaeth a gawsai yn Lerpwl. Mae nifer y rhai ohonom a oedd yn Ysgol Haf Machynlleth yn mynd yn llai ac yn llai a thrist yw meddwl hynny. Bûm yn sgrifennu nodyn i 'Ledled' heddiw ar ôl D.J. a lwmp mawr yn fy ngwddw. Ond cafodd farw wrth ymladd dros egwyddor y credodd ynddi erioed, a heb feddwl ei fod yn mynd i ymadael â'r byd. Peth braf iawn gan fod yn rhaid inni farw. Bydd yn sioc fawr i Elis D., ac yntau mor wantan. Gresyn dros fab D.J. sydd fel llong heb lyw yn y byd yma.

A ydych chi'n mynd i siarad dros Eirwyn Morgan? Mae J.E. a Gwynfor yn cael cyfarfodydd rhagorol, ond i'r Blaid Lafur y pleidleisia chwarelwyr Meirionnydd a Sir Gaernarfon. Felly y gwnelent petai Tos yn ymgeisydd, a buasai Tos yn llawn cystal ymgeisydd â rhai sydd gan y Blaid Lafur. Os â Gwynfor i mewn yn Sir Feirionnydd, yr ydym yn mynd i ddathlu yn y swyddfa drwy brynu potel o win a'i hyfed. Yr wyf am geisio helpu Geraint Bowen dipyn.[180]

Gyda chofion cynnes atoch eich dau,
Kate.

103

Y Faner,
Gee a'i Fab, Cyf.
2 Mai, 1950

Annwyl D.J.

Diolch yn fawr i chi am eich llythyr ddydd Sadwrn. Bydd yn rhaid imi fod yn fyr ac yn eglurhaol gan nad oes gennyf lawer o amser. Ynglŷn â *Storïau'r Tir Du*, do fe fu cyfeiriad ato yn 'Ledled Cymru', Mawrth 1. gan Mignedd,[181] a hynny'n union wedi ei dderbyn o Wasg Aberystwyth. Os cofiwch, fe sgrifennais i atoch i ddweud nad oedd copi adolygu wedi cyrraedd; cofiaf i chwi sgrifennu'n ôl i ddweud eich bod am eu hatgoffa. Ond fe aeth wythnosau lawer heibio cyn y daeth. Wrth gwrs, yn union cyn y nodyn yna ym *Maner* Mawrth 1 y daeth, neu fe alwaswn i sylw ato yn rhifyn olaf Chwefror.

Ynglŷn â'r *Faner* na chawsoch mohoni, sef Mawrth 22, soniais wrthynt yma, a dywedasant iddynt gael gair gan Mr. Martin na chyraeddasai parsel, ond nid oeddynt yn siwr ai Mawrth 22 ydoedd. Mae'n debyg mai ie. Fe anfonwyd parsel arall iddo. Digwydd fel hyn o hyd fod parseli'n mynd ar goll; fe aeth parsel siop ym Mhwllheli yn hwyr o ddiwrnod yr wythnos diwethaf, er ei fod wedi cychwyn mewn pryd oddi yma, bu'n rhaid anfon parsel arall, a chyraeddasai'r llall erbyn hynny. Y ni sy'n gorfod dal y golled bob tro.

Newydd drwg sydd gennyf i chwi am *Fazzini*. Nid oes siawns ei gyhoeddi am flynyddoedd tra fydd pethau fel y maent. Oherwydd polisi Stafford Cripps ynglŷn â hysbysebu, collodd y *Faner* lawer o'i hysbysebau, pethau sy'n dyfod ag arian yn rhwydd ac yn llenwi'r papur.[182] Nid yw cylchrediad y papur yn ddigon o dan y drefn newydd hon. Ond pe bai gennym lot o bapurau fel Huws a'i Fab, sy'n berchen llu o bapurau fel y *Wrexham Leader*, *Oswestry Gazzette*, &c, fe gaem yr hysbysebau. Felly, i wneud i fyny'r golled, rhaid inni gymryd 'jobbing', sef argraffu pob math o bethau fel cylchgronau ac adroddiadau capeli a sioeau. Cymer y rhai hyn lawer mwy o amser, ac ni thalant gymaint â hysbysebion;

felly, nid oes gennym ddigon o beiriannau i argraffu llyfrau hefyd, a dim ond ambell lyfr sy'n talu amdano'i hun. Yn aml iawn cyhoeddi llyfrau ar gefn y pethau eraill a wnawn, gadael i'r 'swings' dalu am y 'roundabouts'. Rhoesom archeb am beiriant 'intertype' newydd, a dywedwyd wrthym y byddai'n rhaid inni aros tair neu bedair blynedd, gan eu bod yn eu hallforio. Wrth gwrs, pe baem yn argraffu'r *Daily Herald* fe gaem un yn reit rhwydd. Yr ydym ar hyn o bryd yn ceisio dylanwadu ar Harold Wilson[183] i roddi blaenoriaeth inni ar y peiriant. Pe caem ef, byddai'n gynt, gallem droi gwaith allan yn gyflymach, a gallem roddi rhai o'r prentisiaid ar y jobbing.

Fel y gwelwch, chwarae i ddwylo cyfalafwyr mawr y mae'r Blaid Lafur, ac maent yn llythrennol yn lladd ffyrmiau bychain fel yr eiddom ni. Gallaf ddweud fy mod yn pryderu'n fawr ynghylch ein bodolaeth y dyddiau hyn. Felly, D.J., os hoffech roddi *Mazzini* i rywun arall i'w gyhoeddi, ni byddem ddim dicach. Gallaf ddeall eich awydd chwi i'r llyfr weled golau dydd, wedi'r holl lafur a roesoch arno.[184] Nid braint yw bod yn byw y dyddiau hyn.

Cofion cynnes ac at Siân,

Kate.

LlGC P2/39/55

104

Llygad-y-Glyn,
Llanfarian,
Aberystwyth,
Ceredigion.
27 Awst, 1950

Annwyl D.J.,

Fedrwn i ddim sgrifennu nes dychwelyd ddoe o'r Garthewin, ni chawn hanner awr o hamdden oddi wrth firi'r wythnos. Ond dyma ddweud rwan ar unwaith mor flin yw gennyf fod eich record am iechyd parhaol wedi cael ergyd. A ddaethoch chi drosti erbyn hyn? Mae'r tywydd gwlyb yn trawo'r arennau, ac ni ellwch chi hyd yn oed ddianc am byth rhag y lleithdra afiach. Ond gyda gofynnol ofal fe ddowch, gobeithio, i'ch hwyliau iawn yn fuan. Yfed dŵr barlys a lemon ynddo, a llawer iawn ohono, yw'r feddyginiaeth.[185]

Gwelsoch hanes *Eisteddfod Bodran* yn y *Western Mail.* Cawsom wythnos hapus. Yr oedd Valentine yno drwy'r wythnos a chefais fwy o'i gwmni nag a gawswn o gwbl cyn hynny er 1937. Bu actio da ar *Y Cybydd* a'r *Tŷ Dol* a'r safon yn rhyfedd o uchel. Cawsom ddarlithiau da gan Robert Spaight a darlithiau gorchestol gan Taig; cawsom hwyl a sgwrsio llawen. A chan fy mod i'n aros yn y tŷ mi gefais offeren bob bore a gwin bob cinio ac esmwythdra boddhaol yn y tŷ bach, – holl anhepgorion wythnos hyfryd.[186]

Rydw i'n myfyrio drama newydd i'r flwyddyn nesaf, un fawr ac anodd. Beth amdanoch chi? Fe ddechreu'soch o ddifri ar yr hunangofiant neu'r Atgofion? Mae'n bwysig enbyd ein bod yn cael llyfr mawr, helaeth, neu ddwy gyfrol helaeth, gennych, clamp mawr o gampwaith hael y gellir byw ynddo ac ymgolli ynddo, a holl gymeriadau'r hen ardal a'r Rhondda, a'r holl genedlaethau.

Fy nghofion yn gynnes at Mrs. Williams, a brysiwch chithau i wella'n llwyr ac i ysgrifennu lot a gwraig lot, a digon o halen eich ffraethineb.

Yn iach,
Saunders.

LlGC P2/38/70

105

Llygad–y–Glyn,
Llanfarian,
Aberystwyth,
Ceredigion.
15 Tachwedd, 1950

Fy Annwyl D.J.,

Yn y *Faner* neithiwr y darllenais eich bod mewn ysbyty a than driniaeth. Mae'n enbyd o flin gennyf nas clywswn yn gynt. Dywed Kate yn y *Faner*, os iawn y darllenais, eich bod yn awr ar ddychwelyd adref. Ac mi obeithiaf fod hynny'n golygu eich bod wedi cael lles a gwaredigaeth. Mae cael ergyd o afiechyd yn waeth lawer i'r neb sy mor anghynefin â'r peth â chi, ac mi ddaliaf i eich bod yn glaf ystyfnig fel mul ac yn boen i bob nyrs, a'u gyrru i gyd i bwdu, ac yna eu gyrru i wylltio oblegid bod eich digrifwch yn eu hennill i faddau popeth i chi.

Fyw i mi'ch cynghori chi i yfed cwrw – mae'n peri codi'n rhy amal o'r gwely a rhynnu'n edifeiriol yng nghoban y Band of Hope. Yfwch win – mae'n faeth ac yn grefydd. A byddwch wych ac iach, da chi, er mwyn Mrs. Williams ac er mwyn

Saunders.

LlGC P2/38/71

106

Llygad-y-Glyn,
Llanfarian,
Aberystwyth,
Ceredigion.
30 Tachwedd, 1950

F'annwyl D.J.,

Dim ond nodyn i ddiolch am eich llythyr ac am y newydd da eich bod ar wella'n drwyadl. Bûm yn Abertawe echnos yn darlledu a dychwelyd ddoe wedi bwrw'r nos yng Nghastell Nedd.

Diddorol i mi oedd yr hyn a ddywed'soch am fy Mhantycelyn.[187] Wedi ei orffen mi euthum at offeiriad a gofyn am fy nerbyn i'r Eglwys Gatholig. J. Barrett Davies oedd yr offeiriad. Gwneuthum y cwbl mewn gwaed oer neu dymer oer, yn union megis y penderfynais losgi Penyberth; nid edifar gennyf chwaith, er nad ydwyf ddim erioed er hynny – er Penyberth – wedi ennill cyflog athro ysgol. Ond gallaf fforddio ambell botel o win o hyd, a sigâr weithiau, a gadael yfory i yfory.

Gwelwch rwan: yr ydych wedi gwneud canwaith rhagor na'ch rhan o waith ymarferol i'r Blaid. Cymerwch y cyfle a roes y salwch diweddar yma i chwi i ymryddhau bellach i ymroi i sgrifennu.

Fel yna y gwasanaethwch chwi orau o hyn ymlaen. Fy marn i yw
nad yw gwaith politicaidd ddim yn bwysig dros ben am y pum
mlynedd neu ddeng mlynedd nesaf; wrth gwrs, rhaid i'r Blaid
gadw ati; ond y mae'r chwyldro a'r ymchwalu yng ngwareiddiad
diwydiannol gwledydd Prydain yn ymddangos i mi yn agos;
ac nid yw elecsiynau'n mynd i fod yn bwysig wedyn. Mae fy
nghydymdeimlad i'n fawr gyda dulliau a method y Gweriniaethwyr
Cymreig.[188] Ni ddaw dim o werth o barchusrwydd J. E. Jones.
Felly, – ymresymaf i – ewch ati o ddifri i sgrifennu, a bendith
arnoch am y cwbl rhagorol a gawsom ac a gawn gennych.

Fy nghofion yn gu iawn,

Saunders.

LlGC P2/38/72

107

Y Cilgwyn,
Dinbych.
13 Mawrth, 1951

Annwyl D.J.,

Teimlaf yn euog sobr oherwydd imi fethu ateb eich llythyrau,
dri ohonynt, cyn hyn. Ond gwn y byddwch yn deall wedi imi
ddweud wrthych pa mor helbulus y bu arnaf. Diolch yn fawr i
chwi am eich llythyrau i gyd, ac yn arbennig felly, eich llythyr
cydymdeimlad caredig.

Yn gyntaf peth, yr oedd yn flin calon gennyf glywed yn eich
llythyr cyntaf, Ionawr 3, i chwi gael ail dwtsh o'ch salwch wedyn.
Mae'n debyg mai'r aros ar stesion Caerfyrddin, ar ddiwrnod oer,
fu'r achos. Gobeithiaf yn fawr i chwi ddyfod drosto erbyn hyn,
a'ch bod yn holliach eto.[189] Bu Gwenallt yma yn siarad ŵyl Ddewi
(yn rhagorol hefyd), a chlywais beth o'ch hynt ganddo ef, wedi
i chwi fod yn Aberystwyth yn siarad. Bu'n aeaf oer a gwlyb, hir
iawn, ac i mi yn aeaf digon digalon, er na chefais mo'r adwyth
a fu'n blino llawer. Ond dioddefodd fy nheulu yn arw. Mae fy
mrawd John, sy'n byw yn ôl yn Lerpwl eto, a drigai gyda mam ar

ôl y bomio yno, ac a oedd gyda hi, ef a'i deulu, pan ymwelasoch chwi â'm cartref yn 1943, wedi rhoi'r gorau i'w waith ers tua dwy flynedd o achos brest gaeth. Mae ef tua 7½ mlynedd yn hŷn na mi. Cafodd ef y ffliw a congestion, ac euthum i edrych amdano, Sadwrn Ionawr 27, a'i gael yn ddigon gwael. Ar ôl cyrraedd yn ôl tua 9.30 teleffoniais i Evan yn Llanberis i ddweud wrtho ef sut yr oedd John. Yr oedd Evan ar ei hwyliau gorau, yn ddoniol fel arfer. Fore Sul, ni frysiais i godi gan nad oedd gennyf lawer o waith; codais i wneud brecwast a myned ag ef i'r gwely, ac yna ddiogi dipyn yn rhagor. Daeth Miss Ellis i lawr a dweud bod ganddi newydd drwg imi, a thybiais, yn naturiol, mai am John yr oedd. Ond dyma hi'n dweud bod Evan wedi marw, wedi ei daro'n wael rywdro tua 12 p.m. a marw rhwng 4 a 5 a.m. o glefyd y galon. Yr oedd yn sioc ofnadwy. Yr oedd wedi ei glwyfo'n ddrwg yn y rhyfel cyntaf, ac yr oedd ganddo shrapnel yn ymyl ei galon, ond ni wyddys a oedd hwnnw wedi symud, gan i'm chwaer-yng-nghyfraith wrthod cael post mortem arno. Hefyd buasai'n sâl iawn yn 1939, cael casgliad mawr ar wryddyn asgwrn ei gefn, a'i ruthro i ysbyty a chael operasiwn fawr. Yr oedd y briw hwnnw yn agored o hyd, ac fe fyddai'n dal i gasglu. Ond drwy'r cwbl, edrychai'n dda, ac yr oedd yn heinyf ac ifanc yr olwg. Edrychai tua 40, er ei fod yn 55. Ni chofiaf a ddaeth ef i Rosgadfan y diwrnod y buoch chwi yno, ond gydag ef yn Llanberis yr arhosai Morus a minnau yn ystod Ysgol Haf Caernarfon. Deuem i lawr bob dydd gyda bws. Bachgen caredig a siriol, cydwybodol, rhy gydwybodol, achos mae'n sicr ei fod wedi gweithio yn rhy galed. Bu'n gefn mawr i mi er pan gollais Morus, yn fy ngalw'n aml ar y teleffon ac yn fy helpu ym mhob dull. Yn fy awr gyfyngaf yn 1946, rhoes fenthyg £350 imi yn siriol a diffwdan, a hynny ar adeg pan oedd brawd a chwaer Morus yn greulon iawn wrthyf, ac yn cymryd eu pwys o gig fel Shylock oddi arnaf. Efallai y caf ddweud yr hanes hwnnw wrthych rywdro. Mae'n rhaid bod rhyw nerth diderfyn yn y natur ddynol i ddal beichiau neu fe aethwn i i lawr y pryd hynny. Mae'n chwith iawn gennyf ar ôl Evan, buom yn ffrindiau tyn efo'n gilydd ar hyd

oes fel teulu, ac mae'r gwynt yn feinach, pan mae canghennau'r
coed yn disgyn o un i un. Nid oedd ganddo blant, ac mae hi'n
bur ddigalon ar Lena, ei weddw druan, sydd yn hollol ddigefn.
Nid oes ganddi neb ond y fi i'w chysuro. Collodd frawd yn 21, ei
mam wedyn tua 60, ei hunig chwaer, yn hollol sydyn yn 34. Yna
ailbriododd ei thad, ac ymhen tair blynedd bu farw heb wneud
ewyllys, a chanddo eiddo ar ôl taid Lena. Bu rhyw helynt o achos
hynny rhwng Lena a'i hunig frawd, fel na fydd ef o ddim help iddi.
Fe geisiodd Lena ddal y post ymlaen am dair wythnos, ond canfu
ei fod yn ormod o waith iddi, ac wrth fod yn rhaid iddi dalu am ei
thŷ, golau, tân a phob clerc, ni buasai ganddi fawr ar ôl. Wrth gwrs
yr oedd yn eithaf cyflog pan oedd Evan byw, gan fod y ddau yn
gweithio yn y post, a chael help i'r tŷ.

Yna daeth helbul arall, yr oedd Rhisiart fy mrawd, sydd yn byw
yn fy hen gartref, dan y ffliw ar y pryd (cyfarfuoch ag ef, yr oedd
yn byw yn ymyl mam yn 1943), ac ni allodd ddyfod at lan y bedd
ddiwrnod y claddu, dim ond i'r tŷ − Lena a finnau yn unig o'r
perthnasau agosaf a oedd wrth lan y bedd. Aeth ef yn ôl at ei waith
i'r chwarel ymhen rhyw ddeng niwrnod, ond ail darawyd ef yn
wael, y tro hwn rhywbeth yn bod ar y coluddion.[190] Bu dan X-ray,
ac nid oedd y newydd yn dda o gwbl. Ni chlywais yn iawn beth
sy'n bod, mae arnaf ofn eu bod yn cadw rhywbeth oddi wrthyf,
ond mae'r meddyg wedi dweud bod yn rhaid iddo roi'r gorau i'w
waith, ac mae'n ieuengach na mi. Bûm yn edrych amdano wythnos
yn ôl, ac edrychai'n bur wael, er ei fod yn teimlo ychydig yn well.
Cefais ychydig ddyddiau o bryder mawr, meddwl pe petawn yn ei
golli yntau. Mae John yn cael codi at y pnawniau erbyn hyn, ond
ni chaiff fynd allan tan yr haf.

Gellwch feddwl nad yw hyn i gyd wedi bod yn rhy dda i'm
nerfau. Bûm yn dioddef ganddynt er yr hydref, a dywed y meddyg
yma y dylwn roi'r gorau i'm gwaith, neu o leiaf na ddof yn well
nes rhoi'r gorau i'm gwaith. Bûm yn gweld Dr. Emyr Wyn Jones
yn Lerpwl, ond ni ddywedodd ef mo hynny. Nid oes dim ar fy
organau, ond yr wyf wedi mynd yn hollol ofnus ac yn methu

dygymod o gwbl â'r unigrwydd yma. Dywedodd Emyr Wyn fod gwneud fy mwyd fy hun yn beth drwg iawn imi, y byddai'n beth da imi gael fy nghinio beth bynnag yn barod. Af allan i dŷ bwyta tuag unwaith yr wythnos, ond undonog iawn yw hynny. Fe fu Lena yma efo mi am ddeng niwrnod ac yr oeddwn yn hapus iawn efo hi ac yn teimlo'n well y pryd hynny. Buaswn yn falch o'i chael yma efo mi'n gyfan gwbl, ond mae wedi ymgartrefu gystal yn Llanberis erbyn hyn, a chanddi ffrindiau mor dda yno, fel mae'n siwr na ddeuai. Peth arall, mi fydd yn chwilio am waith yn o fuan.

Wel, dyna ddigon amdanaf fi fy hun. Bûm yn edrych am Elis a Jini ddwywaith yn ddiweddar. Gwaelu y mae Elis, ond yn araf iawn. Mae'n drueni mawr tros y ddau, ac mae ôl poen a dioddef ar wyneb Jini erbyn hyn. Mae ei mam gyda hwy yn awr, wedi mynd yn fusgrell iawn, ond yn edrych yn dda. Druan ohonynt.

Gwelais Val yn y Rhos adeg Ŵyl Ddewi. Bu yntau'n wael ar ôl y ffliw, ac mae'n dioddef oddi wrth ei nerfau.

Gwelais Bob Parry ym mis Tachwedd. Credaf iddo ef fod yn well y gaeaf hwn na'r llynedd. Bu yn Nhalysarn ddechrau'r flwyddyn, ac wedi addunedu rhoi'r gorau i smocio. Darllenai ei ddyddlyfr fel hyn: – Ion 1. Dim smoc. Ion 2. Dim smoc. Ion 3. Dim smoc. Ion 4. Dim smoc &c.

A wyddech chi fod Jac Daniel a'r teulu yn symud i'r sir hon? Prynasant dŷ ym Modffari, a byddant yn symud i fyw yma yn o fuan. Edrychaf ymlaen yn fawr at gael eu cwmni.

Wel, rhaid imi fynd i'r gwely. Drwg gennyf fod mor hir yn sgwennu. Bûm gryn dipyn o gwmpas yn siarad yn ddiweddar (wedi addo er yr haf). Ni byddaf yn clywed clep oddi wrth S.L. Nid ysgrifennodd ataf o gwbl adeg marw fy mrawd. Ond nid wyf yn meddwl y gŵyr, am nad yw'n darllen *Y Faner*. Gyda llaw, rhoddais hanes y dathlu i Gwilym R. Jones, ond ni chyrhaeddodd araith W. R. P. George.[191]

Eto, fy niolch cywir iawn, a gobeithio eich bod chwi a Siân mewn iechyd, ac na ddaw'r aflwydd yna'n ôl.

Gyda chofion annwyl iawn atoch eich dau,
Kate.

Mae Tos yn gorwedd wrth fy nhraed. Hen gyfaill piwr, ond yn colli ei olwg a'i glyw erbyn hyn.

LlGC P2/39/60

108

Llygad-y-Glyn,
Llanfarian,
Aberystwyth,
Ceredigion.
23 Ebrill, 1951

Newydd ddarllen 'Blac'. Campwaith bach mor berffaith ag awdl gan Utyn Owain.

Dywedais unwaith fod yn gas gennyf eich pobl dda chi. Rwy'n eithrio Blac.[192]

Saunders.

LlGC P2/38/74

109

Llygad-y-Glyn,
Llanfarian,
Aberystwyth,
Ceredigion,
9 Tachwedd, 1951

Annwyl D.J.,

Maddeuwch hyn o oedi ateb eich llythyr, ond bûm oddi cartref, – yn Gowerton gyda'r dorf arolygwyr ei Fawrhydi, yn arolygu ysgol ramadeg Miss Huldah Bassett am dridiau, ysgol sy'n dangos beth y gall prifathrawes ei wneud, un o'r tair ysgol ramadeg orau a welais i o gwbl, a'r unig un Gymreig ei naws.

Mae'n wych o newydd eich bod wedi ymroi i'r Hunangofiant, ni allai ond cyhoeddi 'Cerddi Bob Parry'[193] fod yn gydradd newydd da.

Mi fyddaf innau'n gorfod dweud ffarwel i waith creadigol, a mynd ati i ail- ddysgu darlithio, – heblaw cael gafael ar dŷ yng nghyffiniau Caerdydd. Diolch o galon i chi ac i Mrs. Williams am eich dymuniadau da.

Amgaeaf gopi o'r *Efrydiau* a dychwelaf eich papur arian. Cewch ordro un copi arall os profwch imi fod gennych gwsmer iddo ac nad chi sy'n talu. Na ddigiwch!

Saunders.

LlGC P2/38/75

110

Llygad-y-Glyn,
Llanfarian,
Aberystwyth,
Ceredigion.
Sul cyn y Grawys, 1952

F'Annwyl D.J.,

Yma y byddaf yn bwrw'r Suliau, ac yng Nghastell Nedd (Lynwood, Ena Avenue, Neath) weddill yr wythnos. Yr wyf yn gobeithio am symud i dŷ ym Mhenarth o gwmpas y Pasg. Ar hyn o bryd erys Margaret yma i bacio a dangos y tŷ i gwsmeriaid ac yr wyf innau'n trigo (ym mhob ystyr) yn y tŷ yng Nghastell Nedd a mynd i Gaerdydd gyda'r trên. Y mae Mair wedi mynd i fyw i'r Sgeti yn Abertawe.

Yn awr fe fyddai'n 'sgŵp' rhyfeddol i mi gael cychwyn y *Llenor* newydd â'ch hunangofiant chi. Ond gwelaf rai anawsterau. Alun Davies, perchennog y 'Dryw' sydd i gyhoeddi; ni bûm yn trafod dim gydag ef eto ac felly wn i ddim pwy fydd yn argraffu. Amheuaf braidd a fydd modd cadw teip eich penodau; mi holaf am hynny. Gyda rhifyn Haf y bwriadaf gychwyn a chael Hugh Bevan[194] yn gyd-olygydd i'm cynorthwyo.

Yn ail, mae arnaf ofn y byddai cyhoeddi'r Hunangofiant bob yn bennod yn y *Llenor* yn bur niweidiol i werthiant y llyfr, ac y byddai cyhoeddwr yn petruso yn union oblegid ei gyhoeddi eisoes yn rhifynnau'r cylchgrawn ac felly gyrraedd y mwyafrif o'r darllenwyr. Gan hynny fy awgrym i yw eich bod yn rhoi imi i'r

Llenor un bennod neu ddwy, digon i ddau rifyn, ac yna fe roddaf innau hysbysiad bob tro mai rhan o Hunangofiant D.J.W. sydd i ymddangos cyn y Nadolig yw'r detholiad hwn. Yr wyf yn dra sicr y bydd Gwasg Gomer yn barod i gyhoeddi a rhoi i chwi 10% neu 12½% ar lyfr 12/6 i'r Nadolig, y Gyfrol Gyntaf, ac awgrymaf eich bod yn gofyn hynny ganddynt. Os cytunwch â hyn, anfonwch y bennod gyntaf ataf (i'r cyfeiriad yng Nghastell Nedd) – heb fod yn rhy hir, dyweder cyn diwedd Mawrth.[195] Nid oes frys mawr, oblegid y mae peth dryswch ynglŷn ag ymddiswyddiad W. J. Gruffydd. Yn wir, cefais lythyr ganddo a dd'wedai nad oedd ef yn ymddiswyddo o fod yn olygydd ac yn cynnig i mi fod yn gyd-olygydd ag ef!! Yr wyf wedi gadael ateb y llythyr i T. J. Morgan. Disgwyliaf gael clywed ganddo yfory.

Fy nghofion cynnes atoch eich dau,
Saunders.

LlGC P2/38/76

111

Y Cilgwyn,
Dinbych.
19 Rhagfyr, 1952

Annwyl D.J.,

Diolch am eich llythyr a'r siec ddoe, ac am eich llythyr a'r llyfr beth amser yn ôl.

Mae'n ddrwg iawn gennyf ei bod yn amhosibl inni anfon y gyfrol gini (dau gopi) i chi cyn y Nadolig. Fe ellid gwneud y ddau gopi i chi yn arbennig ond y mae'r awdur i fod i dorri ei enw arno, ac fe gymer hynny gryn drafferth, drwy y bydd yn rhaid i'r car fyned efo nifer go helaeth i Fethesda at R.W.P. ac y mae yntau wedi mynd mor rhyfedd erbyn hyn fel na byddai wybod faint y byddai'n rhaid disgwyl wrtho.[196] Mae'r rhwymwyr wedi bod wrthi fel gelain ar yr argraffiad cyffredin, ac y mae eisoes ddwy fil o'r rheiny wedi mynd allan.

Mae J. R. Morris C'fon yn bygwth rhoi cyfraith arnom hefyd

os gadawn i unrhyw un gael copi o'r argraffiad gini cyn iddo ef gael ei gyfran. Sôn am anawsterau cyhoeddi.

Wel, D.J., yr ydym yn siomedig iawn na chawsom eich llyfr atgofion chwi i'w gyhoeddi.[197] Addawsoch i mi yn bendant mewn llythyr sydd yn fy meddiant, y byddech yn rhoi eich llyfrau ar ôl *Storïau'r Tir Du* i ni, fod rhyw ddealltwriaeth rhyngoch â Gwasg Aberystwyth ynglŷn ag ef (*Y Tir Du*).

Gwn imi sôn am anawsterau cyhoeddi, ond gwnawn eithriad gyda phobl fel S.L., R.W.P. a chwithau. Os ydych yn credu ei bod hi'n rhy anodd i ni gyhoeddi eich llyfr chwi, sut felly yr oeddech yn argymell llyfr Waldo arnom?

Drwg gennyf fod mor gecrus ar amser o ewyllys da, ond ni allaf fi gadw pethau fel yna y tu mewn imi. Yn y dyddiau ofnadwy yma nid oes gan ddyn ddim ond ei gyfeillion, a phan mae cyfaill yn siomi, wel, mae dyn yn teimlo.

Gyda chofion cynnes,

Kate.

O.N. Amgaeaf lythyr i Siân. K. [Heb ei gadw]

LlGC P2/39/62

112

49, High Street,
Abergwaun,
Sir Benfro.
27 Rhagfyr, 1952

Annwyl Kate,

Roedd yn wir flin gan Siân a finnau ddeall drwy eich llythyr nad oedd y Nadolig hwn mor ddymunol i chi ag y dymunai pawb o'ch cyfeillion iddo fod, – afiechyd aelodau o'r teulu, a chithau eich hun yn dioddef yn drwm, a hynny ar ben trafferthion busnes. Gobeithio'n fawr y daw pethau'n llawer gwell, a hynny'n fuan.

Wel, ynglŷn â'r llyfr, ynteu, yr oeddech yn achwyn arnaf o'i blegid. Dyma fy ochr i o edrych ar y mater, gan i chi roi eich ochr chi iddo.

Rown i'n golygu rhoi'r llyfr hwn i chi i'w gyhoeddi, a'ch bod chi amdano, fel y dywedais yn fy llythyr. Ond gan i chi fethu cyhoeddi *Mazzini* yn 'gystal â llyfr Theophilus Griffiths, oherwydd rhwystrau argraffu, ac i chi ddweud wrthyf yng Ngarthewin nad oeddech chi'n credu hyd yn oed petai nofel gennych eich hun yn barod y gallai Gwasg Gee ei chyhoeddi yn awr, nid oeddwn i am wthio'r llyfr. Er i mi ddweud wrthych fod yr Atgofion yma ar waith gennyf ni soniasoch o gwbl y byddech chi yn leicio ei gyhoeddi. O ystyried y pethau yna gyda'i gilydd, a bod y farchnad lyfrau mor isel ar hyn o bryd, fe gymerais yn ganiataol nad oeddech yn awyddus i'w gael, ac mai caredicach â chi ac â finnau fyddai peidio â thrafod y mater ymhellach.

Nid oedd gennyf i ffydd o gwbl y byddai'r llyfr yn debyg o gymryd yn dda, fel y byddai'n elw i gyhoeddwr ei gael; ac ni fynnwn i neb fod ar ei golled o'r herwydd. Ond gan mai Gwasg Aberystwyth a gyhoeddodd fy llyfrau o'r blaen; a'i bod wedi rhoi awgrym am gael fy llyfr nesaf hefyd, roedd gennyf fwy o hawl a hyder i anfon atynt hwy i ddweud fy mod i cystal â bod wedi gorffen llyfr arall. Ac fe'i derbyniasant ar unwaith.

Ynglŷn â'r hyn a ddywedech, fy mod i wedi eich argymell i gyhoeddi llyfr Waldo[198] ond heb roi fy llyfr fy hun i chi, mae'r rheswm am hynny'n weddol amlwg i mi. Mi wn yn bendant am werth arhosol caneuon Waldo, yn enwedig, wedi eu cael yn gasgliad gwerthfawr, trefnus, fel y bu fy lwc yn ddiweddar drwy garedigrwydd mawr Mr J. E. Caerwyn Williams. Fe saif y cerddi hyn, er eu bod yn gwbl wahanol, gredaf i, gyda gweithiau Williams-Parry, yn bethau mawr ein cyfnod ni, ac o ganlyniad, yn gaffaeliad i ba gyhoeddwr bynnag a'u caffo.

Yn naturiol, ni allwn argymell fy ngwaith fy hun i neb ar y tir y byddai cyhoeddwr yn debyg o fod ar ei elw o'i gael, – yr hyn yw'r ystyriaeth yma. Am fy ngwaith fy hun ni allaf warantu dim ymhellach na'i fod rywbeth yn debyg i'r gorau y gallaf i ei wneud, ond boed hynny dda neu wael ni all olygu unrhyw sicrwydd ym myd masnach llyfrau.

Dyna fy safbwynt i wedi ei roi i chi mor glir a chywir ag y gallaf.
Fe ellwch anghytuno a'm beio, os mynnwch; ond, yn bersonol ni
welaf i sut y gallwn wneud yn wahanol. Gan i chi fethu cyhoeddi dau
lyfr yr oedd gennyf ryw law ynddynt, a heb dderbyn unrhyw awgrym
y byddech chi'n dymuno cael y trydydd, beth oedd gennyf i'w wneud
ond ei roi i arall a ofynasai amdano yn barod.

O'm rhan fy hun ni welaf fod angen i hyn ein gwneud yn
ronyn llai o gyfeillion nag y buom drwy'r blynyddoedd. Yr ydym
yn awr, o leiaf, yn gweld fod yna ddwy ochr i bethau.

Gan ddymuno i chi bopeth da ymhob ystyr am y flwyddyn
newydd, ar ein rhan ni'n dau,

Yn ddiffuant yr eiddoch,

D.J.

LlGC Kate Roberts 989

113

Telegram 10.15 Penarth 2 Rhagfyr 1953
To – Williams 49 High St, Fishguard.

Rwyf yn nefoedd yr *Hen Dŷ Ffarm*.
Saunders.

LlGC P2/38/77

114

158, Westbourne Road,
Penarth,
Morgannwg.
13 Rhagfyr, 1953

Annwyl D.J.,

Gorffennais ddarllen eich llyfr y tro cyntaf. Darllenaf ef eto'n
fuan, y gwyliau hyn efallai. Os bydd y ddwy gyfrol nesaf o'r

hunangofiant gystal â hon, yna byddwch wedi cyfansoddi un o gampweithiau mawr llenyddiaeth Gymraeg. Mae'r llyfr hwn yn gyfoeth di-ben-draw a'r darlun o Nwncwl Jams yn orchestol. A gaf i'n wylaidd ofyn un peth gennych: peidiwch â gadael i'ch pietas guddio gormod. Yr ydych yn amlwg ddigon yn rhan olaf y llyfr hwn yn ymatal rhag croniglo pethau a fuasai'n ychwanegu'n ddwys at eich darluniau a'ch darlun cyfan, a hynny oblegid eich parch mawr i'ch rhieni. Ond wedi rhoi'ch dwylo ar gyrn yr aradr, 'mlaen â chi i'r pen, costied a gostio! Un gair arall; daeth drosof ryw don o ddigalondid hefyd ar ôl gorffen eich llyfr: – mi dd'wedais wrthyf fy hun, "does gen' ti ddim hawl i roi gair o Gymraeg ar bapur, oblegid wrth a geir yma o ddihysbydd stôr yr iaith, wyddost ti ddim oll am y Gymraeg."

Sut y mae Mrs. Williams? Rwy'n mawr obeithio'i bod yn well, a chithau'n hoyw.

Nadolig llawen i chi'ch dau,

Saunders.

LlGC P2/38/78

115

158, Westbourne Road,

Penarth,

Morgannwg.

Nos Iau [14 neu 15 Ionawr 1954]

Annwyl D.J.,

Mawr ddiolch am eich llythyr. Sut mae'r iechyd? Yr wyf yn gobeithio'n daer eich bod mewn hwyliau go lew, ac y gellwch fynd at y gyfrol nesaf yn ebrwydd. A gaf i ddweud wrthych mewn gwaed oer, heb fymryn o weniaith o gwbl, – nid wyf yn enwog fel gwenhieithydd, – yr hyn a dd'wedais i wrth lawer eisoes yng Nghaerdydd, mai *Hen Dŷ Ffarm* yw'r gwaith rhyddiaith mwyaf oll yn yr iaith Gymraeg er 1909, – hynny yw, pennaf campwaith yr ugeinfed ganrif.

Yr wyf wedi gorffen ei ddarllen ddwywaith ac yn fuan iawn byddaf yn cychwyn eto arno. Mae gennyf restr o gam-brintiadau i chi pan ddaw ail argraffiad. Cofiwch hynny.

Yn gu iawn,

Saunders.

LlGC P2/38/79

116

158, Westbourne Road,
Penarth,
Morgannwg.
Sul 29 Medi, 1954

F'Annwyl D.J.,

Mae'n dda gennyf nad oes dim yn y llith darlledu sy'n aflednais gennych. Yr oedd y ddarlith a rois i ar eich gwaith yng Nghaerdydd yn well na'r darllediad yma, – ond nid oedd gennyf nodiadau na dim ar bapur. Y peth pwysig, fodd bynnag, yw peri i'r Cymry petrus ac ofnus ddeall fod ganddynt lenorion byw sy'n gymaint meistri â rhai gwledydd eraill, – hynny yw, rhai o lenorion gwledydd eraill.

Clywais fod Mrs. Williams yn cwyno. Mae'n ddrwg gennyf, a mawr obeithiaf y caiff hi adnewyddiad iechyd yn fuan.

Neithiwr y dychwelais i o'r Garthewin, o weld fy *Siwan* fy hun. Gwnaeth Nesta Harris gampwaith o'r rhan; y peth gorau, o actio Cymreig, a welais i erioed. Mae hi'n ferch anghyffredin. Pe câi hi ddigon o ymarfer a chyfle, gallai fod yn actores mor fawr ag Edith Evans.[199]

Yr oedd Mair hithau'n llawen iawn o'ch cyfarfod yn Ystradgynlais.

Cofion cuaf,

Saunders.

LlGC P2/38/83

117

158, Westbourne Road,
Penarth,
Morgannwg.
12 Medi, 1954

F'Annwyl D.J.,

Fi a ddylai ddiolch i chi am y pethau caredig a ddywed'soch am y darllediad. Barn pawb yma (ac Aneirin Talfan) oedd fod eich llais chi'n rhagorol – mae fy ngwich i yn gwbl anaddas i'r radio a dyna un rheswm y gwrthodaf ddarlledu ond yn anaml. Ond yr oeddwn yn falch o'r cyfle i ddweud y pethau a dd'wedais am eich gwaith, – ac am Gymru.

Does gen i fawr o newydd. Mi fûm yng Ngarthewin yn gweld actio *Siwan*, a rwan rhaid imi chwilio am rywun i'w chyhoeddi.[200] Bydd y Coleg yn ailgychwyn ddiwedd y mis yma, ond (yn gyfrinachol iawn) mae'n wir ddrwg gennyf imi ddychwelyd i'r brifysgol ac yr wyf yn gobeithio medru ymddeol yn fuan ac ymroi i sgrifennu. Gwnes gamgymeriad wrth ddyfod i Gaerdydd.

Nid wyf wedi darllen eich *Mazzini* eto, ond mi wnaf yr wythnos hon.

Fy nghofion atoch ac at Mrs. Williams, mae'n dda iawn gennyf ddeall ei bod hi'n well ei hiechyd.

Yn gu iawn,
Saunders.

LlGC P2/38/84

118

158, Westbourne Road,
Penarth,
Morgannwg.
17 Hydref, 1954

Fy Annwyl D.J.,

Ie, Mair[201] a gofnododd eni ei phlentyn yn y *Faner*. Daeth allan gyda'r baban o'r ysbyty ddoe ac y mae'r ddwy yma yn awr yn gorffwys dro cyn dychwelyd i Abertawe. Maen nhw'n bur dda, eu dwy. Mi roddaf eich neges o gyfarch iddyn nhw.

Yr ydych yn cyfeirio at a dd'wedais i am y Brifysgol. Nid yw o ddim pwys – myfi sy wedi bod yn rhy hir y tu allan i'r brifysgol i fedru dodi ei harnais amdanaf eto yn drigain oed, – fe'm ganed yn 'free lance'!

Ond peidiwch â cheisio fy mherswadio i fynd i Aberdâr. Yn gyntaf, mae'n amhosibl (drwy lwc) gan fod wmbredd o ddarlithio a bod yn chauffeur i'r fam a'r ferch y pythefnos yma yn llenwi'r oriau.

Ond hefyd byddai fy nychweliad i i wleidyddiaeth mor annhymig ac annerbyniol â dychweliad Rip Van Winkle.[202] Heblaw hynny y mae Plaid Gwynfor Evans mor annhebig i'r Blaid y ceisiais i ers talwm ei llunio fel na fedrem ni ddim hyd yn oed ddeall ein gilydd. Y mae cyhoeddi o hyd ac o hyd mai dulliau 'cyfansoddiadol' yn unig a gymer y Blaid i ennill hunanlywodraeth – a dweud hynny wrth gofio Llywelyn ap Gruffydd![203] – gystal â dweud wrth y Blaid Lafur nad rhaid iddi gymryd Plaid Cymru fyth o ddifri. Ac y mae'n lladd yr unig ysbryd a allasai ysgwyd y wlad. Mi wn o'r gorau fod Gwynfor yn ddyn da ac yn aberthu llawer iawn etc. etc., – gan hynny, yr unig beth i mi ei wneud yw tewi o hyd a pheidio ag ymyrraeth. Ond, ond, yn 61 oed yr wyf yn credu o hyd mai trwy Wormwood Scrubs yn unig y daw fyth obaith i Gymru. Eithr rhaid wrth ddoethineb a challineb politicaidd go fawr, ac nid ffwlbri a chwarae plant y Gweriniaethwyr, y ffordd honno.

Dyna fi wedi chwythu fy mhlwc!

Yn iach y byddoch, eich dau, a'n cofion ni oll atoch,

Saunders.

LlGC P2/38/85

119

158, Westbourne Road,
Penarth,
Morgannwg.
10 Ionawr, 1955

Annwyl D.J.,

Mawr ddiolch am eich llythyr, ond yn unig fy mod i'n gofidio
am y dirywiad a ddaeth drosoch neu arnoch neu ynoch, eich
bod chi'n dewis y salaf oll o'r papurau Sul i dorri'r Sabath drwy
ei ddarllen. Ach y fi, frawd! Ond mi fygythiais ymddiswyddo
o'r papur bythefnos yn ôl am ei fod yn rhy salw. Y canlyniad fu
addewid y ceisid yn raddol godi ei dôn gywair go dda, ond yn
raddol, gan mai ym Manceinion y gosodir y rhan fwyaf ohono.
Ym Manceinion yr argreffir fy ngholofn innau yn awr, gan fod
ymgyrch i werthu yng ngogledd Cymru hefyd. Y canlyniad yw
codi fy nghyflog i £10 yr wythnos. Ond y mae un snag: yr wyf yn
dechrau cymryd poen gyda'r peth ac nid dwy awr ar bnawn Sul
yw hi bellach, – rhaid meddwl dipyn o flaen llaw hefyd, ac y mae
llunio stori neu ddisgrifiad o fewn y cwmpas yn gryn bleser, – ac
weithiau erthygl i gorddi Kate![204]

Ac yr ydych chithau'n pesgi hefyd ar lenydda! On'd gwych mai
fel yna y mae'r Gymraeg yn marw, – gan dalu rhagor i'w llenorion
gwancus nag erioed pan oedd hi'n iaith fyw. Yn wir i chi, yr ydw'
i wedi alaru ar y bobl o'm cwmpas yn y brifysgol sy'n gwisgo du ar
eu hwynebau oblegid tranc y Gymraeg. Yr wyf i fy hun yn dodi
f'ymddiried yn dawel hyderus yn y bom hydrogen a rhyfel 1964. Ar
ôl hynny bydd siawns y Gymraeg gystal â siawns unrhyw iaith yn
Ewrop, ac mi af innau ymlaen i sgrifennu ar gyfer y myneich Cymraeg
yn Nhyddewi a fydd yn hel hanes y cyfnod cyn diflannu Llundain a
Chaerdydd. I mi achos gobaith i wareiddiad a darfod diwydiannaeth
yw'r bom hydrogen, a mawr fy nghroeso iddo. Efallai y dywedaf i hyn
oll yn yr *Empire News* un o'r troeon nesaf yma.

Diolch i Ragluniaeth (onid yw'n rhyfedd mor swil yw dyn o
ddeud Duw!) fod Siân ar wella – fe'i galwaf yn eofn felly, oblegid
'Saunders' a ddywed hithau amdanaf, mi gymeraf fy llw, y fenyw

fold. Rhoddwch iddi fy nghyfarchion a chyfarchion fy Ngwyddeles innau. Byddaf yn clywed ar y ffôn fod Mair a Marged Elen yn glynu fel gelod wrth iechyd.

Yn iach, gyfaill,

Saunders.

LlGC P2/38/88

120

158, Westbourne Road,
Penarth,
Morgannwg.
18 Mai, 1955

F'Annwyl D.J.,

Heddiw yn *Y Faner* darllenais derfyn eich atgofion am A. Rowlands. Trueni oedd eu cyhoeddi mor fratiog yn *Y Faner*. Dylasent fod yn un traethawd cyfan, – buasai *Trafodion y Cymmrodorion* neu *Anvil* Coleg Aberystwyth neu'r *Traethodydd* wedi bod yn well cyfrwng i'w cyhoeddi? A gaf i awgrymu i chwi ofyn i Wasg y Brifysgol eu cyhoeddi'n bamffled? Oblegid y maent yn wych ac yn bwysig a dylid eu cael yn dwt gyda'i gilydd yn ysgrif goffa gyfan – gwelid eu rhagoriaeth yn eglurach felly.[205]

Mawr obeithiaf fod Mrs. Williams yn well ei hiechyd a'ch bod chithau'n mynd ymlaen ar ail gyfrol yr hunangofiant, ac yn cael iechyd i fwynhau'r gwaith.

Yr wyf innau'n ceisio gweithio dipyn. Oblegid tlodi'r ddrama Gymraeg ni ellid cael un ddrama newydd wreiddiol i ffestifal ddrama Llangefni fis Medi nesaf yma; felly addewais – yr wythnos diwethaf – sgrifennu drama a'i gorffen hi i'w rihersio erbyn y cyntaf o Awst. Ac yr wyf wedi 'dechrau cychwyn' – sy'n disgrifio'r peth i'r dim union.

Cofion,

Saunders.

LlGC P2/38/89

121

158, Westbourne Road,
Penarth,
Morgannwg.
23 Mai, 1955

Annwyl D.J.,

Mae'n wir flin gennyf glywed fod Mrs. Williams yn parhau'n
wael ac yn y gwely, yn wir, yn wir. Dywedwch wrthi fod Margaret
a minnau yn cofio ati ac yn dymuno iddi adferiad.

Mi holaf ynghylch Gwasg y Brifysgol ac A. Rowlands, ac fe
gewch glywed gennyf. Pa beth a ddigwydd i ymgeiswyr y Blaid
ddydd Iau, os gwn i? Mi garwn yn fawr weld Gwynfor yn gwneud
rhagor nag arbed yr ernes.

Dywedwch wrthyf yn blaen, D.J. (pan gaffoch hamdden i
anfon gair eto), – a ydwyf i'n gwneud drwg yn eich barn chi drwy
sgrifennu i'r *Empire News*? Nid ydwyf yn gwneud dim drwg i'r
Faner, mi wn, ac nid yw hynny'n fy mhoeni ddim oll. Ond os
credwch chi o ddifrif fy mod yn gwneud rhyw ddrwg moesol, mi
roddwn rybudd i derfynu'r llithiau reit sydyn.

Cofion cu iawn,
Saunders.

LlGC P2/38/90

122

Y Cilgwyn,
Dinbych.
Llun, 11 Mehefin, 1955

Annwyl D.J. a Siân,

Diolch yn fawr am eich llythyr bore heddiw. Yr oedd yn
ddrwg iawn gennyf ddeall eich bod eich dau wedi bod yn wael.
Ni chlywais o gwbl am eich gwaeledd chi D.J. ond fe glywais Ceri
Ellis yn dweud yn rhyw bwyllgor rhanbarth fod D.J. yn absennol
oherwydd fod ei wraig neu ei chwaer yn wael. Wel, yr oedd yn
ddrwg iawn gennyf glywed, ond hyderaf yn fawr eich bod eich dau

yn llawer gwell ac y cryfhewch o ddydd i ddydd.

Newydd ddyfod i'r tŷ o Gefnddwysarn yr wyf fi, wedi bod yn angladd Elis druan. Yr oedd Jini yn dweud wrthyf nad oedd wedi cael amser i sgrifennu atoch, bod cymaint o bobl wedi galw yno, er bore Gwener.

Fe waethygodd Elis nos Lun diwethaf, ond yr oedd yn waelach ers tro ac mewn poenau. Yr oeddwn yn ei weld, bob tro yr awn yno, ychydig yn waelach na'r tro cynt, ond ni feddyliais yr âi mor fuan. Fel y dywedais, gwaethygodd nos Lun a bu'r doctor yno deirgwaith bob dydd hyd dydd Iau, pan fu farw – 11.30 p.m.

Daeth cynulliad da o'r hen gyfeillion i Gefnddwysarn heddiw. Yr hen ffrindiau i gyd ag eithrio Val. (Deallaf ei fod ef newydd adael yr ysbyty eto, a'r doctor wedi gwrthod gadael iddo ddwad.)

Yr oedd golwg wael iawn ar Jini, ac ôl dioddef mawr arni, ond fe ddaliodd yn hynod o dda.

Yr oedd te i bawb yn rhyw ysgoldy bach, a hen gyfeillion y Blaid o Sir Feirionnydd yn talu am hwnnw. Cafwyd gwasanaeth yn y capel hefyd, a rhai ohonom yn siarad.

Yr oeddwn wedi meddwl anfon atoch i egluro ynghylch fy ysgrif i'r *Dd. Goch*. Gwelsoch nad oeddwn yn sôn llawer am eich storïau a'r rheswm am hynny oedd fy mod wedi adolygu cymaint ar eich gwaith, ac nid oedd arnaf eisiau fy ail ddweud fy hun. Felly tybiais y byddai ysgrif o'r natur yna yn well.[206]

Ie, gartref yn sgwennu gwaith newydd yr wyf fi – nofel o ryw fath, ond peidiwch â'i ledaenu. Mae digon o'm ffrindiau yn gwybod, ond nid oes arnaf eisiau i bawb wybod, oblegid nid oes arnaf eisiau ffwdan. Bu'r hen beth yn corddi yn fy mhen ers blynyddoedd, a chan nad oedd modd sgrifennu a bod yn y swyddfa, fe benderfynais roi fy ngwaith i fyny yno.[207] Mae'r blynyddoedd yn llithro heibio a minnau'n mynd yn hŷn ac yn hŷn. Felly, dyma fynd ati cyn imi fynd yn rhy hen. Yr wyf yn iachach nag y bûm erioed a chredaf mai'r bara gwenith cartref a fwytâf, a'r mêl &c, sydd yn fy nghadw cystal.

Gobeithiaf yn fawr iawn eich bod chi eich dau yn well. A

ydych yn cael help yn y tŷ? Gobeithio eich bod. Hyderaf hefyd y
caf eich gweld yn yr Ysgol Haf.

    Hyn gyda'm cofion cynnes,

    Kate.

LlGC P2/39/68

123

158, Westbourne Road,
Penarth,
Morgannwg.
20 Mehefin, 1955

Annwyl D.J.,

    Mi ddywedais y derbyniwn i eich barn chi ar briodoldeb
sgrifennu i'r *Empire News* neu beidio. Felly yr wyf wedi rhoi notis
na byddaf yn sgrifennu iddo ar ôl mis Mehefin. Y Sul nesaf fydd yr
erthygl olaf.

    Mae'n ddrwg gennyf ganu'n iach i £10 yr wythnos fel yna!
Ond dyna fo. Gweithiais reit ofalus ar yr ysgrifau a bwriadaf wneud
llyfr ohonynt. Fe'i cyflwynaf i chi!![208]

    Da gennyf fod Mrs. Williams wedi medru cael tipyn o wyliau.
Gobeithio y daw hi'n well cyn hir. Mae fy ngwraig innau wedi
bod reit wael am bythefnos ac yn y gwely ran o'r amser. Yr wyf
innau'n ymgodymu ag ail act fy nrama.

    Cofion lawer,

    Saunders.

    Da gennyf am deyrnged y *Ddraig Goch*.

LlGC P2/38/91

124

158, Westbourne Road,
Penarth,
Morgannwg.
10 Gorffennaf, 1955.

Annwyl D.J.,

Does gen' i ond mawr obeithio'ch bod chi'n gwella a Mrs. Williams yr un modd. Y mae siawns i chi wella, mi dybiaf, oblegid yr ydych yn sôn yn eich llythyr eich bod yn ymroi i ufuddhau i'r doctor. Wel, y mae hynny'n agos at fod yn gymaint gwyrth o droëdigaeth ag a gafodd yr apostol Pawl, – felly mi gredaf yn g'lonnog y cewch chithau'ch calon i gywair gwaith eto cyn hir. Go lew yr hen Waldo. Mae'n beth od, nid wyf yn meddwl imi erioed ei weld ef. Ond cofiwch fi ato'n barchus.

Yr wyf wedi gorffen fy nrama ryddiaith ar gyfer ffestifal ddrama Llangefni fis Medi. Gorffennais hi ddoe. Mae hi'n gyfoglyd o grefyddol. On'd ydy'r peth yn od? Yr hyn a garwn i ei fod yw dramaydd sinical a chlyfar a fflipant fel Anouilh[209] gyda'i farddoniaeth ddofn ef, neu fel Noel Coward[210] ar ei orau prin, – neu fel fy hoffusaf ddramaydd i o bawb, sef Marivaux.[211] Ond, ysywaeth, y mae pob drama a sgrifennaf yn mynd yn fwy ysgolsulaidd o hyd, ac y mae'n ffiaidd gennyf fel y mae'r cenedlaethau o bregethwyr yn dal eu gafael ynof ac yn mynnu er fy ngwaethaf fy nghadw yn eu rhych.

Teitl y ddrama hon, – yr unig beth ysgafn ynddi – yw *Gymerwch chi Sigaret?*[212]

Mae hi mor ddagreuol â chawl cartre. Fe fydd môr hallt o gwmpas Sir Fôn i gyd ar ôl ei chwarae hi gan gymaint y deigr.

Yr wyf yn mynd i Lundain yfory am dridiau, i weld y Cwmni Operâu Cymreig yn Nabucco, i gael cinio o leiaf ddwywaith yn Soho, i edrych am David Jones[213] ac efallai Hugh Griffith[214] yn ei sbyty, ac i fynd i bwyllgor o Gyngor y Celfyddydau – esgus, ond nid achos, yr ymweliad. Ni chaf amser i alw yn Acton.

Brysiwch i fendio, 'rhen gyfaill,
Saunders.

LlGC P2/38/92

125

49, High Street,
Abergwaun.
14 Gorffennaf, 1955.

Annwyl Kate,

Diolch yn fawr i chi am fynd i'r drafferth o ysgrifennu ataf
noson angladd Elis Bach druan, a rhoi'r hanes. Fel y digwyddodd
cefais eich llythyr chi fore dydd Mawrth, llythyr Jennie fore dydd
Mercher, a llythyr llawn a llwythog yr hen Bob Lloyd fore heddiw,
yn rhoddi, yn ychwanegol at hanes yr angladd a'r hen ffrindiau
a oedd yno, dipyn hefyd o hanes hen gyfeillion iddo ef a finnau
trwy blynyddoedd 1908–10, pan own i'n is-athro yn Llandrillo[215]
cyn mynd i Goleg Aber, – rhai ohonynt hwythau na wyddwn i'r
newydd eu claddu hwythau hefyd.

Druan o'r hen Elis wedi ein gadael ar ôl ei hir ddirboenau,
a Jennie fel arwres wrth ei ochr drwy gydol y blynyddoedd – a
salwch hir ei mam a marwolaeth ei thad y tu ôl i hynny, ynghanol
ei hafiechyd hi ei hun.

Y tro diwethaf y gwelais i Elis ydoedd ar fy ffordd yn ôl o
Eisteddfod y Rhyl. 'Dyma'r tro diwethaf y gwelaf i di yn y byd
hwn,' meddai wrthyf y pryd hwnnw. Ofnwn ei fod yn dweud y
gwir, er y ceisiwn wneud yn ysgafn o'r peth wrtho ar y pryd.

Hyd yn oed petawn i'n iach ni allwn byth fod wedi dod i
Gefnddwysarn erbyn 2 p.m. brynhawn Llun, gan nad oes modd
teithio oddi yma'n rhyw bell iawn ar y Sul. Ond carwn yn fawr
fod gyda'r criw gwych ohonoch, y ces enwau amryw gan Bob,
yn talu'r deyrnged olaf iddo; canys bu ef a finnau a'm cyfenw y
D.J.W.[216] arall a Val, yn gyfeillion anwahanadwy ymhob Ysgol
Haf a llawer Pwyllgor Gwaith ac Eisteddfod Genedlaethol am
lawer blwyddyn yn ystod blynyddoedd cyntaf yr Ysgol Haf, a
chithau a Morris, a llawer iawn eraill o'r hen ffyddloniaid yn y
cwmni, hyd nes i afiechyd a'r Chwalwr Mawr ddechrau gwneud
eu gwaith. Teimlaf mai'r cywirdeb a'r ffyddlondeb a oedd yn yr
hen gwmnïaeth honno, maent yn rhy luosog i ddechrau meddwl

am eu henwi, yw rhuddin y gobaith a oedd ar ôl yng Nghymru y gellid eilwaith wneud cenedl o bobl a ormeswyd mor hir. A phrawf o sicrwydd y gobaith hwnnw yn erbyn calon galedwch y cyfnod yw'r to ifainc newydd, ardderchog sydd wedi codi ar ôl y genhedlaeth y perthynem ni iddi, – Saunders, Fred Jones, Bebb, Gruffydd John ac eraill.

Rwy'n mawr obeithio gwella'n ddigon da i allu dod i Bwllheli. Ond yn ôl ail linell yr englyn digri hwnnw – 'go slow rownd corneli' yw'r gorchymyn pendant iawn sydd wedi ei roi i fi, a hynny'n gwbl annisgwyl.

Cofion cynhesaf ni'n dau,

D.J.

Llongyfarchion a'r hwyl orau posibl ar y nofel newydd, D.J.

Diwedd y pumdegau: gwerthu Gwasg Gee, a llenydda

126

Y Cilgwyn,
Dinbych.
11 Awst, 1955

Annwyl D.J.,

Yr oeddwn wedi meddwl sgwennu i chi o Borthmadog, ond rywsut, mae pob munud yn mynd mewn ysgol haf i gynadledda a bwyta.

Yr oedd yn flin sobr gennyf na allasoch ddyfod yno – yr ysgol haf gyntaf i chwi ei cholli o'r cychwyn. Ond credaf i chwi wneud yn ddoeth, er cymaint y gwacter heboch, gan fod y tywydd mor boeth, a gorfod croesi o un ysgol i'r llall am ein prydau bwyd. Buasai'n flinedig iawn i chi.

Gobeithiaf yn fawr eich bod yn well, ac wedi cael gorffwys da, yr ydych yn siwr o fod wedi gweithio gormod. Gobeithiaf fod Siân hefyd yn dal i wella.

Cafwyd Ysgol Haf ragorol, ac yr oedd yn beth braf iawn gweld cymaint o bobl ieuainc yno, a'r rheiny y tro hwn yn bobl ifainc o ddifrif.

Fe fu rhai blynyddoedd, pan oedd bwyd yn brin, ar ôl y rhyfel, pan ddeuai llawer o bobl ifainc a rhai hŷn i'r Ysgol Haf i gael bwyd rhad a thrwy hynny wyliau rhad. Ond yr oedd y bobl ifainc yma yn rhai awyddus i helpu efo golchi llestri &c. Yr oedd pawb wrthi ar y gwaith hwn y tro hyn, gan gynnwys Llywydd y Blaid, gan fod cymaint o bobl. Yr oedd yr ystafell fwyta yn un fawr hyfryd, a byrddau bach ynddi.

Yr oedd darlith Dr. Tudur Jones nos Sul yn wych.

Am y Steddfod, un fflat iawn oedd hi. Er bod y tywydd yn hyfryd, yr oedd pawb fel petai dan ddisgyblaeth, ac ofn gwneud jôc ar bawb. Y Babell Lên, hynny a welais ohoni ddydd Mercher, yn ddifudd hollol. Yr oeddynt wedi dewis gormod o bobl leol i bob dim. Ond mae'n debyg mai araith y Mwyadur[217] Gwilym Lloyd George oedd y peth fflatia oedd yno – fel crempog. Er nad oedd y cae yn fawr, ychydig iawn o'm hen gyfeillion a welais i.

Bu Gwenallt yma ddydd Sul i de – mae ef a'r wraig a'r ferch

yn aros yn Hen Golwyn – y wraig newydd gael operasiwn fechan
– felly ni theimlai ar ei chalon ddod yma. Yr oedd y tri yn yr Ysgol
Haf. Cefais hanes Cymru o bant i bentan gan Gwenallt.

A oedd eich clustiau yn cosi heddiw tua 2 p.m.? Bu Dr. Martin
Lloyd-Jones yn y Swyddfa. Pregethai yma neithiwr a gofynnodd
a gâi ddyfod i'r Swyddfa i weld Gwilym R. Jones a minnau,
eisiau diolch inni am *Y Faner* yr oedd. Chwarae teg iddo. Soniai
amdanoch yn pregethu yn Clapham Junction rywdro tua 1917 pan
oeddech yn Rhydychen.

Rwyf yn disgwyl Aneirin Talfan a'r teulu yma ryw ddiwrnod.
Maent hwy yn aros yn fflat Nan Davies ym Mangor. Wythnos
i'r Sul nesaf mae Dr. Pennar Davies yn pregethu yn Lôn Swan, a
disgwyliaf gael ychydig o'i gwmni yntau.

Araf iawn yr â fy llyfr yn ei flaen. Anodd iawn oedd mynd
ato wedi torri oddi wrtho yr wythnos diwethaf. Wel, D.J. bach,
brysiwch fendio – fel y dywedwn ni yn sir Gaernarfon. O ie, fe
ddaeth Jini i'r Ysgol Haf un diwrnod a bu yn y Steddfod hefyd.
Cael y caethdra yna y mae hi o hyd, pyliau drwg iawn, ac wrth
gwrs yn hiraethus iawn.

Gobeithiaf yn fawr iawn eich bod eich dau yn well.

Gyda chofion cynnes iawn atoch eich dau,

Kate.

LlGC P2/39/69

127

49, High Street,
Abergwaun.
22 Awst, 1955

Annwyl Kate,

Chwarae teg i'ch calon chi am drafferthu anfon llythyr llawn a
diddorol ataf ynghanol prysurdeb eich gwaith.

Dylaswn fod wedi diolch i chi amdano ers tro. Ond yr wythnos
hon, mewn gwirionedd, rwy'n dechrau teimlo peth o'r hen nwyf
a'r egni sy'n rhaid wrtho cyn y gellir gwneud dim, heblaw llusgo

byw, yn dod yn ôl i mi. Roedd rhyw hen, hen flino wedi cael
gafael ynof rywsut heb i mi sylweddoli hynny, fel yr oedd pob
dim yn faich arnaf, – er yn ceisio cadw ymlaen i ateb llythyrau hen
ffrindiau, hyd y gallwn.

Ie, chwith mewn gwirionedd ydoedd colli'r Ysgol Haf a'r
Eisteddfod eleni, am y tro cyntaf ers 30 mlynedd (ac eithrio'r tro yr
own i ar fy ngwyliau). Da oedd clywed i chi gael Ysgol Haf mor
rhagorol. Clywais, gyda llaw, Kate, i chi gael hwyl anghyffredin ar eich
atgofion chi o'r rhai cynharaf; a Gruffydd John hefyd yr un modd.

Yn awr, yr wyf i'n cael cyfle i ddechrau meddwl am ail gydio
yn yr ail ran o'r hunangofiant, os dyna'r enw arno, yr oeddwn
wedi sgrifennu tua'r chwarter erbyn y Nadolig. Trwy drugaredd
a diolch i'r nefoedd, mae Siân wedi dod yn rhyfeddol o dda eto,
wrth fel y bu hi. 'Roedd hi'n dechrau gwella pan euthum i'n sâl.
Nid oes ond gobeithio nawr y cawn ni'n dau nerth ac iechyd
gyda'n gilydd eto i gydweithio; oherwydd rwy'n teimlo, rywsut,
fod genny' dipyn o bethau eto yr hoffwn yn fawr allu eu dweud
cyn gorfod noswylio; fel y bydd pawb yn gorfod ei wneud yn ei
dro ... Gobeithio'n fawr, Kate, eich bod chi'n cael hwyl dda iawn
ar y gwaith sydd gennych ar y gweill ar hyn o bryd, ac y cawn
olwg arno yn fuan, fuan, a'r hunangofiant, hefyd.

Fel rwyf wedi meddwl lawer tro, ac wedi dweud wrthych rai
troeon – gresyn, yn wir, na allech chi drefnu hamdden lwyr i chi
eich hunan i sgrifennu gwaith creadigol, arhosol yn ôl y ddawn
fawr ac arbennig iawn a roed i chi, yn hytrach na gorfod poeni
o hyd ynglŷn â phob rhyw fath o fanion bydol – pethau y gall
marwolion eu gwneud cystal â chithau.

Diddorol oedd yr anghytundeb pendant rhyngoch chi a'r Dr. T.
J. Morgan parthed y dyfarniad ar y nofel; ac Islwyn Ffowc yn troi'r
fantol mor sicr o'ch tu chi. Gobeithio'n fawr y cyhoeddir y nofel
yn fuan fel y caffo torf luosog eraill farnu hefyd, gyda chi'ch tri,
gan fod y mater wedi creu cymaint o ddiddordeb.[218] Roedd Waldo
yma neithiwr, yn ei afiaith, a dyma un o'i sylwadau, – a yw'n
debyg y ceir rhifyn arall o'r *Llenor* cyn Rhifyn Coffa T. J. Morgan?

Wel, rhaid ei gadael hi fan yma'n awr, er fod cynifer o bethau i'w trin a'u trafod. Llongyfarchion i bawb ohonoch chi, bobl *Y Faner*, a diolch cywir, hefyd, am gadw diddordeb pawb mor fyw, yn wyneb pob anhawster, yn y pethau hynny sydd beunydd o gymaint pwys yng Nghymru. A mynd yn ôl at Islwyn Ffowc Elis, unwaith eto, a oes modd, wn i, trefnu cyhoeddi'r ysgrifau treiddgar a gwerthfawr hynny ar gyflwr a safle'r enwadau hynny yng Nghymru heddiw a gyhoeddir ers peth amser yn *Y Drysorfa*.[219] Mae Islwyn, fel Saunders, yn feddyliwr ac yn weledydd yn ei ddydd, – er nad yr un yw eu gweledigaeth.

Gyda diolch eto am y llythyr caredig a'n cofion cynhesaf ni'n dau atoch,

D.J.

LlGC Kate Roberts 1064

128

158, Westbourne Road,

Penarth,

Morgannwg.

Sul, 9 Hydref, 1955

Annwyl D.J.,

Diolch o galon i chi am eich llythyr – a llythyr yn golygu ymdrech go fawr i chi hefyd. Mae'n debyg mai aros mor amyneddgar ag y medroch tan y delo'r galon 'na i gywair gwaith eto yw'ch tynged chi am dro. Wel, mae'n gysur i chi fod Mrs. Williams lot yn well ac y mae hynny – a'n gobaith – yn gysur i lu mawr eich ffrindiau drwy Gymru.

Amgaeaf gopi o *Efrydiau Catholig*, y rhifyn newydd, i chi. Os anfonwch ddiolch amdano mi bwdaf am flwyddyn. Os anfonwch i dalu amdano mi bwdaf am dragwyddoldeb. Y cwbl a ofynnaf gennych yw ei dderbyn ac edrych arno. Ond nid wyf yn gwahardd i chi ei ddarllen.

Rhifyn braidd yn denau yw ef. Fy mwriad ar y cyntaf oedd sgrifennu'n helaeth ar Forgan Llwyd,[220] ond ni chefais amser.

Ysgrif go sych yw hi. Cefais haf llawn o bethau da. Bûm yng ngwlad Belg gyda'r wraig am bythefnos, yng nghanol fforest a bryniau'r Ardennes ac ym Mrwsel a Bruges. Wedyn bu Moses Griffith[221] a minnau gyda'n gilydd ym Mharis am wythnos. Yna bûm yn Sir Fôn ac yn Llangefni dros y ffestifal ddrama. Yr oedd hi'n dair noson dda o ddramâu. Y noson gynta' cafwyd drama Noa, ac Edwin Williams yn cynhyrchu ac yn actio Noa ei hunan, – un o'r pethau gorau a welais i ar lwyfan drama Gymraeg erioed, y golygfeydd yn drawiadol a lliwus, a'r gosodiadau a'r grwpio a'r actio oll yn hyfryd.[222] Ac yr oedd y neuadd yn orlawn y tair noson a'r gynulleidfa'n gwerthfawrogi pob dim. Wyddoch chi mae hi'n rhy gynnar braidd i ni fynd i wisgo dillad duon ar ôl yr iaith Gymraeg. Mae'r hen fenyw yn wytnach na'i galarwyr. Fe wêl hi ein claddu ni i gyd er ein bod ni'n hwylio ers blynyddoedd i'w chynhebrwng hi.

Ym Mharis gwelais ddwy ddrama fawr yn y Comedie Francaise, un a oedd yn newydd imi, sef *Port Royal* gan Montherlant[223]; gwelais bedair arddangosfa beintio go arbennig a bwyteais (gyda Mos ac eraill) chwech o'r prydiau bwyd godidocaf a drutaf yn fy myw. Deuthum adre dan ganu a'm pwrs yn wag. Ac yn awr rhaid ceisio gwneud yr hyn sy'n deg â'r efrydwyr Cymraeg yng Nghaerdydd am flwyddyn.

Fy nghofion yn gu iawn atoch a chofion Margaret hefyd, ac at Mrs. Williams, – dysgwch fod yn dawel!

Saunders.

LlGC P2/38/93

129

Aberporth megis o 49, High Street,
Abergwaun.
27 Rhagfyr, 1955

Annwyl Kate,

Diolch yn fawr iawn i chi am y garden Nadolig a'r Dymuniadau Da, a'r nodyn caredig arni. Fe'i cawsom fore dydd

Sadwrn diwethaf cyn dod yma i Aberporth am dipyn o dawelwch
a gorffwys i Siân am yr wythnos hon, – rwyf i wedi cael mwy na'm
siâr o orffwys anesmwyth yn ystod yr hanner blwyddyn ddiwethaf
yma; ond trwy drugaredd wedi dod yn llawer iawn gwell erbyn
hyn, gan obeithio, gyda chymorth Duw, wella'n iawn yn fuan
fel ag i ail ddechrau gweithio eto, o ddifri, ddechrau'r flwyddyn
newydd. Rhwng salwch Siân yr hanner gyntaf o'r flwyddyn a'm
pwl annisgwyl innau o salwch wedyn o Fehefin ymlaen, y mae
blwyddyn gron wedi mynd heibio heb i mi allu gwneud dim
gwerth sôn amdano.

Bu ffrind fawr i mi farw dydd Mercher diwethaf a'i chladdu
brynhawn Sadwrn, dyna pam y dryswyd tipyn ar ein cynlluniau i
gofio am rai o'm ffrindiau gorau, adeg y Nadolig, – ffrindiau sy'n
golygu gair neu ddau ychwanegol at y Cerdyn Cyfarchiol arferol.

Hyfrydwch yn wir yw clywed fod eich iechyd chi mor dda,
Kate. Oherwydd yng ngeiriau cywir yr hen Dudur Aled –

'Bychan yw'r byd heb iechyd

Er ei gael yn aur i gyd.'

O gael iechyd fe gymer y mân drafferthion eraill eu lle priodol
gydag amser.

Pa bryd y ceir golwg ar eich nofel newydd chi, wn i. Bydd
hwnnw'n ddigwyddiad o bwys eto, fel ag i gael rhywun i rannu
pelydrau llachar yr heulwen gydag Islwyn Ffowc Ellis y dyddiau hyn.

Mae Siân a fi ar hanner darllen *Ffenestri Tua'r Gwyll* gyda'n
gilydd yn awr, ac yn cael blas mawr arno, er yn anghytuno'n syn
â'i seicoleg droeog yn awr ac eilwaith, nes peri i ni ddal ein hanadl
megis. Mae dychymyg Islwyn yn anghyffredin o ffrwythlon a
dyfeisgar, ei arddull yn glir a disglair, a'i ddisgrifiadau o natur fel
bob amser yn gampus.

Diau nad oes gan ryw sgrifennwr bach poenus o araf fel fi yr
un hawl i feirniadu neb, a llai byth i feirniadu ysgrifennwr mor
gynhyrchiol ag Islwyn Ffowc; ond fe allwn i feddwl, o chwilio
am wendidau, mai ei goll pennaf ef yw diffyg myfyrio'n ddigon
hir, ac aros gyda'i gymeriadau nes troi ohonynt yn gig a gwaed

yng ngwres ei athrylith, yn hytrach na bod yn haniaethau neu'n deipiau yn ôl gofynion y plot – fel y mae tuedd ganddo weithiau. Er pob ymdrech a champ, gormod o dreth yw ceisio creu bod byw personol o Geridwen Davies [*sic*] a rhoi iddi gysondeb merch o'r un defnyddiau â ninnau sy'n argyhoeddi dyn – fel y ceisir yma.

Ond er pob beirniadaeth fach fel yna y mae hwn yn llyfr o bwys gwirioneddol i Gymru heddiw. Mae ei gynfas yn ysblennydd o eang yn agor ar orwelion llydain celfyddyd i lawer cyfeiriad newydd i ni yng Nghymru, a thrwy hynny gau pennau rhai o'r Eingl Gymry hollwybodol hynny. Bydd darllen y llyfr hwn yn addysg ac yn ehangiad gwybodaeth, heb sôn am ddiwylliant i filoedd o ddarllenwyr eiddgar, gobeithio.

Unwaith eto, cyn terfynu, llongyfarchion diffuant i chi a Gwilym R. a staff *Y Faner* am gadw'r *Faner* i chwifio mor wych drwy'r amser anodd hwn.

Ein cofion fil,

D.J.

LlGC *Kate Roberts 1066*

130

158, Westbourne Road,

Penarth,

Morgannwg.

4 Mawrth, 1956

Annwyl D.J.,

Sut mae'ch iechyd chi?

Mawr obeithiaf eich bod yn dyfod dros y pwl cas a gawsoch a'ch bod chi a Mrs. Williams yn weddol neu'n well dipyn na gweddol.

Nid wyf wedi gweld Bil Thomas i gael sgwrs er pan gefais eich siars i'w berswadio i sefyll ym Mhenfro yn ymgeisydd senedd. Mae'n weddol sicr gennyf fod ei swydd bresennol yn gwahardd hynny iddo, ac er fy mod yn hoff odiaeth ohono ac yn edmygu ei ddawn a'i ymennydd rhagorol a'i galon gynnes, eto ni chredaf y gwnâi ef nac ymgeisydd nac aelod senedd yn y byd sydd ohoni'n awr.

Darllenais hanes Waldo Williams yn y papurau gyda gofid. Nid wyf i'n ei adnabod yn bersonol neu mi geisiwn ei berswadio i beidio â'i wrthodiad i dalu'r dreth incwm. Sut y mae ef yn byw? A ydyw ef mewn angen? Pan gaffoch gyfle, a'ch bod yn ddigon cryf i anfon llythyr heb flino ormod, rhowch wybod.

Mae'r wraig yn anfon ei chofion atoch eich dau;

Yn gu iawn,

Saunders.

LlGC P2/38/94

131

Annwyl D.J.,

Diolch yn fawr iawn i chi am eich llythyr a'ch teimladau da ynglŷn â'm nofel, a diolch i chwi hefyd am eich llythyr blaenorol rai misoedd yn ôl bellach.

Dwn i ar y ddaear sut beth yw fy nofel, ond yr oedd fy amcan yn ddigon cywir, a chredaf imi fod yn ddigon gwylaidd wrth drin fy nghymeriadau, hyd yn oed y rhai salaf ohonynt, i beidio â'u dychanu. Ceisiais eu deall beth bynnag.[224]

Yr wyf yn hollol yr un farn â chi am Islwyn Ff. Elis, yr wyf wrthi yn darllen ei ail nofel rwan, ac yn methu bron ei darllen, am fy mod yn teimlo mai clyfrwch I.Ff.E. sy'n dod i'r golwg bob tro ac nid y cymeriadau. Mae'n wir ei fod yn dweud pethau da a gwir, ond cytunaf â J. Gwilym Jones mai nofel i'r deall ydyw ac nid i'r teimlad.[225] Nid yw wedi cael llawer o brofiad o fywyd eto, ac y mae'n amhosibl i neb gyffroi'r teimlad heb brofi neu gael digon o ddychymyg i fynd dan groen pobl eraill.

Mae'n ddrwg gennyf glywed nad yw eich iechyd yr hyn y

carech iddo fod, D.J. Ond yr ydym yn anghofio ein bod yn mynd yn hen, bawb ohonom, ac yn teimlo y medrwn weithio yr un fath ag ugain mlynedd yn ôl. Gorffwys yw'r feddyginiaeth i chi, peth digon anodd mi wn, i un a weithiodd mor galed â chi.

Dyna'r holl waith mawr a wnaethoch gyda'r Ddeiseb,[226] chwarae teg i chi. Yr ydych yn codi c'wilydd arnaf fi. Ni heliais i yr un enw. A'ch gwaith mawr i'r Blaid. Ni wneuthum i ddim drosti hithau ers tro. Dim ond diodde pryder dros *Y Faner*. Bu fy nofel yn noddfa imi yn aml rhag anobaith.

Gobeithiaf yn fawr eich bod yn well, D.J., a bod Siân hithau mewn iechyd gweddol.

Fy niolch caredig a'm cofion cynnes iawn,
Kate.

132

49, High Street,
Abergwaun.
10 Gorffennaf, 1956

Annwyl Kate,

Y mae ar fy meddwl i i ysgrifennu gair atoch ers rhai wythnosau. Ond digon di-hwyl yr wyf wedi bod ers tro hir, heb gael fawr o dro ar yr hen ddolur, y straen ar y galon, a'm gorddiwes bellach ers dros flwyddyn. Drwy fawr drugaredd y mae Siân wedi dal yn rhyfeddol ac wedi cael rhyw nerth o'r newydd er pan yr wyf i'n sâl, ac yn gorfod gorwedd cymaint o'm hamser fel unig obaith dod yn well. Nid wyf wedi gallu sgrifennu dim ers misoedd; ond yn dal i obeithio ail ddechrau'n ara deg rai o'r dyddiau yma, gan fod bywyd mor ddiystyr heb allu gwneud dim.

Wel, dyna ddigon o gwyno ar un anadl; gan mai lle i ddiolch yn ddifesur sydd gennyf, wedi'r cyfan.

Rhaid eich bod chi, a barnu wrth yr arwyddion yn *Y Faner*, yn dal yn gryf ac yn iach, a hyfrydwch mawr yw deall hynny. Gwelaf yn awr fod *Y Faner* wedi mynd yn eiddo i eraill, er na wn i yn iawn pwy ydynt na pheth yw eu gweledigaeth na'u bwriadau'n benodol, ragor na'r hyn a led-awgrymir yn barod yn eich nodiadau chi a Mignedd. Rown i wedi clywed fod pobl y Blaid a chithau wedi bod mewn trafodaeth parthed newid dwylo, dro yn ôl, ac yn mawr obeithio y trewid bargen er mwyn parhad polisi'r papur drwy'r blynyddoedd. Ond nid felly y digwyddodd pethau.

Wel, Kate, y cyfan sydd wedi bod yn fy nghymell i i sgrifennu atoch, ers tro, petai'r hwyl yn well, yw fy awydd i dalu teyrnged bersonol ddiffuant i chi, ac i Gwilym R. ac eraill o'r staff a fu'n cydweithio mor lew â chi drwy gydol yr ugain mlynedd enbyd o galed yma y buoch chi wrthi gyda'ch gilydd, yn wyneb cymaint o anawsterau yn ymladd brwydr Cymru mor ddewr a di-ildio ar gynifer o feysydd. Pan sgrifennir hanes y cyfnod hwn fe fydd i'r *Faner* le mor anrhydeddus â dim a berthyn iddo, ac fe bery eich enw chithau, fel y prif gyfarwyddwr, ar wahân i'ch gwaith fel llenor, yn enw i'w barchu a'i anrhydeddu.

Gobeithio yr wyf i fel y soniais wrthych fwy nag unwaith o'r blaen, wedi i chi yn awr ymddeol o'ch cyfrifoldeb personol dros *Y Faner*, y gellwch chi ymroi, mor llwyr byth ag sydd bosib i waith llenyddol. Gyda phob parch i'r pethau eraill hynny a wnaethoch fy nheimlad personol i o hyd, petai hynny o ryw bwys, yw mai'r stori fer, gryno, awgrymog, dreiddgar yw priod faes eich doniau arbennig chi. Yno yr ydych chi ar eich gorau, a hwnnw yn orau mor odidog.

Wel, y mae llawer peth y gallwn sôn amdano – yr etholiad yn cynhyrfu'r dŵr yng Nghas Newydd, grym gafael gynyddol y Blaid ar Gymru, a'r fenter fawr ei haddewid a geir yn rhifyn wythnosol cyntaf y *Welsh Nation* etc. – ond rhaid ei gadael hi yma'n awr.

Gyda'n cofion cywiraf ni'n dau atoch a'n dymuniadau gorau ymhob modd. Rhowch fy nghofion gorau, hefyd, os gwelwch yn dda, i Gwilym R., ac eraill o'r staff a fu'n cydweithio â chi.

D.J.

133

Y Cilgwyn,
Dinbych.
31 Gorffennaf, 1956

Annwyl D.J.,

Ni allaf ddweud wrthych pa mor falch oeddwn o gael eich llythyr, ac ymddiheuraf am beidio â'i ateb cyn hyn. Mae gennyf fwy na digon o waith o hyd, a'i wneud am lai o arian rwan. Ond cyn mynd at ddim o'm helyntion fy hun, gobeithiaf yn fawr eich bod chi'n well. Yr oedd yn ddrwg iawn gennyf glywed eich bod mor ddi-hwyl, ond peth araf yw'r dolur yna, ac nid oes dim ond gorffwys a ddaw â gwellhad. Mae hynny'n gofyn amynedd mawr i un sydd wedi arfer gweithio mor galed â chi. Hyderaf yn fawr y dowch i deimlo'n well yn fuan. Cofiaf i 'nhad gael helynt gyda'i galon pan dynnai am ei bedwar ugain, ac fe ddaeth yn well o lawer am flynyddoedd. Da clywed bod Siân yn well. Mae hynny yn help mawr i chi wella.

Ni allaf, mewn llythyr fel hyn, ddweud holl hanes *Y Faner*. Yr oedd pethau'n mynd ar y goriwaered ers rhai blynyddoedd, ac er 1954, yn ddrwg iawn. Fe fu aelodau unigol o'r Blaid ar ôl y busnes. Ond ni allasant gasglu digon o arian i dalu'r dyledion hyd yn oed, heb sôn am wneud dim a fuasai'n rhoi'r busnes ar ei draed. Fe fuasent yn yr un fan yn union ymhen blwyddyn, a phawb wedi colli eu harian. Oddi ar pan ddaeth y cwmni newydd i mewn, fe aeth y cyflogau i fyny yn aruthrol. Un rheswm arall dros fethiant yr hen gwmni ydoedd fod y peiriannau yn hen, ychydig o rai newydd a allasom ni eu prynu yn ystod yr ugain mlynedd diwethaf, oherwydd y rhyfel a'r drudaniaeth a'r prinder a ddaeth ar ôl hynny. Bydd yn rhaid i'r cwmni newydd gael peiriannau newydd er mwyn troi allan fwy o waith, ac ni allasai'r Blaid byth wneud hyn. Deallaf fod y cwmni newydd yn mynd i wario tua £30,000 ar y busnes, a bydd yn rhaid iddynt wneud hynny cyn cael dim elw allan ohono. Anfantais fawr yr hen gwmni hefyd oedd na allent fforddio goruchwyliwr i weld bod y gwaith yn cael ei wneud yn gyflym, ac yn mynd o un adran i'r llall heb wastraffu amser o gwbl.

Mae'n ddrwg gennyf ddweud bod y gweithwyr yn manteisio
ar absenoldeb goruchwyliwr, a rhai ohonynt yn gwneud fel y
mynnent. Fe gafwyd prisiwr trwyddedig o Lundain i brisio'r lle,
a rhwng popeth, gwelwyd mai'r peth gorau fyddai ei werthu i rai
a chanddynt ddigon o arian i wario arno. Fel y dywedais buasem
yn yr un fan yn union ar yr arian y gallodd aelodau'r Blaid eu
casglu. Yr oedd yn wir ddrwg gennyf fi am hyn, oblegid buasai'n
well gennyf weld y Blaid yn ei gael na neb arall. Ond os am gadw
pobl fel Mr. Simon, Miss Ellis a G. R. Jones mewn gwaith am
amser go helaeth, nid oedd dim arall i'w wneud. Gwn fod rhai
aelodau o'r Blaid yn ddig iawn, a dangosodd J. E. Jones hynny
yn ei gylchlythyr i ysgrifenyddion canghennau, drwy ddweud
wrthynt y gwyddent beth i'w wneud â'r *Faner* yn awr, bod *Y
Faner* newydd wedi gwrthod cyhoeddi rhestr tanysgrifiadau Gŵyl
Dewi. Ni chymerasom ddim sylw o'r peth, ond fe allesid ateb J.
E. Jones drwy ddweud na bu'r *Faner* erioed yn bapur swyddogol
y Blaid, ac na ddiolchodd y Blaid erioed i gwmni'r *Faner* am y
cymwynasau fil a wnaeth, er perygl iddi ei hun, â'r Blaid. Ni
chawsom air erioed o ddiolch ganddynt, a gwrthodasant ein helpu
mewn unrhyw ffordd pan oedd hi'n gyfyng arnom; buom yn
gofyn gan rai ohonynt roi benthyg arian inni, ond nid oedd neb yn
fodlon gwneud, ond fe lwyddasant i gasglu arian i brynu'r busnes,
ac iddynt hwy gael y rheolaeth. Teimlaf yn chwerw iawn, yr wyf
wedi colli fy arian bron i gyd yn *Y Faner*, ni wn yn hollol hyd yma
faint fydd ar ôl wedi talu'r dyledion, dim llawer, mae arnaf ofn.
Mae arnaf ofn hefyd na bydd yr arian a gaf am sgrifennu 'Colofn
y Merched' &c + fy mhensiwn hen bobl yn ddigon imi allu dal i
fyw yn y Cilgwyn, gan fod y trethi a chostau byw eraill wedi codi
cymaint. Os bydd yn rhaid imi fynd o'r Cilgwyn, byddaf yn mynd
o Ddinbych hefyd, ac ni wn ar y ddaear i ble i fynd, gan nad oes
gennyf fawr o deulu erbyn hyn.

O bobl amlwg y Blaid dim ond chi a Valentine a sgrifennodd
atom yn yr argyfwng yma. Yn wir, ychydig iawn o neb a
sgrifennodd. Fe anfonodd G.R.J. at S.L. [Saunders Lewis] i ofyn

a wnâi ysgrifennu 'Cwrs y Byd' ambell dro, yn awr gan fod y
cwmni newydd yn mynd i dalu rhyw gymaint am ysgrifau. Cafodd
yr ateb mwyaf ffiaidd o gas yn ôl wrth wrthod. Dywedodd fod
Y Faner yn bapur rhy sâl ganddo i ysgrifennu iddo, ac nad oedd
dim gwerth ynddo a bod ei bolisi yn hollol groes i'w syniadau
ef.[227] Fe fu G.R.J. yn ddigon doeth i beidio â'i ateb. Ond fe allasai
ddweud wrtho nad yw'r *Faner* ddim salach papur na'r *Empire News*,
a bu S.L. yn ysgrifennu i hwnnw. Fe wn i yn iawn fod S.L. wedi
ychwanegu disgleirdeb ar *Y Faner* wrth ysgrifennu 'Cwrs y Byd'
iddi am yr holl flynyddoedd, ond *Y Faner* oedd yr unig bapur
Cymraeg a fuasai'n talu £5 yr wythnos am wneud hynny. Brysiaf
i ddweud bod ei erthyglau gwych yn werth llawer mwy na hynny,
ac fe gawsai fwy na hynny ped ysgrifenasai i bapurau Saesneg. Ond
dweud yr wyf na buasai'n cael cymaint â hynyna gan unrhyw bapur
Cymraeg. Ond fe wnaeth S.L. beth gwaeth na hynyna â mi ym
mis Tachwedd 1954. Yr oeddwn yn siarad ar y nofel Gymraeg yng
Ngholeg Caerdydd, ac yr oedd S.L. yno, er mawr boen i mi. Ar
y diwedd dyma fo'n codi ar ei draed a dweud, 'Dyma'r ddarlith
fwyaf anfeirniadol a glywais erioed.' Wedi dweud hynyna, dyma
fo'n troi at y myfyrwyr a eisteddai yn y tu ôl ac yn dweud, 'Yr
ydym ni yn gwybod yn amgenach onid ydym, nid fel yna yr ydym
ni yn trin llenyddiaeth?' Yr oedd tua chant neu ragor o bobl yn
bresennol. Y cwbl a ddywedais i ar y diwedd oedd, wrth gydnabod
y diolch, 'Yr wyf yn ddiolchgar iawn i chi am wrando mor dda ar
ddarlith mor anfeirniadol.' Fe sleifiodd S.L allan cyn y diwedd fel
na fyddai'n rhaid iddo fy wynebu.

Diolch yn fawr i chi hefyd, D.J., am eich teyrnged i mi yn
bersonol. Nid oes arnaf fawr o flas i fynd at y stori fer eto, er
bod arnaf eisiau ysgrifennu dwy neu dair i orffen cyfres 'Begw' a
ddechreuais yn *Y Faner*.[228] Cefais bleser mawr o sgrifennu *Y Byw
sy'n Cysgu*, ac ym marn Emyr Humphreys[229] dyna'r peth gorau a
sgrifennais. Dim i ddim.

Gobeithiaf yn fawr y daw eich nerth yn ôl i chwi i fynd ymlaen
â'ch atgofion a llawer peth arall. Mae'n debyg na wnewch fentro i'r
Ysgol Haf. Yr wyf fi am fynd yno, dim gwahaniaeth gennyf fi os

bydd pob aelod yn troi eu cefn arnaf.

Rhaid imi orffen rwan gan ddymuno'r gorau i chi. Gan ddiolch unwaith eto i chi am eich llythyr, a roes gymaint cysur i mi,

a'm cofion cynnes atoch eich dau,

Kate.

O.N. Diolch i chi hefyd am y llythyr a gefais o flaen hwn, beth amser yn ôl. K.

LlGC P2/39/71

134

49, High Street,
Abergwaun.
28 Rhagfyr, 1956

Annwyl Kate,

Wel, diolch o galon i chi am eich caredigrwydd hael arferol yn anfon y rhodd Nadolig nodedig hon i ni eto, eich nofel ddiwethaf *Y Byd sy'n Cysgu* [*sic*]. Buom yn ddigon ffodus i glywed pob adran ohoni fel y cyflwynwyd hi mor dda ar y Radio gan Emyr Humphreys, ar y pryd.[230] Y prawf gorau ar ddawn y gwir nofelydd neu'r artist creadigol, yn ddios, yw fod y cymeriadau'n aros yn fyw a chofiadwy ym meddwl y darllenydd ym mhen amser maith ar ôl hynny. Ac yr ŷch chi, Kate, os caf ddweud hynny yn ych wymad[231] chi, ys dywed gwŷr Morgannwg, yn dal y prawf hwnnw bob tro yn eich storïau.

Daeth amryw o lyfrau yma dros y Nadolig fel na chefais amser hyd yma i ddarllen ond samplau yma a thraw o'r un ohonynt – ni waeth dechrau sôn am eu henwau na'u cynnwys; ond darllenais ddigon ar eich llyfr chi i gael y blas a'r mwynhad arferol ar y sylwadaeth graff a'i sgrifennu cryno, cadarn, cywir, a theimlo yma hefyd, os caf fentro ei ddweud, ddarnau hunangofiannol diffuant Lora Ffenning [*sic*] a'i pherthynasau. Mae'r llyfr wedi ei droi ma's yn gampus hefyd, gyda'i lythyren fras, hyfryd i'r llygad.

Wel, mae yna ormod i'w ddweud i fynd ar ôl helyntion y dydd, – brad y ffritgwns[232] o Aelodau Seneddol sydd gennym ar

gwestiwn Tryweryn, a phob dim arall. A gawsoch chi hamdden
uwchben llyfr Waldo, wn i, eto, waeth llyfr yn gofyn hamdden ato
yw rhannau ohono.

Gyda diolch calon eto, a dymuniadau gorau,

Siân a D.J.

O.N. Teimlaf, yn lled sicr, mai chi a sgrifennodd y Portread
yn *Y Faner* a diolch yn fawr iawn i chi am yr haelioni caredig, er
lleied fy haeddiant o hynny. Roedd y cyfeiriad cynnil at y plismon
hwnnw y nodid i fi wrthod ymddiheuro iddo yn rhywbeth na
ŵyr ond rhyw ambell un fel chi o'r hen ddwylo cynnar amdano.
Sonia Bob Parry am wneud 'Cywydd i'r Rhingyll Trwyngoch'
hwnnw yn Llandeilo, unwaith. Yn Wormwood Scrubs, gyda llaw,
clywais Saunders yn dweud iddo ef ddod o hyd i'r ymddiheuriad
hwnnw a hawliai'r rhingyll ar fy llaw am i mi ei gyhuddo 'o saco
'i drwyn i mewn lle nad oedd busnes ganddo' – dyma'r ymadrodd
tramgwyddus, mae'n debyg, a dynnwyd allan drosof gan S.L. ei
hun, ond yr anghofiodd ei drosglwyddo i'r tramgwyddiedig, – ym
mhen misoedd ar ôl hynny wrth fynd drwy ei bapurau. Ie, dyddiau
mawr oedd y rheini yn hanes Cymru!![233]

D.J.

LlGC Kate Roberts 1079

135

158, Westbourne Road,
Penarth,
Morgannwg.
6 Mawrth, 1957

Annwyl D.J.,

Yr oedd yn llawen iawn gennyf gael eich llythyr a gwybod
eich bod chi a Mrs. Williams hithau mewn gwell iechyd. Yn wir
i chi, Dai, mae clywed eich bod yn sgrifennu dwy awr y dydd yn
newydd gwych i ryfeddu. Bydd disgwyl mawr am eich ail gyfrol ar
ôl camp yr *Hen Dŷ Ffarm*.

Welais i ddim *Yn Ôl i Leifior* eto.[234] Ysywaeth, ni fedrwn i oddef ei ddwy nofel gyntaf ef, er fy mod yn meddwl mai da iawn yw ei fod ef, a da iawn yw cael nofelydd poblogaidd a mynd arno; yr wyf yn dymuno ei lwyddiant a'i ffyniant, – ond gwell gennyf beidio â'i ddarllen (rhyngom ni'n unig mae hynny).[235] Darllenais nofel olaf Kate ddwywaith.[236] Diau y darllenaf hi eto. Darllenais hefyd gerddi Waldo fwy nag unwaith. Yr wyf i, ysywaeth, yn ei gael yn fardd enbyd o anwastad, yn fardd mawr ar ambell gân, ac yn fardd rhwydd, bas ac aflêr ac yn feddyliwr sâl mewn llawer cân.

Siom eto a gefais i yn etholiad eich hen sir, – sir fy nhad innau a'm holl dylwyth o ochr fy nhad. Diolch i'r drefn, welais i erioed â'm llygaid Megan Lloyd George. Mae gen i'r un maint o ffydd yn ei gonestrwydd hi ag oedd gen' i yn ei thad; yr unig wahaniaeth yw iddi dderbyn holl droeon-cynffon ei thad heb ddim o'i athrylith. Ond bydd yn ddisgleiriach aelod seneddol llafur Cymreig na neb oddieithr Aneirin Bevan ei hunan; mae'r lleill yn stampiau post i gyd; ond dyna a fyn cenedl syber y Cymry. Nid oes gennyf eich duwioldeb a'ch dynoliaeth lydan garedig chi, Dai: mae'n gas gennyf fy nghenedl. Edrychwch ar bleidlais Mrs. Jennie Eirian Davies,[237] a thynged dyffryn Tryweryn yn y fantol. Damnio Cymru!

Yr wyf i'n ddiffrwyth hollol ers misoedd. Heb gyfansoddi dim. Ni chychwynnais ar ail act opera Arwel Hughes nac ar gân na drama na dim.[238] Gwendid ewyllys a diogi. Yr wyf yn gywilyddus o dda fy iechyd; ni bûm erioed yn well. Y mae Margaret hithau'n iawn a bu Mair a'r ddwy wyres yma ddoe. Tawel yw pethau yn y Coleg yng Nghaerdydd, pob dim fel arfer, efrydwyr Cymraeg dymunol a hoffus o'u gyddfau i lawr; ond nid oes dim uwchben sy'n arbennig. Bydd G.J. yn ymddeol, mi debygaf, ddiwedd y sesiwn yma, gan iddo gyrraedd yr oed i hynny. Yr wyf innau'n trefnu i ymddeol yr un pryd. Yn wir, bûm yn ceisio ymryddhau ers dwy flynedd. Wn i ddim a symudwn ni o Benarth neu beidio.

Fy nghofion atoch yn gu, ac at Mrs. Williams,
Saunders.

136

49, High Street,
Abergwaun.
5 Ebrill, 1957

Annwyl Kate,

Dylaswn fod wedi sgrifennu'r llythyr hwn wythnos yn ôl, sef nos Wener cyn hon pan ddarllenais i'r *Faner* a thri o bethau nodedig o dda gennych chi ynddo, fel y teimlwn i, sef adolygiad ar nofel Meurig Walters nad wyf i, hyd yma, wedi digwydd ei chael;[239] ysgrif goffa ddiguro am Islwyn Williams druan a'i waith.[240] Dyna un a wellhaodd yn fawr iawn ei grefft oedd ef, debygwn i, wrth ei waith cyhoeddedig cyntaf. Rwy'n cofio amdanoch chi a fi yn trin ei arddull ar y pryd fel peth digon diraen; – a chi fel cynathrawes iddo yn boddloni i sgrifennu adolygiad arno yn fy lle i. Ond fel y dywedech yn eich ysgrif arno daeth yn bencampwr arni yn ei faes ei hun, – ef ei hun, ei gymeriadau a'i arddull tafodieithol a'i gymeriadau yn un patrwn annatod. Ceisiais sgrifennu gair at ei deulu caredig, bonheddig, yr wythnos hon, gan gyfeirio at eich ysgrif chi. Dyna golled yw colli athrylith fel yr eiddo ef, dyn a gafodd rywbeth nas rhoed i neb arall. Ef oedd y dehonglydd pennaf a gafodd Cwm Tawe gynnes galon, ddiddan, hyd yn hyn. Nid oes ond gobeithio, wedi iddo gael y fath flas ar y gwaith, y daw eraill ar ei ôl i barhau'r gwaith da. Er gwell neu er gwaeth ni chredaf rywsut fod ei arddull yn anodd i'w hefelychu. Rown i'n digwydd bod yn beirniadu yn yr Eisteddfod Gyd-Golegol ryw nifer o flynyddoedd yn ôl bellach. Rhois y wobr i un a sgrifennai yn union ddull Islwyn Williams, rywsut, – stori dda iawn. Fe gwrddais â'i hawdur ar ôl hynny, – Isaac Jones o Frynaman, a fu'n weinidog am beth amser gyda'r Methodus yn Neiniolen yn ddiweddar rwy'n credu.

Ond yr hyn a barodd i fi sgrifennu hyn o eiriau atoch yn bennaf oll yn awr yw eich nofel newydd arall, *Tegwch y Bore*. Mae hi'n dechrau'n wych iawn, Kate, yn llawn bywyd ac asbri ieuenctid, gan roi blas ar fyw i'r darllenydd. Dyna fel y teimla Siân a fi, sydd wedi colli tipyn o'r blas hwnnw yn ddiweddar oherwydd anhwyldeb a'r blynyddoedd yn mynd ymlaen. Wel, hwyl fawr iawn i chi ar y gwaith a llongyfarchion diffuant i chi fod eich hoen a'ch egni yn parhau mor ddiatal o gynhyrchiol.

Darllenais lith ragorol Jacob Davies yn *Y Cymro* hefyd ar Islwyn Williams.[241] Sylwais ar yr hyn a ddywedech chi, yn ôl Jacob, yr ateb a roesoch i'w gwestiwn, – na chredech ei bod yn bosib i artist creadigol fynd i mewn i ysbryd ardal nas maged ef ynddi, a gwneud llwyr gyfiawnder â hi, gan nodi eich hunan fel enghraifft i brofi eich pwynt. Fe gytunwn i â chi yn y peth fel egwyddor gyffredinol. Ond ar yr un pryd fe fyddwn yn barod i'ch enwi chi fel eithriad bendant i'r egwyddor honno, oherwydd fe ystyriaf i eich bod chi yn rhai o'ch storïau fel 'Diwrnod i'r Brenin' ac 'Alaw Jim' wedi cipio ysbryd yr hen gymoedd annwyl yna yn rhagorol iawn, er heb yr ysgafnder hwnnw a nodwedda gwir Sioni fel y'i ceir gan wŷr fel Glynfab yn ei ddydd a chan Jacob Abergwaun sy'n awr yn 92 oed, ac mor gyforiog o storïau Treorci ac Aberdâr, lle y bu'n weinidog ar ei eglwys gyntaf, ag erioed. Golygaf, os yn weddol bach fynd i'w weld heno, gyda llaw.[242]

A newid testun ynte, cyn tewi – sut na fuasai adolygiad ar *Dail Pren* Waldo Williams wedi bod yn *Y Faner* cyn hyn, wn i. O leiaf, ni ddigwyddais i ei weld yno ... newid testun drachefn – oni fu'r *Western Mail* yn gythreulig drwy awgrymu rhywbeth mawr yn erbyn y Blaid yn gyson heb rithyn o dystiolaeth ffeithiol ynglŷn â dim?

Gyda'n cofion cynhesaf ni'n dau a phob nerth a bendith ar gyfer y dyfodol,

D.J.

137

Y Cilgwyn,
Dinbych.
10 Ebrill, 1957

Annwyl D.J.,

Diolch yn fawr iawn i chi am eich llythyr a dderbyniais fore
Llun, ac am eich llythyr arall ddechrau'r flwyddyn, ac am eich
geiriau caredig am y nofel yn *Y Faner*.[243] O dymer ddrwg y
cychwynnodd y nofel newydd hon, tymer ddrwg efo'r *Faner* ei
hun, am ei hagwedd ar ôl etholiad sir Gaerfyrddin. Gwelsoch
imi ateb erthygl flaen y papur ar ganlyniad yr etholiad, a hefyd
erthygl Daniel ar yr un achlysur. Yr oeddwn yn wallgof fod y
golygydd wedi esbonio llwyddiant Lady Megan yn y fath fodd.[244]
Mwy na hynny, fe anfonais i baragraff bychan i'r *Faner*, ac fe
wrthodwyd ei gyhoeddi. Yn y *Sunday Times* y Sul o flaen y lecsiwn
dywedwyd peth fel hyn gan Sais: – Mai o flaen y Neuadd Dref
yng Nghaerfyrddin, lle'r ymgynullai'r tyrfaoedd bob dydd, y ceid
y siarad etholiadol gorau ym Mhrydain Fawr ar y pryd, a chan
siaradwyr Plaid Cymru y ceid y siarad hwn. Chwi gofiwch fod
nifer o etholiadau achlysurol eraill ar y pryd. Cyfieithais ef a'i anfon
i'r *Faner* ac fe wrthodwyd ei gyhoeddi. Fe welais innau dân coch
o'm blaen, a rhywsut fe rwygodd y llen rhyngof a gweledigaeth ar
nofel am gyfnod 1913-18. Yr oedd y cyfarwyddwyr yn ddiweddar
wedi gofyn i mi sgrifennu erthyglau ar lenyddiaeth yn lle 'Colofn y
Merched', y gallai unrhyw un sgrifennu 'Colofn y Merched', ond
nad pawb a allai ysgrifennu ar lenyddiaeth &c &c. Teimlwn innau
nad y fi oedd y person i sgrifennu ar lenyddiaeth, golygai ddarllen
llawer, a hyd yn oed wedyn, ni byddai'n ddigon da i'r llenorion
a beirniaid sy'n darllen *Y Faner*. Da i mi felly i'r weledigaeth hon
ddyfod. Nofel am bobl ieuainc fydd hi, pobl ieuanc a aeth trwy
1914-18. Ond yr wyf am geisio cyfleu asbri 1913, os gallaf. Cefais
air calonnog iawn gan Emyr Humphreys hefyd, yn dweud fod y
cyfnod yn un cyfoethog, ac wedi ei esgeuluso, ac wedi ei gymryd
yn ganiataol gan bobl fel W. J. Gruffydd.

Gallwn ddweud rhagor am y cwmni newydd yng Ngwasg

Gee, maent wedi cael gafael ar oruchwyliwr sy'n anfon y ffyrm
ar ei phen i ddinistr, dyn dwl, anwybodus, bwli di-grefydd, wedi
bod yn y carchar (am yfed ar ôl amser cau pan oedd yn blismon
– ni bu'n argraffydd ar hyd yr amser), ni ŵyr fawr ddim hyd yn
oed am argraffu, caseir ef gan bawb yn y Swyddfa, ac mae'n troi
ymaith y dynion gorau, er mwyn, mae'n debyg, cael y dynion
salaf i gynffona iddo. Celwyddgi chwyddedig di ben. Dywedodd
gelwydd wrthyf fi ynghylch *Y Byw sy'n Cysgu*, er mwyn i mi
arwyddo'r cytundeb, a chaf oblegid hynny lai o 2½% o royalties
nag a roir gan Wasg Aberystwyth. Nid yw fy nofel wedi ei
hadolygu eto yn *Y Faner* ac y mae allan o flaen llyfr Waldo. Ar yr
adolygwyr y mae'r bai. Ellis Gwyn Jones sydd i adolygu fy nofel i,
ac y mae ganddo er Ionawr 9.[245] Dr. Pennar Davies sydd i adolygu
llyfr Waldo; ni wn pryd y cafodd ef.[246]

Ambell dro er hynny, er i'r adolygydd fod yn brydlon, nid
ymddengys yr adolygiad am hir. Yr oedd fy adolygiad i ar nofel
Meurig Walters i mewn ers pum wythnos cyn iddo ymddangos, ac
yn ystod yr amser yna, fe ymddangosodd tri adolygiad ar lyfrau a
ddaethai allan o'r Wasg ar ôl y nofel honno. Un ohonynt – llyfr ar
tonic solffa, os gwelwch yn dda, ddim ond newydd ddyfod allan.
Esgus y golygydd dros hynny oedd fod ar y ffyrm newydd eisiau
hybu'r llyfr ar y tonic solffa rhag ofn na werthai!!! Dyna i chi'r
dyffryn dirmygedig y syrthiodd cyn-berchennog *Y Faner* iddo.
Ond na hidiwch, mae llawer gwell blas ar fwyd pan mae'r pres yn
brin, a phobl yn eich dirmygu. Calondid mawr i'r cyn-berchennog
ydyw, fod ynddi ddigon o asbri eto i fedru sgrifennu nofel, a bod
y syniadau yn dyfod o rywle nas gŵyr o ble. A dyna fy mhleser
bellach fydd sgrifennu am bobl – mae'r ddynoliaeth bob amser yn
ddihysbydd. Diniweidrwydd a daioni naturiol fydd nodweddion
Tegwch y Bore, a da cael troi'n ôl i'r cyfnod yna, oddi wrth bobl
gymhleth ein hoes ni yn awr.

Peidiwch â phoeni ynghylch y *Western Mail*. Arwydd dda iawn
ydyw nad oes ond un wedi cymryd sylw o'r ysgrifau hyd yn hyn,
damp squib oedd y cyfan. Yr oedd yn amlwg nad oedd ganddynt

ond y rhithyn lleiaf o dystiolaeth, ac yr oeddynt wedi crafu hwnnw
â'u hewinedd o rywle. Am y llun yn y *W. Mail* o'r dywededig
Williams, gallai hwnnw fod yn rhywun, y chi, neu fi, neu Siân,
neu Waldo, neu Stalin, neu Hitler, neu Churchill, neu George
Thomas (Pwmp y Pentre), neu David Llewelyn (o Swyddfa'r Cam-
gyhuddiadau), neu Lady Megan, neu Jim Griffiths, neu Tommy
Farr, neu Danny Kaye, &c &c &c.[247]

Sut mae'r iechyd rwan? Nid ydych yn sôn dim, ond gan eich
bod yn ŵr gwadd mewn ciniawau ac yn mynd allan i edrych am
hynafgwyr, rhaid eich bod yn well, a da iawn gennyf am hynny.
Gobeithiaf fod Siân yn well lawer hefyd. Mae fy iechyd i yn bur
dda ar hyn o bryd, ond af i'r Rhyl o hyd i gael triniaeth i'm coes.

Ie, trueni mawr oedd colli Islwyn Williams. Adwaenwn ei dad
yn well, un o'r dynion gorau y cyfarfûm ag ef erioed. Boneddwr a
Christion, dyn galluog diwylliedig a stôr o hiwmor ganddo. Do fe
wellhaodd Islwyn yn ei grefft. Diffyg meistrolaeth ar iaith oedd ei
wendid ar y cychwyn, ond fe ganfu'r ffordd i osgoi hynny, drwy
ddefnyddio tafodiaith, a'i phlethu fel y dywedwch i mewn i'w
gymeriadau ac i'w batrwm i gyd. Fe fu'n ffodus o ddyfod o hyd i'w
lwybr.

Wel, rhaid imi orffen, neu fe dybiwch fy mod yn ysgrifennu
nofel arall. Yr oedd yn dda gennyf gael gair gennych, D.J. – o
falchter calon yr wyf yn ei ateb mor fuan. Chwi gofiwch J. O.
Francis yn *The Bakehouse* yng ngenau rhyw wraig, 'Times have
changed on us all.'[248] Fe aeth yr haf yw hi bellach, nid fe ddaeth.
Ond yr wyf fi am ddal i edrych ymlaen hyd i'r diwedd.

Gyda'm cofion cynnes iawn atoch eich dau,

Kate.

O.N.

Gobeithiaf eich bod yn ddigon da i fynd ymlaen â'ch atgofion.
Ie, fi oedd yn euog o'r portread. K.

LlGC P2/39/72

138

158, Westbourne Road,
Penarth,
Morgannwg.
4 Mehefin, 1957

F'Annwyl Ddarpar Ddoctor,

Unwaith neu ddwy mewn deng mlynedd mae Prifysgol Cymru yn gwneud rhywbeth sy'n iawn, a doe y gwelais ei bod hi'n mynd i'ch gwneud chithau yn ddoctor Llên, ac ysgrifennaf i ddiolch i chi am roi anrhydedd ar y blydi brifysgol yma.

Yn wir, yn wir i chi, mae hyn wrth fy modd i ac wedi rhoi pleser imi, a gobeithiaf ei fod yn rhoi pleser hefyd i Mrs. Williams ac yn rhoi iechyd iddi. A thra bwyf yn sôn am iechyd, mawr hyderaf eich bod chithau'n dal i hybu ac yn ablach nag y buoch i sgrifennu'r ail gyfrol yna.

Does gen'i fawr o newydd. Llawer o bryderu sydd yn ein mysg ynghylch olynydd Griffith John, ofni y daw rhyw dro go gas ac y caiff rhywun arall y gadair a ddylai fynd i Jarman. Sôn y sy bod T. J. Morgan amdani ac ofn o'r herwydd. Byddai hynny'n drychineb, nid llai.

Rhoesom ni'r darlithwyr Cymraeg ginio i G.J. a Mrs. Williams yng ngwesty'r Park yr wythnos diwethaf a chael hwyl a llawen wledd a llawen chwedl. Am G.J. ei hun, mae e'n darlithio heddiw megis petai ef ar gychwyn ei yrfa yn y coleg ac y mae e'n syfrdanu'r myfyrwyr gyda'i ynni enbyd. Yr wyf innau wedi gorffen darlithio ers pythefnos – wedi gorffen am byth. Na, nid da gennyf i ddarlithio!

Byddwch wych, o ddoctor!
Saunders.

LlGC P2/38/97

139

158, Westbourne Road,
Penarth,
Morgannwg.
11 Mehefin, 1957

Annwyl D.J.,

Gair byr ar frys. Dylwn wneud un peth yn eglur i chi: y rheswm na chafodd G.J.W. radd anrhydeddus D.Litt. hyd yn hyn yw ei fod yn Athro yn y Brifysgol: ni all unrhyw Brifysgol roi gradd anrhydedd i neb sydd ar staff unrhyw goleg yn y Brifysgol honno. Mae'n weddol siwr y rhoir y radd i G.J.W. y flwyddyn nesaf. Mae'n od gynifer o bobl sydd heb ddeall hyn.

Fe welwch felly nad oes dim rheswm o gwbl pam na ddylech fwynhau'r D.Litt. cystal bob dim ag yr arferech fwynhau'r te ecstra yn y llyfrgell yn Wormwood Scrubs dro bach yn ôl. Y mae helynt Tryweryn yn peri imi feddwl mai dyletswydd rhywun yw mynd yn ôl i'r hen gartref drewllyd hwnnw. Ond, ysywaeth, mae'r ysbryd yna wedi darfod ym Mhlaid Cymru.

Fy nghofion atoch eich dau, a chofion y wraig yma hefyd,
Saunders.

LlGC P2/38/96

140

158, Westbourne Road,
Penarth,
Morgannwg.
14 Rhagfyr, 1958 [*recte*1957]

Annwyl D.J.,

Llawenydd yn wir oedd derbyn eich llythyr ac yn enwedig wedi darllen ynddo eich bod chi a Mrs. Williams gryn dipyn ar i fyny. Felly ninnau'n dau yma, yn heneiddio fel hen grys go wydn, – yn mynd fel chwip.

A chithau'n meddwl y gallwn i wneud rhywbeth i newid meddwl pobl yn Sir Fôn a Chymru a Llanrwst. Tewi yw'r gymwynas y mae Cymru yn ei gofyn gennyf i ers talwm. Wel, mi glywais gan Griffith John Williams hanes eich ymweliad brenhinol chi â'ch prifddinas i gael eich doethurio; fe fwynhaodd Griff. John y cwbl yn rhagorol ac fe farnai i chithau gael hwyl hefyd, a Mrs. Williams. Newydd hyfryd yw eich bod chi'n tynnu at orffen yr ail gyfrol o'ch atgofion; yn wir, yn wir fe fydd disgwyl mawr amdani.

Yr oeddech yn sôn am Dryweryn ac wedyn am Fôn a Birmingham. Mi gefais ginio gyda Henry Brooke ryw bedwar mis neu ragor yn ôl: hen fachgen dymunol yw ef a hynod ddiymhongar a syml. Ond mi ddywedais wrtho y byddai'n rhaid inni wneud eto fel y gwnaethom yn Llŷn oni newidiai Lerpwl ei chynlluniau. Y trwbl yw bod agwedd awdurdodau lleol Môn tuag at Birmingham yn llwyr ddinistrio pob grym moesol yn y ddadl dros arbed Tryweryn.

Mae'n ddrwg gennyf am Gwenallt. Nonsens yw ei lythyr ef yn *Y Llan*, y llythyr a gododd *Y Faner* wedyn.[249] Y mae bygwth gadael yr Eglwys am nad yw ei hesgobion hi'n Gymry Cymraeg yn diraddio crefydd. Wrth gwrs, fe ddylai'r Eglwys gael archesgob yn medru Cymraeg; ond y mae gadael yr Eglwys neu ymadael o'r Eglwys am nad yw, yn rhagdybio mai gwasanaethu dynion, y Cymry, yw swydd eglwys. Y mae'r Eglwys Gatholig yn gwbl ddi-Gymraeg yng Nghymru; damwain o eithriad yw'r Archesgob Macgrath. Mae popeth yn yr Eglwys Gatholig yn ddiflas gennyf i ond un peth, – fod ganddi, yn fy nghred i, yr offeren a roes ei sylfaenydd iddi, a thrwy hynny wasanaeth sy'n rhyngu bodd Duw. Mae'n ddirmygus gennyf i yr ysgolheigion Cymraeg sy'n mynd i'r capel oblegid bod y capeli anghydffurfiol yn cadw'r iaith Gymraeg yn fyw. I mi dyw hynny'n ddim ond cabledd dieflig, – ac y mae'n bur gyffredin. Nadolig llawen i chi. Blwyddyn newydd well o lawer i Mrs. Williams.

Ein cofion cynnes at hynny,
Saunders.

141

Y Cilgwyn
Dinbych
20 Rhagfyr 1957

Annwyl D.J. a Siân,

Diolch yn fawr am eich llythyr heddiw. Arnaf fi yr oedd llythyr
i chi, oblegid chwi gofiwch i chi sgrifennu ataf ar ôl i Jini druan
farw. Methais gael cyfle i ateb, oblegid rhwng dosbarth W.E.A. yn
y Rhyl a sgrifennu bob wythnos i'r *Faner*, nid oedd gennyf amser i
ddim. Mae hi'n oriau mân y bore arnaf yn mynd i'r gwely yn aml,
yn enwedig pan fyddaf yn cywiro llawysgrifau nofelau &c i Wasg
Gee. Ni ddaeth yr un o'r rhai a gywirais allan erbyn y Nadolig hwn
– mae hi'n strim stram strellach yno mae arnaf ofn. Gyda llaw, wrth
fynd heibio yw hynyna.

Yr oedd yn ofnadwy o dda gennyf glywed eich bod chi D.J.
gymaint yn well a'ch bod chithau Siân yn bur dda. Da clywed
hefyd fod yr atgofion yn mynd ymlaen. Dyna newydd cysurus
iawn. Diolch yn fawr am eich geiriau caredig am *Tegwch y Bore.*
Bydd yn rhaid ei hail wampio cyn ei chyhoeddi. Gan fod yr amser
yn brin, nid wyf yn gwybod beth wyf yn mynd i'w ddweud nesaf
pan ysgrifennaf bob pennod. Nid oes gennyf lawer o benodau eto.

Ni wn beth sy'n mynd i ddwad o'r *Faner* ychwaith. Ni allaf fi
weld yr ymddiriedolaeth yma yn llwyddo, ond gobeithio y gwna.
Bydd fy nghytundeb i gyda hwy yn dyfod i ben ddiwedd Mai
1959, ac ni bydd gennyf ddim wedyn ond fy mhensiwn hen bobl, a
tua digon i dalu'r dreth a llogau ar arian ar y tŷ yma yw hwnnw, ac
eto mae'r tŷ yma yn rhatach nag unrhyw dŷ y gallwn ei gael erbyn
hyn. Rŷm yn byw mewn amseroedd enbyd fel y bydd T. Huws
Davies yn dweud. Ond dyna fo, mae fy iechyd yn weddol, a gallaf
gael lle i olchi llestri yn y Seilam yma unrhyw amser.

Cyn y cyhoeddir *T. y B.* mae arnaf eisiau casglu fy atgofion
o'r *Faner* at ei gilydd. Bu'n rhaid imi adael Gwasg Gee mor
sydyn, yn gynt nag oeddwn i fod (stori ffiaidd yw honno), fel
y bu'n rhaid lluchio pob dim a oedd gennyf yn fy ystafell yno
– hen ystafell Thomas Gee – i focsus, ac fe'u rhoddwyd yn y cwt

modur. Yno y buont am flwyddyn gron, oherwydd yr helynt a gefais efo'm coes. Yr haf eleni y cefais gyfle i ddyfod â hwynt i'r tŷ a rhoi rhyw ychydig o drefn arnynt. Cefais saer i roi silffoedd mewn cwpwrdd a ddefnyddiwn fel cwpwrdd dillad, ac yno y mae'r 'files'. Ni wn a ydynt yn gyflawn ai peidio. Yn ystod y deng mlynedd y bûm yn ysgrifennu i'r *Faner* fe ysgrifennais lawer o storïau byrion hefyd – mae gennyf ddigon i wneud cyfrol. *Y Lôn Wen*[250] fydd teitl fy atgofion, nid teitl meddal ydyw, ond enw ffordd rhwng Rhosgadfan a'r Waun-fawr – ffordd a droediais gannoedd o weithiau. Gofynnech yn eich llythyr cyn hwn i ble yr aeth llyfrau Elis Dafydd. Capel Cefnddwysarn a'u cafodd yn ôl fel y deallaf. Gobeithio y gwelant werth ynddynt. Rhaid imi orffen rwan. Dymunaf Nadolig hapus i chwi eich dau a phob cysur yn y flwyddyn newydd,

a chofion cynnes,
Kate.

LlGC P2/39/75

142

158, Westbourne Road,
Penarth,
Morgannwg.
11 Mai, 1958

Fy Annwyl D.J.,

Yr oedd gweld eich llawysgrif ar amlen llythyr yn hyfryd iawn, yn enwedig felly o ddeall hefyd eich bod yn weddol eich iechyd a Mrs. Williams hithau. Ac yr ydych yn ymroi i orffen yr ail gyfrol, – mae hynny'n newydd i godi calon dyn yn llon odiaeth y dyddiau yma. Yr unig beth newydd da yn y Gymraeg a ddarllenais i ers blwyddyn yw *Cofiant Idwal* gan Wenallt.[251] Y mae'n odidog o lyfr, ac arwydd o ddirywiad dychrynllyd y Wasg Gymraeg yw nad oes neb eto – a welais i – wedi ei adolygu na sôn amdano; ond dyma lyfr rhyddiaith gorau Gwenallt ac y mae'n gyfraniad pwysig i'n llenyddiaeth ni, cyfraniad go fawr yn wir.

A glywsoch chi'r gwcw'n canu eleni? Dyw deunod y gog
ddim wedi bod ar gyfyl Penarth a dyma hi'n tynnu at ganol Mai.
Llynedd fe fagodd Marged a minnau geiliog bronfraith a gipiwyd
o safn cath yn gyw bach bach heb agor ei lygaid. Cawsom hwyl
anghyffredin yn ei feithrin a'i godi a heddiw mae yntau wedi
cymryd iâr yn bartner ac y mae'n canu'n bersain iddi yn ein gardd
ni. Mi sgrifennaf hanes magu'r fronfraith rywdro, dysgu iddi
hedfan, dysgu iddi afael mewn cangen pren, dysgu iddi gyfathrachu
ag adar eraill, a mynd allan i'r ardd pan fyddai hi'n nosi a galw'r
fronfraith, a hithau'n disgyn ar f'ysgwydd i neu fy mhen i a mynd
yn ôl i'r tŷ am y nos – nes dyfod adeg na ddôi hi ddim i mewn i
gysgu ond aros allan a dod ein gweld ni i frecwast.

Fy nghofion atoch eich dau yn gu,
Saunders.

LlGC P2/38/98

143

49, High Street,
Abergwaun.
6 Hydref, 1958

Annwyl Saunders,

Rwyf wedi bod yn mofyn sgrifennu atoch dan lawer cymhelliad
ers tro; ond rhyw fân rwystrau neu ddiffyg hwyl yn dod ar y ffordd
o hyd.

Wel, gobeithio eich bod a Mrs. Saunders a Mair a'r teulu mewn
hwyl dda o hyd. Rŷm ninnau yn weddol bach yn awr er i Siân fod
yn bur sâl yn ystod yr ychydig amser y buom ar wyliau ym Mhorth
Madog ryw bythefnos yn ôl – bron hanner yr amser yn y gwely
– ffliw a rhyw anhwylderau eraill. Mae'n well dipyn yn awr, drwy
drugaredd.

Yn ystod fy amser ym Mhorth Madog, cefais un profiad tra
diddorol, ac a fydd o ddiddordeb hefyd i chithau, mi gredaf. Mi
euthum un diwrnod, gan adael Siân adre'n sâl druan, yng nghar
mab-yng-nghyfraith John Evans y Prifardd a'i ferch sy'n byw ym

Mhorth Madog yn awr, wedi ymddeol o'r ysgol, drwy faes eang yr
erodrom ym Mhenyberth – cabanau'r awyrlu erbyn hyn wedi eu
troi yn llety'r Pwyliaid, a'r maes eang, gannoedd o erwau gwastad
o dir da, yn awr o dan gnydiau o wair a llafur, ond bod y cyfan
wedi diodde'n ddrwg gan y tywydd. Diddorol oedd mynd trwyddo
ar y ffordd i lawr hyd drwyn eithaf Llŷn, ac yn ôl drachefn dros y
gefnen ogleddol iddo a cheisio dyfalu o ble yn union yr aethom
i mewn iddo dan arweiniad y Cyfarwydd. Ond methais yn lân â
boddloni fy hun fy mod i'n sicr o'r fan – a'r bys clytiog, gwaedlyd
hwnnw yn dipyn o niwsans i mi fel y cofiaf yn dda ar achlysur mor
bwysig. Bûm ym Mhwllheli hefyd ac atgofion byw am fwy nag
un peth yn dod i'm meddwl yno. Collais yr hat smarta a fu genny'
erioed (Sidney Heath a'i Frawd) yn y cwrdd cynhyrfus hwnnw ar
y maes. Yr olwg olaf a ges i arni oedd gweld ei chicio o gwmpas
cyrrau'r dorf, – rhyw glorwth mawr pengrych o ŵr wedi cydio
ynof gerfydd fy nhraed a'm cario allan i'r man diogel hwnnw, a
minnau'n gwneud fy ngorau i'w dagu yntau ar y daith. Cydiodd
dau blismon ynof wedyn a'm rhwystro am dipyn i fynd yn ôl.

Ie, lle atgofus yw Pwllheli rhwng popeth. Cofio am y tri ohonom
dan escort y plismyn yn dod allan wedi'r llys, a chithau'r creadur bach
cŵl eich pen yn ein cael ni'n ddiogel i mewn i'r car, ac yn llwyddo i'w
gychwyn yn ddiogel yng nghanol anifeiliaid Effesus. Ond dyna, rhaid
ei gadael hi fan 'na, – dwy flynedd ar hugain a mis i nos yfory, Hyd.
7/8, '58 [*sic*][252] y digwyddodd hynny.

Wel, Saunders, llongyfarchion diffuant i chi ar eich llwyddiant
mawr yn nrama *Brad* yng Nglyn Ebwy,[253] ac yn gymaint â dim ar
eich araith fawr gymysg y derbyniad iddi yn yr Eisteddfod ei hun.
Godidog o eiriau yn wir, yn mynegi fy nheimladau i o'r cychwyn
ar fusnes y pwerdai atomig yma: a'r un yw fy syniadau i'n hollol
ar yr halogi ellyllaidd ar degwch anghyffredin Aber Dau Gleddau
yn y Sir hon. Ond ni waeth ceisio cadw tonnau'r môr yn ôl na'u
rhwystro yma ...[254]

Mae gennyf un peth arall hefyd y dylaswn fod wedi sgrifennu
atoch ers peth amser. Yn ddiweddar, fel y gwyddoch yn fwy na

thebyg, fe ysgrifennodd y Dr. Noëlle Davies atgofion personol am
y Dr. D. J. Davies a hithau dan y teitl 'Some memories of Our
Life Together' ac anfonodd gopi ohono i fi, yng ngwir haelioni ei
hysbryd.[255] Rown i mewn llythyr o gydymdeimlad â hi adeg marw
ei phriod druan, wedi mentro awgrymu iddi, fel y person mwyaf
addas o ddigon, i sgrifennu Cofiant iddo, gan y rhoddai hynny
gyfle iddi fel un o'r tu allan i roi hanes Plaid Cymru. Y Dr. Noëlle
yn sicr, debygwn i, yw'r enaid mwyaf o'r tu allan i Gymru a ddaeth
atom erioed, – gyda phob parch i Lady Charlotte Guest a Lady
Llanover ac eraill. Mewn ateb i'm hawgrym dywedodd na allai hi
sgrifennu Cofiant i'w phriod, ond efallai, os câi hi nerth ac iechyd,
y ceisiai hi sgrifennu dipyn o'i hatgofion gyda'i gilydd ym Mhant y
Beiliau.

A dyma hi wedi cyflawni ei bwriad. Ac i mi dyma un o'r pethau
mwyaf arwrol ac ysbrydoledig a ddarllenais erioed. Nid oes ynddo
unrhyw gais i fod yn llenyddol wych o gwbl – ond dogfen syml o
gydweithio cywir, diball, di-ildio dros Gymru ydyw. – rhyddieithol a
dyddiadurol mewn mannau, yn enwedig y rhannau olaf.

Awgrymais iddi wedi ei ddarllen yn fanwl, bob yn ddarn gyda
Siân, ei gyhoeddi yn hollol fel y mae, heb newid iod arno, – gan
mai ei symlrwydd diorchest ydoedd ei gamp a'i rym pennaf.

Cefais lythyr oddi wrthi wedyn yn ofni fy mod i yn rhy
ragfarnllyd o'i phlaid hi a'i phriod, ac yn rhoi rhyddid i fi, os
mynnwn, i'w ddangos i ryw gyfaill mwy di-duedd na fi i gael ei
farn arno.

Meddyliais ar unwaith amdanoch chi fel yr union ŵr a allai roi
barn o'r fath arno. (Gyda llaw, y mae yma aml gyfeiriad caredig
atoch chi'n bersonol ynddo.)

Os nad ŷch chi yn rhy enbyd o brysur y dyddiau yma, Saunders
– mae'n weddol hir, 87 tud. ffwlscap – a gaf i eich caniatâd caredig
chi i'w anfon ymlaen i chi? Fe fyddai'r Dr. Noëlle, mi wn, yn
rhyfeddol o falch o gael eich barn chi arno. Ac fe amgaewn ei
llythyr olaf hi ataf ar y pen hefyd, sy'n rhoi'r pros & cons yn hynod
gytbwys parthed ei gyhoeddi fel y mae.

I arbed trafferth i chi ynte, – os na chlywaf yn wahanol oddi wrthych o fewn rhyw wythnos neu debyg – fe'i hanfonaf ymlaen i chi.

Mae'n ddrwg gennyf eich poeni fel hyn ynghanol eich prysurdeb arferol, – ond mi gredaf, yn sicr, y cewch chi a Mrs. Lewis wledd ysbrydol ryfeddol wrth ei ddarllen fel a gafodd Siân a finnau.

Gyda chofion cynnes iawn at y ddau ohonoch, oddi wrthym ni yma,

D.J.

LlGC MS 22725E Llythyrau at Saunders Lewis 209

144

158, Westbourne Road,
Penarth,
Morgannwg.
7 Hydref, 1958.

Annwyl D.J.,

Daeth eich llythyr heddiw a mawr iawn fy mhleser ynddo a thrwyddo. Mae'n profi eich bod chi'ch hunan yn well, ac yn dweud fod Mrs. Williams hithau'n mendio. Yr wyf innau, a Margaret, yn llawenhau o'r herwydd.

A diddorol angerddol i mi oedd hanes eich ymweliad â Llŷn a'r bröydd y buom ni'n ymwneud â hwynt. Fûm i ddim yn agos i'r ardal fyth er hynny, ac eto i gyd mi allwn, mi gredaf, heddiw fynd â chi at y fan yng ngwaelod y lôn lle y gadawsom y car a throi'n syth i'r dde, wedyn dros y cae a'r perthi hyd at y bryncyn hir sy'n edrych i lawr ar y gwastadedd a losgwyd. Yr oeddwn i wedi bwrw nosweithiau yno o flaen llaw er mwyn bod yn siwr o'r ffordd. Mae arna' i ofn na chydsyniai Margaret ddim mor barod yn yr oed sydd arnom heddiw imi wneud yn debyg yn ardal Tryweryn. A dyna a ddymunwn i ei wneud petawn rydd o ofalon. Ond nis gwnaf, – na llywyddu fyth eto yn yr Eisteddfod Genedlaethol chwaith. Ond yr oedd yn ddyletswydd arnaf ddweud yr hyn a ddywedais i yng Nglyn Ebwy, a dyna'r unig reswm y derbyniais y gwahoddiad, – nage, nid yr unig reswm; yr oedd arnaf flys am ei ddweud.

Ar bob cyfrif anfonwch ataf Atgofion Mrs. Noelle Davies, os bodlon hi. Bydd yn hyfryd eu darllen; mae gennyf innau barch dwfn iddi hi.

Fy nghofion atoch yn gu iawn a brysied Mrs. Williams i wella'n llwyr,

Saunders.

LlGC P2/38/99

145

49, High Street,
Abergwaun.
7 Rhagfyr, 1958

Annwyl Kate,

Wel, shwd ŷch chi ers llawer dydd? Yn dda iawn, gobeithio, o ran iechyd corff ac ysbryd, a'r Awen wir o hyd yn parhau i'ch cyffroi chi. Gwelwn eich gwaith yn awr ac eilwaith yn y papurau, ond nid mor aml â chynt pan oedd y *Faner* yn llwyr o dan eich gofal chi, a chlywed hefyd eich bod chi wedi bod yn teledu rai troeon, – ond heb eich gweld ein hunain gan nad oes gennym set. Nid yw'r I.T.V. yn gweithio y ffordd hon, hyd yn hyn. Dywedodd Cassie Davies wrthyf, gyda llaw, i chi wneud yn rhagorol iawn ym Mhont Cana[256] ryw ychydig cyn i fi fod yno.

Ond beth am y gwaith creadigol gennych chi y misoedd diwethaf yma? A ydyw'r stori yna am ddyddiau Coleg a bore oes a ddechreuodd mor rhagorol yn *Y Faner* wedi ei gorffen erbyn hyn, wn i. Gobeithio'n wir y ceir honna'n gyflawn mewn llyfr yn fuan, fuan. Yn sicr, ni fu sgrifennu cymaint o lyfrau Cymraeg, yn rhyddiaith a barddoniaeth dda, ers tro byd gallwn feddwl. Ac arwydd dda yw'r cyfan hyn. Ac y mae cryn gyffro yn y byd Cymreig i gyd, y dyddiau hyn – . Rhaglan a'i stynts;[257] Huw T. Edwards yn gwneud strôc wych drwy ymddeol o'r Cyngor ofer ei gynghorion,[258] a'r A.S.'au Cymreig mewn gwewyr esgor poenus ar wynt Gwynfor yn America wedi gwneud argraff ragorol iawn hefyd yn ôl pob hanes.[259]

Cofiaf pan aeth De Valera ar y slei, na ŵyr neb sut, i'r America, adeg y trwbwl, iddo ddod yn ôl oddi wrth ei gymrodyr â'r swm fach deidi o £1½ miliwn. Wn i a ddaw Gwynfor â cheiniog a dimai yn ôl oddi wrth ei gymrodyr ef, – er yr argraff dda a wnaeth arnynt. Gobeithio'n wir iddo gael tipyn yno ar gyfer yr Etholiad nesaf yma. Mae tynged Cymru yn dibynnu ar y modd y gwna'r Blaid y tro hwn rwy'n deimlo.

A newid y testun ynte, – mae'n dda genny' ddweud wrthych fy mod i wedi gorffen y llyfr tragwyddol yma yr wyf wedi bod wrtho ers pedair neu bum mlynedd bellach – salwch Siân yn gyntaf, a'm salwch innau wedyn, yn arafu cymaint ar fy arafwch cynhenid i wrthi. Do fe'i gorffennais yr wythnos hon, diolch i'r nefoedd am hynny. Bydd dipyn go dda yn hwy na *Hen Dŷ Ffarm* – er gwell neu er gwaeth!

A fyddwch chi yn y Pwyllgor Gwaith sy'n debyg o fod yn Aberystwyth tua dechrau'r flwyddyn wn i, – wedi i Gwynfor gael ei anadl ato. Rwy'n gobeithio bod yno, gan fod fy iechyd dipyn mawr yn well nag y bu, drwy drugaredd, a Siân yn weddol bach dyddiau hyn hefyd. Gan ddymuno i chi bob peth da am y Nadolig, a'r Flwyddyn nesaf, a chyda'n cofion cywiraf ni'n dau,

Yn ddiffuant,

Siân a D.J.

LlGC Kate Roberts 1145

146

Y Cilgwyn,
Dinbych.
2 Rhagfyr, 1958

Annwyl D.J.,

Diolch yn fawr iawn am eich llythyr y dydd o'r blaen. Bûm yn disgwyl amdano ers agos i flwyddyn.

Y newydd gorau ynddo yw fod eich iechyd yn well, ac yn ail i hynny eich bod wedi gorffen eich ail gyfrol o atgofion.

Buddugoliaeth fawr yn sicr yw gorffen cyfrol, ac edrychaf ymlaen at ei darllen.

Nid wyf fi yn ysgrifennu llawer y dyddiau hyn gan brysured wyf gyda phethau eraill. Rhoes Rhydwen Williams gynnig i mi fynd ar I.T.V. unwaith bob pythefnos,[260] ac nid oeddwn am ei wrthod gan fod pris pob dim yn codi, ac eisiau arnaf baentio'r tŷ y tu allan. Yr oedd llwyr angen ei wneud gan na chafodd baent ers blynyddoedd lawer. Cefais fil am £107 er mai £60 i £70 oedd yr amcangyfrif a gefais. Digwydd hynyna o hyd ac o hyd; am fy mod yn wraig weddw a neb yn gefn imi.

Hefyd yr oedd gennyf lawer o ddarlithiau achlysurol y gaeaf hwn, y dyddiadau wedi eu rhoi cyn cael yr ymrwymiad ar y teledu, a bûm yn crwydro hwnt ac yma rhwng Gogledd a De. Canlyniad hyn i gyd oedd imi fod yn bur wael. Nid af i fanylu, cefais X- ray ddydd Mercher diwethaf, ond ni chefais y canlyniad eto.

A ddoe cefais newydd a'm gwnaeth yn waeth o lawer. Mae fy mrawd yn Lerpwl yn wael iawn. Credaf i chwi gyfarfod ag ef yn Rhosgadfan, neu ei ferch Eirian a fu gyda'r plant cadw tua Sir Frycheiniog. Mae fy mrawd yn cwyno ers blynyddoedd gyda bronchitis, a gwaethygodd yn raddol. Erbyn hyn effeithiodd ar ei galon. Ef a minnau yw'r unig rai sy'n fyw o wyth o blant erbyn hyn, a byddaf yn mynd yn lled aml i Lerpwl atynt. Collais fy chwaer hynaf (hanner chwaer) yr wythnos eira honno ym mis Ionawr. Yr oedd hi mewn oed mawr ac wedi cael diwedd oes hapus, er iddi gael profedigaeth fawr yn 1912, pan laddwyd ei gŵr yn y chwarel, y Sadwrn cyn y Nadolig.

Bydd gennyf lai o waith ddechrau'r flwyddyn mi obeithiaf – a gofynnodd Gwasg Gee imi hel fy atgofion at ei gilydd i'w cyhoeddi. Bydd tipyn o waith trefnu arnynt. Fe orffennais y nofel *Tegwch y Bore* yn *Y Faner* ond mae'n rhaid ail wampio honno i gyd. Bydd gennyf stori fer yn y rhifyn Nadolig hwn o'r *Faner*. Yn fy marn fach i, mae hi'n astudiaeth lwyddiannus o eneth a faged ar aelwyd lân barchus, a geneth hŷn a faged ar aelwyd amharchus (ciari-dym), oherwydd iddi golli ei mam.[261]

Mae'r rhegfeydd ynddi braidd yn ofnadwy. Ond dyna fo, os

ciari-dym, iaith ciari-dym, heb wastraffu gormod ar y rhegfeydd.

Oes, mae golwg well ar bethau yng Nghymru. Bûm yng nghyfarfod agor Ysgol Eilradd Gymraeg Glan Clwyd, Y Rhyl, ddydd Gwener, ac yr oedd yn ysbrydiaeth cael bod yno. Gresyn na allesid cael y Rhaglan yno i weld a chlywed y rhaglen, a'i hoelio ar y llwyfan a dau blisman o boptu iddo. Dyna paham y cymerais i ysgrifenyddiaeth mudiad Ysgol Gymraeg i Ddinbych – bûm yn brysur gyda hynny, ond fe ddaw hynny i ben yn fuan, gyda llwyddiant mi obeithiaf.[262]

Na, ni chefais i hwyl o gwbl ar raglen y *Gŵr Gwadd* er bod Cassie yn garedig iawn yn dweud hynny. Nid oedd hi yno, a theimlwn y buasai'r cwestiynau yn well o lawer petasai hi yno. Yn wir, deuai pobl Dinbych ataf i gydymdeimlo â mi oherwydd bod y cwestiynau yn annheg.

Nid wyf fi ar bwyllgor gwaith y Blaid ers blynyddoedd lawer iawn, felly nid oes siawns i mi gael cwrdd â chwi i gael sgwrs.

Gyda llaw, ni chlywais ac ni welais chwi yn *Gŵr Gwadd* – nid oes gennyf set deledu, ac nid yw yn fy mwriad brynu un nes af i'r gongl.[263]

Rhaid imi orffen rwan. Gobeithiaf fod Siân hithau yn well ei hiechyd nag y bu. Dymunaf i chwi eich dau Nadolig dedwydd iawn a Blwyddyn Newydd dda iawn ymhob ystyr.

Gyda'm cofion cynnes atoch eich dau,
Kate.

LlGC P2/39/76

147

Aberporth megis o'r Bristol Trader,
Abergwaun.
6 Ebrill, 1959

Annwyl Kate,

Dylaswn fod wedi anfon atoch ers tro i ddiolch i chi yn gywir iawn am *Te yn y Grug*[264] gyda Begw, Winnie Ffinni Hadog, a Mair. Mewn gwirionedd, Kate, mae gennych chi ddawn ryfeddol

i fynd i mewn i seicoleg plentyn a gweld y manion dyrys sy'n
dryfrith mor fyw yno. Rown i'n mwynhau y rhain yn rhyfedd
a'r eirfa werinaidd gyfoethog sydd drwy'r llyfr, – a hefyd y
caredigrwydd mawr sydd yn waelod i nifer o'r cymeriadau er
gwaetha'r straen o gasineb a chaledi sy'n brigo i'r wyneb mor
amlwg yn y lleill; mwy felly, o dipyn, rwy'n deimlo, nag a geir yn
eich storïau cynharach. Ond y mae plant gymaint yn fwy gonest
ac agored yn eu teimladau na phobl hŷn. Ac y mae'r gonestrwydd
amrwd hwn, os caf ei osod felly, yn gwneud y cymeriadau hyn i
gyd mor ddiangof o fyw. Gwn mai fy nhuedd barod i yw rhyw
feddalwch merfaidd at fy nghymeriadau, yn gymaint felly fel y
dywedodd Saunders wrthyf un tro fod rhai o'm storïau duwiolaidd
i 'yn codi cyfog' arno ef. Dyna i chi feirniadaeth ofnadw ar
waith dyn, ynte! Atebais innau'r feirniadaeth yn y llythyr byrraf a
sgrifennais erioed, – 'Damo chi, Saunders.'

Oedais cyhyd cyn gallu sgrifennu atoch oherwydd fy awydd i
orffen y 'corff y farwolaeth' o lyfr yna a'i gael yn barod i'r wasg
o'r diwedd. Daeth Siân a fi yma i Aberporth am ychydig o wyliau
ddydd Iau diwethaf, a'r llawysgrif gennyf, a daeth Edward Lewis
Llandysil[265] draw i'w gyrchu nos Sadwrn, er mawr ollyngdod i fi
i'w gael o'r golwg bellach, gan nad beth fydd ymateb y 'cioedd'
(gair Sir Benfro) i'r gymysgfa o ugain mlynedd a geir ynddo.
Credaf fod ynddo rai pethau, os nad wyf wedi gor-wneud hynny,
a all fod o les i'r Blaid ar gyfer yr Etholiad; ac y mae'r Wasg am ei
gyhoeddi erbyn Eisteddfod Caernarfon.[266]

Bûm ym Mhwyllgor Gwaith y Blaid, ran ohono brynhawn
a nos Wener diwethaf, – pwyllgor llawn a da iawn debygwn i.
Trafod a llongyfarch 'Radio Wales' – strôc dda eithriadol yn sicr,
– a thrafod datganiad Gwynfor ar Dryweryn.[267]

Na, mae Gwynfor yn wladweinydd go fawr yn ôl fy marn i.
Rhaid cofio'r defnyddiau rhyfeddol o frau sydd ganddo i weithio
arnynt yng Nghymru yma, – llwfrdra canrifoedd yng ngwaed
y bobl a'r holl gyfryngau propaganda bron yn nwylo Lloegr a'r
Llywodraeth. Clywn yn y Pwyllgor Gwaith mai o'r braidd y
gallwyd pasio penderfyniad yn gofyn am donfedd deledu i Gymru

drwy Gyngor Sir Meirion yn ddiweddar oherwydd dadleuai Cadfan Jones a'i gyd-Sosialwyr mai propaganda gwleidyddol Plaid Cymru oedd y cyfan! Dyna'r math o beth a barodd i Saunders roi heibio ei arweinyddiaeth ef. Parthed Tryweryn, hyd yma, mae'r cyfan wedi bod mor annelwig ac ar wasgar fel na ellid gwneud dim yn ymarferol yno, hyd yma, fel gwrthwynebiad. Ac y mae Cyngor Sir Meirion a Chyngor Tref y Bala wedi darfod fel niwl i raddau pell iawn erbyn hyn, gallwn feddwl.[268]

Mae fy iechyd i, heblaw fy oed, erbyn hyn ysywaeth, wedi ei gwneud hi'n amhosib i mi gymryd rhan yn gorfforol yn y gwrthwynebu; ac o ganlyniad nid wyf i'n teimlo fod gennyf i hawl i siarad. Yn ôl y papurau ddydd Gwener diwethaf mae'r cychwyn ar y gwaith yn Nhryweryn wedi ei ohirio hyd ddiwedd y flwyddyn hon; a bydd yr Etholiad drosodd erbyn hynny. Ond hyd y deallaf bethau fe fydd yno weithredu gan y Blaid pan ddaw'r adeg.

Mae gennym ni arweinwyr o ddewrder a gweledigaeth yng Nghymru. Rhaid i'r genhedlaeth hon ei disgyblu ei hun i dderbyn yr arweiniad neu fe fydd ar ben arnom.[269]

Gyda'n cofion gorau ni'n dau,

D.J.

LIGC Kate Roberts 1174

148

158, Westbourne Road,
Penarth,
Morgannwg.
29 Gorffennaf, 1959

Annwyl D.J.,

Amheuthun oedd gweld eich llawysgrif ar amlen llythyr y bore 'ma. Gwell na hynny oedd clywed eich bod yn well eich iechyd ac wedi gorffen yr ail gyfrol ers tro. Yr unig gwmwl ar nefoedd eich llythyr oedd y newydd mai symol oedd Mrs. Williams. Ein cofion ni ati'n gynnes a gobeithio y daw hithau'n raddol dros y gwendid; gwendid ar y galon yw blood pressure hefyd, mae'n debyg.

Gorffwys a pheidio â gorweithio yw'r unig foddion at ei wella.

Mae Margaret yma yn weddol iawn a minnau o hyd yn
gywilyddus o iach. Newydd ddychwelyd o Loegr fel Manawydan
gynt.[270] Aethom yn y car i Swydd Gaint, aros yng Nghaer
Gaint, yn Rye, wedyn, ar y ffordd yn ôl, yn Salisbury, a gerllaw
Stonehenge. Sychter a gwres haul yr holl ffordd am wythnos a
diwrnod. Ond mae arnaf i hiraeth am fynd i'r Eidal ac i Ffrainc eto,
ac yn wir rwy'n rhyw amcanu mynd i'r ddwy wlad yn yr hydref
neu'r gwanwyn nesaf: nid af yno yr haf gan na welir odid ddim
ond siarabanciau'r Saeson a'r Americanwyr yn lluchio llwch dros
bobman bellach.

Welais i mo Val ers blynyddoedd, na chlywed gair oddi wrtho.
Mae'n dda clywed na lwyr anghofiodd o mono fi.

Do, mi orffennais ddrama arall ac y mae hi eisoes wedi ei rhoi
ar dâp gan y B.B.C., gyda Siân Phillips, Clifford Evans, Meredith
Edwards, Glanffrwd James a Wyn Thomas yn actorion. Stori
Esther o'r Beibl yw hi, ond Iddewon yr Almaen a Hitler yw ei
gwir gymeriadau hi, a Haman yn cynrychioli Hitleriaeth.[271] Fe
fydd hi'n cael ei darlledu tua'r hydref. Ond cyn hynny byddaf ond
odid yn darllen eich ail gyfrol chi, ac y mae hynny'n anhraethol
bwysicach digwyddiad. Pan ddaw'r etholiad, peidiwch, da chi, â
mynd ati i weithio a chanfasio dros Waldo. Gadewch y pethau yna
i bobl iau mwyach neu mi orffennwch eich gyrfa yn rhy sydyn
orfoleddus. Heblaw hynny, ar ôl Tryweryn, y peth gorau y geill
y Blaid ei wneud yw diflannu'n dawel. Fel y dywedodd erthygl
flaen y *Ddraig Goch* dro'n ôl: 'Nid Gwyddelod ydym ni.' A dyna
feddargraff y Blaid.

Fy nghofion gwresog iawn,
Saunders.

LlGC P2/38/101

149

Y Cilgwyn,
Dinbych.
21 Awst, 1959

Annwyl D.J. a Siân,

Mae arnaf lythyr i chi ers talwm iawn. Buoch yn garedig iawn wrth ysgrifennu ataf i ganmol *Modryb a Nith*, ac yr oeddwn mor falch o gael eich llythyr. Yr oedd Meic *Y Cymro* wedi bod mor annheg, ond credaf mai'r un yw ef â Daniel *Y Faner*, ac os felly, ni ddylwn gymryd sylw ohono.[272] Rhwng y ddrama-gyfres yna, cynhyrchu anterliwt, beirniadu 61 o storïau byrion i Gaernarfon, cyfieithu i'r Bwrdd Nwy, a hwnnw ddengwaith hwy nag arfer oherwydd eu bod yn dathlu eu penblwydd yn ddeg oed, bûm yn brysur iawn hyd o fewn wythnos i'r Ysgol Haf. Bu'r anterliwt yng Ngŵyl yr Urdd yn llwyddiant mawr. Chwaraewyd hi yn Neuadd y Dref ac ar gae wrth ymyl hen sgubor ar Sadwrn braf yng nghanol holl ogoniant Dyffryn Clwyd, a'r gynulleidfa yn eistedd ar feinciau, y cwmni yn chwarae ar wagen, a phawb yn eu mwynhau eu hunain.

Bu'n rhaid gadael y tŷ y gwanwyn hwn, a rwan mae'r paentiwr yma yn paentio tipyn.

Gan na chefais amser i ateb eich llythyr cyn mynd i'r Ysgol Haf, meddyliais y cawn sgrifennu llythyr hir i chwi wedi dyfod yn ôl a rhoi hanes yr Ysgol a'r Eisteddfod. Ond digwyddodd peth chwerw iawn i mi. Euthum i Langefni brynhawn ddydd Gwener yn hapus ddigon, a chefais y cyfarfod a'r swper croeso nos Wener. Yna, pan oeddwn ar ginio yn yr ysgol ddydd Sadwrn, daeth gair yn dweud fod ar rywun eisiau fy ngweld yn y neuadd. Roedd y newydd wedi cyrraedd Swyddfa'r Plismyn yn Llangefni fod fy mrawd wedi marw'n sydyn y bore hwnnw yn Lerpwl. Nid oeddwn yn dychmygu y gallai'r fath beth ddigwydd. Bu'n dioddef oddi wrth y bronchitis ers blynyddoedd, yn waeth yn y gaeaf ac yn hybu at yr haf. Cafodd bwl drwg iawn y Nadolig dwaetha, ond yr oedd yn well yr haf hwn na haf y llynedd, ac nid dyna oedd achos ei farw eithr thrombosis. Cawswn air oddi wrthynt rhyw dridiau cyn hynny yn dweud eu bod fel arfer, ac yn methu penderfynu

a dderbynient gynnig gan ffrind i gymryd eu tŷ am bythefnos yn
Abergynolwyn. Y fi'n unig sy'n aros o deulu lled fawr, ac er pan
gollais fy mrodyr eraill byddwn yn mynd i Lerpwl yn aml ac yn
edrych ar y brawd yma fel edefyn i afael ynddo rhag imi suddo. Fe
effeithiodd yr ysgytwad yn fawr arnaf, a bûm yn bur wachul byth,
ond yr wyf yn cysgu'n well erbyn hyn. Mae'n amser lledchwith,
mis Awst, a'm cyfeillion i ffwrdd ar eu gwyliau. Ond mae rhai
pobl reit garedig wrthyf. Daeth Dr. D. Alun Jones (Ymgeisydd y
Blaid yn Sir Ddinbych) yma i'm nôl nos Fercher i'w dŷ, a dyna le'r
oedd pump o fechgyn ifainc, myfyrwyr &c, a fuasai drwy'r dydd a'r
deuddydd cynt, yn gweithio dros y Blaid yn yr ardaloedd cyfagos
efo fan a chorn siarad. Cawsom swper da a sgwrsio deallus wedyn.
Yr oedd yn amheuthun cael cwmni pobl ifainc tebyg iddynt.
Gwnaeth les mawr i mi.

Fe gyfarfuoch chi D.J. â'm brawd pan fuoch yn fy nghartref
yn 1943 adeg Ysgol Haf Caernarfon. Yr oedd ei ddwy ferch a'i
wraig yno hefyd os cofiaf. Yr oedd un ohonynt gyda phlant cadw o
Lerpwl ym Meulah (Sir Frycheiniog?).

Maddeuwch i mi am y tro os peidiaf â sôn am bethau eraill yn
eich llythyr. Fe âi'n rhy hir petawn i'n dechrau sôn am Gyngor
yr Eisteddfod a'r Frenhines. Diau i chi gael yr hanes gan Mr. a
Mrs. G. J. Williams. Da iawn oedd gennyf glywed ganddynt hwy
hefyd eich bod chi'n edrych mor dda. Dyna newydd da yn wir. Fe
hoffwn yn fawr eich gweld eich dau. Byddaf yn gweld Mr. a Mrs.
G.J.W. yn weddol aml, os byddant yn dyfod i Gerrig-y-drudion, a
mawr yw'r mwynhad a gaf yn eu cwmni.

Mae Emyr Humphreys wedi gofyn i mi sgrifennu drama
deledu, ond ni roddais ateb pendant eto gan nad oes gennyf yr
un syniad yn fy mhen. Ond os caf un, fe af i ffwrdd i rywle i'w
hysgrifennu. Ni wnaf eto geisio gwneud yr hyn a wneuthum yr
adeg yr ysgrifennais *Modryb a Nith*, ceisio cadw tŷ, gwneud bwyd
ac ysgrifennu.

Gyda llawer iawn o ddiolch a'm cofion cynnes,
Kate.

150

158, Westbourne Road,
Penarth,
Morgannwg.
21 Tachwedd, 1959

Annwyl D.J.,

Wele fi'n setlo i lawr yn barchus ar brynhawn Sadwrn i ateb
eich llythyr chi. Dywedaf yn gyntaf – er mwyn cadw at gyfreithiau
moes – fod eich llythyr yn dra derbyniol (1) am ei fod yn
dystiolaeth eich bod yn bur dda eich iechyd, (2) am ei fod yn llawn
sebon ynglŷn ag *Esther* ac felly'n rhoi pleser i mi fel grwndi cath,
(3) am fod ynddo addewid am y gyfrol y bûm yn hir aros amdani.
Hwrê, gan hynny.

Chlywais i mo *Esther.* Yr oeddwn i allan mewn cinio preifat
i H. T. Edwards. Tair wythnos yn ôl cefais wahoddiad go
daer gan Henry Brooke i fynd ar y Cyngor newydd i Gymru.
Gwrthodais – er fy mod braidd yn ffrindiau personol â Brooke
– gan ddweud wrtho y byddai derbyn ei wahoddiad yn annheg â
Huw T. Edwards, a'm bod i o hyd yn cefnogi ei weithred ef yn
ymddiswyddo o fod yn gadeirydd y Cyngor oblegid agwedd y
Llywodraeth tuag ato a thuag at Gymru. Cefais ateb gan Brooke
yn cydnabod y safbwynt ond yn dadlau fod sefyllfa'r Cyngor wedi
newid er pan ymddiswyddodd H.T.E., ac yn dweud wrthyf y
byddai croeso imi i fynd ar y Cyngor unrhyw adeg ond rhoi gair o
awgrym iddo.[273]

Felly fe welwch, Dai, nad chi yw'r unig un sy'n ceisio fy
nhemtio yn ôl i fywyd cyhoeddus yng Nghymru. Gwnes eisoes
un camgymeriad – cael fy nhemtio yn ôl i'r Brifysgol. Ond nid
af yn ôl at waith ym Mhlaid Cymru. Ddaru chi feddwl am funud
be' fyddai'r canlyniad pes gwnawn? Mi fyddai'n draed moch, – a
heblaw hynny, yr wyf yn rhy hen ac wedi pellàu ormod, a'r Blaid
hithau wedi symud ymhell iawn oddi wrth yr egwyddorion a
osodais i iddi. Fe'm syrffedwyd i gan agwedd arweinwyr y Blaid
tuag at orsaf atomig Trawsfynydd.[274] Na, nid af yn ôl at waith
politicaidd na hyd yn oed at ysgrifennu politicaidd. Ni ddywedaf
air yn gyhoeddus am frad Tryweryn, er imi rai misoedd yn ôl

feddwl o ddifri am dorri hyd yn oed gysylltiad mewn enw â'r Blaid ar gyfrif hynny.

Gobeithio i'r nefoedd nad oes sŵn chwerwi yn fy ngeiriau. Nid wyf yn chwerw. Ond yr wyf yn gwbl argyhoeddedig nad oes dim lle imi o gwbl i wneud dim mwyach yng Nghymru. Trwy lwc gallaf ddarllen llyfrau newydd a hen, gallaf ymhyfrydu yn llwyddiant Emyr Humphreys[275] a John Gwilym Jones[276] a'r bechgyn ifainc a'r *Chwech ar Hugain Oed*, ac y mae gennyf lawer o ffrindiau ymhlith peintwyr Caerdydd a'r cylch, ac y mae'r B.B.C. o bryd i'w gilydd yn gofyn am ddrama.

Nid ydych yn dweud sut mae Mrs. Williams ac felly mentraf dybio ei bod hithau'n weddol. Mae Margaret yma mewn iechyd arferol hefyd. Mae'r Nadolig yn nesàu. Gwyliau dedwydd i chi a'r 26 oed i minnau!

Yn gu iawn,
Saunders.

LlGC P2/38/103

151

158, Westbourne Road,
Penarth,
Morgannwg.
13 Rhagfyr, 1959

Annwyl D.J.,

Fe ddaeth y llyfr. Darllenais eisoes hyd at dudalen 148, sef terfyn pennod Ferndale. Neithiwr ac echnos yn unig a gefais i'w ddarllen ac yr oedd hi wedi un ar gloch y ddwy noson arnaf yn mynd i'r gwely, a phan ddois i at stori Bili Bach Crwmpyn mi chwarddais mor uchel ac mor ddilywodraeth nes imi ddeffro'r wraig uwchben yn y llofft. Diolch i'r nefoedd eich bod wedi cael calon i'w sgrifennu hi. Mae hi'n siwr o roi canrif arall o einioes i'r iaith Gymraeg. Ond mae'r cwbl, hyd y darllenais i, yn hapus ddifyr a'r eirfa'n fendigedig gyfoethog, – weithiau rwyf i ar goll, rhyw air nas clywais ac nas gwelais erioed o'r blaen, ac y mae hynny hefyd yn llawenydd imi; gan amlaf gallaf ddyfalu'r ystyr.

Ni cheisiaf ddweud gair o feirniadaeth, gan mai ar ganol y llyfr yr ydwyf. Gwelais ychydig, ychydig bach o gambrintiadau, ac un camgymeriad, sef llinell olaf tudalen 35. Mae'n siwr mai 'Cau dy lygaid ac agor dy ben' a ddylai fod. Onid e?

Sgrifennaf eto wedi gorffen y llyfr. Af i Lundain yfory am bedwar diwrnod o fusnes, – ond nid i ardal Acton. Gobeithio'ch bod chi a Mrs. Williams yn siriol iach. A diolch yn fawr,

Saunders.

LlGC P2/38/104

152

Y Cilgwyn
Dinbych
16 Rhagfyr 1959

Annwyl D.J.,

Mae'n wir ddrwg gennyf fod mor hir heb ysgrifennu atoch. Yn gyntaf i ddiolch i chwi am eich llythyr cydymdeimlad fisoedd yn ôl bellach, ac yn ail i ddiolch i chwi am eich llyfr a gyrhaeddodd wythnos yn ôl.

Yr wyf yn methu'n glir â chael amser i sgrifennu at gyfeillion, oherwydd bod rhyw fân ohebiaethau yn disgwyl am eu hateb o hyd ac o hyd, ac mae henaint yn dweud arnaf. Ar ôl bod yn gweithio trwy'r dydd, byddaf wedi blino cymaint at y nos fel na fedraf wneud dim ond pendympian o flaen y tân.

Rhywdro yn yr haf addewais ar funud wallgof ysgrifennu drama deledu i Emyr Humphreys. Dyna'r peth difaraf a wneuthum erioed. Rwyf yn methu cael amser i fynd ati. Ni welais moni ers pythefnos. Drama am was ffarm yn nechrau'r 19 ganrif ydyw, adeg dechrau gweithio'r chwareli yn Arfon, a dechrau codi'r capeli Ymneilltuol. Mae'r gwas ffarm yn mynd i'r carchar am losgi dyn gwellt o arglwydd y faenor, a thra fu yn y carchar, mae'r dywededig arglwydd wedi gosod y tir y dechreuasai ef a phartneriaid gloddio chwarel arno i gwmni a roddai fwy o dâl am y tir. Cyn mynd i'r carchar yr oedd y gwas wedi priodi merch ei feistr, o gariad o boptu. Hithau wedi syrffedu ar fod gartref ar y ff.erm. Mae'r gwas yn mynd i weithio i chwarel y bobl newydd, gwell ganddo hynny nag aros ar y ffarm. Felly gwas fydd o byth, 'Y Gwas' fydd ei theitl. Crwydryn yw ei dad – yn crwydro efo ffidil, a phropagandydd o bagan, ofn yn ei galon i'w fab fynd at yr Anghydffurfwyr, a'r mab yn dangos osgo at hynny.[277]

Ond ni wn beth a ddaw ohoni. Mae rhyw nifer aruthrol o lyfrau yn dyfod o'r Wasg. Ni wn beth yw eu gwerth – ni allaf fforddio eu prynu i gyd. Nid yw *Storïau'r Deffro*[278] yn dda o gwbl, ac yr oedd adolygiad David Thomas ar y radio yn gwbl ddiwerth. Stori farddonllyd yw eiddo Gwyn Bangor ac un Mairwen Lewis, ni ellir gweld y goedwig gan goed – dyna'r math o beth a ddisgwyliech gan bobl ifanc, fel yna yr oeddwn fy hun.[279] Mae rhagymadrodd I.Ff.E. [Islwyn Ffowc Elis] allan o'r ffasiwn erbyn hyn. Dyna'r math o beth a geid yn y 20au, yng nghasgliadau Edward O'Brien &c, pan oedd y stori fer fel ffurf lenyddol yn ei hieuenctid.[280] Nid I.Ff.E. oedd yr un i wneud casgliad o storïau byrion. Rhywun fel Aneirin Talfan neu Ll. Wyn Griffith neu Roy Lewis fuasai orau.

Dwn i ddim pwy fuasai'n sgrifennu dim yng Nghymru wir. Fe sgrifennais i ysgrif i werthfawrogi Fanny Edwards heb i neb ofyn i mi i'r *Faner*. Heddiw mae rhywun yn ymosod arnaf am ddweud nad oedd ei Chymraeg i fyny â safonau'r oes hon. Ni welodd y ffŵl ddim arall yn yr ysgrif. Petawn i wedi anfon honna i'r *W. Mail* buaswn wedi cael tâl da amdani. Ond po fwyaf a wnawn ni am ddim, mwyaf yn y byd yr ymosodir arnom.[281]

Nid wyf wedi cael cyfle eto i roi fy nannedd yn eich llyfr, ond cefais flas mawr ar yr hyn a ymddangosodd yn y *Ddraig Goch*. Gobeithiaf gael mymryn o amser tua'r Nadolig. Yr wyf yn falch iawn o'i gael, a diolch lawer amdano. Gwerthfawrogaf ef yn fawr.

Dymunaf i chwi eich dau Nadolig hapus iawn, a gobeithiaf fod eich iechyd yn weddol.

Gyda chofion cynnes a diolch,

Kate.

Dechrau'r chwedegau: dal i greu

153

158, Westbourne Road,
Penarth,
Morgannwg.
15 Chwefror, 1960

Annwyl D.J.,

Mae'n dda iawn gennyf glywed i chi gael cystal croeso yng Nghaerdydd. Wyddwn i ddim eich bod yn y cyffiniau; mi obeithiaf am gyfle eto cyn hir inni gael cyfarfod.

Da chi, torrwch eich enw ar y daflen a anfonodd y Gorfforaeth Ddarlledu atoch. Dywedodd Aneirin wrthyf fod yr ymddiddan 'reit foddhaol' ac nad rhaid ofni na phetruso. Rhaid i minnau ddiolch am eich gair da i'r sgwrs rhwng John Gwilym a minnau, ond dydw i ddim yn credu ei bod hi gystal ag y dywedwch. Mi gefais hwyl neithiwr, cael fy ngwâdd gan Alun Oldfield-Davies[282] gyda hanner dwsin eraill i gyfarfod a chiniawa gyda dirprwyaeth ddiwylliannol o Rwsia, Surkov[283] y bardd a phennaeth undeb y llenorion Sofietaidd a thri arall ohonynt, a dau ladmerydd i ddehongli o Rwseg i Saesneg ac yn ôl. Surkov yn adrodd barddoniaeth yn Rwseg, minnau yn Gymraeg, – neb yn deall ei gilydd ond pawb yn yfed gwin a chwerthin. Alun Oldfield yn gofyn gras cyn bwyd i gychwyn a chanu Hen Wlad fy Nhadau i derfynu. Cefais i a chafodd Emyr Humphreys fathodyn i gyhoeddi'n bod ni'n aelodau anrhydeddus o Undeb y Llenorion Sofietaidd!

Saunders.

LlGC P2/38/106

154

Y Cilgwyn,
Dinbych.
19 Ebrill, 1960

Annwyl D.J.,

Diolch yn fawr iawn i chi am eich llythyr a'ch llongyfarchion. Yr ydych yn deyrngar iawn i mi bob amser. Peth hollol annisgwyl oedd hyn, gan mai am farddoniaeth y rhydd Cyngor y Celfyddydau wobrau fel rheol.[284]

Mae arnaf ymddiheuriad i chi am beidio ag anfon dim ynghylch eich llyfr. Yrwan yr wyf yn cael amser i'w ddarllen. Gyda llyfr sylweddol fel eich un chwi, nid oedd wiw dechrau arno heb fod yn sicr y gallwn ddal i ddarllen ymlaen. Mae'n wahanol gyda llyfr barddoniaeth neu ysgrifau, gall rhywun ddarllen un darn neu un ysgrif o'r rhai hynny ac yna ei roi o'r naill du, hyd amser arall. Bûm innau'n brysur efo'r ddrama radio hyd Ŵyl Dewi, ac oddi ar hynny nid oes gennyf ddim help yn y tŷ.

Yr wyf bron wedi gorffen *Yn 26 Oed* ac yn cael blas ang-hyffredin arno. Yr wyf gyda chwi ym Mlaendulais yn awr. Mae'r rhannau yma yn eu manylder am lofeydd y De yn wych, ac yn ddogfen bwysig am gyflwr ardaloedd y De y pryd hynny – cyfnod sy'n cael ei anwybyddu heddiw am ei fod wedi ei wasgu rhwng diwedd y ganrif ddiwethaf a'r Rhyfel Byd Cyntaf. Mae'r rhyfel hwnnw wedi ei wasgu i'r cysgod. Gallech ysgrifennu nofel am y llety yna yn Ferndale, a'r pedwar ohonoch yn cysgu yn yr un llofft. A'r wraig lety a'i merch! A'r dynion yna ym Mlaendulais yn gwneud i chi dalu am y ddwy rownd. Yr hen bethau gwael. Teimlwn wrth ddarllen yr hanes yr hoffwn roi holed iawn iddynt.

Mae'n dda gennyf glywed eich bod ar waith eto, er y byddai'n well gennyf glywed eich bod ar drydedd cyfrol eich atgofion.

Mae'n dda gennyf hefyd fod eich iechyd yn ddigon da i fynd ymlaen.

Ysgrifennais i ddrama am frwydr gwas fferm i ennill rhyddid rhwng 1830 a 1840. Ar y radio sain y bydd hi ond dwn i ddim sut beth ydyw. Crefft y nofelydd sy'n dwad i'r golwg ebe Emyr Humphreys.[285]

A fyddwch chi yng Nghaerdydd ddydd Gwener a Sadwrn nesaf? Y mae G.R.J. a minnau'n trafaelio i lawr gydag Euros Bowen.

Rhaid imi orffen rwan – cefais Basg prysur – dynion wedi bod yn gosod stôf lo carreg newydd yn y gegin, a finnau wedi bod yn llnau ar eu holau.

Fy nghofion cynnes atoch eich dau a'm diolch cywir iawn,
Kate.

LlGC P2/39/81

155

158, Westbourne Road,
Penarth,
Morgannwg.
Y Sulgwyn, 1960

Annwyl D.J.,

Welais i monoch chi na'ch clywed yn y gyfres *Dylanwadau* nos Iau, am y rheswm syml nad oes gennyf set deledu.

Ond, yn iawn am hynny, mi orffennais neithiwr ddarllen *Yn Chwech ar Hugain Oed* y drydedd waith. Ac mi hoffwn ddweud wrthych yn dawel ystyriol a phwyllog fy mod i'n bendant fy marn fod yr hunangofiant dwy gyfrol yma, *Yr Hen Dŷ Ffarm* a'i olynydd, o'u hystyried yn un cyfanwaith, y gwaith rhyddiaith mwyaf a phwysicaf a gyhoeddwyd yn y Gymraeg yn y ganrif hon. Ar y trydydd darlleniad yr oeddwn i'n ddigon oer-feirniadol, ond ni fedrwn na chawn y gwaith yn ennill arnaf, yn fwy cyfan, yn fwy crwn nag a ddeellais y darllen cynt. A chredaf y dylwn ddweud wrthych eich bod gydag Ellis Wynne a Charles Edwards ac awdwr y *Pedair Cainc*, yn rhan am byth o lenyddiaeth glasurol y Gymraeg. Ar air a chydwybod

Saunders.

LlGC P2/38/107

156

Llandrindod megis o – 49, High Street,
Abergwaun.
17 Mehefin, 1960

Annwyl Saunders,

Yma, yn Llandrindod, ynghanol y caeau a'r coedydd gwyrddion a'r tawelwch bendigedig ac mewn lletý hefyd â rhyw hanner dwsin o Gymry mwyn ar eu gwyliau, y mae Siân a finnau ers rhyw ddeng niwrnod, – a mynd yn ôl fory, Sadwrn.

Roedd eich llythyr chi newydd gyrraedd y Bristol Trader pan adawsom.

Diolch yn fawr iawn amdano, Saunders. Rŷch chi wedi rhoi teyrnged anhaeddiannol o uchel i fi drwy ddarllen y *Chwech ar Hugain* dair gwaith drosodd, a hynny gyda'r sylw a'r llwyredd hynny y gwnewch chi bob peth. Diolch diffuant i chi, fy hen gydgarcharor yng Nghrist ac yng Nghymru, ac am y geiriau rhyfeddol o hael a ddywedwch chi am y ddau lyfr hunangofiannol. Mi wn eich bod chi'n credu fod yr hyn a ddywedwch yn wir. A phetawn i'n ddyn sy'n dueddol i gael chwydd yn fy mhen fe awn ar unwaith yn ddychrynllyd o gysetlyd, gan ymgynhyddu drosof fel llyffant torrog.

Ond mi wn fy ngwerth ar hyd fy oes, diolch i'r Arglwydd, i beidio ag ymfalchïo yn y dim lleiaf y ceisiais ei wneud, ond y tipyn bodlonrwydd a ddaw yn naturiol i ddyn o deimlo iddo wneud ei orau yn ddigon gonest gyda rhywbeth, boed y canlyniadau dda neu ddrwg.

Os ces i ryw ychydig o ddawn i sgrifennu fel y mynnwch chi ddweud mor garedig, gan yr Arglwydd, Rhoddwr Mawr Pob Daioni, y ces i'r ddawn honno, ac iddo ef byddo'r diolch am hynny. Fy rhesymol wasanaeth i ydoedd ceisio gwneud y gorau o'r hyn a gefais, a diolch o galon lawn am nerth i gyflawni yr hyn y teimlwn fod gennyf i'w ddweud. Bûm yn ofni o galon, ar rai adegau, o tua'r union adeg yma o'r flwyddyn bum mlynedd yn ôl, y byddai'n rhaid ei gadael hi ar ei hanner. Ond erbyn hyn, drwy fawr ddiolch eto, yr wyf yn llawer gwell, ac yn teimlo fod gennyf bethau eraill y carwn eu dweud ymhellach, er na wn i'n iawn beth ydynt.

Digon gwanllyd yw iechyd Siân, ers tro. Dyma pam y daethom ni yma gan obeithio y bydd o les iddi. Da yw deall eich bod chi'ch dau mewn iechyd a hwyl dda, – a Mair a'r teulu hefyd, gobeithio.

Do, fe'ch gwelais i chi a'ch clywed yn cael eich holi gan Aneirin Talfan – yn fendigedig hefyd, yn y gyntaf o'r gyfres. Nid oes gennym ninnau set deledu, ond y mae gennym gymdogion hynod garedig drws nesaf pan fo rhywbeth mas o'r cyffredin. Ond rhyw eithriad brin iawn yw hynny.

A pha ryw waith sy gennych chi ar y gweill, y dyddiau hyn, ys gwn i, gan na all eich gweill chi beidio â chlatsio rhywbeth yn go ddiarbed.

Ai chi, wn i, a sisialodd yng nghlust y cyfaill diddan, Henry Brooke i wneud Rachel Jones,[286] Aberhonddu yn etholedig ferch y genedl fel cadeirydd Cyngor y B.B.C.? Os taw e, hwyrach yr edrychir ar y weithred fel un o'ch cymwynasau pennaf i'r genedl wedi'r cyfan, oherwydd fe all wneud cymaint â dim, o bosib, i ddeffro Cymru gyfan, os oes deffro arni, i'r ymwybod o'i chenedligrwydd, – ei hunig obaith.

Wel, Saunders, rwy'n credu o ddifri y dylech chi fod gyda'r bobl hynny sydd wedi symud gyntaf i sefydlu'r Academi.[287] Mae'n dangos rhyw fywyd a menter o leiaf, gan rai sy'n bwriadu'n dda. Teimlo hynny a wnaeth i fi dderbyn y gwahoddiad beth bynnag, a pharch i'r asbri a'r egni sydd yn y llanc Bobi Jones a'i hysbrydolodd i gychwyn. Darllenais *Y Foel Fawr*, Gerallt Jones yma, gwaith amrwd, crwt arall, ond ag addewid ynddo, debygwn i.

Ein cofion cywiraf ni'n dau atoch eich dau,

D.J.

LlGC MS 22725E Llythyrau at Saunders Lewis 213

157

158, Westbourne Road,
Penarth,
Morgannwg.
9 Medi, 1960

Annwyl D.J.,

Yn anffodus chlywais i mo gychwyn y rhaglen sain *Dylanwadau* nos Fawrth. Yr oeddwn ryw chwarter awr yn ddiweddar yn troi'r set sydd acw i weithio ac erbyn hynny yr oeddech chwi yn hwylio'n hyderus ac esmwyth; bernais fod y B.B.C. wedi trefnu'r newid a'i gyhoeddi, ond dyma neges ar y teleffôn oddi wrth Hywel Davies yn egluro mai caff gwag a fu. Felly dydd Mawrth nesaf (fel y dywed y *Radio Times* heddiw) fe'ch clywir chi eto, a rhoddir fy rhaglen innau y dydd Mawrth wedyn. Da chi, peidiwch â phoeni nac ymddiheuro: nid yn aml y mae'r Gorfforeth Ddarlledu yn rhoi cystal achos chwerthin. Ond y mae'n ddrwg gennyf dros bwy bynnag a wnaeth y camgymeriad! Ceisiais eiriol ar ei ran gyda Hywel Davies gan ddweud mai cymwynaswr yw'r neb a ddyry gymaint o ddigrifwch i wrandawyr.

Mae'n enbyd o ddrwg gennyf am Waldo Williams. Mae e'n gwneud drwg mawr – mae e'n rhoi'r argraff i'r di-Gymraeg mai pobl gysetlyd, od, yn chwilio am gyfle i fynd i garchar yw'r cenedlaetholwyr Cymreig. Bu'r *Western Mail* yn fwyn anghyffredin tuag ato, ac wrth gwrs y mae'r Llywodraeth eisoes wedi penderfynu rhoi diwedd ar gonsgripsiwn. Yn fy marn i y mae'r heddychwyr wedi gwneud mwy na'u siâr o niwed i Blaid Cymru. Ar ôl ffiasgo Tryweryn nid wyf i'n gweld unrhyw reswm da iawn dros barhad Plaid Cymru. Gwell darfod a diflannu na mynd ymlaen fel y mae hi yn destun chwerthin i Henry Brooke ac i'r Blaid Lafur.

Ond gwell ymatal! neu mi fyddaf yn eich brifo chi, chi sy'n medru maddau popeth i bawb. Fedra i ddim; mae'r Blaid agos â chodi cyfog arnaf.

Do, mi fûm yn Fflorens a Siena a San Gimignano a Pisa;[288] nid i ddarlithio, ond i chwilio am noddfa.

Mawr obeithiaf y cewch chi Mrs. Williams yn well eto a chyn hir.

Fy nghofion ati ac atoch chwithau,

Yn gu iawn,

Saunders.

LlGC P2/38/108

158

158, Westbourne Road,
Penarth,
Morgannwg.
Noswyl yr Holl Saint, 1960. [1 Tachwedd]

Annwyl D.J.,

Mawr ddiolch am eich llythyr a'i newyddion da, yn gyntaf am eich iechyd chi a Mrs. Williams, ac y mae ei gwellhad hi yn rhan o'ch gwelliant chithau. Yn ail, am hanes eich diwydrwydd llenyddol. Wn i ddim a gewch chi gyhoeddwr i'r trosiad Cymraeg o A.E., ond rwy'n deall yn burion y cymell a gawsoch i'w gyfieithu, – gan eich atgof am Russell ei hun a chan yr ysbrydiaeth a gawsoch gan ei lyfr ef. Ac y mae gorffen ei gyfieithu yn gamp go fawr hefyd, canys nid llyfr hawdd i'w drosi mono.

Pan ddarllenais yn eich llythyr fod Waldo Williams wedi cyfieithu'r *Hen Dŷ Ffarm*, a'i fod i'w gyhoeddi gan Harrap, synnais, cefais sioc o bleser, – wedyn, ystyriais. A ellir ei gyfieithu? Wn i ddim. Rhaid aros a gweld. Mi gefais i dipyn o brofiad o gael fy nghyfieithu i Saesneg. Y mae pob un cyfieithiad o'm dramâu i yn ddincod ar fy nannedd i, *Esther* a'r cwbl; brawddegau y bûm yn eu naddu megis o farmor yn troi'n floneg di-liw a di-lun. Ac y mae cyfoeth *Hen Dŷ Ffarm* wedi ei glymu gymaint yng nghyfoeth yr iaith, cyfoeth idiom a geirfa, fel yr arswydwn i rhag meddwl am ei gyfieithu. Ond rwy'n ystyried hefyd fod gan Waldo Williams galon ddewr a chalon bardd a'i fod yntau'n artist ar iaith yn y Gymraeg. Rwy'n dymuno o galon fod y cyfieithiad yn gyfieithiad mawr, a'i Saesneg yn fwrlwm ac yn llif, weithiau'r naill weithiau'r llall, fel y gwreiddiol.

Yr oeddych yn sôn yn eich llythyr am Liefmann[?]. Welais i ddim o'i hanes ers rhai blynyddoedd. Rwy'n amau a ydy e'n fyw. Aeth o Wormwood Scrubs i Unol Daleithiau'r Amerig. Cyn pen dwy flynedd yno yr oedd ef mewn Seilym, wedi mynd yn ysglyfaeth i'r drygiau. Cafodd ei ryddhau a sgrifennodd a chyhoeddodd lyfr yn rhoi hanes ei brofiad yn y seilym. Gwelais adolygiadau o'r llyfr, ond ni thybiaf iddo gael ei gyhoeddi yn

Lloegr. Mi dybiaf – rhyw frith gof – imi weld wedyn ei fod yn yr
un trwbl eto, ac wedyn, dim.

Sôn am lenyddiaeth Gymraeg. Bobi Jones piau'r dyfodol. Nid
llyfr da neu lyfr addawol yw ei gyfrol newydd o farddoniaeth
Rhwng Taf a Thaf,[289] eithr carreg filltir, neu'n hytrach pen bryn
yn agor golygfa newydd o'n blaen. Y mae'n llyfr mawr ac ynddo
orchestion o gerddi, ond y mae'n creu cyfnod newydd, arddull
newydd. Wrth gwrs y mae Bobi'n fardd toreithiog ac felly o
reidrwydd yn cyhoeddi pethau eilradd gyda'i bethau godidog. Ond
Rhwng Taf a Thaf yw'r digwyddiad pwysicaf yng Nghymru eleni.

Mae gan Gymru bob dim sy raid wrtho i fyw – oddieithr
ewyllys i fyw, mewn gwleidyddiaeth y dangosir hynny, llysnafedd y
Blaid Lafur sy drosti.

Fy nghofion atoch yn gu,
Cofion y wraig hefyd,
Saunders.

LlGC P2/38/109

159

49 High Street
Abergwaun
2 Rhagfyr 1960

Annwyl Kate,

Mae'r Nadolig yn nesáu, bron yn ymyl eleni eto, a dyma rodd,
Y Lôn Wen,[290] yn deilwng o'i gyfoeth arferol o ddymuniadau da.

Derbyniwch ein diolch diffuant ni'n dau am ddarn arall mor
werthfawr ohonoch chi eich hun, unwaith eto. Dylaswn fod
wedi anfon diolch amdano ers tro, ond yr oedd genny' ryw fân
betheuach ar y gweill yn galw am sylw, ac yr own i yn awyddus i
orffen eich llyfr chi cyn anfon gair. Ac fe'i gorffennais echnos, wedi
cael blas a mwynhad ar y cyfan ohono, Siân a finnau.

Mae'r llyfr yma drwyddo yn dystiolaeth ddiffuant o'ch cywirdeb
a'ch gonestrwydd cadarn chi a'ch teulu a'r gymdeithas y maged
chi ynddi. Da y trefnodd Rhagluniaeth i'r gymdeithas hon gael

lladmeryddion mor loyw ohoni â Richard Hughes Williams
a chithau, cyn y newid mawr sydd ar bopeth heddiw. Rhaid
bod caledi mawr yn magu dewrder a chadernid mawr mewn
pobl hefyd. A bywyd esmwyth fel heddiw yn magu eiddilwch.
Tyst cyffredinol o hyn yw Ymneilltuaeth Cymru, ei chryfder
doe yn peri iddi wneud pethau mawrion ynghanol tlodi bydol,
a'i heiddilwch heddiw ynghanol ei hawddfyd, – a Chymru yn
ymddatod yn wyneb y trais sydd arni, trais y medrai'n hawdd
ei symud gyda thipyn o ynni moesol ac ysbrydol yng nghorff y
genedl.

Ynghanol cymeriadau mor lluosog mae'n anodd nodi neb mwy
arbennig na'i gilydd, ond y mae chwaer eich nain, Modryb Neli,
honno a gwrdd'soch chi'r tro hwnnw yn yr Alltgoed Mawr, a Modryb
Marged 'yn crynu fel cyw mewn dwrn' yn aros mor fyw â neb
ohonynt yn fy meddwl i, heblaw eich tad a'ch mam, wrth gwrs.

Wel, y mae toreth fawr o lyfrau yn cael eu cyhoeddi; o bob
math a rhagorol o beth yw hynny. Bachgen o weledigaeth ac o
ynni rhyfeddol yw Alun Edwards,[291] Aberystwyth ynteu, ac y
mae ganddo'r ddawn brin a gwerthfawr iawn o gael gan eraill i
gydsymud ag ef hefyd: Mae Hwn-a-hwn yn arweinydd da pe câi
rywun i'w ddilyn, meddai'r gŵr ffraeth hwnnw O. D. Jones heb
fawr o gydwybod rywdro.

Beth sydd ar waith gennych chi yn awr wn i, gan na chewch lonydd
gan yr ysbryd mi wn. Beth yw hanes y nofel honno y dechreu'soch
chi arni yn *Y Faner* rai blynyddoedd yn ôl, wn i, – am y trwp merched
hynny ar fin gadael y coleg. Mae rhai o'r cymeriadau hynny wedi
aros yn fyw iawn yn fy meddwl i, e.e. y C.O. swrth ystyfnig hwnnw
a fynnodd yn y diwedd ymuno'n sydyn â'r fyddin, a'i briod addolgar
ohono; yr athrawesau hynny, a'r lletywraig ddiddorol honno? Mae hen
eisiau i rhain gael golau dydd cyflawn arnynt.

Mi ddywedais wrthych, rwy'n credu, i fi orffen cyfieithu
The National Being A.E. i Gymraeg, llyfr a afaelodd yn dynn
ynof er pan ddarllenais ef gyntaf tua 1920 – gan nad beth a
ddaw ohono yn awr. Rwyf wrthi'n ceisio paratoi rhyw gymaint
o ragymadrodd ar A.E. (George W. Russel) ei hun yn awr, y

cyfuniad rhyfedd o'r cyfrinydd a'r gŵr ymarferol.

Dymuniadau gorau'r Tymor i chi,

D.J. a Siân.

LlGC Kate Roberts 1288

160

Y Cilgwyn,
Dinbych.
6 Rhagfyr, 1960

Annwyl D.J.,

Diolch yn fawr iawn am eich llythyr a'ch geiriau caredig am *Y Lôn Wen*. Gwerthfawrogaf hwy'n fawr iawn. Yn rhyfedd iawn caf fwy o lythyrau am y llyfr hwn na'r un, a chan bobl nas gwelais erioed, rhai â chysylltiad â'r hen ardal – un wedi ei ddarllen deirgwaith yn barod.

Rhyfedd y diddordeb a gymer pobl mewn llyfr os bydd mymryn o sôn ynddo am rywle neu rywun y gwyddant hwy amdano.[292]

Mae'n dda gennyf eich bod wedi gorffen eich cyfieithiad o waith A.E., bydd yn werthfawr iawn. Ychydig o flynyddoedd yn ôl darllenais lyfr gan Wyddel – bardd o'r enw Monckton (mi gredaf), *Yeats as I knew him*.[293] Swnia'r awdur yn ddyn gonest iawn, a rhydd ddarlun pur anffafriol o'r bardd mawr Yeats – gwnaeth bob dim a allai yn erbyn Monckton o genfigen a dim arall. Sonnir llawer iawn yn y llyfr am A.E., a daw ef allan yn ddyn hoffus iawn ac egwyddorol.

Nid wyf am ysgrifennu dim am amser maith eto – fe flinais gymaint wrth ysgrifennu hwn – bu'n dreth ofnadwy arnaf. Yn wir, oni bai am dabledi a gefais gan y meddyg, ni wn sut y buaswn wedi ei ysgrifennu. Mae'n wahanol arnaf fi i'r hyn yw hi ar unrhyw ddyn sy'n sgrifennu, rhaid i mi wneud gwaith tŷ a pharatoi bwyd. Byddai'n hwyr ar y dydd arnaf yn dechrau ysgrifennu a chario ymlaen hyd tua 1.30 a.m., nes wyf yn teimlo fel cwningen wedi hanner ei blingo.

Tegwch y Bore oedd y nofel a ymddangosodd yn *Y Faner*, ac yr oeddwn wedi ei gorffen. Ond bydd yn rhaid newid llawer arni cyn y gwêl olau dydd.[294] Fe hoffwn sgrifennu am Winni Ffinni Hadog eto rywdro. Ond mae gennyf un nofel fer yn fy meddwl, sgrifennu hanes gwraig gweinidog a aeth i'r seilam oherwydd merched y capel. Os ysgrifennaf hi, *Y bais sy'n teyrnasu* fydd y teitl, a gwnaf i'r wraig ei hysgrifennu yn y person cyntaf, a dweud yr hanes ei hun, mynd yn ôl drosto pan mae hi'n dechrau gwella yn yr ysbyty. Fe fu ymddygiad merched y Capel Mawr yn ffiaidd yr adeg y buom yn cael Ysgol Gymraeg i'r dref hon, a dyna a roes y syniad imi. Y pryd hynny y gwawriodd arnaf gymaint y mae'n rhaid i weinidog a'i wraig ddioddef gan ferched sy'n mynnu bod yn geffylau blaen.[295]

Efallai na chaf amser i sgwennu eto cyn y gwyliau, ond mae mymryn o seibiant heno, ac felly dymunaf i chwi eich dau Nadolig Llawen iawn a Blwyddyn Newydd Dda,

a'm cofion cynnes,

Yn wir ddiolchgar,

Kate.

LlGC P2/39/ 82

161

Y Cilgwyn,
Dinbych.
20 Mai, 1961

Annwyl D.J.,

Diolch yn fawr iawn i chi am eich llythyr caredig a'ch llongyfarchion. Y chi ddylai gael y Fedal, D.J., nid y fi. Nid wyf fi yn ei haeddu.[296] Ond fe ymgynghorais â G.J.W. cyn ei derbyn, a derbyn ei gyngor. Fel y dywedais o'r blaen, mae rhywbeth fel hyn yn help i agor llygaid y bobl ddwl Seisnigaidd eu hysbryd sy'n byw yn y dref yma. Ar ôl yr helynt fu yn y Capel Mawr ynglŷn â chael y Festri i'r Ysgol Gymraeg, mae aelodau Aelwyd y Chwiorydd yn y Capel yn fy anwybyddu fi, yn fy mhasio heb edrych arnaf, er na ddywedais i air o'm pen. Ond y fi oedd ysgrifennydd yr Ysgol Gymraeg, a fi felly oedd y bwgan. Ond na hidiwch, mae'r Ysgol yn mynd yn ei blaen ac yn ffynnu.

Yr wyf newydd ddychwelyd o Malta lle y bûm yn gweld bedd fy mrawd, ac aros ychydig ddyddiau yn Rhufain ar fy ffordd yn

ôl, hedeg yr holl ffordd. Taith ddiangof. Efallai, os caf amser,
yr ysgrifennaf yr hanes i'r *Faner*, ond ar hyn o bryd yr wyf at fy
ngwddw efo nofelau'r Fedal Ryddiaith.[297]

Yr oedd yn ddrwg gennyf eich colli o'r Academi, ond
gwnaethoch yn gall aros gartre, oblegid gall annwyd fel yna arwain
i rywbeth gwaeth. Gobeithiaf i chi gael ei wared yn llwyr.

Maddeuwch y gair byr, ond rhaid oedd anfon gair heddiw
i ddiolch yn gynnes iawn i chwi eich dau, a'm cofion cynhesaf
atoch,

Kate.

LlGC P2/39/83

162

158, Westbourne Road,
Penarth,
Morgannwg.
13 Awst, 1961

Annwyl D.J.,

Mawr ddiolch am eich llythyr caredig a brwdfrydig. Mi welais
innau'r fersiwn Saesneg delededig o *Esther*, yn Llanwddyn yn Sir
Drefaldwyn lle'r aeth Margaret a minnau am wythnos fer ond
hapus o newid a gorffwys. Daeth Jac a Chathrin Daniel[298] yno i
gael pryd o fwyd gyda ni un diwrnod. Gwael ei iechyd yw Jac
ond dywedodd ei fod yn mynd mewn car gyda dau arall ar draws
Ewrop i lawr i wlad Roeg yn union ar ôl yr Eisteddfod yn y Rhos.
Mae'n debyg na fuoch chithau ddim yn yr Eisteddfod fwy na
minnau. Darllenais eich llith yn y *Taliesin* a'i mwynhau;[299] mae'r
cylchgrawn yn cychwyn reit dda – yr oedd ysgrif Tegla Davies
yn gampwaith o ddoniolwch, goelia' i, ac yntau dros ei bedwar
ugain, onid e?[300] Os ydych yn ei adnabod, ysgrifennwch ato i'w
longyfarch.

Mae arna' i ofn mawr gweld eich *Hen Dŷ Ffarm* yn ei
gyfieithiad Saesneg; nid wyf yn credu y gellir i gyfieithu, ac ofnaf
i'r cais droi'n brofedigaeth a siom. I'm clust i y mae'r trosiadau

Saesneg o'm dramâu i yn boen; ond mil haws cyfieithu fy iaith
ddi- dafodiaith i na'ch pros chi. Ar hyn o bryd rwy'n darllen (yr ail
waith) *Fy Nghymru i*,[301] ac yn ei gael yn llyfr pwysig ac yn llyfr sy'n
codi'r galon gryn dipyn.

Clywais gan Fair iddi'ch gweld chi yn Abertawe ac yr
oeddwn yn llawen o wybod eich bod yn ddigon iach i fynd yno
a gorymdeithio, er fy mod yn siomedig eich bod yn gwneud
hynny. Ond fe wyddoch bid sicr na fedra' i ddim cydymdeimlo
â'ch protestiadau heddychus chi – dim ond eu goddef yn siriol
dosturiol! I mi, meicrob fel y twbercwlosis yn naear Cymru yw'r
heddychaeth yma; hynny a laddodd Blaid Cymru dair blynedd yn
ôl. Heddiw ei hysbryd hi sy'n cogio byw o gwmpas Llangollen.
Fe ddylid cael offeiriad o exorcist i roi tawelwch i'r truan ysbryd.
Heddwch i'w llwch hi, ddweda' i. Mae'n dda iawn gen i eich bod
chi a Mrs. Williams yn o lew; cefais ginio gyda G.J.W. ychydig
ddyddiau'n ôl a bu llawer o siarad amdanoch.

Fy nghofion atoch yn ddiffael,

Saunders.

LlGC P2/38/111

163

Y Cilgwyn,
Dinbych.
24 Awst, 1961

Annwyl D.J. a Siân,

Diolch yn fawr i chi am eich llythyr cyn yr Eisteddfod.
Clywswn yn yr Ysgol Haf nad oedd Siân yn dda ei hiechyd ac yr
oedd yn ddrwg iawn gennyf glywed hynny. Gobeithiaf yn fawr ei
bod ar y ffordd i wella erbyn hyn.

Aeth y cyfarfod yn y Rhos heibio yn ddigon hwylus. Clywsoch
araith A. Llywelyn-Williams ar y radio reit siwr. Yr oeddwn i
bron â chrio pan godais i siarad ac yn cael trafferth i gadw'r dagrau
i ffwrdd; a chymysgais bethau ar y dechrau. Ond cefais hyd i ben
llinyn ymhen rhyw bum munud.

Fe fwynheais y darn o'ch hunangofiant yn fawr yn *Taliesin*, D.J. Fel popeth a ysgrifennwch mae dawn y cyfarwydd a'r artist ar lunio stori yna. On'd oedd pobl, ac onid ydynt o hyd yn greulon wrth anifeiliaid?[302]

Ysgol Haf digon anhapus a fu hon i mi. Yr oedd yn chwith heboch, D.J., a heb rai eraill o'r hen wynebau. Bu cryn dipyn o gynnwrf yno yn y Gynhadledd brynhawn Llun. Yr oeddwn i o blaid cynnig Catherine Daniel dros weithredu anghyfansoddiadol – fe siaradodd yn dda. Ond naw wfft i'w chefnogwyr. Pobl ddiwreiddiau hollol, yn siarad Saesneg, heb wybod dim am Gymru, nac yn ceisio gwybod. Nid dros fy Nghymru i na'ch Cymru chwithau y siaradent, ond dros ryw wlad mor annelwig ag X. Bu tipyn o ffraeo yn y cyntedd ar ôl hynny, a gofynnodd un o'r ceiliogod ifanc o Saeson hyn i mi beth a wnaethwn dros Gymru. Cefais ddigon o synnwyr digrifwch i beri iddo fynd i Swyddfa'r Blaid i Gaerdydd i ofyn. Yr wyf am ofyn i Elwyn Roberts a gaf wneud datganiad yn *Y Ddraig Goch* ar fy safle ac ar y gyffordd y cyrhaeddodd y Blaid iddi yn y chwedegau. Saesneg oedd y brif iaith yn yr Ysgol Haf hon – mor wahanol i 1927 a 1945. Deuai llawer o atgofion melys a thrist i mi, ac nid oedd neb a gofiai hynny yno. Nid yw Gwynfor byth yn stopio i siarad â mi yn unlle, dim ond nodio.[303]

Cyfeiriodd O. M. Roberts at fy ffyddlondeb cyson i'r Blaid ar hyd y blynyddoedd. O'r holl bobl ddiweddar a ddaeth i'r Blaid, Dr. Gareth Evans, Abertawe yr wyf fi yn ei hoffi. Mae gwreiddyn y mater a phen iawn ganddo ef.

Dyna ddigon o druth. Ni fedraf fi sgrifennu fy nofel at y Nadolig fel y bwriedais. Mae'r wraig a roddai ychydig o help imi wedi cael babi, ac mae'n anodd iawn cael neb arall yn Nimbach yma.[304] Dim ond pedair awr yr wythnos sydd arnaf ei eisiau. A oes gennych chi help? Gobeithio bod wir, a gobeithiaf yn fawr iawn fod Siân yn well.

Gyda diolch calon a chofion cynnes iawn,
Kate.

164

158 Westbourne Road,
Penarth,
Morgannwg.
15 Ionawr, 1962

Annwyl D.J.,

Daeth y llyfr – er mawr bryder i mi! Ond y mae Margaret wedi cychwyn arno ar unwaith ac – i'm llonni'n ddirfawr – mae hi'n dweud ei fod yn darllen yn rhagorol ac yn argoeli gwledd. O'r gorau; mae hi'n bur sownd ar y pethau hyn a diweniaith. Gallaf yn awr aros am weld yr adolygiadau yn ddiofn. Nid wyf yn addo darllen y trosiad Saesneg fy hunan, ond y mae Margaret yn wir ddiolchgar i chi.

Chwefror 13 yr wyf i draddodi darlith radio flynyddol y B.B.C., a thrwy garedigrwydd Mrs. Rachel Jones a Syr David Llywelyn, araith boliticaidd i Blaid Genedlaethol Cymru fydd hi dan y teitl 'Tynged yr Iaith'.[305]

Wedyn, dygwyl Dewi, bydd fy nrama *Excelsior*[306] yn cael ei theledu, hithau hefyd yn ddrama boliticaidd gyfoes Gymraeg.

Ar ôl hynny rwy'n meddwl mai rhoi'r ffidil yn y to fydd orau imi. Ie, a ffoi o Gymru.

Gobeithio'ch bod chi a Mrs. Williams yn cael iechyd ac y cewch eich dau flwyddyn newydd siriol a dibryder. Y mae Margaret yn bur dda ar hyn o bryd ac felly hefyd Mair a'i theulu, a minnau fel arfer yn g'wilyddus hoyw.

Ein cofio atoch yn gu,

Saunders.

LlGC P2/38/112

165

49, High Street,
Abergwaun.
18 Ionawr, 1962

Annwyl Saunders,

Diolch yn fawr i chi am y llythyr caredig ac am y newydd

calonogol fod Margaret, yr wyf wedi bod mor hy â'i galw felly, yn ei hoffi. Mae hynny'n sicr, fel y dywedwch, yn arwydd da. Wn i ddim pa sylw a gaiff e gan y Saeson, os sylw o gwbl, yn uchel neu isel ael.

Excelsior! yw eich hanes chi o hyd, Saunders, a gwych yw'r hanes am y ddrama newydd hon eto, mor fuan. Fe welais i a Siân, gyda llaw, berfformiad tan gamp o *Esther* gan aelodau staff Ysgol Sir Tyddewi a rhai o'r tu allan, yn union cyn y Nadolig. Y cynhyrchydd oedd Islwyn Thomas, athro hanes yno, a brawd i Elfed Thomas[307] yr athro Cymraeg rhyfeddol yna sydd yn un o Ysgolion Caerdydd sydd wedi codi to mor wych o ddisgyblion, fel Bobi Jones, E. G. Millward ac eraill yno. Yn wir, Saunders, ni welais i ddim gwell na hwn erioed yng Nghymru, y tu allan i'r actorion proffesedig mwy neu lai, – a hynny ac eithrio'r ferch Margaret Hention, a gymerai ran Esther, o ddefnyddiau cyffredin. Dawn y cynhyrchydd yn eu codi ymhell uwchlaw iddynt hwy eu hunain, a chodi'r gynulleidfa gyda hwy hefyd. Gwyddwn y byddai'r pellter yn ormod i chi ddod i'w gweld neu fe fyddwn wedi anfon atoch.

Whare teg i Dai bach Llywelyn, yr hogyn bach haerllug yna a stopiodd dyfu yn ei flwyddyn gyntaf yn Fform VI, a Rachel Jones a heriodd bawb yng nghysgod tarian Henry Brooke, am roi sêl eu bendith arnoch i draddodi araith wleidyddol Gymraeg adeg Gŵyl Dewi ar destun fel 'Tynged yr Iaith', a'r taeog yn Dai bach yn cochi'n gynddeiriog goch i'r wyneb bob tro y mae'n meddwl am yr iaith. Clywais Jacob Abergwaun yn adrodd englyn eitha da o waith ei dadcu, tad ei fam, rwy'n credu, a oedd yn weinidog gyda'r Bedyddwyr yng Nghwm Nedd, rwy'n credu, eto.

Wrth eich clywed chi'n sôn am ffoi o Gymru yn flourish yr *Excelsior* ni allwn lai na chofio am eiriau Job wrth geisio ffoi o flaen ei Arglwydd a'i gydwybod.

'Os cyweiriaf fy ngwely yn uffern wele di yno' [*sic*],[308] a'r 'di' yna i chi, fel 'Hon' Parry-Williams ydyw Cymru.[309]

Rwyf newydd fod yn darllen gyda blas ac angerdd y drafodaeth honno rhyngoch chi ac Aneirin Talfan yn y gyfres 'Gwreiddiau' a geir yn y rhifyn hwn o *Taliesin*.[310]

Diau y ceir pethau mawr a grymus gennych chi yn eich araith Gŵyl Dewi a fydd yn gyfle mor fawr i chi. Ond tybed onid oes modd i chi eto ddod yn ôl i gymryd rhan ymarferol, mewn rhyw fodd neu i gilydd, yn y frwydr dyngedfennol hon nad yw eto, diolch i Dduw, wedi darfod, – yn hytrach na thynnu eich gwisg atoch yn fwy eto, a'n gadael ni, drueiniaid twp a llwfr yn sbort i'r Diawl a'i griw.

Wyddoch chi, Saunders, rwy'n credu'n sicr i'r un llythyr yna a sgrifensoch chi i'r Wasg adeg ymgyrch agor tafarnau ar y Sul fod yn ffactor bwysig mewn cyfnod mor bwdr i gryfhau'r farn gyhoeddus yn erbyn i'r graddau y gwnaed.[311] Mae Gwynfor yn wleidydd mawr a doeth pe câi chwarae teg gan y taeogion diffaith sydd o'i gwmpas, – a chanddo amynedd a gobaith sant ynghanol y cyfan. Mae lle i'r mwyaf fel y lleiaf ohonom sy'n deilwng o Gymru ynghanol angerdd y frwydr hon, heb feio neb na dim. Mae eraill wedi trechu, a gallwn ninnau ddweud gyda'r dramaydd, 'The fault is not in our stars but in ourselves, that we are underlings.'[312]

Cofion gorau atoch eich dau.

D.J.

LlGC MS 22725E Llythyrau at Saunders Lewis 215

166

158, Westbourne Road,
Penarth,
Morgannwg.
8 Ionawr, 1963

Fy Annwyl D.J.,

Clywais drwy'r teleffôn y bore yma i Griffith John Williams gael strôc neithiwr a'i fod yn anymwybodol a chanddo pneumonia heblaw'r parlys ar waed yr ymennydd. Credais yr hoffech gael gwybod amdano. Y mae ofn mawr am ei einioes.

Os byddwch yn ddigon iach i fynd i Bwyllgor Gwaith nesaf y Blaid, dyma'r hyn a gynghorwn i os dymunwch neu os bodlonwch i'w ystyried:

1. Peidio â gwneud dim oll ymhellach ynglŷn â Neil Jenkins hyd at y gynhadledd flynyddol, ac wedyn yn unig os bydd rhaid.

3. Penodi is-bwyllgor bychan o dri gyda'r Llywydd i ystyried a ddylid rhoi rhywbeth yng nghyfansoddiad y Blaid i reoli disgyblaeth, – ac i ddwyn adroddiad i'r Pwyllgor Gwaith.

2. Cydnabod nad oes gan y Pwyllgor Gwaith yn ôl y cyfansoddiad presennol unrhyw allu disgyblu o gwbl. Sylwch fod 2 uchod i ddyfod cyn 3.

A gaf i chwanegu nad oes dim un person byw wedi ysgrifennu ataf i ynghylch Neil Jenkins na dyfod ataf, nac unrhyw Gatholig chwaith. Mae'n ddrwg gennyf i chwi farnu fod hynny'n bosibl.

Fy nghofion diffuant atoch eich dau a blwyddyn newydd dda,
Saunders.

LlGC P2/38/113

[Amgaeëdig]
COPI lythyr a sgrifennais at Saunders Lewis wedi cael llythyr Gwynfor y diwrnod cynt.

49, High Street.
Abergwaun.
1 Ionawr, 1963.

Annwyl Saunders,

Dyna hi eto yn Ddydd Calan Blwyddyn Newydd! a dyma ddymuno Blwyddyn Newydd Dda o waelod calon ar ran Siân a finnau i chi a Margaret, os caf ei galw felly, ac i Mair a'i gŵr a'i theulu cynyddol.

Rown i yn Abertawe ryw dair wythnos yn ôl yn cyflawni swydd bwysig fel y gofynnir yn ddeheuig iawn weithiau i wŷr cefnog fel fi ei wneud, sef agor Ffair y Blaid. A phwy oedd yno mor llon a siriol ag arfer, a finnau bob amser mor falch o'i gweld, ond Mair a'ch wŷr newydd chi, nad wyf yn siwr iawn o'i enwau'n llawn ragor na bod Gruffydd a Lodwig yn ddau ohonynt: os da cofiaf yn ei chôl. Pan oedd hi a finnau a Siwan a Marged Elen yn paratoi ein hunain i gael tynnu ein llun o flaen camera fflachiog

Roy Lewis, mi ddechreuodd y sgrechgi brech bach Gruffydd, y cefais gip ar ei wallt golau crychiog, yn dra thebyg i'w dadcu, fel y tystiwn, y sgrechgi bach mwyaf di-daw a welodd Cymru ers canrifoedd, ar ei nadau fel y bu raid i Mair ac yntau gilio ma's o'r lle yn ddiymdroi, gan fy ngadael innau, wedi colli fy nghyfle olaf am anfarwoldeb. Ofnaf i'r bychan synhwyro rywfodd mai 'dyn drwg' oeddwn innau fel ei dadcu.

Rown i wedi meddwl sgrifennu gair atoch ers tro hir, ond rhyw fân betheuach yn mynd â'm hamser o hyd – casglu at yr Achos Da erbyn diwedd y flwyddyn, cywiro proflenni'r cyfieithiad o lyfr A.E. y cewch gopi ohono maes o law, gan i Wasg Gomer fethu ei gael yn barod erbyn y Nadolig, etc.

Ond ddoe ddiwethaf mi gefais lythyr oddi wrth Gwynfor yn rhoi manylion am achos y Neil Jenkins bach yna, llythyr sydd wedi fy mhoeni gymaint fel y mae'n rhaid i mi sgrifennu atoch yn ddioed er mwyn esmwythdra fy meddwl.

Yn awr, yr wyf am roi fy marn a'm safbwynt i o edrych ar bethau, am eu gwerth, mor gywir a gonest ag y gallaf, gan mai'r gwir plaen yw'r unig beth sy'n werth ei ddweud, ac mai hynny yn unig a saif yn y pen draw. Mi wn i yn iawn na ellwch chi a fi ddim byth ddigio wrth ein gilydd, gan nad faint y gallwn anghydweld mewn barn ar dro o siawns efallai, ac nid yn aml y bydd hynny, gyda llaw.

Sgrifennu a wnaeth Gwynfor, nid i achwyn ar neb na dim, ond yn unig i ddweud wrthyf fel cyfaill am rai pethau na wyddwn i amdanynt, a'i fod yn bwysig i fi eu gwybod yn ôl ei farn ef.[313]

Cleimax y cyfan ar hyn o bryd yw diarddeliad y Pwyllgor Gwaith o Neil Jenkins fel aelod ohono, a'r helynt fawr sydd wedi ei chreu ar ôl hynny, mewn llythyron yn y Wasg, a'r *Western Mail* fel arfer yn falch o'r cyfle i wneud niwed i'r Blaid yn rhoi un o'i gohebwyr arbennig ar y trac, Powell, Sadwrn diwethaf.

Nid oeddwn i yn y P.G. pan ddiarddelwyd Neil Jenkins. Dyna pam yn gymaint â dim yn ddiau y sgrifennodd Gwynfor ataf. Nid wyf i yn nabod Neil Jenkins i siarad gair ag ef erioed. Ond wedi ei glywed rai troeon mewn pwyllgor yn siarad dipyn yn frathog heb angen hynny. A'm syniad i amdano ydoedd mai llanc go fyrbwyll a dibrofiad yn treio taflu ei bwysau o gwmpas ydoedd, y dôi'n gallach gydag amser ac mae ei adael o dan sylw fyddai'r peth gorau. A phetawn i yn y pwyllgor o dan sylw, dyna, hyd nes clywed manylion llawnach, yn ddiau, fyddai fy awgrym yno.

Ond mae'n amlwg, o wybod ei hanes yn llawnach, mai llanc afiach... ydyw mewn gwirionedd, wedi cario'r dydd ar ei rieni gartref, wedi dod yn aelod o'r Blaid am ryw reswm od, fel y bydd rhai od fel chi a finnau weithiau yn gwneud, – ond heb wneud dim drosti o gwbl, ond ei beirniadu'n gas a bod yn niwsans parod iddi ers dwy neu dair blynedd.

Wyddoch chi, Saunders, petaech chi'n Llywydd yn digwydd bod, yn lle Gwynfor, fe fyddech wedi ei gwcio'n gelain ag un ergyd. A dyna ben draw arno cyn belled ag y byddai a fynno'r Blaid ag ef oni ddiwygiai ei ffyrdd yn llwyr.

Ond nid dyna ffordd Gwynfor, yn digwydd bod: ac efallai i'r mawrfrydedd bonheddig, amyneddgar rhyfeddol, sy'n ei nodweddu fod yn rhwystr am y tro i'w waith fel Llywydd y Blaid. Oherwydd ni wn i am neb sydd wedi dioddef cymaint o ferthyrdod a chasineb ar law cachgwn sâl o ddynion yn Sir Feirionnydd, yn Sir Gaerfyrddin ac yn awr gan ryw glic bach yn y Blaid sy'n cyfarfod yn ddirgelaidd yma a thraw, er mwyn chwilio beiau ar y Blaid ac ar Gwynfor fel ei harweinydd – a gwneud y nesaf peth i ddim, y rhan fwyaf ohonynt i ymegnïo a gweithio dros y Blaid fel dynion.

A dyma'r dynion, fe wyddoch pwy ydynt, yn well nag y gwn i, sy'n ceisio eich cael chi yn awr, a wnaeth fwy o ddigon na neb i sefydlu'r Blaid, i achub y sparbil bach hwn Neil Jenkins, a wnaeth fwy na neb o fewn ei allu i geisio ei ddryllio. Am ryw reswm, a gwaetha'r modd yw hynny i chi, ac iddynt hwy, mae mwyafrif y grŵp yna yn digwydd bod yn Gatholigion. Ac fe wyddoch nad oes gennyf i yr un rhithyn lleiaf o ragfarn yn eu herbyn oherwydd hynny.

Os yw'r bobl hyn, yn lle gweithio o ddifri dros Gymru, ein hunig obaith wedi'r cyfan, yn mynd i beryglu rhwygo Plaid

Cymru ar gorn cadw Neil Jenkins yn aelod o'r Pwyllgor Gwaith dyna'r ffars fwyaf rhagrithiol y gwn i amdani yn holl hanes Cymru.

Fe'ch ganed chi, Saunders, i arwain Cymru fel cenedl ar ei ffordd i ryddid cenedl gyflawn. Yr ych chi eich hun wedi dweud hynny. Rwyf innau a llawer eraill wedi credu hynny yn bendant. Tra buoch chi'n Llywydd y Blaid fe roesoch arweiniad dewr ac aberth diarbed drosti er cyflawni eich tynged. Fe wyddoch drwy brofiad waith mor dorcalonnus o galed a fu hynny yn wyneb rhagfarn, dallineb ac ystyfnigrwydd diffaith cynifer o bobl. Ac wedi canlyniad Etholiad 1943 fe roesoch yr arweiniad o'ch dwylo fel tasg ry amhosib i chi ei chyflawni, gan ymroi i waith lawer mwy wrth eich bodd.

Fe gymerodd Gwynfor at y gwaith o arwain yn eich lle a chyflawni hynny yn ôl y doniau arbennig a rodded iddo gyda'r un dewrder, unplygrwydd ac ymroddiad ag a wnaethoch chi. Ni lwyddodd yntau mwy nag y llwyddasoch chithau i wneud yr hyn a ddymunech chi a miloedd eraill gyda chi.

Ond y mae beio Gwynfor am fethu â rhoi arweiniad priodol yn llwyr annheg yn fy marn i. Y mae Gwynfor yn ddyn mawr, ac yn wladweinydd mawr a doeth, pe gallai pobl weld hynny.

Y ni ein hunain sy'n cymryd arnom gredu o ddifri yn achos Cymru sydd i'w beio am y diffyg llwyddiant. Beth pe bai'r uwch feirniaid collfarnol yma ac eraill tebyg iddynt yn rhoi'r filfed rhan o'r aberth a roesoch chi yn nhymor eich arweiniad, a Gwynfor ar ôl hynny i achos rhyddid Cymru. Oni fyddai pethau yn dra gwahanol? Dyma ein cyfle olaf ni yn ddigon tebyg. Ac oni allech chi a Gwynfor gydgwrdd i drafod pethau? Mae Cymru, er mai gwlad fach ydyw, yn ddigon mawr i gynnwys gwasanaeth pawb o'i phlant. Cydweithio'n ddewr a ffyddiog fel rhai'n gweled yr anweledig, yw ein hunig obaith ni i achub y cyfle olaf hwn o fewn ein gafael.[314]

Yn ddiffuant,

D.J.

O.N. Diolch cywir iawn am yr ysgrif odidog yna ar Ann Griffiths yn *Seren Gomer* wedi ei chyflwyno i Val a fi, er cof am 25 mlynedd yn ôl. D.J.[315]

LlGC P2/38/114

167

49, High Street,
Abergwaun.
3 Chwefror, 1963

Annwyl Kate,

Pan ddarllenais eich ysgrif goffa chi ar Griffith John, y cyfaill hoff a diddan, a'n gadawodd ni mor sydyn, bwriadwn yn uniongyrchol anfon gair o ddiolch calon i chi amdani. Ond daeth y mân rwystrau hynny ar y pryd a'm cadwodd rywsut rhag gwneud.[316]

Ond rhaid i fi wneud hynny heno, oherwydd fe gredaf i fod hon yn un o'r ysgrifau coffa gorau a ddarllenais i erioed, yn llawn angerdd a dwyster teimlad, a'r deyrnged wych i'w waith, a llwyredd diymatal ei gyfraniad anhygoel fawr i ysgolheictod Cymru, heb air yn ormod ynddynt.

Ie, dyn wedi ei feddiannu'n llwyr gan ei gariad at Gymru ydoedd Griffith John heb ddim o fewn ei alluoedd disglair, yn y Coleg fel darlithydd i'w ddisgyblion, fel y dengys Bobi Jones yn ei deyrnged odidog yntau i'w hen athro, ac o'r tu allan iddo, yn ormod ganddo ei wneud drosti.[317]

Fe gawsoch chi a Morris druan flynyddoedd o'i gwmnïaeth ddihafal ddiddan ef ac Elizabeth ei briod, un o'r merched dewraf a mwyaf didwyll yng Nghymru. Euthum innau i Aberystwyth yr un diwrnod ag yntau, a rhannu hwyl a gwaith y Coleg gydag ef am dair blynedd lawn, a chadw mewn cysylltiad agos ag ef byth oddi ar hynny, er mai achlysurol fyddai ein gohebu, a hynny ar ryw fusnes neu'i gilydd fynychaf. Gwledd wastadol oedd ei gwmni fel y gwyddoch, ac er y golled ddifesur i fywyd Cymru heddiw, ac yntau ar ganol ei gampweithiau, llawenydd a ddaw i 'nghalon i gyntaf, bob tro, wrth feddwl amdano, a'r llif storïau hynny a glywswn ganddo ar hyd y blynyddoedd.

A shwd ŷch chi'n cadw ar yr hirlwm eiraog, rhewllyd yma?
Gwelaf eich pin ysgrifennu chi yn hynod o ddiwyd o hyd, yn
rhywle, ac arwydd da yw hynny, mae'n siwr. Yn bersonol, fe
deimlaf i fod yr awyr yn iach ac yn ffres i'r sawl sy'n gallu cerdded
allan; ond y mae pawb ohonom yn awyddus o beth argoel o'r
gwanwyn yn nesáu, a Siân yma gymaint â neb rwy'n siwr.

Wel, Kate, wrth feddwl am gynnwys *Tywyll Heno* rwy'n teimlo
i chi suddo lawr i ddyfnder malltod a diffrwythdra'r cyfnod hwn,
a'i ddadansoddi'n hynod o dreiddgar drwy'r wraig wallgof yma
a llawer o'i chymheiriaid. Mi gredaf i chi deimlo fel yr emynydd
wedi gorffen ei sgrifennu: 'Mi dafla 'maich oddi ar fy ngwar.'[318]

Beth feddyliwch chi o Nodion Golygyddol y rhifyn hwn o
Barn wn i, sy'n dweud na wêl neb o fewn can mlynedd y fath
beth â 'Hunan Reolaeth yng Nghymru', a hynny'n golygu,
wrth gwrs, y bydd y genedl, hebddi, wedi hen farw cyn hynny.
Amcan eithaf *Barn* debygwn i, yw bod yn swyfen felys o siwgr i
guddio'r gwenwyn marwol sydd ynghanol y bilsen er mwyn lladd
Plaid Cymru fel mudiad gwleidyddol, a thrwy hynny roi cyfle
i Ryddfrydiaeth bensucan Alun Talfan.[319] A gwn am eraill sy'n
teimlo yr un peth. Does dim cydwybod gan Alun na therfyn ar ei
uchelgais. Medd Shakespeare yn *Macbeth*, 'Vaulting ambition o'er
leaps itself and falls o'n tother side'[*sic*].[320]

Ond yw *Te yn y Grug* yn cael ei ddarllen yn gampus bob
wythnos gan Nesta Harries.[321]

Gyda'n cofion cywiraf ni'n dau atoch. Credaf i fi ddweud
wrthych am beidio â phrynu'r *Bod Cenhedlig*.

D.J.

LlGC Kate Roberts 1402

168

Y Cilgwyn,
Dinbych.
9 Mawrth, 1963

Annwyl D.J.,

Diolch yn fawr am eich llythyr, ac am eich geiriau caredig am fy ysgrif goffa ar ôl ein cyfaill hoff G.J.W., a hefyd am *Tywyll Heno*. Bydd yr Academi yn wag iawn heb ei llywydd y tro nesaf. Gobeithiaf y byddwch chi yn rhoi teyrnged iddo yn y cyfarfod.

Gaeaf caled a fu hwn ymhob ystyr, a da gweld yr iäeth yn dod i ben. Bu'r tri thŷ yma (gan gynnwys y Cilgwyn) am naw wythnos heb ddiferyn o ddŵr, am ei fod wedi rhewi yn y briffordd, ac nid oedd yn bosibl mynd ato. Ond fe ddaeth yn ôl neithiwr, ac o'r hyfryd sŵn yn y pibau pan ddaeth. Bu'n naw wythnos o hunllef, a rhwystr rhag gweithio.

Cytunaf â chi ar nodion golygyddol *Barn*. Teimlaf yn ddigon euog fy mod wedi sgwennu iddo, ond gwneud hynny er mwyn plant Cymru a wneuthum. Petai tynnu'r awduron a'r darllenwyr sy'n perthyn i Blaid Cymru allan, ni fyddai *Barn* i'w gael. Ond credaf fel Golygydd *Y Ddraig Goch* fod cyhoeddi'r cylchgrawn fel cylchgrawn yn beth da.

Ond, mae yna ysbryd newydd yng Nghymru. Bûm yn wraig wadd mewn pedwar o gyfarfodydd Gŵyl Ddewi, a chefais ddweud pethau, a hynny gyda chymeradwyaeth, na fuaswn yn cael eu dweud ryw bum mlynedd yn ôl. Mae gweithred Emyr Llew Jones wedi symud pobl.[322] Mae gennym ni yma gyfarfod bob mis o ranbarth y Fflint a Gorllewin Dinbych o'r Blaid i drafod materion gwleidyddol. Yn yr un diwethaf, ar ôl anerchiad Geraint Williams, fe godwyd mater Emyr Llew Jones, ac yr oedd y teimladau'n uchel o'i blaid. Fe aed â'r het o gwmpas, ac fe gasglwyd £12/10/0 yn y fan a'r lle. 40 oedd yn bresennol. Yr oedd 29/– wedi eu casglu cyn dyfod i'r cyfarfod a hynny gan bobl heb fod yn aelodau o'r Blaid.

Edrychaf ymlaen at gael eich llyfr newydd. Ydyw, mae Nesta Harries yn darllen *Te yn y Grug* yn rhagorol. Merch yw hi i'r diweddar Barch. R. H. Davies, hen weinidog Capel Lôn Swan, hen gapel Gwilym Hiraethog. Caf sgwrs efo chi yn yr Academi. Gobeithiaf eich bod chwi yn iach er gwaethaf y tywydd.

Llawer o ddiolch am eich llythyr a'm cofion cynnes atoch eich dau,

Kate.

LlGC P2/39/ 85

169

Y Cilgwyn,
Dinbych.
17 Ebrill, 1963

Annwyl D.J.,

Diolch yn fawr iawn i chi am y rhodd werthfawr o'ch llyfr. Drwg gennyf na ellais anfon gair cyn hyn. Siarad dros y Blaid yn Aberystwyth yr wythnos olaf o Fawrth, Yr Academi yr wythnos wedyn, a mynd i Gaerdydd ar ddwy raglen deledu yr wythnos dwaetha, a phobl ddiarth ddydd Llun dwaetha. Rhaid gwneud iawn yn y tŷ am yr amser a gollwyd.

Ni wn pryd y caf amser i ddarllen eich llyfr. Yr unig amser a gaf i ddarllen yw rhyw ddeng munud yn y gwely cyn mynd i gysgu, a llyfrau heb swmp yw'r rheiny. Ond fe fynnaf amser rywdro.

Yr oedd yn wirioneddol ddrwg gennyf glywed i chi fod yn sâl. Clywais dipyn o'ch hanes gan Waldo. Fe fu'n aeaf mor galed, nid rhyfedd i chi fynd yn sâl. Ond gobeithiaf yn fawr y cewch wellhad llwyr gyda'r tywydd gwell, er ei fod yn ddigon oer o hyd. Colled fawr i'r gynhadledd oedd colli eich atgofion chwi am Aberystwyth. Gobeithio y cawn hwy y tro nesaf. Cafwyd cynhadledd odidog mewn areithiau, trafodaethau a'r cwmnïa hapus wrth y bwrdd bwyd, a'r seiadau answyddogol. Cewch ychydig o'r hanes yn *Y Faner*. Ni fedrai'r golygydd fod yno hyd brynhawn Gwener, felly fe wneuthum i adroddiad o'r cyfarfodydd cyntaf. Yr oedd y cyfarfod coffa i G.J. [Griffith John Williams] yn brofiad mawr.

Maddeuwch air byr, yr oedd arnaf eisiau sôn am y pethau

gobeithiol sy'n digwydd yng Nghymru, ond nid oes amser. Ond yr oedd yn rhaid imi anfon i ymholi yn eich cylch.

Gobeithiaf fod Siân yn weddol a'i bod yn cael help yn y tŷ. Brysiwch fendio (fel y dywedwn yn y Gogledd). Gobeithiaf eich bod lawer yn well. A diolch yn fawr am eich caredigrwydd.

Gyda chofion cynnes atoch eich dau,

Kate.

LlGC P2/39/86

170

158, Westbourne Road,
Penarth,
Morgannwg.
13 Ionawr, 1964

Annwyl D.J.,

Gair i ddweud fod Margaret a minnau'n gofidio a phryderu o glywed eich newydd am Mrs. Williams. Mawr obeithiwn y daw hi eto'n well ac y cewch chithau nerth i weini arni.

Nid ysgrifennais i unrhyw erthygl i'r *Welsh Nation*. Nid wyf yn derbyn y papur a ffiaidd gennyf a ddarllenais o waith ei olygydd – nis gwelais erioed. Ffoniais rwan swyddfa'r Blaid i ofyn am eglurhad a dywedwyd wrthyf mai darn o bamffled a gyhoeddais i bron ddeugain mlynedd yn ôl yw'r erthygl ac fe'i rhoddwyd yn y *W.N.* heb gymaint â gofyn am ganiatâd nac anfon copi ataf. Hollol nodweddiadol, – a rhoi'r argraff i ddarllenwyr fy mod i'n cyfrannu i'r papur.[323]

A glywsoch chi fod Moses Griffith wedi cael damwain fodur go ddifrifol? Cymerwyd ef i'r ysbyty ym Mae Colwyn ond cafodd ei gario adre mewn ambiwlans ar ôl deuddydd. Y mae o'n bur ddolurus ond heb dorri asgwrn.

Yr wyf newydd orffen sgrifennu nofel fechan fer am fy hen-daid a'm hen-nain i, sef William Roberts, Amlwch a'i briod. Bûm yn syrffedu o ddarllen disgrifiadau'r nofelwyr a'r dramawyr Cymraeg o Fethodistiaeth Cymru, a thybiais fod yn bryd i rywun roi darlun cywir o Fethodistiaeth cyn iddi fynd yn rhy hwyr. Mi anfonaf gopi atoch pan ddaw'r nofel fechan allan – tua Dygwyl Dewi yn ôl pob tebyg.[324]

Blwyddyn newydd well o lawer i Mrs. Williams ac i chithau, a diolch am eich llythyr.

Yn gu,

Saunders.

LlGC P2/38/116

171

49, High Street,
Abergwaun,
Sir Benfro.
16 Gorffennaf, 1964

Annwyl Kate,

Dim ond at ambell un fel chi rwy'n gallu swanco papur a phenawd fel yr uchod iddo, – a chael y dalennau hyn naethon ni mewn gwirionedd!

Bu ar fy meddwl dro'n ôl i anfon gair atoch i ddweud i lith ragorol iawn o'ch gwaith fod yn destun trafodaeth ddiddorol mewn seiet yng nghapel Pentowr – llith a gyhoeddwyd ychydig cyn hynny yn *Y Drysorfa* a'i dwyn i'n sylw gan ein gweinidog, y Parch. Stanley Lewis. Diolch i chi amdani, Kate. Roedd ynddi ddefnyddiau sawl seiet i wneud cyfiawnder â'i chynnwys.[325]

Mae'r Ysgol Haf yn Abergwaun eleni yn ymyl fel y gwyddoch. Mae gennyf gof byw am yr Ysgol Haf yn Ninbych lawer blwyddyn yn ôl bellach, ac amdanom amryw ohonom yn westeion hapus, braf ein byd o dan eich cronglwyd lwythog chi, – Elis Bach a Jinni coffa bendigedig amdanynt, Val, finnau, Gwynfor, ac eraill o bosib hefyd, ond na chofiaf yn siwr yn awr.

Wel, fe fyddwch chithau, y ffyddlonaf o bawb gyda ni 'leni eto, yn Abergwaun rwy'n obeithio, y deunawfed tro ar hugain os wyf yn cofio'n gywir i chi fod yn bresennol mewn Ysgol Haf. Bendith ar ych pen chi, Kate, fel un a gafodd y fath gryfder corff, meddwl ac ysbryd i ddal ymlaen drwy'r maith flynyddoedd mor gadarn a digyfnewid.

Bregus ddigon yn wir yw iechyd Siân druan, er ei bod hi'n well y dyddiau diwethaf hyn nag y bu er pan gafodd hi'r pwl enbyd o ddrwg ddechrau'r flwyddyn yma. Gwna hynny hi'n amhosib i ni'ch cael chi na neb arall, ac eithrio perthynas i ni sy'n dod i helpu tipyn ar Siân, i aros yma, fel y digwydd. Ond fe fydd yma gyfle am seiet lawn fel y gwyddoch.

Gyda'n cofion cynhesaf ni'n dau atoch, hyd hynny,

D.J. a Siân.

LlGC Kate Roberts 1457

172

Y Cilgwyn,
Dinbych.
20 Gorffennaf, 1964

Annwyl D.J. a Siân,

Diolch yn fawr i chi am eich llythyr bore heddiw a hefyd am yr un arall a gefais ddechrau mis Mai. Caf egluro pam nad atebais hwnnw.

Mae'n dda gennyf glywed bod Siân ychydig yn well, er ei bod wedi cael amser go ddrwg.

Yr wyf yn deall yn iawn na ellwch gael neb yna i aros – ni feddyliais i am y peth o gwbl, gwyddwn mor ddyrys mae pethau wedi bod gyda chi. Yr ydych wedi rhoi croeso i mi lawer gwaith yn eich tŷ fwy lawer nag a roddais i i chi. Mae gennyf atgofion hapus am lawer tro y bûm yna. Mae Morus Jones am gael llety i mi yn weddol agos i'r Ysgol lle cynhelir yr Ysgol Haf.

Yr wyf wedi cael pwl drwg o gricymalau ers tua deufis, yn fy mreichiau a'm pennau gliniau. At hynny mae'r wraig sy'n helpu wedi bod yn wael ers yr un amser. Cafodd weithred lawfeddyg fawr, ac ni fydd yn ôl am rai wythnosau eto. Yn y cyfamser mae gennyf fymryn o help, dynes sy'n gweithio yn yr ysbyty drwy'r

dydd, ac yn gweithio yn nhai pobl yn y nos. Mae hi'n gymaint
o gybydd â chybydd Twm o'r Nant. Daw yma yn y nos am ryw
deirawr, ac mae ei help yn well na dim.

Mae'r poenau yn well, ond ddoe daeth yn ôl wedyn a
chymerodd 15 munud imi gerdded i'r Ysgol Sul, gwaith rhyw 7
munud fel rheol.

Diolch yn fawr am eich geiriau caredig yn y ddau lythyr. Bydd
hon yn 39 Ysgol Haf i mi, oblegid rhaid cyfrif y ddau ben 1926 a
1964. Buoch chwithau yn ffyddlon iawn bob tro y gallech ac yn
fwy na ffyddlon yn eich gwaith a'ch aberth mawr dros Gymru.

Mae'n ddigri meddwl bod ysgrif o'r eiddof fi yn destun seiad!
Yr oedd arnaf eisiau dweud y pethau yna ers tro, wrth wrando ar
bregethwyr yn crafu eu gyddfau ar y radio i chwilio lle'r oedd y bai
am y dirywiad.

Soniech yn eich llythyr fis Mai nad oedd J. Gwilym Jones yng
Nghynhadledd Taliesin. Yr oedd yn un Aberystwyth y llynedd
ac yn siarad yn wych yno. Yr oedd yn amhosibl iddo fod yn hon
oherwydd ei fod yn hyfforddi myfyrwyr Bangor yn y dramâu a
chwaraeent yr wythnos wedyn yng Nghaerfyrddin. Mae o'n helpu
pawb, y rhai amlwg a'r rhai disylw.[326]

A wyddoch chi a oes yna fws yn rhedeg o Aberteifi i
Abergwaun? Gwelaf mai ffôl fyddai i mi geisio mynd trwy
Amwythig a Chaerdydd neu Amwythig a Llandrindod. Mae hi'n
unionach drwy Aberystwyth, a gwn y caf fws oddi yno i Aberteifi.

Anfonaf at Gwenallt rhag ofn ei fod ef yn mynd efo'r car.

Rhaid i mi orffen rwan a mynd at fy ngwaith.

Gobeithiaf yn fawr fod Siân yn llawer gwell a'ch bod
chwithau'n 'dal iddi' fel y dywedwn ni yn y Gogledd am fod yn
dda ein hiechyd.

Gyda'm cofion cynhesaf atoch eich dau,

Kate.

Edrychaf ymlaen yn fawr at eich gweld.

173

49, High Street,
Abergwaun,
Sir Benfro.
28 Awst 1964

Annwyl Kate,

Dim ond gair bach i ddiolch yn fawr i chi am sgrifennu hanes yr Ysgol Haf mor llawn a chryno yn *Y Faner*, y ddwy wythnos yma. Petaech chi'n gwneud yr un math o waith yn Saesneg yn Fleet Street fe allech fynd am fis o wyliau i Sbaen neu'r Eidal ar gefn eich gwaith gloyw. Tyst o hynny fyddai Caradog, a'i brofiad maith yno.[327]

A rhoi cromfach am y gwrthrych a fu'n achlysur y cyfarfod prynhawn Sul, yn llwyr yn erbyn ei ewyllys, yr oedd yn gyfarfod nodedig i'r diwedd. Roeddech chi'n ardderchog, Kate, a phob un arall yn deilwng o'r cyweirnod a roesoch chi ar y dechrau. Deallaf fod llawer o siarad wedi bod amdano gan gyfeillion caredig. Ysgrifennodd y Dr. Gwenan lythyr personol arbennig iawn o argraffiadau a wnaed arni hi gan y cyfarfod. 'Roedd y cyfarfod yn un o oriau goleulon fy mywyd rhy-lawn-o-gyfarfodydd,' meddai hi.[328]

Gyda diolch cywir iawn, unwaith eto, a chofion cynhesaf Siân a finnau atoch. Cawsom lythyr hyfryd iawn oddi wrth y Dr. Nöelle hefyd ar ei theithiau symudol wedi'r Ysgol Haf. Mac hi'n deilwng o gyfnod y Seintiau yn Iwerddon, cyn i'r Tiwtoniaid ddod i lygru hanes yr Ynys honno.[329]

D.J.

O.N. Rwyf wrthi'n darllen *Taith i'r Swisdir* [*sic*] J.E. — llyfr sy'n deilwng o dystiolaeth wych John Gwilym ac Islwyn Ffowc ar ymyl y ddalen fewnol.[330]

LlGC Kate Roberts 1464

174

Y Cilgwyn,
Dinbych.
8 Medi, 1964

Annwyl D.J. a Siân,

Diolch yn fawr i chi am eich llythyr ddiwedd Awst.

Yr oeddwn yn falch i mi allu rhoi adroddiad i'r *Faner* o'r Ysgol Haf. Yr oedd y Golygydd wedi gofyn i Emrys Roberts ofyn i rywun wneud adroddiad, ond ni wnaeth. O'm cof yr ysgrifennais bopeth ond hanes eich cyfarfod chwi, yr oedd rhaglen y cyfarfod teyrnged gennyf yn gyflawn. A chyfarfod gwych ydoedd a gadael fy anerchiad i allan; yr oeddwn i dan ormod o deimlad i allu siarad yn iawn, fel petai deugain mlynedd o ysgolion haf wedi eu crynhoi i un bennod a phopeth yn dyfod yn ôl. Yr oedd chwaer Cassie wedi trefnu'n wych, a phawb yn siarad, gan eich cynnwys chwithau gyda graen.

Cefais amser pleserus yr haf hwn, rhwng yr Ysgol Haf, Y Steddfod, dwy ffrind i mi o Aberdâr yn dyfod i fyny am wythnos, a minnau'n mynd wedyn i Lundain yn gyntaf at ffrind imi o Hungaria, y bu ei merch yn byw gyda mi am flwyddyn o 1949–50. Bu fy ffrind, sef mam yr eneth, yn ysgrifennydd i Dr. Ernest Jones, y Seicolegydd a'r awdurdod ar Freud, am rai blynyddoedd cyn ei farw. Mi ofynnodd gweddw Dr. Jones i'm ffrind o Budapest a minnau fynd i lawr dros y Sul i'w bwthyn yn Elsted, hanner y ffordd rhwng Llundain a Portsmouth ar ymylon y South Downs. Cefais amser bendigedig. Iddewes wedi ei magu yn Morafia yw Mrs Dr. Ernest Jones, wedi dod i Brydain yn 20 oed pan briododd ei gŵr. (Chwi gofiwch mai Morfudd [*sic*] Owen oedd ei wraig gyntaf.)[331] Dinistrwyd llawer o'i theulu gan Hitler mewn gwersylloedd gwarchod. Ni allaf fyth draethu'r hanes, ond fe geisiaf ei roi yn *Y Faner* rywdro cyn hir.

Yr oeddwn yn falch iawn o gael dyfod i'ch gweld i'r Bristol Trader a'ch cael eich dau mor hapus, ac o gwrdd â'ch ffrindiau a'ch teulu. Cofiwch fi at Mr. Stanley Lewis y gŵr hynaws. Ydyw, mae llyfr J.E. yn wych; ysgrifennais ato i ddweud hynny. Mae'r elfen bersonol ynddo yn ei wneud yn ddiddorol, mor wahanol i deithiau prennaidd T. I. Ellis.[332]

Gobeithiaf eich bod yn iach.

Gyda chofion annwyl,

Kate.

LlGC P2/39/88

175

Y Cilgwyn,
Dinbych.
26 Tachwedd, 1964

Annwyl D.J.,

Dylwn fod wedi anfon y lluniau hyn i chi ers wythnosau, ond ni chefais amser. Bûm yn sgrifennu i bapurau a chylchgronau ers dechrau mis Hydref. Adolygiad i'r *Faner* (wedi ymddangos),[333] adolygiad i *Lleufer* (i ddwad),[334] stori i *Hon* (i ddwad),[335] stori i *Barn* (i ddwad),[336] stori i'r *Traethodydd* (i ddwad),[337] a phennod i *Drysorfa'r Plant* (Ionawr). Yr wyf yn mynd i ddechrau cyfres i D.P. o storïau wedi eu cymryd allan o lenyddiaeth Cymru, nid hanes llenyddiaeth, ond rhyw bethau bach syml diddorol, wedi eu hysgrifennu mewn geiriau y gall plant un-ar-ddeg eu deall. Efallai, os byddant yn llwyddiant, y gellir eu cyhoeddi yn llyfr ar gyfer ysgolion. Y peth anodd yw gwneud geiriau fel 'barddoniaeth', 'rhyddiaith' yn glir i blant.[338]

Beth sydd yn mynd i ddwad o'r Blaid? Ar un wedd siomedig iawn oedd canlyniad yr etholiad. Y cwestiwn sy'n fy mhoeni i yw, a eill y Blaid fod yn allu gwleidyddol yn y tir heb ymladd etholiadau? Ai dyna'r unig ffordd i ddangos cryfder (neu wendid) y Blaid?[339]

Gallasai ein hymgeisydd ni fod wedi cael rhagor o bleidleisiau petai o yn siaradwr gwell, a phetai ei wraig heb ymyrryd yn y trefniadau. Er dewis cynrychiolydd (Islwyn Davies o Hen Golwyn) fe gymerth gwraig yr ymgeisydd bopeth i'w dwylo ei hun heb ganiatâd neb. Fe wariwyd £850, yr uchaf i'r Blaid yng Nghymru, ac erys £450 heb eu talu. Ni wn sut y gwnawn hynny.

Gobeithiaf fod Siân yn well yn ei hiechyd a'ch bod chwithau yn iawn. Yr wyf fi yn well nag y bûm ers tro.

Bu farw gweddw H. Francis Jones yn Hen Golwyn yn 91 oed.[340] Atgofion am Y Cilgwyn, Llandysul ers talwm. Mae'r lluniau yn dda, mi gredaf.

Cofion cynnes atoch eich dau,

Kate.

LlGC P2/39/89

176

49, High Street,
Abergwaun,
Sir Benfro.
28 Tachwedd, 1964

Annwyl Kate,

Wel, diolch yn fawr iawn i chi am y ddau lun neilltuol o dda y bore yma. On'd ŷch chi a fi yn edrych yn Siôn a Siân bach cysurus ynddo? – dyna ddywedodd y Siân hon amdano y peth cynta pan welodd hi fe. A ga' i ddweud hyn wrthych chi, Kate, yn gwbwl onest yn ych wmed chi, – yr ŷch chi'n mynd yn harddach fel rŷch chi'n mynd yn henach. A pheidiwch â gwrido, oherwydd mae e'n eitha gwir. Ac fe rôdd Natur start go dda i chi i ddechre. Yr unig beth alla i ddweud am y llun yma yw ych bod chi'n hardd mewn gwirionedd, a finne'n edrych gore galla i, fel y gwedodd Siân![341]

Gwyn eich byd chi, a'm llongyfarchion gorau i chi hefyd, eich bod chi'n gallu mynd ymlaen â sgrifennu fel yna mor gyson a chydwybodol, a chyfoethogi gymaint Cymru wrth wneud hynny.

Rwy'n teimlo fod gennyf innau hefyd ddigon o stwff y carwn ei ddweud. Ond first things first yw fy rhan i i fod tra gallaf i, – Siân yn wraig glaf druan, yn y tŷ yma, a Chymru yn genedl glaf, a rhaid i fi hyd eithaf fy ngallu, weini mewn llawenydd ar

y ddwy, a gadael i'r sgrifennu a'r darllen a garwn gymaint, fynd.
Fe ofala Duw yn ei Ragluniaeth holl-ddoeth am y cyfan o'r mân
bethau yna y methaf i eu gwneud.

Yr unig sgrifennu yr wyf yn ei wneud yn awr yw ambell lith i'r
wasg yn y frwydr wleidyddol yn y Sir hon, – a hynny'n Saesneg,
gan mwyaf, oherwydd fod dwy ran o dair o'r Sir yn Saesneg, – a'r
hyn a sgrifennaf, o ganlyniad, heb yr un gwerth llenyddol ynddo.

Bûm yn gweithio orau y gallaf gyda dyrnaid bach o ffyddloniaid
ardderchog gyda'r Etholiad yma. Collasom rai cannoedd o
bleidleisiau mae'n wir er yr Etholiad o'r blaen a Waldo'n
ymgeisydd, gan i'r Rhyddfrydwyr, heb iddynt ddim ond 'nuisance
value' ddod i'r maes.

Cymerais at fod yn swyddog cyllid yn wirfoddol am yr ail dro,
– a thalwyd costau'r Etholiad gennym bron yn llwyr erbyn dydd
yr Etholiad, – tri yn rhoi £50 yr un i ddechrau; Waldo a oedd
cystal â bod yn fethdalwr adeg yr Etholiad o'r blaen, newydd ddod
o'r carchar fel y cofiwn, yn rhoi £36 – ei dâl llawn am gyfres o
ddarlithiau; amryw eraill yn rhoi £10, £20, £25 yr un, ac un arall
£35.

Mae gennym erbyn hyn lechen lân o gostau'r Etholiad o ryw
£430, – a hefyd wedi cyfrannu'n barod rhwng £300 a £400 at
Gronfa Gŵyl Dewi, a rhagolygon am Ffair Nadolig dda bythefnos
i heddi, – Rhag. 12. Does genny' ddim amynedd â'r lot ddiwetha
yma sy'n rhoi'r bai ar bopeth ond ar eu diogi a'u llwfrdra moesol
nhw'u hunain ac ar Lywodraeth Lloegr am na wnaethon ni'n dda
yn yr Etholiad diwethaf, – a mynd i'w cwd fel malwod a halen ar
'u cwte, a chwilio am ryw ffordd rwydd ma's ohoni fel rhoi heibio
ymladd Etholiadau etc. Mae'n rhaid i ni fagu dewrder ysbryd ac
ymladd ac aberthu fel y gwna'r cenhedloedd eraill, os ydym ni am
haeddu byw o gwbwl.

Yr unig rym sydd gennym y mae Lloegr yn ei ddeall yw
grym gwleidyddol. Rhaid i ni ei feithrin, costied a gostio, neu
gilio allan o'r ffordd, yn gyff gwawd i genhedloedd y byd, ac
yn ddamnedigaeth ymlaen llaw, i unrhyw fath o ddyfodol a

all fod ar ôl i ni – Da gennyf ddweud nad wyf i wedi teimlo'r ysbryd pruddglwyfus hwn yn neb yn Sir Benfro. Ysbryd llawen ymfyddino o'r newydd sydd yma, er yn gwybod fod ein tasg yn enfawr. Maddeuwch yr egsplosion yma.[342]

   Ein cofion gorau,

   D.J.

LlGC Kate Roberts 1475

Diwedd y chwedegau: Y Blaid, llenydda, a cholli Siân

177

158, Westbourne Road,
Penarth,
Morgannwg.
[4 Mawrth, 1965]

Annwyl D.J.,

Diolch yn gynnes am eich llythyr, er bod y peth pwysicaf ynddo, sef y newydd am iechyd Mrs. Williams yn siomiant. Y mae Marged a minnau'n dymuno iddi adferiad a blynyddoedd siriol eto.

Gwyddoch, ond odid, fod yr Academi yn paratoi cyfrol deyrnged i'ch cyfarch pan ddaw eich pedwar ugeinfed pen-blwydd.

Mi gefais innau'n hapus iawn i mi y fraint o gyfrannu pennod fer i'r llyfr, a bu darllen eto drwy'ch holl gyfrolau yn bleser gwirioneddol.

Golygydd newydd (ers dwy flynedd) y *Western Mail* a bwysodd arnaf i ddehongli dipyn unwaith y mis ar lenyddiaeth Gymraeg gyfoes i'r Saeson. Wedyn ymbiliodd arnaf i adolygu yn Gymraeg iddo. Wn i ddim am ba hyd y parhaf. Rhan o gais i chwyddo'r cylchrediad yng Ngogledd Cymru ydy hyn. Dyma'r tro cyntaf ers tua deugain mlynedd imi sgrifennu'n fisol yn Saesneg. Bu'n rhaid imi brynu geiriadur Rhydychen (yr un bychan) er mwyn sicrhau fy sbelio. Erbyn hyn yr wyf yn rhy hen i sgrifennu yn Saesneg ddrygu fy arddull yn Gymraeg, ac efallai fod y llithiau byrion yn agor llygaid rhyw ychydig o Saeson i werth ein llên ni.[343]

Y mae tudalen cyntaf *Y Ddraig Goch* y mis yma yn annymunol o anonest. Dylasai'r Golygydd o leiaf fod wedi egluro mai polisi'r Blaid yn 1929 a 1930 oedd ymladd etholiadau seneddol er mwyn atal mynd i'r senedd a chyhoeddi hynny ym mhob cyfarfod, gwahodd pleidleisiau i foicotio'r senedd.[344] Ysywaeth y mae Pwyllgor Gwaith y Blaid wedi mynd ar gyfeiliorn ers blynyddoedd, – ac i raddau helaeth wedi lladd ysbryd y Blaid. Bydd yn rhaid ail-gychwyn o newydd.

Ein cofion yn gu atoch eich dau a dymuno i chi'ch dau flwyddyn o iechyd dibryder,

Saunders.

LlGC P2/38/117

178

158, Westbourne Road,
Penarth,
Morgannwg.
28 Mawrth, 1965

Annwyl D.J.,

Mae'n ddrwg gennyf wrthod unrhyw gais gennych chi, ond ni fedraf ddyfod i Fachynlleth. Buasai'n brofiad chwerwach nag y gallwn ei ddal.[345] Fe ddwedwyd yn blaen iawn wrthyf i amser Tryweryn na fynnai'r Blaid fynd yn ôl at fy nulliau i. Ni newidiais i fymryn ar fy argyhoeddiadau er pan gychwyn'som y Blaid. Y Blaid a newidiodd.

Ar wahân i hynny addewais ers tri mis bapur i'r Cymmrodorion yn eisteddfod y Drenewydd,[346] ac felly byddaf yn gorfod paratoi hwnnw cyn mynd yno, fel na allwn fynd i Fachynlleth pes dymunwn. Ni bûm mewn eisteddfod genedlaethol er pan gefais fedal y Cymmrodorion yn Llanrwst a thybiais gan hynny fod yn iawn imi roi papur yn arwydd diolch am y fedal.[347]

Mawr ddymunaf iechyd gwell i Mrs. Williams a'ch ffyniant chithau am ddeng mlynedd eto.

Yn gu,
Saunders.

LlGC P2/38/118

179

158, Westbourne Road,
Penarth,
Morgannwg.
11 Mai, 1965

Annwyl D.J.,

Diolch am eich llythyr caredig. Nid fi roes y teitl i'r ysgrif arnoch. 'The Old Farmhouse' a rois i'n bennod i'r llith, ond y mae rhyw is-olygydd yn newid y teitlau o hyd i gael rhywbeth sy'n taro dyn yn ei dalcen. Chwarae teg iddynt, nid ydynt fyth yn ymyrraeth â'r cynnwys.[348]

Y mae Margaret yn anfon cofion tyner at Mrs. Williams ac yn ddrwg calon ganddi glywed ei bod hi'n dioddef. Nid yw Margaret ei hunan yn rhy dda; bu am flwyddyn yn nyrsio'i chwaer a gawsai strôc. Mae'r chwaer wedi gwella'n dda, ond bu'r oruchwyliaeth yn go lethol i Margaret er nad yw hi ddim yn cwyno, ond ei bod hi wedi blino'n llwyr. Ni ddaw henaint ei hunan.

Cofion cu,
Saunders.

LlGC P2/38/119

180

158, Westbourne Road,
Penarth,
Morgannwg.
Sulgwyn, 1965

Annwyl D.J.,

Os bydd modd imi ddyfod i'r angladd ddydd Mawrth mi geisiaf fod yno. Os na bydd trên cyfleus, mi ddymunwn i chi wybod fod y wraig a minnau'n cydymdeimlo'n ddwys â chwi ac yn meddwl llawer amdanoch.[349]

Yr eiddoch yn gu,
Saunders.

LlGC P2/38/120

181

Y Cilgwyn,
Dinbych.
Bore Mawrth, 8 Mehefin, 1965

Annwyl D.J.,

Loes fawr i mi oedd darllen am farw Siân, a drwg gennyf mai dyma'r cyfle cyntaf a gefais i sgrifennu atoch, oherwydd bod gennyf bobl ddiarth dros y Sul. Mae hi rwan yn 11 a.m. union ac yr wyf yn meddwl amdanoch yn y gwasanaeth, yn yr un ystafell ag yr eisteddem ynddi yn gwmni digon diddan y nos Sul gyntaf o Awst. Gymaint o wahaniaeth erbyn hyn.

Mae'n anodd iawn cyfleu cydymdeimlad mewn geiriau; teimlo yr ydym â'n holl galon dros ein cyfeillion, a phan geisir cyfleu'r teimlad hwnnw, nid yw geiriau'n ddigon. Mae edrychiad neu wasgu llaw yn cyfleu mwy yn aml. Gwn fod colli Siân yn golled enbyd i chi wedi'r holl flynyddoedd o gyd-fyw. Yn wir, er mai peth trist yw gweld marw rhywun ifanc, mae marw rhai hŷn yn golygu poen dygn wrth dynnu'r gwreiddiau. Wedi i chi eich dau gyd-fyw am flynyddoedd maith gyda'ch gilydd, mae mwy o le gwag wedi ei adael ar ôl. Yr ydych wedi eich gadael yn unig iawn a chwithau newydd golli eich chwaer hefyd. Yr wyf yn meddwl llawer iawn amdanoch, ac yn meddwl beth a wnewch yn y dyfodol. Gwn fod gennych gyfeillion ffyddlon ymhobman ac y gwnânt hwy eu gorau i chwi, a gobeithiaf y cewch gysur o'u cwmni, a nerth i ddal eich gofid.

Fy nghydymdeimlad dwfn iawn â chwi, a'm cofion annwyl iawn, fyth,

Kate.

182

49, High Street,
Abergwaun,
Sir Benfro.
17 Mehefin, 1965
[Llythyr wedi'i argraffu]

Annwyl Kate,

Dymunaf ddiolch yn ddiffuant i chi am eich geiriau o gydymdeimlad dwys yn wyneb y brofedigaeth lem o golli fy annwyl briod, Siân, a fu'n rhannu'r baich â fi yn llawen am ddeugain mlynedd gyflawn.

Mynnwn, petai modd rhesymol o gwbl, ymateb yn bersonol i gynnwys pob llythyr a dderbyniais, a dechreuais wneud hynny. Ond lluosogodd y llythyron hyn i gymaint graddau fel y bu raid arnaf, er fy ngofid, roi'r bwriad hwn heibio.

Gwn y maddeuwch i fi, yn wyneb yr amgylchiadau oll, am gymryd y modd yma o ddiolch i chi am eich neges gwerthfawr o gydymdeimlad, a fu o gymaint cysur a nerth i fi ar awr drist iawn yn fy mywyd.

Yr eiddoch yn gywir,

D.J.

[Nodiadau ychwanegol yn llaw D.J.]

O.N. Byddai'n dda genny' petai modd i fi ateb eich llythyr annwyl chi yn deilwng ohono ac o'r gair hyfryd o deyrnged i'r hen Siân annwyl a feddyliai gymaint ohonoch, fel finnau – yn *Y Faner*. Heddiw hefyd fe ges air hynod iawn o garedig oddi wrth y Dr. Noelle y ddwy ohonoch a oedd yma y noson y cyfeiriwch ati yn eich ysgrif.

Wel, rhaid brwydro ymlaen eto mor lew ag y galler fel y gwnaethoch chithau er yn gynnar yn eich bywyd wedi colli Morris druan.

Rwy'n golygu bod yn yr Ysgol Haf, os Duw a'i mynn; ac yn y Pwyllgor Gwaith yn Aber. Y Sadwrn diwethaf, fe drefnais gydag Elwyn Roberts am lety ym Machynlleth rywle o fewn eich esgobaeth chi, a bod hynny yn hwylus i bawb.

Cofion cynhesaf a diolch cywiraf eto,

D.J.

LlGC Kate Roberts 1487

183

158, Westbourne Road,
Penarth,
Morgannwg.
5 Medi, 1965

Annwyl D.J.,

Newydd ddychwelyd o Sir Fôn a chael eich llythyr yn f'aros. Mynd yno a wnes gyda Margaret i gludo ei chwaer hi, a gafodd strôc a'i tharo'n ddall drwyddi, i ysbyty preifat am dymor.

Ffoi am fy mywyd a wnes i o'r Drenewydd ar ôl fy narlith. Ni fedrwn siarad gyda neb. Oblegid fy mod i'n dehongli emynau Ann Griffiths, y mae pobl yn priodoli i mi y profiadau piau hi; mae'r peth yn fy ngwneud i'n annifyr i'r eithaf. Y mae'r ddrama fer, *Yn y trên*, sydd yn *Barn* rhifyn Awst, yn dangos fy nghyflwr i fy hunan yn gywirach na'r ddarlith.[350]

Mae'r gyfrol deyrnged i chi yn ddifyr a diddorol; mae'r ffotograffau yn gampus a'r erthyglau'n dda, rhai'n well na'i gilydd. Peth syn i mi oedd nad oedd neb – na Valentine na Kate Roberts – yn sôn am y seiadau hwyr y nos a gaem yn ysgolion haf cynnar y Blaid a chithau a Bob Parry ar eich uchelfannau yn adrodd straeon, rhai ohonynt yn straeon a aeth wedyn i'r ddwy gyfrol o hunangofiant gennych.

Am eich straeon 'duwiol' a'm beirniadaeth gecrus i arnyn nhw, mae'n ddigon posib mai chi sy'n iawn. Pan ddaw'r casgliad newydd cyflawn o'ch straeon o'r wasg, mi gaf efallai gyfle i ail-ystyried yr holl fater. A rhoi'r peth yn gryno; i mi, addoliad yw hanfod crefydd, ac felly y mae agwedd meddwl Ann Griffiths yn safon ac yn batrwm o'r peth. Ond yn y traddodiad ymneilltuol Cymreig a Chymraeg y mae teimladrwydd hyfryd a serchus a chynnes a'r

syniad fod yr Anweledig yn frawd hynaf hoffus agos-atoch a chlyd,
– mae'r ysbryd di-ddogma yna yn codi arswyd a chyfog arna' i.
Mae'n ddigon tebyg mai fy mai i yw hynny.

Mawr obeithiaf fod gweithio ar eich straeon yn help i chi gadw
ymlaen a goddef eich colled.

Fy nghofion yn garedig iawn atoch,

Saunders.

LlGC P2/38/121

184

49, High Street,
Abergwaun.
9 Hydref 1965

Annwyl Sand,

A chi, os gwelwch chi'n dda, y gwalch bach na fu mo'i
styfnicach e erioed yn gwisgo esgid, â'r wyneb i ddannod i fi,
'yr hen ŵr mwyna'n fyw' y mod i'n ddyn styfnig. Mae'n wir i fi
glywed Pegi'n wha'r pan oedden ni'n weddol ifanc slawer dydd
yn gwneud rhyw sylw tebyg i hyn, fwy nag unwaith ar ganol
rhyw ddadl neu'i gilydd – 'Gwed wrthw i,' meddai hi, 'a fuest ti'n
rong mewn rhywbeth erioed?' Ond y mae blynyddoedd maith
er hynny'n awr, cofiwch, ac yr ydw i wedi 'meildhau' (dyna air
Cymraeg newydd a glywais yn ddiweddar) llawer er y dyddiau
disigl, pell hynny.

Ond fy hen ddisgybl hoff, Dafydd Bowen sydd wedi
fy enllibio i'n bennaf oll, a Val weithiau'n weddol agos at
hynny hefyd, – drwy ddweud 'y mod i wedi eistedd lawr
pan genid cân Nebucodonosor ddydd dosbarthu gwobrwyon
rywdro yn yr ysgol, – a 'mod i'n hau papurau'r Blaid o'r
bron i'r plant. Dim ond 'u rhoi i'r plant i fynd adref i'w
rhieni a oedd yn eu derbyn a wnawn i, i'm harbed i rhag
bod yn bostman nos. Ond dyna fe, waeth i fi heb fynd ar ôl
rhagor o ysgelerderau pobl eraill a hwy wedi cau eu llygaid
yn dynn rhag gweld yr eiddof. Dim ond chi, a welodd fy

meiau aml i, a'u gweld nhw lle nad oedden nhw wnaethoch chithau!![351]

Ac o ba apocryffa y cawsoch chi'r stori Wilkie Bard gan y Cocni hwnnw? Rown i'n meddwl fod fy ymarweddiad i yn y Sgrwbs yn gwbl deilwng o flaenor Methodus yng nghyfnod Merch Gwern Hywel a John Elias o Fôn, ar hyd y daith.

Ond yn 'y ngwir i roedd yr 'Apothesis'[352] yn dda ac yn ddoniol trwyddi ac yn tynnu'r gwynt yn llwyr o bawb ohonon ni, – hyd yn oed Cynan yn gorfod bod dipyn bach yn llai na fe'i hunan, ac yn eitha bodlon ar hynny am y tro.

Dyna'r peth gorau wnaeth ein 'papur cenedlaethol' ni, y *Western Mail*, erioed yn ei holl hanes, yn sicr oedd gofyn i chi fod yn adolygydd llyfrau Cymraeg iddo. Caiff Gwynfor dipyn o le gyda nhw hefyd, yn ddiweddar.

Trewais ar ddamwain yn ddiweddar ar rifyn o *Llafar* am 1951, a'ch sgwrs awyr chi rywbryd cyn hynny ar Charles Edwards a'i 'Ffydd Ddiffuant' ynddi a chefais flas anghyffredin arni, ac yna Griffith John gyda'i lwyredd arferol yn rhoi ei le teilwng yn hanes llên Cymru i'r Dr. Owen Pughe wedi'r holl gablu a fu arno druan.[353] Hyfryd yw dwyn ambell egwyl fer weithiau i fwynhau pethau gwir sylweddol ein cenedl, yn lle 'treulio fy nyddiau i ben' yn cardota bara i'r unig Blaid sy'n ceisio, o ddifri, gwneud rhywbeth dros Gymru. Blin iawn oedd gennyf glywed nad yw Marged Lewis ddim yn rhyw dda iawn. Gobeithio'i bod hi'n well nawr.

Cofion cu at bawb,

D.J.

LlGC MS 22725E Llythyrau at Saunders Lewis 217

185

Annwyl D.J.

Nid wyf yn anfon cerdyn Nadolig i ddymuno Nadolig Llawen i chi eleni, dim ond i obeithio na fydd eich Nadolig yn rhy drist. Gwn trwy brofiad beth fydd y gwacter ar eich aelwyd, ac mae'r Nadolig yn pwysleisio'r gwacter hwnnw yn fwy nag unrhyw amser arall. Dyma'r ugeinfed Nadolig imi fod yma ar fy mhen fy hun. Er gwaethaf yr unigrwydd, gwell gennyf fod gartref rywsut. Ond i mi bellach nid yw'r Nadolig yn ddim ond rhywbeth i fynd trwyddo gorau y gellir a'i adael ar ôl. Mae'n wahanol i ddyn, a gobeithiaf y cewch chi dreulio'r diwrnod gyda ffrindiau.

Bûm yn lled brysur yn ddiweddar, ond nid mor brysur ag ambell Nadolig. Bydd gennyf stori yn rhifyn Nadolig *Y Faner,* un ffasiwn newydd iawn i mi.[354] Ni allaf sgrifennu llawer y dyddiau hyn; mae rhyw ddiffrwythdra wedi dyfod i'm llaw dde, ac nid yw'r tabledi a gaf gan y meddyg yn ddim lles.

A gaf i ofyn ffafr gennych? A ellwch chi roi eich llun i mi, os medrwch, y llun sydd yn eich cyfrol deyrnged? Yr wyf yn rhoi lluniau llenorion Cymru yn anrhegion i Ysgol Gymraeg Dinbych, sy'n gwneud gwaith mor odidog. Yr wyf yn talu am eu fframio. Os nad oes copi i'w roi gennych, a allwn i gael benthyg copi, er mwyn i'r tynnwr lluniau yma wneud darlun arall ohono. Gofalaf y cewch ef yn ôl. Byddaf yn ddiolchgar iawn.

Rhoddais eisoes luniau o J.Morris-Jones, T.Gwynn Jones, Williams-Parry, Saunders. Mae arnaf eisiau gofyn i T. H. Parry-Williams hefyd. Dim ond hyn heddiw, gair bach i ddweud fy mod yn meddwl amdanoch.

Cofion annwyl,

byth

Kate.

186

49 High Street,
Abergwaun.
20 Rhagfyr, 1965

Annwyl Kate,

Dim ond gair i ddymuno pob bendith a daioni i chi am y
Nadolig yma a'r Flwyddyn Newydd.

Gobeithio fod yr iechyd a'r hwyl yn dda ynghanol eich
diwydrwydd arferol.

Ynghanol rhyw ddiwydrwydd digon diffrwyth yr wyf i o hyd
ond yr iechyd ar y cyfan, drwy drugaredd, yn cadw'n dda. Rhyw
Fartha fach ofidus a thrafferthus ynghylch llawer o bethau ydwyf i,
– Ffair Nadolig y Blaid a gorffen Cronfa Gŵyl Dewi a aeth â'm sylw
pennaf yn ddiweddar. Pwy a'm gwared i oddi wrtho – yw hi o hyd.
Pam na fyddwn i wedi cael fy ngeni'n Sais boliog, hunanfoddhaus a
Duw yn gwenu'n braf ar bopeth a wnaf, boed dda neu ddrwg – dyw
e ddim gwahaniaeth i'r 'God's Own Englishman', meddwch chi.

Yn gywir iawn,
D.J.

LlGC Kate Roberts 1503

187

Y Cilgwyn,
Dinbych.
20 Ionawr, 1966

Annwyl D.J.,

Diolch yn fawr iawn am eich cerdyn a'ch geirda i stori Nadolig
Y Faner, a hefyd y llythyr a gefais gennych erbyn y Nadolig. Ond
mae un peth yn ddyryswch i mi. Postiais lythyr i chi tua deng
niwrnod cyn y Nadolig, a dylsech fod wedi ei gael cyn postio eich
llythyr i mi. Ac eto, mae'n rhaid eich bod wedi ei gael, oblegid yr
oeddwn yn sôn ynddo am fy stori.

Gofynnais ynddo hefyd am lun ohonoch i'r Ysgol Gymraeg
yma. Gobeithiaf y gellwch roi un imi; byddaf yn falch iawn.

Dwn i ddim a ydych wedi clywed am y brofedigaeth fawr a
ddaeth i'n cyfaill hoff Valentine. Nos Sul diwethaf fe laddwyd
ei chwaer, Mrs Hunt, Llandudno, gan gar ar y stryd yn ymyl ei
chartref. Ni chefais ddim o'r manylion, dim ond ei ddarllen yn y
Daily Post. Mae'n rhaid mai wrth fynd i'r capel neu wrth ddyfod
adref y digwyddodd, oblegid ni fuasai dynes 81 oed fyth allan ar y
fath noson erwin.

Mae hi'n dywydd creulon yma; gwynt y dwyrain yn treiddio
trwy bob agen. Mae gennyf i dŷ cynnes iawn, ond mae tywydd yr
wythnos ddiwethaf yma yn drech nag ef.

Diolch yn fawr i chi am eich llythyr y Nadolig a'ch dymuniadau
da. Gwelaf eich bod yn gweithio'n galed o hyd dros y Blaid. Ie,
gresyn ein bod yn perthyn i wlad lle mae'n rhaid inni weithio i'w
chadw'n fyw, ond ni hoffwn fod yn Saesnes chwaith.

Yr wyf i'n gorfod gwneud rhyw fân betheuach i'r B.B.C. – er
mwyn cael bwyd a dillad a tho uwch fy mhen, yn lle cael mynd
ymlaen efo gwaith pwysicach, ac yn gwneud llawer o ysgrifennu
heb dâl na diolch (yr un fath â chwithau) am fy mod yn rhy wan i
wrthod. Meddyliwch rwan. Y llynedd sgrifennais ddeuddeg stori i
Drysorfa'r Plant a dwy stori fer i'r *Traethodydd*.[355] Ni chefais ddimai
o dâl gan yr enwad y perthynaf iddo; ni chefais gopi o'r *Traethodydd*
hyd yn oed; bu'n rhaid imi dalu 2/6 yr un am y fraint (?) o gael
sgwennu iddynt. Fe gefais gopïau o *Drysorfa'r Plant*, ond y fi oedd
yn talu am y stampiau &c. Buaswn wedi cael tua £15 yr un am y
storïau i'r *Traethodydd* gan y B.B.C. Yn wir, fe ofynnodd Meirion
Edwards y B.B.C. imi am stori fer yn union wedi i'r ail stori
ymddangos (rhifyn Hydref 1965). Dywedais wrtho am roi hon (yn
Llais y Llenor). Fe wrthododd am ei bod eisoes wedi ymddangos
yn *Y Traethodydd*. Dyna fel y trinir ni. Nid oes arnaf eisiau ymadael
â'r Cilgwyn ond os yw prisiau pethau'n mynd i godi fel y maent,
ni fydd dewis, os na ddaw rhyw lwc o rywle. (Mr. Micawber yn
siarad.)[356] Nid yw'r tŷ yma byth yn cael ei baentio, ac mae arnaf
eisiau trwsio bedd Morris.

Nid oes arnaf eisiau rhannu'r Cilgwyn ychwaith efo neb arall.
Fe rôi hynny ben ar fy sgwennu. Gan fy mod i wedi gorffen talu
am y tŷ, mae'n rhatach i mi na thŷ arall. Ni fyddai'n werth imi

symud i dŷ arall. Yr unig newid a fyddai o fantais imi fyddai mynd i gartref hen bobl.

Dwn i ddim pam mae Nan Davies y B.B.C. heb ofyn i mi fynd ar raglen *Disgwyl Cwmni*. Ond ers blynyddoedd hir rwan nid yw Nan Davies wedi gofyn imi wneud dim ar y teledu.[357]

Rhaid imi orffen rwan. Gobeithio eich bod yn cadw'n gynnes D.J., a gobeithiaf eich bod wedi cael fy llythyr cyn y Nadolig, a'ch bod yn iach.

Cofion cynnes iawn,

Kate.

LlGC P2/39/95

188

49, High Street,
Abergwaun.
23 Ionawr, 1966

Annwyl Kate,

Do, fe ges i'ch llythyr chi'n ddiogel lle'r oeddech chi'n gofyn am y llun; ond anghofiais wrth ei ateb sôn am hynny.

Fel y digwyddai roedd y llun yna sy yn y llyfr y gofynnech chi amdano gyda Gwasg Gomer, heb ei ddychwelyd wedi ei iwsio at y llyfr – a heb negative ohono yma yn Studio Jon, Abergwaun. Gorfu i fi dynnu llun arbennig at y llyfr, rhag bod yr un wyneb sweden yma ohonof yn ymddangos ymhob man. Felly, bu raid aros am hwnnw'n ôl o Landysil a chael un arall wedi'i dynnu o hwnnw. A ddoe, cyn derbyn eich coffâd chi amdano, ces i ef o'r stiwdio yma. Dyna sy'n cyfri am yr oedi. Dyma fe fel ag ydyw yn awr, te. Ond o ddifri, fe fydd arna' i gywilydd wrth gofio'i dynged e, – gorfod derbyn y penyd o sefyll wrth ochr y mawrion y soniech chi amdanynt.

Fel dyn, fe fyddwn yn eitha cysurus wrth ochr Robert Williams Parry, gan i fi weld gwaelod ambell hanner peint yn 'i gwmni diddan e yn y dyddiau heulog gynt, ac yn ddigon cartrefol yng nghwmni 'i ge'nder e, Syr Tomos, er dyddiau'r coleg gynt, ac wedi gwledda'n hael gyda Saunders ar uwd y brenin am ran helaetha o flwyddyn rywdro. Ond am Syr John – na! na! na! na ato Duw!!

Ond fel gwŷr o fyd athrylith – o fod yn yr adeilad â hwy, heb sôn am yr un pared, gwaredir fi rhag y gwarth! Byddai'n llawer gwell genny', o ddifri, Kate, pe cadwech chi'r llun yma ohonof i chi'ch hunan, a'i fod e hefyd o beth diddordeb i chi – ar yr amod hefyd y cawn i lun ohonoch chi yn gyfnewid amdano. Byddwn yn falch iawn, iawn o fargen fel honno. Beth amdani'n wir, nawr?

Parthed yr hyn a grybwyllech chi yn rhan olaf eich llythyr, dalied Mr. Micawber i obeithio yn ei lawn afiaith o hyd, 'Something is bound to turn up' etc. Cofied am gân Idwal o hyd, –

> 'Y mae mam yn y gegin
> Yn berwi cawl cig mochyn
> Fe ddaw popeth yn ôl reit yn y man.'

Nawr, Kate, rwy'n mynd i ddweud stori fach wrthoch chi'n awr. Cadwch hi i chi'ch hunan am dipyn bach, plis, gan y bydd llawer yn 'i gwybod hi cyn hir, yn lled debyg. Ond rwy am 'i dweud hi wrthoch chi a Val a Sand yn barod, heblaw dau neu dri o'm ffrindiau personol yma.

Ryw ychydig cyn y Nadolig fe werthais i Penrhiw, yr Hen Dŷ Ffarm, am £2,000 ac yr wyf wedi trosglwyddo arian amdani i'r Blaid drwy ddwylo Gwynfor ac Elwyn Roberts i wneud a fynnon ohonyn nhw. (Fe'i gwerthais i'r olaf a aned ym Mhenrhiw, bachgen teidi iawn, a'i dad yn ddeiliad ym Mhenrhiw pan aned ef. Gwerthais hi'n rhad mi wn, oherwydd hen adnabyddiaeth deuluol hefyd, heblaw hynny.)

Bydd raid gadael popeth ar ôl cyn bo hir, yng nghwrs natur. A chan y credaf y gallaf fyw heb y ddwy hatlin yna am hynny o dymor sydd ar ôl, ac y gall e fod o fwy o help i'r Blaid yn awr, na rhywbryd eto, a chymaint o angen arni, bernais mai cystal oedd i fi wneud fel yna – wedi cael gair â Gwynfor ar y pen. Rown i am roi gwybod i rai o deulu Siân a rhai o'm ffrindiau agosaf ymlaen llaw, rhag i neb ohonoch gael ffit o'i weld neu 'i glywed e o rywle arall.

Cofion cywir iawn atoch a phob bendith,

D.J.

189

49, High Street,
Abergwaun.
24 Ionawr, 1966

Annwyl Sand,

Mae'n brynhawn Llun a finnau newydd ddibennu golchi; ond nid yw'n dywydd heddi 'i'w taenu ar y llwyni gwyrddion'.

Gobeithio fod yr hwyl yn go dda arnoch chi a Marged Lewis, a Mair a'i theulu hithau yr un modd.

Rhyw newydd bach byr a sydyn sy genny' yma, – i'w gadw i chi'ch hun, os gwelwch yn dda, am ryw ychydig ddyddiau. Mae'n debyg y cyhoeddir ef yn y wasg cyn hir mewn rhyw ffordd neu'i gilydd. A dyma'r newydd 'te. Ryw ychydig cyn y Nadolig fe werthais Benrhiw, yr Hen Dŷ Ffarm, a hynny am £2,000, a'u rhoi'n llwyr ac yn llawen, heb ddim o drics Ananias a Saphira[358] gynt, drwy Gwynfor ac Elwyn Roberts, i'r Blaid. Fe'i gwerthais yn rhad, mi wn, yn ffôl o rad yn ôl rhai, – i'r sawl a aned olaf ym Mhenrhiw, gŵr a gwraig iachus yn eu deugeiniau, a chanddynt ddwy ferch yn tyfu i fyny, o hen wehelyth yr ardal, fel finnau. Ac yr oedd ewyrth a modryb i'r prynwr, Gerwyn George, wrth ei enw, yn gyd-was a morwyn ym Mhenrhiw, yn ystod fy 6¼ blwydd gyntaf i yn grwt bach yno cyn symud i Abernant. Hynny'n helpu'r gwerthiant, a'i gadw'n ddiogel rhag y Fforestri, a pheri i mi deimlo'n iach wrth ffarwelio â'r hen le, o'i weld ef eto yn nwylo rhywrai a all ei drin a'i drafod fel y gwnaeth fy nhad a nhadcu yn eu dydd hwy. Nid oedd neb yn byw yn y tŷ ers blynyddoedd, bellach, ac yr oedd yn mynd ar ei waetha yn gyflym o flwyddyn i flwyddyn.

Byddai'n rhaid i fi ei adael heb fod yn hir, yng nghwrs amser bellach. Ac wedi cael gair â Gwynfor ar y pen teimlwn y gallai fod beth yn fwy o werth o'i roi yn awr, yn fy nydd, nag o raid, beth yn ddiweddarach.

Rown i am ddweud hyn wrthych chi a Val a Kate a rhai o deulu Siân rhag i chi feddwl, o weld neu glywed y peth yn sydyn, fod yna ryw filiwnîr wedi bod yn trigo'n ddiniwed yn eich ymyl chi, drwy'r amser! Mae'r tŷ yma genny'n rhydd, Y Bristol Trader, a rhyw dipyn bach o bensiwn i glirio'r ffordd weddill y daith, a beth yn rhagor sy'n eisiau ar y brasaf o ddynion?

Cofion anwylaf atoch chi a Marged,

D.J.

LlGC MS 22725E Llythyrau at Saunders Lewis 219

190

158, Westbourne Road,
Penarth,
Morgannwg.
27 Ionawr, 1966

Annwyl D.J.,

Ofer dadlau gyda chi! Ni ddylech roi dwy fil i'r Blaid. Byddai cael hynny wrth gefn rhag ofn dyfod eisiau arnoch yn ddoeth, ac wedyn ei adael yn eich ewyllys, pes dymunech, i'r Blaid.

Ond dyna! Chi ydy chi ac y mae gwneud fel hyn yn wres i'ch calon chi ac yn rhoi diddanwch yr Ysbryd Glân i chi; boed felly a bendith arnoch.

Fel y gwelwch, efallai, yr wyf i'n adolygu llyfrau i'r *Western Mail*. Yr wyf hefyd yn cyfansoddi drama dair act i Eisteddfod Genedlaethol 1967 yn y Bala. Gorffennais ddrafft cynta'r act gyntaf neithiwr a darllenais hi i Margaret. Ei theitl hi yw *Cymru Fydd*, ac felly wrth gwrs nid comedi mohoni.

Lladdwyd chwaer i Valentine, un Mrs. Hunt, mewn damwain yn Llandudno. Gan Kate Roberts y cefais i'r hanes.

Mae Mair a'i theulu'n ffynnu, y ddwy ferch yn yr Ysgol Gymraeg sâl sydd yn Abertawe a'r bachgen tair oed yn siarad ei Gymraeg gartref.

Mae Margaret yn cofio atoch yn gu, a minnau,

Saunders.

LlGC P2/38/122

191

Y Cilgwyn,
Dinbych .
11 Chwefror, 1966
Tel. 251

Annwyl D.J.,

Diolch yn fawr iawn i chi am eich llythyr ac am y darlun godidog yma ohonoch. Wyddoch chi beth a welaf i yn y llun? Tras fonheddig. Ni allaf egluro, darlun o fonheddwr ydyw.

Nid wyf am wrando ar eich dadl yn erbyn ei roi yn oriel yr Ysgol Gymraeg. Ysgolhaig oedd J.M.J. nid llenor creadigol.

Fe allaf i gael llun oddi wrth hwn i mi fy hun.

Diolch yn fawr i chi hefyd am ymddiried eich cyfrinach i mi am y rhodd i'r Blaid. Wir, D.J., yr ydych wedi aberthu'n helaeth iawn er mwyn Cymru. Yr ydych yn iawn pan ddywedwch fod yn well eu rhoi rwan na wedi i chi farw, os medrwch fyw hebddynt. Ond ychydig iawn o bobl fuasai'n aberthu cymaint ag a wnewch chi; mae'r rhan fwyaf o bobl yn glynu wrth eu heiddo hyd y munud olaf, fel pe bai modd ei wario yn y byd a ddaw. Cewch y pleser hefyd rwan o weld rhywun teidi yn eich hen gartref.

Maddeuwch y gair byr a'r hir oedi cyn ateb. Gwaith mawr eto. Llawer iawn o ddiolch a chofion cynnes,

yn edmygus,

Kate.

LlGC P2/39/97

192

158, Westbourne Road,
Penarth,
Morgannwg.
17 Ebrill, 1966

Annwyl D.J.,

Dyma fi o'r diwedd yn anfon gair o ddiolch i chi am eich llythyr. Bûm yn y gwely dan annwyd, mi dybiais ar y cychwyn, ond datblygodd yn ffliw go annifyr dros dro. Bellach fe basiodd, er

nad wyf wedi bod allan o'r tŷ yn y gaeaf anebrillaidd yma. Tra bu
hi felly arnaf ni fedrwn wneud dim ond darllen. A dyma fi heddiw
yn ymosod ar ateb llythyrau ac yn ôl wedyn at waith.

Adolygais lyfr J. R. Jones ar Brydeindod i'r *Western Mail* mewn
digon o bryd cyn yr etholiad cyffredinol, ond yn gachgïaidd
gyfrwys nid ymddangosodd yr adolygiad hyd yn hyn.[359] Y mae'n
llyfr bychan mawr. Os na chyhoedda'r *Mail* fy adolygiad bydd yn
esgus braf imi dorri fy amod â'r papur.

Yr wyf hefyd newydd orffen *Diddordebau Llwyd o'r Bryn*,
casgliad o lythyrau Bob Lloyd. Rhoisoch chithau amryw lythyrau
ganddo i'r golygydd. Ni wyddwn i eich bod yn gymaint ffrindiau
ag ef. Mae'r llythyrau'n ddifyr a'u Cymraeg yn lliwus a byw. Ni
thybiaf y gellir dweud rhagor na hynny amdanynt. Fe fwynhaodd
ef ei boblogrwydd.[360]

Yr wyf innau'n sgrifennu ysgrif ar gysylltiadau Ffrengig
Ambrose Bebb ar hyn o bryd i gyfrol deyrnged i'r Athro J.
Heywood Thomas, Athro Ffrangeg Coleg Caerdydd, sy'n ymddeol
ar derfyn y sesiwn hwn. Yr oedd Heywood a Bebb yn lletya yn
yr un gwesty ym Mharis am gyfnod ac yn gryn ffrindiau. Yr wyf
innau'n dal fod Ambrose yn un o sgrifenwyr rhyddiaith gorau'r
Gymraeg yn y ganrif hon ac na chafodd o gwbl y sylw a haedda. Y
mae'n un o'r clasuron siwr. Mae'n od mor ddi-weld yw beirniaid
llenyddol y Gymraeg.[361]

Gwelaf fod y Blaid yn fodlon iawn ar ganlyniadau yr etholiad.
Yn fy marn i y mae'r Blaid wedi mynd yn llwyr ar gyfeiliorn ac y
mae'r *Faner* yn codi cyfog arnaf ac eithrio cyfraniad ar siawns gan J.
R. Jones.

Fy nghofion atoch yn gu iawn,
Saunders.

193

158, Westbourne Road,
Penarth,
Morgannwg.
8 Hydref, 1966.

Annwyl D.J.,

Yr oedd yn dda gennyf gael eich llythyr a gwybod eich bod yn iach ac yn cael peth newid gyda ffrindiau.

Rydwyf innau'n llawen iawn oblegid buddugoliaeth Gwynfor. Yn bennaf er ei fwyn ef ei hunan; mae o wedi cael ad-daliad am ei flynyddoedd hir o lafur, ac wedi cael profi blas buddugoliaeth am dro. Nid arddu'r tywod a wnaeth.

Ond mae arnaf ofn fod y Blaid yn meddwl mai dyma ddechrau'r diwedd; nad oes ond ennill dwy neu dair sedd seneddol ychwanegol, ac yna fe ddaw senedd i Gymru.

Yn fy marn i, yn awr ac o'r cychwyn cyntaf, ni ddaw senedd i Gymru drwy senedd Loegr. Petai pob etholaeth Gymreig yn mynd i Blaid Cymru, nid drwy hynny y deuai hunanlywodraeth. Ni ddaw hunanlywodraeth ond yn unig drwy wneud llywodraethu o Lundain yn amhosibl. Y mae dysgu mai dulliau cyfansoddiadol sy'n mynd i ennill yn chwarae'n syth i ddwylo llywodraeth Loegr. A dyna'r hyn y mae Gwynfor a J.E. yn ei ddysgu o hyd ac o hyd, – ac yn gwneud drwg moesol mawr. Yn fy marn i y mae bechgyn a merched Cymdeithas yr Iaith Gymraeg yn dangos y ffordd well, yn adeiladu Cymreigrwydd yn arf yn erbyn gwasanaeth suful Lloegr, yn codi mur Cymreig.

Nid af i sgrifennu'r pethau hyn. Nid yw'n debyg y sgrifennaf ddim rhagor am wleidyddiaeth; y mae bwlch rhy fawr rhwng arweinwyr y Blaid a mi, ac ni chymerwyd sylw o ddim a awgrymais iddynt o gwbl, – tyst o 'Dynged yr Iaith'. Ond ni wnaf ddim ychwaith i rwystro dim ar eu hymdrechion, dim ond tewi.

O ie, cytunaf fod llythyr Tudur Jones yn dda. Ond yn fy marn i, y peth gorau a ddarllenais i o waith Tudur Jones oedd ei adolygiad ef yn *Y Ddraig Goch* ar lythyrau Llwyd o'r Bryn. Ni welais neb yn cyfeirio at yr adolygiad, ond yr oedd yn gampwaith

o dreiddgarwch a deall, ac yn erthygl bwysig iawn.[362]
   Mae Marged yn cofio atoch yn gu, ac felly hefyd
Saunders.

LlGC P2/38/124

194

158, Westbourne Road,
Penarth,
Morgannwg.
Noswyl Nadolig, 1966

Annwyl D.J.,

   Diolch yn gynnes am *Storïau'r Tir*. Mae hi'n gyfrol hardd a
themtiodd fi neithiwr i ail-ddarllen y cwbl, – nid fy mod wedi
gwneud hynny neithiwr, ond dechreuais arni ac af ymlaen dros y
Nadolig. Ac er imi ddarllen y cwbl oll fwy na theirgwaith a rhai
chwegwaith, cefais eto neithiwr bleser mawr ynddynt. Ni fynnwn
i chi foddi neb un o'ch cathod nac un o'ch holl anifeiliaid, y maent
oll yn greaduriaid wrth fy modd i. Yr unig greaduriaid y bodlonwn
i chi eu boddi yw'r bobl dduwiol a hoffwch chi. Yr wyf innau'n
hoffi eich rhagrithwyr chi a'ch llu paganiaid a gwell gennyf eich
cobyn coch a'i gynffon doc na'i feistr!

   Ni chewch y llythyr hwn tan ar ôl yr ŵyl. Gobeithio i chi
gael cwmni a thawelwch ac iechyd ac y cewch flwyddyn newydd
dangnefeddus.

   Gwych y gwnaethoch yn cyflwyno'r llyfr i goffáu T. J.
Hopkins. Mae'r cyflwyno a'r geirda iddo yn deilwng ohonoch.

   Mae Margred yn cofio'n gynnes atoch, a minnau,
Saunders.

LlGC P2/38/125

195

158, Westbourne Road,
Penarth,
Morgannwg.
4 Ebrill, 1967

Annwyl D.J.,

Does gen' i mo'r syniad lleia pa bryd y dechreuais na gorffen sgrifennu 'Cwrs y Byd' i'r *Faner*. Wel, oes, y syniad lleia! Ond nid un dyddiad diogel. Y cyfnod oedd 1938 neu 1939 tan tua 1946.[363] Mae Mr. Tecwyn Lloyd, Garth Martin, Ffordd Llysonnen, Caerfyrddin (na bondigrybwyll,) yn arbenigwr yn y maes hwn ac fel angel dydd y Farn yn cadw'r cwbl ar lyfrau'r nef. Os anfonwch ato ef, fe gewch bob dyddiad yn ddi-ffael. Y mae yn fy mwriad i ei grogi o os byth y gallaf.

Mae'n llawen gennyf wybod eich bod yn dal yn iach a gweithgar. Yr wyf innau'n hen ŵr yn griddfan fel megin gof dan asthma bob nos; ond reit hoyw yn ystod y dydd. Fel yna y byddaf farw, – liw nos.

Y mae Mair a'i theulu wedi symud o Abertawe i Landaf yng Nghaerdydd er mwyn i'r plant fynd i'r ysgol Gymraeg yn Rhydyfelin. Y mae Marged yn cadw'n rhyfedd ond fy mod i'n ei gyrru tua'r bedd gyda'm sŵn. Rhaid postio hwn reit sydyn i chi ei gael yfory,

Saunders.

LlGC P2/38/126

196

49, High Street,
Abergwaun.
16 Tachwedd, 1967

Annwyl Sand,

(Mae ci da yn dod wrth bob enw, fel y gwyddoch!)

Wel, diolch yn fawr iawn i chi am *Cymru Fydd*.[364] Rwyf wedi'i gweld ddwywaith yn barod, – yn y Bala, yn y cnawd, a nos Wener

diwethaf yn y rhith ar y sgrin, a'i mwynhau'n gyfoethog gyffrous y
ddau dro. A'r bore dydd Sadwrn diwethaf, daeth dau o'm ffrindiau
gorau i yn Abergwaun, – un yn gyd-flaenor â fi ac yn godwr canu da
ym Mhentowr, a'r llall, Mrs. Victor Griffiths, merch alluog a ffraeth
(dos. 1 Cymraeg yn Aber) newydd gladdu ei gŵr, y diweddar Barch.
Victor Griffiths, yma yn ystod dydd Sadwrn diwethaf, y ddau ohonynt
wedi methu cysgu am oriau'r noson gynt, oherwydd y tristwch mawr
a'u llethai yn y ddrama. A dyna'r cysur a rydd eich athrylith chi i'ch
cydfforddolion yn nhaith yr anial! – peri iddynt feddwl o ddifri am
bethau. Gallech fod yn euog o waeth drwg, mae'n wir, fel y buoch
cyn hyn, yn ôl barn y lliaws, o leia.

Yr unig rwystr a deimlaf i yn y ddrama hon, os caf ddweud
hynny, ac i'r mwyafrif eraill, gallwn feddwl, – yw eich bod chi'n
ein gadael ni, y gynulleidfa, ar y diwedd, ryw hanner cam o'n blaen
ni. Ac y mae haeriad Dewi, 'Myfi yw Cymru Fydd', yn dyfnhau'r
dryswch hwn. Ond y mae'r paragraff ar waelod yr ail dudalen o'r
'Rhagair' yn gwneud hyn sydd wedi bod yn 'tywyllu cyngor' pobl
fel fi a'm bath yn gwbl glir. Wedi i'm dau ffrind weld y paragraff
hwn, ·fe gysgant fel dau sant wedi cael y goleuni yr oeddent [yn ei]
ddisgwyl rwy'n siwr.

Ond y mae'n ddrama aruthrol o gyfrwys ei gwead, Saunders,
a chwim a ffraeth a choeth ei hymadroddion, – petai angen
dweud hynny amdani wrthych – fel eich dramâu i gyd. (Ond fel
y dywedodd rhyw hen ffarmwr yn Shir Ga'rfyrddin wrth Jennie
Eirian ar adeg etholiad, – 'rwy'n cydfynd â'ch syniade chi i gyd
oboutu llywodraeth i Gymru ac yn y blaen, – ond yr Hôm Riwl
sy'n ych bygro chi'. A'r Dewi yna sydd wedi bod yn bygro pobl
ynglŷn â'ch drama chi hefyd. Ond yn awr, wedi'r Rhagair mae'n
'olau dydd' – dyn wedi gwadu'i deyrngarwch i bopeth ystyrir
yn gysegredig mewn bywyd, beth sydd ar ôl iddo ond – nos a
difodiant! A dyna a wnaeth Cymru medd y ddrama.

Wel, Saunders, diolch yn fawr iawn i chi, eto, ynteu, am y
copi hwn. Caf flasu pob brawddeg o'r ddrama drachefn wrth ei
darllen gan bwyll bach. Gresyn yn wir na châi *Problemau Prifysgol*[365]
weld golau dydd. Ac a yw cyfraith athrod yn diogelu peraroglau'r

ymadawedig hyd byth, – megis yn *Excelsior*.

Cyn i fi ond prin gael amser i droi dalennau *Cyfrol Deyrnged Syr T.H.P. Williams* fe rois ei benthyg hi i ffrind, gan nad oedd gennyf amser i'w darllen ar y pryd, ac echdoe y ces i hi'n ôl.[366] On'd yw hi'n fendigedig o gyfrol? Nid wyf ond prin ddechrau arni – ac er rhagored ydyw i gyd, yn sicr, y ddeubeth godidocaf genny' ynddi hyd yma yw'r eiddoch chi, fel sgwrs radio, sy'n odidog ar hyd y ffordd, ac eiddo Alun Llywelyn Williams sy'n treiddio hyd fêr esgyrn y bardd. On'd yw P.-Wms yn greadur bach aruthrol o fardd a meddyliwr, – ac mor hoffus ddiymhongar drwy'r cyfan.

Cofion gorau atoch chi a Marged Lewis a Mair a'r teulu,

D.J.

LlGC MS 22725E Llythyrau at Saunders Lewis 221

197

49, High Street,
Abergwaun.
23 Rhagfyr, 1967

Annwyl Kate,

Heddiw, rhwng 3 a 4 p.m. y cyrhaeddodd eich nofel *Tegwch y Bore* wedi'i chyflwyno, bendith arno ef a chithau, i'r hen gyfaill Val, un o'm cyfeillion gorau i gyd, er y diwrnod cyntaf y cwrddson â'n gilydd, a hynny heb fod yn hir wedi diwedd y Rhyfel Byd Cyntaf – Val yn dod i bregethu i gyrddau mawr yn Abergwaun, er y gwyddwn amdano'n gynt; drwy gyd-filwr ag e yn y Rhyfel.

Darllenais y bennod gyntaf o'r nofel heno, – er y pentwr gwaith a oedd wedi'i adael ar ôl i'w wneud cyn y gwyliau.

Wel, roedd y grŵp o ferched Coleg yna a geir ar ddechrau'r llyfr yn ennyn fy chwilfrydedd ar unwaith i geisio dwyn ar gof pa rai ohonynt oedd yn mynd i ddatblygu'n brif gymeriadau yn nes ymlaen. Ond fe ddof iddynt yn union deg eto. Gwych o beth yw ei gael yn gyfan fel hyn, ragor nag yn gyfresi fel yr oedd yn *Y Faner*. Edrychaf ymlaen yn awyddus i'w fwynhau ar ei hyd o flaen y tân trydan yn y rhwm yma.[367]

Fel yr awgrymais, yr own i wedi arfaethu danfon rhywbeth i chi cyn y Nadolig, ond ni ddaeth i ben yn ôl fy mwriad ... Ond fe ddaw, gobeithio.

Wel, diolch yn fawr iawn i chi, Kate, am anfon un o'ch trysorau arall i fi. Bydd eich enw chi yn rhoi bri ar bob un o'r rhain, gan nad pwy a'u medd ryw ddydd.

Gyda chofion annwyl iawn,

D.J.

LlGC Kate Roberts 1560

198

158, Westbourne Road,
Penarth,
Morgannwg.
Difiau, 11 Gorffennaf, 1968

Annwyl D.J.,

Cefais air gan Val y daw ef i Abergwaun brynhawn Llun nesaf. Gan hynny a wnewch chi sicrhau stafell i mi yn Cartref a chaf yr anrhydedd o'ch cael chi a Val yn westeion imi i ginio nos Lun yno. Fy nghinio i fydd hwn i gofio am 1936!

Peidiwch â gwarafun hyn imi, oblegid yr wyf i bellach, drwy fod Margaret a minnau wedi'n gadael yn olaf o'n teuluoedd, yn warthus gyfoethog, a rhaid imi gael y pleser hwn.[368]

Tan hynny!

Saunders.

LlGC P2/38/127

199

158, Westbourne Road,
Penarth,
Morgannwg.
14 Awst, 1968

Annwyl D.J.,

Diolch yn gynnes iawn am y pamffled. Darllenais ef drwyddo
ar unwaith wedi iddo gyrraedd y bore 'ma. Wn i ddim beth i'w
ddweud! Ond a mynd heibio i'r darnau sy'n sôn amdanaf i ac yn
peri imi wrido hyd yn oed heb neb i'm gweld, y mae'r atgofion am
gychwyn y Blaid ac am Fachynlleth yn cadw i'r bobl ifainc heddiw
flas ac ysbryd cychwyn y mudiad, – y mae'n dystiolaeth a saif ac a
fydd yn werthfawr. Y mae'r deyrnged i Kate hefyd yn ardderchog
o fawrfrydig. Y mae manion yma ac acw nad wyf yn unfarn â chi
amdanynt, ond yn sicr y mae'r llyfryn o werth hanesiol mawr.[369]

Diolch Margred a minnau am eich gair am Fair. Y mae hithau
yn arbennig a serchus hoff o'i hannwyl D.J.!

Clywais amdanoch yn yr Eisteddfod. Ni fedrwn fynd yno.
Erbyn hyn y mae cyfarfod â llawer o bobl yn fy nychryn i. Yr
wyf eisoes yn poeni 'mod i wedi addo mynd i Gynhadledd yng
Ngregynog ddechrau Medi fydd yn trafod fy ngwaith i. Sut y bûm
i gymaint o ffŵl ag addo mynd yno sy ddirgelwch imi rwan.

Yr wyf hefyd wedi gwneud rhaglen deledu i'r B.B.C. ar y sefyllfa
wleidyddol yng Nghymru heddiw a sefyllfa'r iaith. Ond wn i ddim a
deledir hi neu beidio – fe all y sensor ymyrraeth, fwy na thebyg.

Y gwir amdana i – ac nid yw'n wir o gwbl amdanoch chi – ydy
fy mod i wedi byw'n rhy hir. Ond fel Twm o'r Nant, tra byddaf
rhodiaf fy rhych.

Cofion calon, Marged a Saunders.

LlGC P2/38/128

200

Y Cilgwyn,
Dinbych.
28 Awst1968
Tel. 2951

Annwyl D.J.,

Diolch yn fawr iawn i chi am anfon copi o *Codi'r Faner*[370] i
mi. Yr oeddech wedi rhoi copi i mi ar gae'r Steddfod, ond mae
hwn yn well am eich bod wedi torri eich enw arno. Darllenais ef
drwyddo ar ôl dyfod adref, a chael blas mawr arno, a theimlo'n
ostyngedig iawn wrth ddarllen eich teyrnged i mi. Yr wyf yn ei
gwerthfawrogi yn fawr iawn.

Mae'r llyfr o werth hanesyddol a bydd yn dda gan lawer gael
cip ar yr ochr yma i weithgarwch y Blaid. Credaf y byddai'n beth
da pe bai nifer ohonom yn sgrifennu hanes dyddiau cynnar y Blaid
a'r gwaith a ddaeth i'n rhan ni yn y dyddiau hynny. Byddai'n
agoriad llygaid i lawer, ac yn lles i'r bobl a ddaeth i mewn i lafur y
sylfaenwyr.

Caf eich gweld, mae'n debyg, yng Nghaerdydd yn yr Ysgol Haf
ddiwedd yr wythnos.

Byddaf i'n dychwelyd brynhawn Sadwrn. Yr wyf yn rhy ddihwyl
i aros yn hwy, ac eisiau dyfod adref arnaf o bobman. Fe fwynheais yr
Eisteddfod, ond yr oedd yn hwyr gennyf gael dyfod adref. Erbyn hyn,
mae rhyw ddigalondid yn dyfod drosof wrth feddwl am adael fy nhŷ,
a medrwn grio bob tro y rhof glo ar y drws. Henaint ydyw mae'n
debyg. 'Pan balla chwant'[*sic*], medd y Pregethwr, ac mae'r dyddiau
hynny wedi cyrraedd.[371] Rhaid ei dderbyn.

Nid ymhelaethaf ond ailfynegi fy niolch gwresog i chi.

Gyda'm cofion cynnes,

Kate.

LlGC P2/39/103

201

158, Westbourne Road,
Penarth,
Morgannwg.
9 Rhagfyr, 1968

Annwyl D.J.,

Diolch am eich llythyr. Yr oedd yn dda iawn gennyf glywed oddi wrthych. Mae arna' i ofn, neu'n gywirach, mi wn nad yw'r pethau y bûm i'n eu dweud yn ddiweddar yn *Barn* ac ar y sgrîn deledu ddim wrth eich bodd chi.[372] Ond am yr erthygl yn *Barn*, nid yw honno ond yn gofyn i'r Blaid ddychwelyd at ei pholisi gwreiddiol. Ar bolisi o wrthod mynd i Westminstr yr ymladdodd Val yr etholiad cyntaf yng Nghaernarfon. Wedyn pan fynnodd cynhadledd y Blaid newid hynny gan ei amhobloced, mi gytunais i ar yr amod ein bod yn tynnu'n cynrychiolwyr allan o senedd Loegr cyn gynted ag y byddai gennym fwyafrif yng Nghymru. Y drwg mawr gyda'r Blaid heddiw yw na ŵyr hi mo'i hanes hi ei hunan heb sôn am hanes Cymru. Mae hynny'r un mor wir am ei pholisi economaidd. Ac y mae'r Blaid fwyfwy'n diystyru'r Gymraeg. Wel, yr wyf innau'n mynd i geisio o leiaf ei dwrdio hi'n ôl i'r hen lwybrau. Mae gen i edmygedd mawr o fechgyn Cymdeithas yr Iaith. Dyna i chi genedlaetholwyr yn wir heb ynddynt dwyll. Ac y mae J. R. Jones, yr athronydd yn Abertawe, yn mynegi gwir ystyr cenedlaetholdeb yn well a chryfach na neb arall heddiw.

Wel, Nadolig gyda chyfeillion a blwyddyn newydd o hoen ac iechyd di–angina yw dymuniad Margred a minnau ar eich rhan, a buan y gwelom ein gilydd eto.

Cofion serchog,
Saunders.

202

158, Westbourne Road,
Penarth,
Morgannwg.
Sul y Blodau, 1969 [recte 1968]

Annwyl D.J.,

Diolch am eich llythyr. Roedd yn hyfryd gweld eich llawysgrif ar yr amlen gystal ag erioed. Ond yr oedd yn flin gennyf glywed gennych fod Val yn wael eto. Mi obeithiaf y caiff ef eto hefyd adfywiad. Does gen i fawr o newydd. Yr wyf yn gweithio ers rhai wythnosau ar y Mabinogion. Ond diogi yw hynny: y mae'r hyn a alwn ni'n ymchwil yn foddion hwylus i mi i ddianc rhag gwaith creadigol. Beth bynnag, sgrifennais ddarn i'r *Llên Cymru* nesaf ar Pwyll[373] ac yr wyf yn awr ar ganol erthygl ar Fanawydan.[374]

Bûm deirgwaith yn y llys bach yng Nghaerdydd yn dangos fy nghydymdeimlad â bechgyn y Free Wales Army.[375] I mi, Cymry'n cael eu herlid gan blismyn Llundain yw'r rhain, yn unig oblegid bod y tywysog bondigrybwyll yn dyfod i Gymru. Mae'r peth yn warthus enbyd. Ac y mae'r ffaith na ddaeth na Gwynfor na neb o swyddfa Plaid Cymru ar gyfer y llys yn gywilydd ac yn dangos dellni a thwpdra enbyd. Y mae plismyn Caerdydd yn fwy deallus. Nid F.W.A. yw'r bechgyn hyn iddynt hwy, ond Welsh Nationalists. Dyna'r enw a roddant arnynt, ac y mae hynny'n ddigon i mi i roi pob cysur a chalondid a allaf iddynt tra byddant mewn cyffion. Cyn hynny, eu gweld hwy'n benwan a wnawn. Ond mae'n well gen' i fechgyn penwan brwd na chenedlaetholwyr wedi oeri eu gwaed a throi'n fydol ddoeth a pharchus. Ac onid yw Anguilla yn profi fy mod i'n iawn yn f'erthygl yn *Barn* nad yw Llywodraeth Loegr ddim wedi newid blewyn yn ei thrais a'i gormes lle bynnag y meiddia?[376]

Fy nghofion atoch yn gu,
Saunders.

LlGC P2/38/131

203

49, High Street,
Abergwaun.
31 Rhagfyr, 1968

Annwyl Kate,

Ar y dydd diwethaf o'r gwyliau dyma fi'n llythrennol yn anfon y cyfarchion hynny sydd wedi bod yn fy meddwl i ers dyddiau lawer i chi, a'r Dymuniadau Gorau posib am y tymor a'r Flwyddyn Newydd. Gobeithio'n fawr eich bod chi'n teimlo'n go lew, ac i chi gael hyfrydwch tawel dros y Nadolig. Mae genny' atgofion bendigedig am y dyddiau hyfryd a ges i yn eich cwmni chi yr Hydref dros flwyddyn yn ôl – pob peth mor dangnefeddus fwyn a hamddenol yn y gymdeithas.

Wel, dyna'r hen Gwenallt bach, annwyl wedi'n gadael ni! Rown i'n hoff rhyfeddol ohono yn nwfn fy enaid, – yn un peth, yn ddiau, oherwydd ein bod ni'n dau yn dod o'r un hen ardal fach ddi-nod, a'n tylwyth ni wedi bod yno'n cyd-lafurio'n ddiwyd a diddan drwy'r cenedlaethau, mor hen â'r bryniau bron, debygwn i.

Rwyf newydd orffen rhyw dipyn o ysgrif frysiog arno ar gyfer *Barn*, – y rhifyn hwn os yn bosib, gan sôn am ei gefndir Shirgaraidd er ei fagu yn yr Allt-wen.[377] Diau y cewch chithau gais fel hen athrawes arno am ysgrif gyffelyb – Wel, Kate annwyl, pob bendith a thangnefedd fyddo gyda chi am y Flwyddyn Newydd,

D.J.

LlGC Kate Roberts 1594

204

Y Cilgwyn,
Dinbych.
29 Ionawr, 1968 [*recte*1969].[378]
Tel. 2951

Annwyl D.J.,

Diolch yn fawr am eich llythyr ddechrau'r flwyddyn. Yr oeddwn innau wedi meddwl anfon gair atoch erbyn y Nadolig ond ni phrynais fawr o gardiau eleni a methais anfon llythyr.

Bûm yn ddigon llegach ers tri mis. Cefais friw ar y troed chwith
– peth a eilw'r Sais yn 'varicose ulcer'. Bûm yn mynd i'r ysbyty
bob wythnos am chwech wythnos i gael triniaeth ac fe ddaeth yn
well. Ond deuddydd cyn y Nadolig cefais un arall ar y troed arall,
ac mewn rhwymynnau yr wyf o hyd ac mewn poen. Oni bai am
dabledi lleddfu poen ni allaswn symud.

Trwy boen fawr yr ysgrifennais yr ysgrif i'r *Faner* am Gwenallt,
nos Nadolig.[379] Ie, creadur bach hoffus iawn oedd o: yr oeddwn
innau'n bur hoff ohono … Credaf iddo ddioddef llawer yn dawel
iawn, a chredaf hefyd mai dyna achos ei chwerwedd at wragedd
athrawon colegau.

Mae'n beth reit ddigalon gweld ein cyfeillion yn mynd o un i
un. Mae ar y meddyg eisiau imi fynd i'r ysbyty i orffwys, ond mae
gormod o aroglau angau yno imi, er fy mod yn gwybod mai mynd
fydd raid i mi ryw ddiwrnod. Ond daliaf cyd ag y medraf wrth fy
nghartref cysurus. Ŵyn bach yn brefu yn y caeau yma rwan, a dyna
hynny o sŵn a glywaf. Mae'r gath allan yn caru ers dyddiau. Nid
yw ei nwyd hi wedi darfod.

Af i siarad i Brifysgol Lerpwl yfory ar Richard Hughes
Williams.[380] Dyna un peth am y troed yma, mae'n well wrth
gerdded nag wrth eistedd, ac wrth gwrs mae'r tabledi yn help. Caf
weld rhai o'm teulu hefyd. Eirian a Pegi a'i mam. Yr wyf am dreio
mynd fel hyn tra medraf, gweld yr amser yn dyfod pan na fedraf
fynd. Bûm yn cymryd rhan mewn Seiat Holi yng nghymdeithas y
Cymric, Coleg Bangor, bythefnos yn ôl, ac ni chefais ddimai o dâl
ganddynt, ddim cymaint â'm costau, ac yr oedd rheiny tua 30/–.
Mae'r Coleg wedi dirywio yn ofnadwy.

Rhaid imi orffen rwan gan obeithio eich bod yn o lew yn eich
iechyd, D.J.

O ie, anghofiais ddweud imi fethu dyfod i gladdu Gwenallt
oherwydd yr eira yn Sir Feirionnydd ac yma. Yr oedd tri ohonom
wedi bwriadu dyfod. Ond buasai'n ormod o fenter.

Clywais eich bod chwi a Waldo yno. Yr oedd yn ofid mawr i
mi fethu dyfod.

Rhaid imi orffen rwan. Gobeithio y cewch flwyddyn dda er gwaetha'r Arwisgiad. Mae arna i ofn y bydd rhywbeth mawr siwr o ddigwydd. Mae cŵn a phlismyn yn cerdded o amgylch y Castell bob nos.[381]

Cofion annwyl,

Kate.

LlGC P2/39/102

205

49, High Street,
Abergwaun.
1 Chwefror, 1969.
'Nawn Sul

Annwyl Kate,

Gair bach wedi derbyn eich llythyr ddoe yn dweud eich bod chi'n dioddef poen drwg yn ddiweddar yn eich dwy droed. Ac y mae'n flin gwirioneddol genny' glywed am hynny. Mae ynoch yr un dygnwch a dewrder ysbryd di-ildio ag erioed i allu cadw ymlaen i wneud cymaint o waith graenus drwy'r cyfan i gyd, ac i allu mynd oddi cartref hefyd i fannau pell fel Bangor a Lerpwl ambell dro.

Cefais flas mawr ar ddarllen eich ysgrif ac eiddo Cynwyl [*sic*] Williams ar Gwenallt druan yn *Y Faner*, – yr athrawes a'r disgybl yn sôn mor wych a chywir amdano. Cofiwch fi at Cynwyl, os gwelwch yn dda.[382] Soniech am fynd i siarad ar Richard Hughes Williams. Dywedais wrthych, rwy'n credu, i fi gael tipyn o'i gwmni yn Aberystwyth fel myfyriwr pan oedd e'n olygydd y *Montgomery Times and Observer*, neu ryw enw o'r fath, lle'r argreffid rhai o rifynnau cynnar *Y Wawr*.

Bûm yn ei gartref, drwy ei garedigrwydd ef a'i wraig i swper ryw nos Sul yn Llanbadarn. Dyna un arall o'n llenorion a gafodd wraig hollol annhebyg iddo ef ei hunan – Saesnes o ran iaith a faged yn Llandrindod. Os da y cofiaf cyfarfu'r ddau gyntaf mewn swyddfa rywle, a hithau'n deipydd yno. Symudodd R. H. Williams i waith arfau ym Mhenbre wedyn rwy'n credu. Ond fe wyddoch chi ei hanes i gyd.

Do, fe wnaeth Gwenallt bach orchest o waith dros Gymru i'w hysgwyddo yn ôl fel dram wedi mynd dros raels – gwaith a olygai lawer o chwysu a diawlio a pheryglu corff ac enaid i halier druan a'i geffyl a'r sawl fyddai'n eu cynorthwyo, fel y gwn i drwy brofiad y dyddiau gynt.

Wel, Kate, gobeithio'n fawr y cewch chi wared ar lawer iawn o'r doluriau yna sy'n eich blino chi ar hyn o bryd – ac y cewch chi'ch nerth a'ch hoen arferol yn ôl i weithio gyda'r un arddeliad ag y gwnaethoch chi erioed dros 'y pethe' – rhy luosog i'w henwi.

Trwy drugaredd rwyf fi'n cael iechyd da neilltuol, – ar wahân i'r angina yna sy'n poeni tipyn arnaf wrth gerdded, byth er pan ges i ergyd go ddrwg ar fy nghalon ym Mehefin 1955, a finnau'n union 70 oed ar y pryd. Ond achos i ddiolch llawer iawn sydd genny' o hyd ac yn barhaus.

Gyda phob bendith a'r dymuniadau gorau posib. Llawer tro yr wyf wedi edrych yn ôl gyda llawenydd a hyfrydwch am y tridiau tawel dedwydd hynny yn eich cwmni yn y Cilgwyn.

D.J.

LlGC Kate Roberts 1598

206

158, Westbourne Road,

Penarth,

Morgannwg.
20 Mehefin, 1969

Annwyl D.J.,

Diolch cynnes am eich llythyr ynglŷn â *Merch Gwern Hywel*. Fy hen nain i oedd hi. Mae gennyf straeon teuluol amdani na ddefnyddiais yn y ddrama. Dyma un. Yr oedd un o'i merched – yr un a briododd fy nhaid – yn tynnu amdani un nos i fynd i'r gwely, a dyma hi'n mynd yn noeth at y ffenestr ac edrych allan ar y sêr.

Ebr ei mam, sef Sara Roberts, merch Gwern Hywel: 'Paid â'th ddangos dy hun yn noeth fel 'na!' 'Ond Mam, mae hi'n ddu nos. Fedr neb fy ngweld i.' 'Mi fedr yr angylion dy weld di, 'ngeneth i. Bydd yn weddaidd er mwyn yr angylion.' Dyna'r math o siarad nad oes ond ychydig yng Nghymru heddiw a all hyd yn oed ei ddeall. Yr oedd yna farddoniaeth ddofn yn y grefydd honno.

Mae'n hyfryd clywed eich bod yn cadw'n iach. Mae Margred a Mair yn anfon eu cofion cu. A minnau,

Saunders.

LlGC P2/38/133

207

Y Cilgwyn
Dinbych
17 Tachwedd 1969
Tel. 2951

Annwyl D.J.,

Diolch yn fawr i chi am eich llythyr amser maith yn ôl bellach, a chwarae teg i chi am sgwennu o ganol prysurdeb yr Academi.

Syrthiais ar y feranda Awst 22; baglu a methu cadw fy nghydbwysedd. Dwn i ddim eto sut y medrais deleffonio'r meddyg. Rhuthrwyd fi i'r ysbyty yma i gael morphia ac oddi yno i'r Rhyl i fynd dan anaesthetic a gosod fy mhenysgwydd (de) yn ei le. Bûm yn sâl iawn drwy'r nos a gorfod aros yn yr ysbyty. Mae'n debyg i mi fod yn lwcus i beidio â chael pneumonia, neu fe allasai'r canlyniadau fod yn ddifrifol iawn. Bu fy mraich mewn sling am fis, ond bu cymdogion ac eraill yn garedig iawn wrthyf yn dyfod â bwyd imi a thwtio'r tŷ.

Bûm mewn poen byth oddi ar hynny ac ychydig iawn o waith y gallaf ei wneud, ond mae ychydig yn well.

Af i'r ysbyty yma yn awr ddwywaith yr wythnos i gael physiotherapy.

Sut hwyl sydd arnoch chi, D.J.? Gobeithiaf eich bod yn weddol.

Hen gyflwr diflas yw henaint.

Cefais air digalon iawn gan Cassie heddiw. Mae Neli, ei chwaer yn ysbyty Aberystwyth mewn cyflwr drwg iawn. Druan o Cassie. Ni wn am neb sydd wedi cael cymaint o brofedigaethau. Ni wn sut y mae'n dal.

Cawsom eira mawr neithiwr, ac mae wedi dechrau eto. Felly rhaid imi redeg i'r post.

Cofion annwyl iawn,

Kate.

LlGC P2/39/104

208

Y Bristol Trader,
Abergwaun.
18 Rhagfyr, 1969

Annwyl Kate,

Diolch yn fawr iawn am eich llythyr beth amser yn ôl. Hyfryd oedd clywed eich bod chi'n araf ddod dros yr anffawd blin a ddaeth i'ch rhan beth amser yn ôl; oherwydd rywsut, pan fo'ch pin sgrifennu dyfal chi ar stop, y mae llên Cymru gyfoes ar stop. A dyma glywed, ond heb weld hyd yma, fod gennych gyfrol gyfan arall o storïau ar y farchnad. Rhagorol chi.

Eich *Cyfrol Deyrnged* chi yw rhai o'm anrhegion Nadolig i 'leni, i rai o'm ffrindiau yr wyf wedi bod yn bennaf yn eu dyled. A phan ddywedaf fod rhai o'r ysgrifau ynddo, ac y maent i gyd yn dda, yn deilwng o'r llun ohonoch chi'ch hun ar y clawr, fe fyddai'n anodd i fi ddweud mwy.[383]

Rhyw ddilyn llysoedd barn yw fy hobi ddiwethaf i wedi bod, dri ohonynt yn olynol, – a gweld ei bod yn ddewisach gan ynadon bucheddol Sir Aberteifi gredu storïau celwyddog dau blismon na thystiolaeth unfryd staff a myfyrwyr Colegau Cymru i'r gwrthwyneb.[384] Pa hyd, Arglwydd, pa hyd? Yn hwy na'n hoes ni yn ddigon tebyg eto.

Y cofion cywiraf atoch a phob bendith am y Nadolig a'r Flwyddyn nesaf,

D.J.

LlGC Kate Roberts 1635

209

49, High Street,
Abergwaun.
30 Rhagfyr, 1969

Annwyl Kate,

Wel, diolch o waelod calon i chi am y gyfrol arall hon eto, *Prynu Dol*, o'ch storïau, ac fe wedwn i, o'm teimlad fy hun, mai dyma'r casgliad gorau oll o'ch gwaith.[385]

Cefais fwynhad dwfn rhyfeddol ymhob un ohonynt, gan deimlo fel y gwnaf bob amser wrth wrando Gwynfor yn siarad mai'r araith honno y mae e'n ei thraddodi ar y pryd yw'r orau oll o'i eiddo, – hyd nes y'i clywaf y tro ar ôl hynny.

Rwyf newydd orffen y stori olaf – 'Dau Hen Ddyn' ac yn cymharu fy hun yma â Nathan Huws yn ei unigrwydd ar ddiwedd y stori – ond nad oes gen i gath i ganu grwndi wrth fy nhraed.

Wrth feddwl am fy storïau bach i, teimlaf mai croen allanol y cymeriadau sydd gen i mewn cymhariaeth, ond bod eu perfeddion nhw gyda chi, – digon o wers i fi beidio â threio sgrifennu'r un stori arall, hyd yn oed pe cawn i'r cymhellion. A bod rhaid nodi rhyw rai yn fwy na'i gilydd fe ddywedwn fod y gyntaf 'Dwy Wningen Fechan' – adroddwr yn union o'r un patrwn â'r Dan yna oeddwn i gynt pan oedd raid i fi dan awdurdod cefn caled dwrn fy nhad, gystadlu ymhob dim, canu ac adrodd, yn Steddfod fawr Nadolig Rhydcymerau gynt – ond na wnes i mo strôc fawr Dan unwaith. Pegi'n whar, o'r ochr arall, fel Wil y Rhos Lwyd, yn 'i chipio hi bob tro, dan law gyfarwydd fy mam, hen adroddwraig ei hun, medde nhw, yn ei dydd.

A dyna 'Blodau' wedyn a ddarllenswn o'r blaen yn rhywle –

gwyrth o gyffyrddiadau cywir i'r gwaelod o'r bron. Ac felly y gellid dweud am y naill ar ôl y llall, – fel areithiau Gwynfor. Bendith arnoch chi, Kate, wedi cael y ddawn a'r doethineb i ddewis y rhan dda na ddygir byth oddi arnoch. A'm ffolineb innau yn caniatáu i fi wastraffu'r gannwyll frwynen o duedd sgriblan sydd ynof mewn erthylod o bethau pleidgar i bapurau Saesneg Sir Benfro, – am nad oes neb arall yn trafferthu gwneud. Wel, on'd yw J.E. [J.E.Jones] yn wyrth o ddyn hefyd, yn y grym o bethau gwerthfawr y mae ef yn parhau i'w gwneud mor gyson.

Wel, fe soniais wrthych y tro o'r blaen, am harddwch a chyfoeth amrywiol eich *Cyfrol Deyrnged*. A hawdd fyddai sôn am liaws o bethau eraill, petai rhywun callach o'r hyn a ddywedwn.

Hyn am y tro, ynteu, gan ddymuno i chi iechyd a hawddgarwch a phob peth da arall am y flwyddyn 1970,

D.J.

LlGC Kate Roberts 1638

Nodiadau

Y Dauddegau

[1]Llythyr yn dilyn cyfarfod cyntaf Plaid Genedlaethol Cymru. Cynhaliwyd y cyfarfod hwnnw yng nghartref yr Athro G. J. Williams a'i wraig gyda Saunders Lewis ac Ambrose Bebb yn bresennol. Ceir cyfeiriad at y cyfarfod yn John Davies (gol.), *Cymru'n Deffro* (Y Lolfa, 1981), t.11.

[2]D. J. Williams, 'A Welsh State. The New Nationalism: a moral lead to the world', *South Wales News* (1 Mawrth 1924).

[3]Yn ôl yr atodiad hwn i'r llythyr, yn Abertawe y cynhaliwyd ail gyfarfod y mudiad ar 6 Mai 1924. Yn ôl D. J. Williams (gweler ei lyfryn *Codi'r Faner*, t. ii), wyth oedd yn bresennol – Saunders Lewis, G. J. Williams, Ambrose Bebb, Dyfnallt Owen, Fred Jones, Ben Bowen Thomas, R. A. Thomas a D. J. Williams.

[4]*Breiz Atao* oedd papur newydd Plaid Genedlaethol Llydaw o 1919 tan yr Ail Ryfel Byd. Oherwydd i'r blaid newid ei henw sawl gwaith daeth yn arfer ei galw, a'r mudiad cenedlaethol yn gyffredinol, yn Breiz Atao (sy'n golygu 'Llydaw am byth'). Ar y cyfan, Ffrangeg oedd iaith y papur.

[5]Nid ymddengys y gwireddwyd yr amcan hwn.

[6]D. J. Williams, 'Y Gagendor', *Yr Efrydydd*, IV, tt. 74-8.

[7]Thomas Jones (1870-1955) oedd golygydd cyntaf *The Welsh Outlook*. Nid oedd ef yn bleidiol i genedlaetholdeb Cymreig. Mae'n debyg, yn ôl y sylw hwn, fod y golygyddion a'i holynodd hyd yn oed yn fwy llugoer tuag at genedlaetholdeb na Thomas Jones.

[8]Yr oedd arweinwyr y Blaid Genedlaethol yn awyddus i ymladd etholiad cyffredinol yn y sir ond ni lwyddwyd i wireddu eu dyhead oherwydd diffyg arian. Yn 1929, yng Nghaernarfon yn unig y bu ymgeisydd – Lewis Valentine, ymgeisydd seneddol cyntaf y Blaid. Yn *Y Ddraig Goch* (Mehefin 1928, t. 1), eglurwyd pam nad ymladdwyd yn Sir Gaerfyrddin gan ychwanegu, '… pan ddelo etholiad cyffredinol… argymell fod etholwyr yn ysgrifennu yn groes i'r papur pleidleisio "Y Blaid Genedlaethol" a dangos i'r ymgeiswyr eu bod wedi blino ar eu rhagrith.' Yn *Y Ddraig Goch* (Gorffennaf 1928) nodir i'r Blaid Genedlaethol anfon llythyr at bleidleiswyr Sir Gaerfyrddin yn apelio atynt i beidio â phleidleisio i'r tair plaid estron, a chyhoeddwyd y slogan 'Ymaith â'r Bleidlais Estron! Ymunwch â'r Blaid Genedlaethol Gymreig'.

[9] Saunders Lewis, *Williams Pantycelyn* (Llundain: Foyles, 1927).

[10]Cyfeiriad at Syr Alfred Mond, Aelod Seneddol Sir Gaerfyrddin yn 1928. Fe'i dyrchafwyd i Dŷ'r Arglwyddi yn haf 1928 a chafwyd isetholiad yn y sir. Nid oedd gan y Blaid Genedlaethol ymgeisydd na chyllid ar gyfer ymladd yr isetholiad. Gweler John Davies (gol.), *Cymru'n Deffro* (Y Lolfa, 1981), t. 26.

[11]Gweler troednodyn 8.

[12]Y gyfrol o storïau byrion y cyfeirir ati yw *Rhigolau Bywyd* a gyhoeddwyd yn 1929 gan Wasg Aberystwyth. Cynhwyswyd 'Y Gwynt', a gyhoeddwyd gyntaf yn *Y Genedl* (26 Rhagfyr 1927), yn y gyfrol.

[13]Am feirniadaeth Saunders Lewis ar dafarnau gweler yr erthygl 'Taith y Golygydd' yn *Y Ddraig Goch* (Mai 1928, t. 8). Dywed Saunders Lewis: 'Bwrw'r nos yn yr Emlyn Arms yno [Castellnewydd Emlyn], gwesty gweddol a chwmni pysgotwyr ac awyrgylch Cymreig a choginio Cymreig hefyd. Hynny yw, ac y mae'r peth yn gyffredin yng ngwestyau Cymru, coginio plaen, gonest, dilewych a diawen, ond yn unig bod cig moch da ac ymenyn blasus yn amheuthun o'r gorau. Paham na phryn gwestywyr Cymreig winoedd peraidd? Cas gennyf eu te berw du a'u cwrw bas a'u seidr oer, ac ni allant hwy wneud coffi ychwaith …'

[14]Yn y golofn olygyddol yn *Y Ddraig Goch* bu Saunders Lewis yn beirniadu'r Rhyddfrydwyr a'r Sosialwyr yng Nghymru yn fisol gan gychwyn ar hynny yn rhifyn Ebrill 1928. Ni pheidiodd Saunders Lewis â lleisio'i feirniadaeth ohonynt tan fis Medi 1928, er i D.J. ei gynghori i roi'r gorau iddi ym mis Mehefin.

[15]Priodwyd Kate Roberts a Morris T. Williams yn eglwys Llanilltud Fawr ar 23 Rhagfyr 1928. Gweler troednodyn 1, t. 52 yn Dafydd Ifans (gol.), *Annwyl Kate, Annwyl Saunders* (LlGC, 1992).

[16]Cyhoeddwyd *Deian a Loli* yn breifat gan Kate Roberts yn 1927. Fe'i hargraffwyd gan wasg William Lewis, Caerdydd.

[17]Cynhaliwyd Ysgol Haf y Blaid Genedlaethol yn Llandeilo rhwng 13 a 17 Awst 1928. Gweler y rhaglen yn *Y Ddraig Goch* (Awst 1928, t. 7).

[18]Ni wireddwyd bwriad Kate Roberts a Morris T. Williams, a fynegwyd yn llythyr rhif 11, o fynd i fyw yn Aberystwyth.

[19]Cyfeiriad at adolygiad Kate Roberts o 'Capten' R. Lloyd Jones, 'Breuddwydion Myfanwy' Moelona a 'Y Ddau Hogyn Rheiny' Winnie Parry yn *Y Faner* (25 Rhagfyr 1928, t. 5), dan y teitl 'Storïau i Blant'. Dywed mewn llythyr at Saunders Lewis fod y storïau hyn 'mor ddiflas â jam afalau'. Gweler Dafydd Ifans (gol.), *Annwyl Kate, Annwyl Saunders* (LlGC, 1992, t. 47).

[20]Kate Roberts, 'Y Nofel Gymraeg', *Y Llenor*, Cyfrol VII (1928), tt. 211-16.

[21]Etholiad Cyffredinol 1929 oedd y cyntaf i Blaid Cymru ei ymladd a Lewis Valentine oedd ei hymgeisydd cyntaf. Caernarfon oedd yr unig sedd i Blaid Cymru ei hymladd y flwyddyn honno. Mae'n debyg na ellid ymladd Caerfyrddin oherwydd diffyg arian. Gweler llythyr rhif 10.

[22]D. J. Williams, 'A.E. eto; neu y bach a'r mawr yn y greadigaeth', *Y Ddraig Goch* (Ionawr 1930, tt. 4 a 7).

[23]Gweler adroddiad Morris T. Williams ar gyfarfodydd Ysgol Haf Llandeilo yn *Y Ddraig Goch* (Medi 1928, tt. 5 a 4).

[24]Lewis Spence, 'Welsh National Party. Summer School at Pwllheli', *The Scots Independent* (Medi 1929, t. 140). Ar y pryd Lewis Spence oedd is-gadeirydd y

National Party of Scotland. Fe'i gwahoddwyd i annerch yn Ysgol Haf y Blaid ym Mhwllheli yn 1929. Dywed yn ei erthygl y dylai Plaid Genedlaethol yr Alban a Phlaid Genedlaethol Cymru uno i drechu'r gelyn. 'I for one,' meddai, 'sincerely hope that Scotland and Wales will shortly stand shoulder to shoulder against the aggression of a people whose entire policy is aggression.' Sefydlwyd y *Scots Independent* yn 1926 i fod yn llais i'r Scots National League a ailenwyd maes o law yn National Party of Scotland. Yn 1934 unodd yr NPS â'r Scottish National Party (SNP), a'r *Scots Independent* yw llais y mudiad hwnnw. William ac Ian Gillies oedd golygyddion cyntaf y papur.

[25] Llun geiriol yw'r 'darlun' y mae D.J. yn cyfeirio ato, gweler 'Ysgol Haf Machynlleth, Yr Arweinwyr yn parhau'n Dirf ac Iraidd', *Y Ddraig Goch* (Gorffennaf 1929, t. 6).

[26] Llywydd anniddig ar y Blaid oedd Saunders Lewis, er iddo barhau i'w harwain tan 1939.

Dechrau'r tridegau

[27] Kate Roberts, *O Gors y Bryniau* (Wrecsam: Hughes a'i Fab, 1925) a *Rhigolau Bywyd* (Gwasg Aberystwyth, 1929).

[28] Mae'n debyg mai'r bwriad oedd i W. J. Gruffydd gyfieithu stori gan Kate Roberts ar gyfer cyfrol Robert Lynd (gol.), *Great Love Stories of all Nations* (Llundain: Harrap, 1932). Er mawr siom i Kate Roberts, ni chyfieithwyd stori o'i heiddo gan Gruffydd. Ceir manylion am y digwyddiad yn Dafydd Ifans (gol.), *Annwyl Kate, Annwyl Saunders* (llythyron 46 a 47).

[29] Gweler D. J. Williams, 'Coffáu H. R. Jones', *Y Ddraig Goch* (Awst 1930) a D. J. Williams, 'Y Parch. Fred Jones yn Abergwaun', *Y Ddraig Goch* (Awst 1930).

[30] Y mae D.J. yn cyfeirio at hunanladdiad Owen, hanner brawd Kate Roberts.

[31] Kate Roberts, *Laura Jones* (Gwasg Aberystwyth, 1930). Cyhoeddwyd cynnwys y gyfrol hon yn gyfres o 12 pennod yn *Y Winllan* yn 1925. Golygydd y cylchgrawn misol hwnnw ar y pryd oedd E. Tegla Davies. Gweler Dafydd Ifans (gol.), *Annwyl Kate, Annwyl Saunders*, t. 8.

[32] i) Gweler canmoliaeth frwd Kate Roberts i *Monica*, nofel Saunders Lewis, mewn dau lythyr a anfonodd hi ato (12 a 14 Ionawr 1931). Gweler *Annwyl Kate, Annwyl Saunders*, tt. 71-6. ii) I 'bêrganiedydd Cymru', William Williams, Pantycelyn, y cyflwynodd Saunders Lewis ei nofel. iii) Ffurf ar ddrama Roegaidd yw'r Greek Chorus â'i gwreiddiau mewn gwyliau crefyddol ond a ddatblygwyd ar ei ffurf seciwlar gan Soffocles ac Ewripides.

[33] D. J. Williams, 'Dafydd 'r Efailfach', *Y Llenor*, X (1931), tt. 169-77. Yma mae Saunders Lewis yn cyfeirio at *Rhigolau Bywyd* (Aberystwyth, 1929), casgliad cynnar

o storïau byrion Kate Roberts, ac *Ysgrifau* T. H. Parry-Williams. Cyhoeddwyd *Ysgrifau* yng ngwanwyn 1928 gan Foyle's, Llundain.

[34]Cyfeiriad at ymgyrch gyntaf Saunders Lewis yn etholiadau Prifysgol Cymru am rywun i'w chynrychioli yn San Steffan. Bu Saunders Lewis yn ymgeisydd am yr eildro yn 1943.

[35]Bu Saunders Lewis yn ymgeisydd seneddol i etholaeth y Brifysgol yn 1931.

[36]Yn 1932 ymgeisiodd D.J. am brifathrawiaeth Ysgol Uwchradd Llandeilo.

[37]Saunders Lewis, *Braslun o Hanes Llenyddiaeth Cymru hyd 1535,* I, GPC (1932).

[38]Cychwynnodd Morris T. Williams ar ei olygyddiaeth o'r *Welsh Nationalist* gyda rhifyn 14 Ionawr 1933. Cynhwysir ei gyfeiriad, sef 7 Kenry Street, Tonypandy ar frig tudalen flaen y papur. Disodlwyd y cyfeiriad hwnnw yn rhifyn Hydref 1935 gan gyfeiriad Swyddfa'r Blaid yng Nghaernarfon. Gan i Morris T. Williams a Kate Roberts symud i Ddinbych a chymryd meddiant o Wasg Gee, mae'n debyg iddo roi'r gorau i olygu'r *Welsh Nationalist* oherwydd pwysau gwaith ei gyfrifoldebau newydd.

[39]Cynhaliwyd Ysgol Haf gyntaf y Blaid Genedlaethol ym Machynlleth ym mis Awst 1926. Ynglŷn â Walter Sylvanus Jones (Gwallter Llyfni, 1883-1932) gweler Dewi Jones, 'Walter Sylvanus Jones (Gwallter Llyfnwy) 1883-1932', yn *Trafodion Cymdeithas Hanes Sir Gaernarfon*, 50 (1989), tt. 71-85.

[40]Ni chafwyd erthygl na llythyr yn y *Welsh Nationalist* gan Kate Roberts ar ddysgu hanes Cymru trwy gyfrwng y Saesneg, na llythyr ganddi yn ateb Tommy Levi a William George. Yn y *Welsh Nationalist* (Mehefin 1933, t. 5), dan y teitl 'Some Passing Remarks', cyfeirir at 'Professor Levi', Aberystwyth gan ei wawdio am ei ddiffyg sêl dros Gymru. Dywedir amdano: 'He finds his "great ideal" in the Empire. So an empire founded on robbery and trickery and merciless oppression of native peoples is a finer ideal for Welshmen than a small free country living in peace with the rest of the world!' Yn y *Western Mail* (24 Chwefror 1933, t. 11), cyhoeddwyd llythyr gan William George, 'Appeal to Teachers', yn galw ar athrawon Cymru i gyfeirio at Gymru yn eu gwersi. Llythyr digon llywaeth ydyw a fyddai wedi cythruddo cenedlaetholwyr pybyr fel Kate Roberts a ysgrifennai o bryd i'w gilydd ar bynciau yn ymwneud ag addysg – gweler, er enghraifft, Kate Roberts, 'Y Wers Gymraeg yn yr Ysgol', *The Western Mail* (15 Tachwedd 1932, t. 9).

[41]Colofnydd yn y *Western Mail* oedd Listener-In a ddilornai genedlaetholwyr Cymru ac a glodforai Brydeindod. Yn ei erthygl 'The real peril to the Welsh Language', *The Western Mail* (18 Chwefror 1933, t. 9), clodforir y Saesneg ganddo gan ddilorni ymdrechion cenedlaetholwyr a fynnai ddiogelu'r Gymraeg. Hwy, yn ei farn ef, oedd yn peryglu einioes y Gymraeg. Mae teitlau ei erthyglau fel arfer yn dinoethi ei ffieidd-dod tuag at Gymru a'i phobl – gweler, er enghraifft, 'Why Liberal MP's deserted Welsh Home Rule', *The Western Mail* (25 Chwefror 1933,

t. 9), a 'The Self Complacency of the Welsh People', *The Western Mail* (18 Mawrth 1933, t. 11).

[42]Ni chyhoeddwyd dim dan enw D.J. yn y *Welsh Nationalist* yn 1933.

[43]Kate Roberts, 'Athroniaeth Casglu Mwyar Duon "Cael a Meddiannu yw'r Pethau Mwyaf Mewn Bywyd"', *The Western Mail* (27 Medi 1933, t. 11).

[44]i) John Rhŷs (gyda D. Brynmor Jones), *The Welsh People* (1900). Ceir gwybodaeth am John Rhŷs (1840-1915), yr ysgolhaig Celtaidd yn *Cydymaith i Lenyddiaeth Cymru*, t. 527. ii) Pádraic Henry Pearse (1879-1916): sefydlydd Coleg St. Edna, ger Dulyn yn 1908 – coleg dwyieithog â'r dysgu wedi ei sylfaenu ar draddodiadau a diwylliant Iwerddon. Ef oedd arweinydd y garfan eithafol o'r Irish Republican Brotherhood. Credai y byddai angen gwaed merthyron ar Iwerddon cyn y gallai ennill ei rhyddid gwleidyddol. Bu'n gyfrifol, gydag eraill, am drefnu Gwrthryfel y Pasg, 1916, ac yn rhinwedd ei swydd fel ei Llywydd cyntaf cyhoeddodd, ar Lun y Pasg, sefydlu Llywodraeth Dros Dro Gweriniaeth Iwerddon. Ar 29 Ebrill 1916, yn dilyn gorchfygu'r gwrthryfel, ildiodd i'r Prydeinwyr. Fe'i dedfrydwyd i farwolaeth gan Lys Milwrol Prydeinig a'i saethu ar 3 Mai 1916. Cyhoeddwyd *Collected Works* Pearse mewn tair rhan rhwng 1917 ac 1922, ac eto mewn pum cyfrol yn 1924. Cyhoeddwyd ei *Political Writings and Speeches* yn 1952.

[45]Mae'n debyg mai trafod cynnwys *Hen Wynebau*, a gyhoeddwyd maes o law ym mis Awst 1934, a wneir yma. Nid yw'n glir at ba bortread y mae Kate Roberts yn cyfeirio'i beirniadaeth yn y llythyr hwn.

[46]Gweler 'Dafydd Ifans y Siop' yn D. J. Williams, *Hen Wynebau*, t. 75.

[47]Cyfeirio at 'Suntur a Chlai' y mae Kate Roberts yn y llythyr hwn fwy na thebyg. Fe'i hysgrifennodd ar gyfer cystadleuaeth y nofel yn Eisteddfod Genedlaethol Castell-nedd (1934). Daeth yn gydradd gyntaf. Nofel Grace Wynne Griffith a gyhoeddwyd dan y teitl *Creigiau Milgwyn* oedd yn gyd-fuddugol. Cyhoeddwyd nofel Kate Roberts dan y teitl *Traed Mewn Cyffion* yn 1936.

[48]Awgrymiadau o destunau ar gyfer Eisteddfod Genedlaethol Abergwaun, 1936.

[49]Prynodd Kate Roberts a'i gŵr, Morris T. Williams, Wasg Gee yn 1935 a symud i Ddinbych i fyw. Pan fu farw ei gŵr yn 1946 cynhaliodd Kate Roberts y busnes ar ei phen ei hun am ddeng mlynedd arall.

[50]i. D. J. Williams, 'Roger Casement: Arwr ynteu bradwr', *Y Ddraig Goch* (Mai 1936, tt. 8-9 ac 11). ii. Dennis Gwynn, *The Life and Death of Roger Casement* (Llundain: Jonathan Cape, 1930).

[51]Grace Wynne Griffith, *Creigiau Milgwyn: Nofel am dair cenhedlaeth* (Y Bala: Gwasg y Bala, 1935). Gweler troednodyn 57.

[52]Awdures nofelau rhamantus oedd Marguerite Hélène (1894-1964), a gyhoeddai ei gweithiau dan yr enw Countess Barcynska – ei henw o'i phriodas gyntaf. Ysgrifennai hefyd .dan y ffugenw Oliver Sandys. Yn 1933 priododd â David Caradoc Evans (1878-1945), y nofelydd a'r awdur straeon byrion a enynnodd lid

ei gyd-Gymry am ei bortreadau ohonynt. Ysgrifennodd Marguerite Hélène dair cyfrol gofiannol i'w gŵr dan y ffugenw Oliver Sandys – *Full and Frank* (1941), *Caradoc Evans* (1946) a *Unbroken Thread* (1948).

[53]Saunders Lewis, *Paham y Gwrthwynebwn yr Ysgol Fomio* (Caernarfon: Plaid Genedlaethol Cymru, Chwefror 1936).

[54]Yn y llythyr hwn dywed W. J. Gruffydd: 'Though I differ from him [Saunders Lewis] fundamentally on many matters and I think that he often takes a wrong-headed view of Welsh affairs, I am absolutely convinced of his sincerity. I will go so far as to say that he is one of the few in Wales who have the makings of a saint; he is – if I may use the expression – pathetically disinterested and single-minded in all his motives.' Am gyfeiriad at y llythyr hwn a golwg ar safbwynt Gruffydd ar fater Penyberth gweler T. Robin Chapman, *WJ Gruffydd* (Caerdydd: GPC, 1993), tt. 125-36.

[55]Thomas Gwynn Jones, *Beirniadaeth a Myfyrdod* (Hughes a'i Fab, 1935).

[56]Gilbert Keith Chesterton (1874-1936): beirniad llenyddol ac awdur cerddi, ysgrifau, nofelau a straeon byrion.

[57]T. J. Morgan, 'Adolygiad o *Creigiau Milgwyn, Nofel am dair cenhedlaeth* gan Grace Wynne Griffith', *Y Llenor*, 15 (1936), tt. 48-55. Mae'r adolygiad hwn yn cynnwys sylwadau hynod feirniadol ar y nofel.

[58]Cofgolofn a'r arysgrif arni'n coffáu rhai o fawrion llên Cymru sydd â chysylltiad â'r ardal. Yn eu plith y mae William Salesbury a Tudur Aled.

[59]Yn 1874 etholwyd Benjamin Disraeli yn Brif Weinidog Prydain am yr eildro. Yr oedd yr awdur a'r gwleidydd hwn yn ffefryn gan y Frenhines Victoria. Yn 1876, yn erbyn ei ewyllys mae'n debyg, cyflwynodd Disraeli fesur seneddol i roi iddi'r teitl 'Empress of India'.

[60]John Galsworthy (1867-1933): nofelydd a dramodydd o Loegr, enillydd y Wobr Nobel am lenyddiaeth yn 1932. Cyhoeddodd ei ddau waith cyntaf, *From the Four Winds* (1897), casgliad o straeon byrion, a'r nofel *Jocelyn* (1898), ar ei gost ei hun a than y ffugenw John Sinjohn. *The Man of Property* (1906) oedd cychwyn y casgliad o nofelau a gyhoeddwyd yn 1922 dan y teitl *The Forsyte Saga*.

[61]Johann Wolfgang von Goethe (1749-1832): bardd, nofelydd, dramodydd ac athronydd Almaenig a'r pwysicaf o gymeriadau cyfnod rhamantaidd yr Almaen. Yn ei flynyddoedd olaf cwblhaodd ei ddrama bwysicaf *Faust*. Cyhoeddwyd ei rhan gyntaf yn 1808 a'r ail yn 1832.

[62]Daw'r dyfyniad sy'n cyfeirio at Tomos a Barbara Bartley o nofel Daniel Owen, *Hunangofiant Rhys Lewis* a gyhoeddwyd yn *Y Drysorfa* yn fisol dros gyfnod o dair blynedd. Fe'i cyhoeddwyd yn gyfrol yn 1885.

Diwedd y tridegau

[63]Ni fedrais ddod o hyd i lythyr gan D.J. yn y *Western Mail* ym misoedd yr haf, 1936. Yn ôl O. M. Roberts yn *Oddeutu'r Tân* (Gwasg Gwynedd, 1994), bu dau gyfarfod pwysig ym Mhwllheli a drefnwyd gan y Blaid er mwyn ennyn gwrthwynebiad i gynlluniau'r Llywodraeth i sefydlu Ysgol Fomio ym Mhen Llŷn. Mae'n debyg fod Saunders Lewis yn cyfeirio at yr ail gyfarfod yn y llythyr hwn oherwydd torrwyd cebl yr uchelseinydd gan fechgyn lleol a buont hefyd yn ymosod ar D.J. – gweler *Oddeutu'r Tân*, tt. 81-2.

[64]Cyfeirio at losgi'r Ysgol Fomio ym Mhenyberth y mae Kate Roberts.

[65]Mae'n debyg mai Richard Cadwaladr Roberts oedd hwn. Cyfeirir at lawysgrifau o'i eiddo a gedwir yn LlGC yn *Annwyl Kate, Annwyl Saunders*, troednodyn 4, t. 32.

[66]Kate Roberts, 'Dathlu Canmlwyddiant Daniel Owen. Protest Nofelydd', *Y Brython* (28 Mai 1936, t. 4). Yn y llythyr hwn y mae Kate Roberts yn cwyno am y modd y bwriedid dathlu canmlwyddiant geni Daniel Owen. Yn sgil y ffaith mai dim ond un llenor a wahoddwyd i fynychu'r achlysur, meddai Kate Roberts am y gwahoddiad a estynnwyd i Lloyd George: 'I ba beth y mae angen Lloyd George yno? Pa beth a wnaeth ef erioed i lenyddiaeth Gymraeg? Pa beth a wnaeth ef erioed i Gymru heblaw am ei defnyddio i ddyfod ymlaen yn Ymerodraeth Lloegr? ... Mae'r un peth yn wir am yr Eisteddfod Genedlaethol. Rhaid cael Mr. Lloyd George yno ar y dydd pwysicaf i lenorion, sef dydd yr awdl. Mae'n hen bryd i Gymru wybod ym mha le y mae lle pawb. Nid yw Mr. Lloyd George yn malio dim yng Nghymru, neu fe wnâi rywbeth yn erbyn yr ysgol fomio, ac eto mae'n ddigon digywilydd ... i ddyfod i'n prif wyliau a siarad ac ymddwyn fel pe rhoesai ei fywyd i wasanaethu Cymru.'

[67]Cyfeiriad at bwrcasu tiroedd Trecŵn gan y Llywodraeth at ddefnydd milwrol. Gweler hefyd droednodyn 71.

[68]Mae'n debyg fod Saunders, D.J. a Valentine wedi mynd i Lundain i drafod yr achos arfaethedig yn eu herbyn am losgi'r Ysgol Fomio ym Mhenyberth yn oriau mân 8 Medi 1936. Cynhaliwyd yr achos hwn i gychwyn yng Nghaernarfon ar 12-13 Hydref 1936. Gan na fedrodd y rheithgor gytuno ar y ddedfryd symudwyd yr achos i'r Old Bailey, Llundain. Yno, mewn ail brawf, ar 19 Ionawr 1937, dedfrydwyd y tri i garchar am naw mis. Mae Saunders Lewis yn cyfeirio at eu cyfreithiwr wrth yr enw Cornish yn ei lythyr dyddiedig 8 Tachwedd 1936. Mae'n debyg fod J. Alun Pugh hefyd wedi bod yn cynnig cyngor cyfreithiol iddynt. Ym Mehefin 1939 cafwyd cyngor ganddo ar fater trafodaethau llywodraethwyr Ysgol Ramadeg Abergwaun a ystyriai ddiswyddo D. J. Williams. Ni weithredwyd ar y bygythiad hwnnw. Gweler cyngor J. Alun Pugh yn LlGC, Casgliad D. J. Williams, ynghlwm wrth lythyr Saunders Lewis (27 Mehefin 1939). Serch

hynny, dywed O. M. Roberts yn *Oddeutu'r Tân* mai E. V. Stanley Jones oedd twrnai'r tri ac mai ef a sicrhaodd wasanaeth y bargyfreithiwr Edmund Davies i gynnal eu breichiau yn y llys (gweler tt. 91-2).

[69]Gwaharddwyd D.J. a Saunders Lewis o'u swyddi wrth iddynt ddisgwyl sefyll eu prawf yn Llundain. Cyhoeddwyd *Buchedd Garmon* gan Saunders Lewis yn 1937.

[70]Undebau athrawon: AMA – Assistant Masters' Association; NUT – National Union of Teachers. Sefydlwyd UCAC (Undeb Cenedlaethol Athrawon Cymru) yn 1940. Cyn hynny nid oedd Undeb Cymraeg a Chymreig yn bodoli ar gyfer gwasanaethu anghenion unigryw athrawon Cymru.

[71]Ceisiwyd protestio yn erbyn bwriad y Llywodraeth i feddiannu tir yn ardal Trecŵn i'w ddefnyddio gan y Weinyddiaeth Amddiffyn. Ni chynhwyswyd yr wybodaeth a anfonwyd at Saunders Lewis gan D.J. yn *Y Ddraig Goch*.

[72]D. J. Williams, *Storïau'r Tir Glas* (Aberystwyth: Gwasg Aberystwyth, 1936).

[73]Diswyddwyd Saunders Lewis gan Gyngor Coleg Abertawe. Bu'n gweithio ar ei liwt ei hun tan 1952, pryd y'i penodwyd yn ddarlithydd yn Adran y Gymraeg, Prifysgol Cymru, Caerdydd. Ymddeolodd yn 1957.

[74]Ni chyhoeddwyd ysgrif ar Charles Edwards yn *Y Llenor*. Ymddangosodd Saunders Lewis, 'Charles Edwards' yn *BAC* (5 Ebrill 1939).

[75]Cyfeiriad at ymweliad brenin Prydain â De Cymru. 'Mrs. Wally Simpson' oedd ei gariad a bu'n rhaid iddo roi'r gorau i'w frenhiniaeth oherwydd iddo fynnu ei phriodi.

[76]Y Barnwr Lewis a gynhaliodd yr achos yn erbyn tri thaniwr Penyberth yng Nghaernarfon.

[77]Ni chyhoeddwyd stori fer gan Kate Roberts yn *Y Llenor* yn 1937 ond ymddangosodd dau adolygiad o'i heiddo yn y cylchgrawn. Gweler Kate Roberts, 'Adolygiad: Storïau gan Dilys Cadwaladr', *Y Llenor*, 16 (1937), tt. 52-3, a 'Hen Atgofion gan W. J. Gruffydd: Gwasg Aberystwyth', tt. 57-8.

[78] Cyfeiriad eto at y cythrwfl ym Mhrydain oherwydd i Edward VIII fynnu priodi Americanes a gawsai ysgariad oddi wrth ei gŵr. Y 'rhyfel yn Sbaen' oedd Rhyfel Cartref Sbaen. Ar 17 Gorffennaf 1936 cyhoeddodd swyddogion y fyddin a'r llu awyr yn Sbaen chwyldro dan arweinyddiaeth y Cadfridog Franco. Er iddi ystyried gwneud, nid ymyrrodd Prydain yn y cythrwfl.

[79]Yn ôl y cofnod 'Penyberth' yn *Cydymaith i Lenyddiaeth Cymru*, dyddiad yr achos yn Llundain yw 9 Ionawr 1937. Pe bai hynny'n gywir byddai dyddiad y llythyr hwn yn wallus. Ar 13 Ionawr yr ymddangosodd y tri gerbron y llys yn Llundain, ond gohiriwyd yr achos tan 19 Ionawr.

[80]'Negesau arbennig y tri', *Y Ddraig Goch* (Medi 1937, t. 8).

[81]Gweler O. M. Roberts, *Oddeutu'r Tân* (Caernarfon: Gwasg Gwynedd, 1994), am fanylion y cyfarfod croeso yng Nghaernarfon i'r tri ac am ychydig ar eu hynt a'u helynt yn dilyn eu carchariad.

[82]H. T. Jacob, 'Mr. D. J. Williams: Reinstatement opposed by only one Governor', *The Western Mail* (20 Medi 1937, t. 9). Llythyr yw hwn yn cywiro'r camargraff a roddwyd yn y *Western Mail* mai trwy fwyafrif yn unig yr adferwyd D.J. i'w swydd gan lywodraethwyr Ysgol Uwchradd Abergwaun. Gwneir y pwynt mai un llywodraethwr a wrthwynebai dderbyn D.J. yn ôl yn aelod o staff yr ysgol. Llythyr byr iawn yw hwn ac ni roddwyd amlygrwydd iddo yn y papur: fe'i gwthiwyd i gornel y golofn lythyrau.

[83]Ni lwyddwyd i ddod o hyd i'r llythyrau hyn yng nghasgliad D.J. yn y Llyfrgell Genedlaethol na chyfeiriad atynt yn unman, heblaw am nodyn Saunders Lewis yn llythyr rhif 158 dyddiedig Noswyl yr Holl Saint (1 Tachwedd 1960.)

[84]Nid ysgrifennodd D.J. lyfr am ei brofiadau yn y carchar.

[85]Eto ni chynhwyswyd dim yn *Y Ddraig Goch* am hanes Maurice Twoney [?] yn gwrthod gwerthu tir i'r Llu Awyr er yr ymddengys, yn ôl llythyr Saunders Lewis, 24 Gorffennaf 1938, rhif 56, i D. J. anfon ato gopïau o'r papur lleol, y *County Echo*.

[86]D. J. Williams, 'Adolygiadau: *Ffair Gaeaf a Storïau Eraill* (Kate Roberts) a *Storïau Hen Ferch* (Jane Ann Jones)', *Heddiw*, 3 (Mawrth 1938), tt. 326-30.

[87]Yn 1939 y rhoddodd Saunders Lewis y gorau i'w lywyddiaeth o'r Blaid. Ni chyflwynwyd y rheol o gyfyngu tymor y llywydd i bedair blynedd, oherwydd ar ôl ei ethol yn llywydd yn 1945 daliodd Gwynfor Evans y swydd tan 1981.

[88]Robert Dewi Williams (1874-1958): gweler *Cydymaith i Lenyddiaeth Cymru*, t. 633. Mae ei feirniadaeth ar gynnyrch Kate Roberts yn dangos nad oedd yn feistr ar ffurf y stori fer. Mae Kate Roberts yn cyfeirio yma at R. Dewi Williams, 'Adolygiad: *Ffair Gaeaf a Storïau Eraill*', *Y Traethodydd*, VII, Cyfres 3 (1938), tt. 112-14. Gweler hefyd T. J. Morgan, 'Adolygiad: *Ffair Gaeaf a Storïau Eraill*', *Y Llenor*, Cyfrol XVII (1938), tt. 58-62.

Robert Lloyd Jones (1878-1962) yw 'R. Lloyd Jones' o bosib: awdur nofelau antur i blant yn cynnwys *Ynys y Trysor* (1926), *Capten* (1928), *Mêt y Mona* (1929) ac *Ym Môr y De* (1936).

[89]Robert Dewi Williams, *Clawdd Terfyn* (1912): cyfrol o storïau byrion a gafodd sylw mawr pan ymddangosodd gyntaf oherwydd ei hiwmor. Bernir erbyn hyn mai llafurus yw'r doniolwch.

[90]Ni wireddwyd bwriad Kate Roberts a Morris Williams o adeiladu tŷ a symud o'r Cilgwyn.

[91]Ymddangosodd erthygl D.J., 'Pembrokeshire County Council and Welsh; "English rampant, and Welsh couchant"', yn y *County Echo* (11 Mai 1939).

[92]Engelbert Dolfuss (1892-1934): gwleidydd ac unben o Awstria.

[93]Yr Athro G. J. Williams, pennaeth Adran y Gymraeg yng Ngholeg y Brifysgol, Caerdydd, ac arbenigwr ar Iolo Morganwg.

Yr Ail Ryfel Byd

[94]Mae'n debyg na chyhoeddwyd y llythyr hwn. Mae gan Saunders Lewis erthygl, 'Where We Stand', yn y *Welsh Nationalist* (1 Hydref 1938).

[95]Gweler J. Gwyn Griffiths, 'Saunders Lewis fel Gwleidydd' yn D. Tecwyn Lloyd a Gwilym Rees Hughes (goln), *Saunders Lewis* (Llandybïe: Christopher Davies, 1975, tt. 86-7) am sylwadau ar agwedd Saunders Lewis at yr Ail Ryfel Byd. Sylweddolai Saunders Lewis mai brwydr rhwng galluoedd imperialaidd oedd Rhyfel 1939-45, nid rhyfel yn erbyn Natsïaeth â'i fryd ar gyfiawnder i bob cenedl, gan gynnwys cenhedloedd bychain y byd.

[96]D. J. Williams, 'Dau ddiwrnod "anfarwol" yn nhref Aberteifi', *Y Ddraig Goch* (Hydref 1938).

[97]Cyhoeddwyd erthygl Saunders Lewis, 'Plasau'r Brenin' yn *Y Traethodydd* (Ebrill 1969).

[98]Ni chyhoeddwyd casgliad o erthyglau llenyddol Saunders Lewis yn 1939.

[99]Saunders Lewis, *Amlyn ac Amig* (Aberystwyth: Gwasg Aberystwyth, 1940).

[100]Credai W. J. Gruffydd y dylid cefnogi ymdrechion Prydain i wrthsefyll yr Almaen. Yn hynny o beth yr oedd yn anghytuno â gwrthwynebwyr yr Ail Ryfel Byd ar seiliau crefyddol a heddychol. Ni allai felly gytuno â Phlaid Cymru nac â Saunders Lewis. Gweler ymdriniaeth ar safbwynt W. J. Gruffydd yn y bennod 'Rheswm, Rhyddid a Rhyfel, 1939-1942', yn T. Robin Chapman, *W. J. Gruffydd, Dawn Dweud* (Caerdydd: GPC, 1993), tt. 161-75.

[101]Cyfeiriad at broflenni *Storïau'r Tir Coch*. Cyfeiriad yw 'Prosser' at E. Prosser Rhys (1901-45). Bu Prosser Rhys yn olygydd *Y Faner* am flynyddoedd, tan ei farw cynnar a achoswyd gan y ddarfodedigaeth. Er ei fod yn fardd medrus, un gyfrol o gerddi a gyhoeddodd yn ystod ei fywyd, a hynny ar y cyd â John Eilian. *Gwaed Ifanc* (1923) oedd teitl y gyfrol honno a dim ond un ar bymtheg o gerddi Prosser Rhys sydd wedi eu cynnwys ynddi. Yn 1924 enillodd Goron yr Eisteddfod Genedlaethol am ei bryddest 'Atgof'. Bu cryn helynt yn dilyn hynny am fod y gerdd yn cynnwys cyfeiriadaeth at deimladau gwrywgydiol. Cyhoeddwyd y gyfrol *Cerddi Prosser Rhys* yn 1950.

[102]Cyfeiriad at saga ceisio mabwysiadu W. J. Gruffydd gan y Rhyddfrydwyr yn etholiad cynrychiolaeth Prifysgol Cymru yn San Steffan, 1943. Mabwysiadwyd Gruffydd gan y Rhyddfrydwyr oherwydd gwyddent fod Saunders Lewis yn ymgeisydd peryglus. Oherwydd ei gysylltiadau cenedlaetholgar, credent y gallai Gruffydd drechu Saunders Lewis. Roedd eu dadansoddiad gwleidyddol yn gywir. Derbyniodd W. J. Gruffydd gefnogaeth y Rhyddfrydwyr ar yr amod na fyddai dan orfod i ymddarostwng i'w chwipiaid. Roedd yr holl helynt yn dipyn o ffars, mewn gwirionedd. Gweler 'Y Seneddwr, 1943-1950' yn T. Robin Chapman,

W. J. *Gruffydd, Dawn Dweud* (Caerdydd: GPC, 1993), tt. 176-92.

[103]Mae'n debyg fod Saunders Lewis yn cyfeirio at y gorfoleddu a gafwyd yn Harlech a Llandinam, yn dilyn ei fethiant yn etholiad y Brifysgol. Rhoddwyd cefnogaeth i W. J. Gruffydd gan Dr Tom Jones, sylfaenydd Coleg Harlech ac amddiffynnydd y Sefydliad Prydeinig yng Nghymru, a chan yr Arglwydd Davies, Llandinam, ymhlith eraill (gweler T. Robin Chapman, *W. J. Gruffydd, Dawn Dweud*, 1993, tt. 176-92). Cefnogwr arall i W. J. Gruffydd oedd Iorwerth C. Peate, pennaeth Is-adran Diwylliant a Diwydiannau Gwerin Amgueddfa Genedlaethol Cymru.

[104]Cyfeiria at araith Mrs Rosina Davies, maer Aberteifi a gweinidog gyda'r Bedyddwyr, yn condemnio'r rhyfel yn *Y Faner*, gweler yr erthygl, '"Bradychu Crist": Maer yn condemnio rhyfel', *Y Faner* (1 Rhagfyr 1943, t. 8). Ni chyhoeddwyd Memorandwm D.J. yn *Y Faner*.

[105]Gweler Major Hamlet Roberts, 'Dirgelwch y Drin', *Y Ford Gron*, Cyfrol I, Rhif 1 (Tachwedd 1930), t. 6, ac 'Ai Cymro ydyw gwir etifedd Coron Ffrainc?' *Y Ford Gron*, Cyfrol I, Rhif 4 (Chwefror 1931) tt. 9 ac 11, a 'Hen Ysgol Rhuthin', *Y Ford Gron*, Cyfrol II, Rhif 10 (1931-2), t. 224. Bargyfreithiwr oedd Major Hamlet Roberts.

[106]Cyfeirir yma at sylwadau wythnosol Saunders Lewis yn ei golofn 'Cwrs y Byd' yn *Y Faner*.

[107] Gweler dyddiadur D. J. Williams (14 Ebrill 1944) lle y cofnoda iddo anfon llythyr at Saunders Lewis yn dweud wrtho 'am beidio â chymryd y peth yn ormod at ei galon na ddewiswyd ef gan y Brifysgol', ac yn meiddio awgrymu y dylai gofio 'nad oedd hi'n ddigon iddo ef fod yn ben ac yn gydwybod i Gymru, y dylai ef gofio hefyd fod gan Gymru gorff, a hwnnw'n gorff cynnes, serchog hefyd, ac na ddylai ef fel ascetig ymgadw rhagddo'. Ateb i'r llythyr hwnnw yw'r uchod.

[108]i) Fyrsil (Publius Vergilius Maro, 70-19CC): y bardd Rhufeinig mwyaf ac awdur yr arwrgerdd *Aeneid*. ii) Tadogir awduraeth *Imitatio De ne Christi* yn draddodiadol ar Thomas à Kempis. Mae gan Saunders Lewis ymdriniaeth ar gyfieithu'r gwaith hwnnw i'r Gymraeg yn *Efrydiau Catholig*, iv (1949), tt. 28-44. Fe'i cynhwyswyd hefyd yn R. Geraint Gruffydd (gol.), *Saunders Lewis: Meistri'r Canrifoedd* (Caerdydd: GPC, 1973), tt. 183-205.

[109]Er bod Saunders Lewis wedi rhoi'r gorau i ymgyrchu gwleidyddol ar ôl etholiad 1943, ymddengys ei fod yn dal i fynychu pwyllgorau Plaid Cymru yn 1945.

Diwedd y pedwardegau

[110]Thomas Parry, *Llenyddiaeth Gymraeg 1900-1945*, Cyfres Pobun, Rhif 8 (Lerpwl: Gwasg y Brython, 1945).

[111]Cyhoeddwyd *Gyda'r Glannau* gan Edward Tegla Davies (1880-1967) yn 1941.

Bwriad y gyfrol yw dychanu'r cofiant Cymraeg traddodiadol ac yn hynny o beth y mae'n debyg i'w gyfrol gyntaf, *Hunangofiant Tomi*. Disgrifia Tegla ei lyfr fel 'stori am weinidog cyfrwys a aeth i'r weinidogaeth er mwyn yr hyn a gaffai ohoni, ac nid er mwyn yr hyn y gallai ei roi iddi'. Gweler Huw Ethal, *Tegla* (Abertawe: Tŷ John Penry, 1980), tt. 149-54 am drafodaeth ar y gyfrol *Gyda'r Glannau*.

[112]W. Ambrose Bebb (1894-1955), *Dial y Tir* (Llandybïe: Llyfrau'r Dryw, 1945).

[113]Daw'r dyfyniad o Salm 100, adnod 3: 'Gwybyddwch mai yr Arglwydd sydd Dduw: efe a'n gwnaeth, ac nid ni ein hunain: ei bobl ef ydym, a defaid ei borfa.'

[114]Gweler ysgrif goffa D.J. ar Morris Williams yn Ellis D. Jones a D. J. Williams, 'Er Cof am Morris Williams: Teyrnged Dau Gyfaill', *BAC* (23 Ionawr 1946, t. 5).

[115]Kate Roberts, 'Y Tri. Stori Anorffenedig', *Y Ddolen. Chweched Llyfr Anrheg*, Cyfres y Cofion (Lerpwl: Gwasg y Brython, 1946).

[116]Ychydig o sylw a gafodd Saunders Lewis yng nghyfrol Thomas Parry, *Llenyddiaeth Gymraeg 1900-1945*. Cyfeiria at ddwy o'i ddramâu, *Buchedd Garmon* ac *Amlyn ac Amig*, ynghyd â'i gyfrol o farddoniaeth, *Byd a Betws*, ar dudalennau 37-8. Ar dudalen 41 cyfeiria at *Canlyn Arthur* ac ar dudalen 43 mae ganddo un frawddeg yn nodi mai nofel yw *Monica* sy'n canolbwyntio ar astudio cymeriad.

[117]Thomas Charles, *Yr Hyfforddwr* (1807). Gweler *Cydymaith i Lenyddiaeth Cymru*, t. 285.

[118]Ni chytunai Saunders Lewis â chyfieithu gwaith D.J. am fod ei arddull yn unigryw ac yn ganolog i'w waith. Mynegodd hynny pan gyfieithwyd *Hen Dŷ Ffarm*. Buasai cyfieithydd yn wynebu'r un anawsterau pe ceisid trosi *Hen Wynebau*.

[119]Dychwelodd Saunders Lewis i'r Brifysgol yn 1952.

[120]Dyma arwydd o anfodlonrwydd Saunders Lewis ar dactegau didramgwydd y Blaid dan arweiniddiaeth Gwynfor Evans. Ar 27 Mawrth 1947 agorodd Billy Butlin ei wersyll gwyliau ym Mhenychain, Pwllheli. Gwersyll ar gyfer y llynges ydoedd yn wreiddiol. Bu cryn wrthwynebiad i'w droi'n wersyll gwyliau ar y sail y byddai'n anharddu'r fro ac yn niweidiol i sefyllfa'r iaith Gymraeg. Gweler Pyrs Gruffudd, 'Brwydr Butlin's: Tirlun, Iaith a Moesoldeb ym Mhen Llŷn, 1938-47' yn Geraint H. Jenkins (gol.), *Cof Cenedl* XVI (Llandysul, 2001), tt. 125-53.

[121]Cyfeiriad at englynion coffa R. Williams Parry, 'Hedd Wyn'. Gellir eu canfod yn R. Williams Parry, *Yr Haf a Cherddi Eraill* (Dinbych: Gwasg Gee, argraffiad 1984), t. 103. Gweler hefyd Alan Llwyd (gol.), *Cerddi R. Williams Parry: Y Casgliad Cyflawn* (Dinbych: Gwasg Gee, 1988), t. 59.

[122]D. J. Williams, 'An open letter to the Fishguard and Goodwick Urban Council', *County Echo* (14 Tachwedd 1946). Cofnodwyd dyddiad y llythyr hwn (14 Rhagfyr 1946) yn anghywir gan Gareth O. Watts yn ei lyfryddiaeth, 'Gweithiau

D. J. Williams' yn J. Gwyn Griffiths (gol.), *Y Gaseg Ddu a Gweithiau Eraill* (Llandysul: Gwasg Gomer, 1970).

[123]Gweler D. J. Williams, 'Dr. Moger and Welsh hospitality', *The Welsh Nationalist* (Awst 1948, t. 3). Ffoadur Llydewig oedd Dr Moger (Mojer). Llysenw oedd Mojer; fe'i ganed yn Yann Fouere. Bu'n ddarlithydd yn Abertawe am gyfnod ym mhedwardegau'r ugeinfed ganrif. Gorfodwyd ef i ffoi i Iwerddon rywbryd yn ystod 1947-8. Cofnodir peth o'i hanes mewn sgwrs a fu rhwng Dr Gwenno Sven-Myer a'i hewythr ac a recordiwyd ganddi. Cofnodir y sgwrs mewn adysgrif: *Die Deutsche Keltologie und ihre Berliner Gelehrten bis 1945* (Sonderdruck, 1999).

[124]Llewelyn Wyn Griffith (1890-1977): nofelydd ac awdur a gyfieithodd lawer o waith Kate Roberts i'r Saesneg. Gweler *Cydymaith i Lenyddiaeth Cymru*, t. 231.

[125]Teitl llyfr Jiwbili'r Urdd yn 1947 oedd *Y Llinyn Arian* ac ymddangosodd y stori 'Begw' ynddo. Cyfraniad D.J. i'r gyfrol oedd ei erthygl 'Llyw ac Angor Cenedl: neges hen athro i'w hen ddisgyblion'. Ymddengys fod y stori 'Begw' wedi dechrau ffurfio ym meddwl Kate Roberts mor gynnar ag 1932.

[126]Islwyn Williams (1903-57): awdur dwy gyfrol o storïau byrion, *Cap Wil Tomos* (1946) a *Storïau a Phortreadau* (1957). Gweler *Cydymaith i Lenyddiaeth Cymru*, t. 627.

[127]Cyfeirir at y stori fer 'Meca'r Genedl' a gyhoeddwyd yn *Y Fflam*, I (1946), t. 3-11.

[128]Gwireddwyd rhagfynegiant Saunders Lewis, ac ni chafodd swydd Rhydychen. Apwyntiwyd Idris Foster a oedd ar y pryd yn ddibrofiad a heb gyfrannu at y byd ysgolheigaidd. Fe'i hapwyntiwyd heb dynnu rhestr fer a bu cryn anesmwythyd ynglŷn â'r apwyntiad ymhlith cefnogwyr Saunders Lewis.

[129]Thomas Evan Nicholas (Niclas y Glais, 1878-1971): bardd a chomiwnydd. Gweler *Cydymaith i Lenyddiaeth Cymru*, tt. 428-9.

[130]Bu farw Prosser Rhys yn 1945. Ei olynydd fel golygydd *Y Faner* oedd Gwilym R. Jones. Mae'r llythyr hwn yn lledawgrymu'r berthynas oeraidd a fu rhwng Kate Roberts a Saunders Lewis rhwng diwedd 1943 a diwedd 1947. Cododd ffrwgwd rhwng Morris Williams, gŵr Kate Roberts, a Saunders Lewis ynglŷn â benthyciad ariannol R. O. F. Wynne i Gwmni Gwasg Gee. Gweler *Annwyl Kate, Annwyl Saunders*, t. 134. Gwelir yn ôl tystiolaeth tudalennau dilynol y gyfrol mai ychydig iawn o ohebu a fu rhwng y ddau yn dilyn llythyr Saunders Lewis, dyddiedig 31 Hydref 1943, tan ddiwedd 1947.

[131]Cyfeirio at gais aflwyddiannus Saunders Lewis am swydd Athro'r Gelteg yn Rhydychen y mae Kate Roberts yn y llythyr hwn. Apwyntiwyd Idris Foster. Gweler troednodyn 128.

[132]'Colofn y Chwith' oedd y golofn yn *Y Faner*, yn cynnwys cyfraniadau gan T. E. Nicholas, a fu'n fater pryder i Saunders Lewis. Gweler llythyr Saunders Lewis at D.J. ar 28 Mawrth 1947 (llythyr 77). Yn ôl y golygydd, Gwilym R. Jones, penderfynodd roi gofod i T.E. Nicholas a'r comiwnyddion gan ei fod yn

awyddus i'r *Faner* fod yn llais i bob barn yng Nghymru. Mae'n ymddangos mai dwywaith yn unig y cynhwyswyd y golofn yn *Y Faner*, gweler T. E. Nicholas, 'A Fydd Rhyfel Arall?', *BAC* (26 Mawrth 1947, t. 5), a T. E. Nicholas, 'Yr Un Stori', *BAC* (9 Ebrill 1947, t. 5).

[133]John Gwilym Jones, *Y Goeden Eirin* (Dinbych: Gwasg Gee, 1946). Gweler *Cydymaith i Lenyddiaeth Cymru*, tt. 320-1 am nodyn ar John Gwilym Jones.

[134]Robert Thomas Jenkins (1881-1969): hanesydd a llenor ac awdur y nofel *Orinda* (1943) a ystyrir yn un o glasuron bychain y nofel Gymraeg. Gweler *Cydymaith i Lenyddiaeth Cymru*, t. 302.

[135]Am wybodaeth am gymorth Gwynfor Evans i'r ffoaduriaid o Lydaw gweler y bennod 'Dal dy Dir' tt. 106-44 yn Rhys Evans, *Gwynfor: Rhag Pob Brad* (Y Lolfa, 2005).

[136]D. E. Williams a'i wraig. Roedd D. E. Williams yn un o'r chwech a oedd yn bresennol yng nghyfarfod unedig cyntaf y Blaid Genedlaethol yn y Maes Gwyn, Pwllheli, ar brynhawn Mawrth Eisteddfod Genedlaethol 1925. Gweler D. J. Williams, *Codi'r Faner* (Plaid Cymru, 1968), t. 11.

[137]J. T. Jones, Pen-y-sarn, Amlwch, ffugenw Euddog, oedd enillydd y Gadair yn Eisteddfod Bae Colwyn, 1947. Y beirniaid oedd William Morris a Cynan a'r testun oedd 'Maelgwn Gwynedd'. Roedd J. T. Jones yn oruchwyliwr-olygydd i gwmni cyhoeddi Hughes a'i Fab, Croesoswallt a Chaerdydd.

[138]Gweler troednodyn 121 am gyfeiriadau at gyfrolau R. Williams Parry. Gweler 'Yr Hwyaden' ar dudalen 48 yng nghasgliad Alan Llwyd ac ar dudalen 87 yn *Yr Haf a Cherddi Eraill*.

[139]Hanes darlledu un o'r rhaglenni a gyhoeddwyd mewn cyfrol o dan olygyddiaeth Saunders Lewis, *Crefft y Stori Fer* (1949).

[140]Yr Athro John Hughes, Montreal. Bu'n athro yn Abergwaun cyn ymfudo i Ganada. Yn ôl D.J. nid oedd yn cyfrannu dim at y ffrwydr dros ryddid i Gymru er ei fod yn canu clodydd Sir Benfro. Meddai D.J. amdano yn ei ddyddiadur (17 Awst 1964): 'Gwladgarwch sebon a sent sydd gan John!' Dyma'r gŵr hefyd a heriodd D.J. i ysgrifennu stori am sbaddu cwrcyn a chynnig £5 iddo pe cyhoeddid hi. Ar ôl cyhoeddi'r 'Eunuch' yn *Storïau'r Tir Coch* talodd John Hughes ei ddyled yn ddirwgnach. Gweler dyddiadur D. J. Williams (23 Rhagfyr 1966).

[141]Alun Trygarn, 'Radio'r Wythnos', *Y Cymro* (24 Hydref 1947, t. 13). Mae Kate Roberts yn cyfeirio at sylwadau Alun Trygarn ar y rhaglen radio *Cornel y Llenor* pan holwyd hi gan Saunders Lewis. Meddai Alun Trygarn am y darllediad: 'Yr oedd hon yn drafodaeth i'w mwynhau ar waethaf digalondid diwaelod lleisiau'r ddau siaradwr. Ni chafwyd dim ond canmoliaeth i'r awdures gan ei holwr, ac nid wyf am foment yn amau ei ddiffuantrwydd, eithr cefais dipyn o ysgytiad o'i glywed yn sôn amdani hi ac am Homer ar yr un gwynt. Bûm yn meddwl wedyn a allasai peth fel hyn gael ei ddweud ond yng Nghymru. Dychmygwch am un

llenor yn dweud peth fel yna am lenor arall yn un o ymrysonfeydd cyhyrog y Third Programme!'

[142] Cyfeiriad at gyfres o raglenni radio y bu Saunders Lewis yn holwr iddi. Gweler troednodyn 139.

[143]Kate Roberts, *A Summer Day and other Stories* (rhagair gan Storm Jameson),(Caerdydd: Penmark Press, 1946). Margaret Storm Jameson (1891-1986): awdur tua 50 o nofelau Saesneg a beirniad llenyddol.

[144] i) Bu'r Fedw Deg, ar bwys Betws-y-coed a thua milltir o Bont Lledr, yn gartref i Gruffydd ap Dafydd Goch, ŵyr Dafydd, brawd Llywelyn ein Llyw Olaf. Ofnwyd y byddai Coedwigaeth yn dinistrio'r murddun hanesyddol hwn ond cafwyd addewid y byddid yn ei gadw fel adfail – gweler "Achub y Fedw Deg". Holi Swyddog Fforestiaeth', *BAC* (5 Tachwedd 1947, t. 1). ii) Goronwy O. Roberts neu'r Arglwydd Goronwy Roberts (1913-81). Ef oedd Aelod Seneddol Caernarfon o 1945 hyd 1974. Bu'n aelod brwd o'r Ymgyrch Senedd i Gymru yn yr 1950 a chyflwynodd ei deiseb i Dŷ'r Cyffredin yn 1956. Yn 1964, yn sgil sefydlu'r Swyddfa Gymreig, fe'i hapwyntiwyd yn un o'i gweinidogion. Ar ôl iddo golli ei sedd yng Nghaernarfon yn 1974 fe'i dyrchafwyd i Dŷ'r Arglwyddi. Er iddo gefnogi'r Ymgyrch Senedd i Gymru bu'n ddigon gofalus yn ei sêl dros Gymru gan sicrhau ei fod yn aelod cymeradwy o'r Blaid Lafur Brydeinig a Thŷ'r Arglwyddi.

[145]Cyfeiriodd Kate Roberts mewn paragraff byr at sgwrs rhwng D.J. a Saunders Lewis a ddarlledwyd ar y radio ac a gyhoeddwyd yn y gyfrol *Crefft y Stori Fer*. Gweler colofn Gwrandäwr, 'Lleisiau Da', *BAC* (12 Tachwedd 1947, t. 2). Yn y paragraff hwn dywed Kate Roberts fod D.J. wedi gwrthod ei ddiwreiddio a bod effaith y gwrthod hwnnw'n cynnig i'w weithiau llenyddol elfennau sy'n dragwyddol.

[146]*Bête noire* – casbeth neu 'pet hate'.

[147]Er chwilio'n ddyfal ni lwyddais i ddod o hyd i gopi o gyfieithiad o benillion telyn gan Aneirin ab Talfan.

[148]1) Adolygwyd llyfr E. H. Carr gan Iorwerth C. Peate yn *Y Cymro*. Cynigiodd D.J. sylwadau ar yr adolygiad hwnnw. Clowyd y ddadl yn ôl D.J. gan Ithel Davies. Cynhwysai'r ddadl y cyfraniadau canlynol: i) Iorwerth C. Peate, 'Cymru Heddiw gan "Y Gwerinwr" [Adolygiad – *Nationalism and After* gan Edward Hallett Carr (Llundain: Macmillan, 1945)], *Y Cymro* (27 Ebrill 1945, t. 4). ii) D. J.Williams, 'Safle Dominiwn i Gymru. Dadl rhwng Dau Lenor', *BAC* (16 Mai 1945, t. 3). iii) Iorwerth C. Peate, 'Sofraniaeth Genedlaethol', *BAC* (23 Mai 1945, t. 3). iv) Ithel Davies, 'Iorwerth Peate a D. J. Williams', *BAC* (6 Mehefin 1945, t. 4). v) D. J. Williams, 'Statws Dominiwn a Sofraniaeth (parhad o ddadl rhwng dau lenor)', *BAC* (13 Mehefin 1945, t. 5). vi) Iorwerth C. Peate, 'Statws Dominiwn. Gair Olaf y Dr. Peate', *BAC* (20 Mehefin 1945, t. 5). vii. Ithel Davies, 'Cymru a'i Safle yn y Byd, Trafod Safle Dominiwn', *BAC* (27

Mehefin 1945, t. 7). Credai Iorwerth Peate nad oedd dyfodol i'r Gymraeg dan unrhyw drefn ddwyieithog. Erys yn ddirgelwch sut y credai y gellid sefydlu cenedl Gymraeg yng Nghymru heb fynnu rheolaeth wleidyddol gan y Cymry ar eu gwlad eu hunain.

2) Iorwerth Cyfeiliog Peate (1901-82): bardd ac ysgolhaig a churadur cyntaf Amgueddfa Werin Sain Ffagan a sefydlwyd ar ôl yr Ail Ryfel Byd. Daliodd y swydd tan ei ymddeoliad yn 1971.

3) Canghellor y Trysorlys oedd Hugh Dalton a ymddiswyddodd ar 11 Tachwedd 1947

[149]Mae'n debyg mai'r profiad hwn fu'r cychwyn ar y myfyrio a esgorodd ar *Tywyll Heno.*

[150]Alun Llywelyn-Williams (1913-88). Cynhyrchydd rhaglenni radio gyda'r BBC. Gweler *Cydymaith i Lenyddiaeth Cymru*, t. 384. Yn 1948 fe'i penodwyd yn Gyfarwyddwr Efrydiau Allanol yng Ngholeg Prifysgol Gogledd Cymru, Bangor. Dyma enghraifft arall o gadw Saunders Lewis rhag dal swydd ym Mhrifysgol Cymru.

[151]Alexander Pope (1668-1744): bardd a ystyrir y mwyaf dyfynadwy o'r awduron Seisnig.

[152]Cafwyd trafodaeth gan Saunders Lewis ar Addysg Gymraeg yn ei golofn 'Cwrs y Byd', gweler *Y Faner* (23 Mehefin 1948, t. 8). Mae'r erthygl yn cynnwys yr is-benawdau canlynol: 'Ysgolion Cymraeg', 'Esiampl Ysgol Aberystwyth, 'Ai mantais neu anfantais?', 'Y plentyn cyffredin', 'Y polisi presennol', 'Esiampl y penaethiaid' a 'Cyngor Addysg Cymru'.

[153]Cyfeirio y mae D.J. at gael hawl gan lywodraethwr carchar Wormwood Scrubs i wrando ar ddarllediad o *Buchedd Garmon* ar y radio. Gweler Saunders Lewis, *Buchedd Garmon* (Aberystwyth: Gwasg Aberystwyth, 1937).

[154]Bu Saunders Lewis yn Arolygydd Ysgolion am gyfnod.

[155]T. S. Eliot (1888-1965): bardd, dramäydd a beirniad llenyddol. Arweinydd y mudiad modernaidd mewn barddoniaeth. Awdur *The Wasteland* (1922) a'r ddrama *Murder in the Cathedral* (1935).

[156]Sophocles (496-406CC): gydag Aeschylus ac Ewripides, un o'r tri o fawrion Groeg ym myd y ddrama drasig.

[157]Pierre Corneille (1606-84): bardd a dramäydd Ffrengig. Ystyrir ef yn dad y ddrama glasurol drasig yn Ffrainc. Ymhlith ei weithiau y mae *Le Cid* (1637), *Horace* (1640), *Cinna* (1641) a *Polyeucte* (1643).

[158]i) 'Euripides' (484-406CC): ymddangosodd ei ddrama *Medea* yn 431CC. ii) Dame Agnes Sybil Thorndike (1882-1976). Bu'n aelod o'r Old Vic Company, Llundain o 1914 hyd 1918. Yno bu'n allweddol o ran sefydlu'r theatr honno yn gartref dramâu Shakespeare. Roedd hi'n actores amryddawn iawn a allai chwarae

rhannau clasurol, trasig, modern a chomig. Agorodd y Thorndike Theatre ar gyrion Llundain yn 1969.

[159]Ail gyfrol o gofiant T. I. Ellis i'w dad, Thomas Edward Ellis (1859-99). Ymddangosodd cyfrol gyntaf y cofiant yn 1944. Gweler *Cydymaith i Lenyddiaeth Cymru*, tt. 188-9 am wybodaeth bellach ar Thomas Edward Ellis.

[160]Mac yw'r pedwerydd portread yn y gyfrol *Hen Wynebau*.

[161]Ni chyhoeddwyd y gwaith hwn.

[162]Cyhoeddwyd dau lyfr o eiddo D. J. Davies gan Blaid Cymru yn 1949, *Can Wales afford Self-government* a *Towards an Economic Democracy*. Ni lwyddwyd i ganfod unrhyw gyhoeddiad gan Blaid Cymru yn 1949 nac yn yr 1950au gan awdur yn dwyn y cyfenw Griffith na Griffiths. Er nad yw'r ysgrifen yn glir mae'n debyg mai at Masaryk y cyfeiria D.J. yng nghyswllt y llyfr gan frawd Gwyn Griffith[s]. Un o brif sefydlwyr y genedl Tsiecaidd oedd Tomáš Masaryk (1850-1937). Yr oedd Saunders Lewis yn edmygydd mawr ohono ac ysgrifennodd amdano yn *Y Ddraig Goch*, Ebrill a Mai 1930. Uniaethai Saunders Lewis ag ef gan mai athro coleg, athronydd, awdur a golygydd ydoedd a ysgwyddodd y baich o arwain mudiad cenedlaethol ei genedl. Gweler D. Hywel Davies, *The Welsh Nationalist Party 1925-1945* (Caerdydd: Gwasg Prifysgol Cymru, 1983), am sylwadau ar ddylanwad ymdrechion cenedlaetholwyr o genhedloedd eraill ar genedlaetholwyr Cymru.

[163]'Y Cyfarwydd' oedd teitl stori Kate Roberts a gyhoeddwyd yn *Y Faner* (22 Rhagfyr 1948).

[164]Kate Roberts, *Stryd y Glep* (Dinbych: Gwasg Gee, Mai 1949).

[165]Nodir mai yn 1948 y cyhoeddwyd y cyfrolau: T. Rowland Hughes, *Cân neu Ddwy* (Dinbych: Gwasg Gee) ac I. D. Hooson, *Y Gwin a Cherddi Eraill* (Dinbych: Gwasg Gee). Mae'n debyg fod yr argraffu wedi'i gwblhau y flwyddyn honno ond bod ymddangosiad y llyfrau wedi'i ohirio oherwydd trafferthion wrth eu rhwymo.

[166]Glasynys (Owen Wynne Jones, 1828-70): gweler y *Bywgraffiadur*, t. 472 a *Cydymaith i Lenyddiaeth Cymru*, t. 325. Golygwyd *Straeon Glasynys* gan Saunders Lewis, ac fe'u cyhoeddwyd gyda rhagymadrodd gan Wasg Aberystwyth yn 1943.

[167]Aneirin Talfan Davies (gol.), *Gwŷr Llên – Ysgrifau beirniadol ar weithiau deuddeng gŵr llên cyfoes ynghyd â'u darluniau* (Llundain: W. Griffiths a'i Frodyr, Rhagfyr 1948). Dafydd Jenkins a gyfrannodd yr ymdriniaeth ar waith D.J. a D. Myrddin Lloyd yw awdur y bennod ar waith Kate Roberts, yr unig ferch ymhlith y deuddeg llenor a gynhwysir yn y gyfrol.

[168]Ni chyhoeddwyd *Stryd y Glep* tan fis Mai 1949.

[169]Cyfeiriad at deipysgrif gan Theophilus Griffiths, gweler llythyr 93. Tybiaf fod crybwyll 'bod yn olau yn y sgrythur', o bosibl, yn cyfeirio at y llyfr bychan, *Drws*

y *Society Profiad* a gyhoeddwyd gan William Williams, Pantycelyn yn 1777 sy'n cynnwys saith o ddialogau rhwng Theophilus ac Eusebius. Gweler *Cydymaith i Lenyddiaeth Cymru*, t. 166.

[170]Bu Saunders Lewis yn arolygu Ysgol Ramadeg Abergwaun.

[171]Beirniadaeth y nofel yn Eisteddfod Genedlaethol Dolgellau, 1949.

[172]Cassie Davies (1898-1988): cenedlaetholwraig ac arolygydd ysgolion. Gweler portread ohoni yn 'Oriel y Blaid', *Y Ddraig Goch* (Mehefin 1934).

[173]Cylchgrawn llenyddol oedd *Y Fflam*. Cyhoeddwyd 11 rhifyn ohono rhwng 1946 ac 1952. Ei olygyddion oedd Euros Bowen, J. Gwyn Griffiths a Pennar Davies. Gweler *Cydymaith i Lenyddiaeth Cymru*, tt. 214-15.

[174]Yn y golofn 'Cwrs y Byd' yn *Y Faner* (4 Mai 1949, t. 8, a 18 Mai 1949, t. 8), bu Saunders Lewis yn sôn am Iwerddon. Yn yr un golofn ar 25 Mai 1949 trafododd frwydr Gwynfor Evans i gael cydnabyddiaeth swyddogol i'r iaith Gymraeg ar Gyngor Sir Gaerfyrddin.

Dechrau'r pumdegau

[175]Cyhoeddwyd dwy stori fer gan Kate Roberts yn *Y Faner* yn lle y golofn 'Ledled Cymru' ym misoedd cyntaf 1950, sef 'Swper Nadolig' (4 Ionawr 1950, t. 7), a 'Swper Calan Eto' (11 Ionawr 1950, t. 7).

[176]Cynhaliwyd etholiad cyffredinol ar 23 Chwefror 1950. Er y cafwyd pum mlynedd o ymgyrchu caled gan Blaid Cymru ym Meirionnydd gadawyd Gwynfor Evans ar waelod y pôl.

[177]Kate Roberts, 'Adolygiad o *Cefn Ydfa*, Geraint Dyfnallt Owen, Llundain: Griffiths a'i Frodyr (1948)', *Y Faner* (11 Mai 1949, t. 7). Hanes rhamantus ac adnabyddus carwriaeth seithug Ann Maddocks a Wil Hopcyn yw sylwedd y nofel hon. Gweler *Cydymaith i Lenyddiaeth Cymru* am nodyn ar Geraint Dyfnallt Owen, t. 445.

[178]Cyhoeddwyd adolygiad Kate Roberts ar *Storïau'r Tir Du* yn *Y Faner* (26 Ebrill 1950, t. 7).

[179]Cyfeiriad at farwolaeth D. J. Williams, Llanbedr (1896-1950), awdur llyfrau i blant; gweler *Cydymaith i Lenyddiaeth Cymru*, t. 621. Ceir nodyn coffâd iddo gan Kate Roberts yn y golofn 'Ledled', *Y Faner* (8 Chwefror 1950, t. 4).

[180]Cyfeiriad pellach at drefniadau'r Blaid ar gyfer etholiad cyffredinol 23 Chwefror 1950.

[181]'Mignedd' oedd ffugenw Gwilym R. Jones.

[182]Cafodd cyllidebau Stafford Cripps, Canghellor y Trysorlys rhwng 1947 ac 1950, effaith andwyol ar gwmnïau, yn enwedig cwmnïau bach. Yn achos *Y Faner*,

polisïau Cripps oedd i gyfrif am y diffyg hysbysebion. Ceir cyfeiriad at y mater hwn yn *Annwyl Kate, Annwyl Saunders*, t. 156, troednodyn 1.

[183]Harold James Wilson, Prif Weinidog Prydain (1964-6, 1966-70, 1974, 1974-6). Ef oedd llywydd y Bwrdd Masnach o Hydref 1947 hyd Ebrill 1951.

[184]Cyhoeddwyd *Mazzini*, ar ôl mynych grwydro o un cyhoeddwr i'r llall, chwe blynedd ar ôl gorffen ei ysgrifennu, gan Blaid Cymru yn 1954.

[185]Cafodd D.J. ei boeni gan gerrig ar yr arennau.

[186]Cartref R. O. F. Wynne a'i wraig Nina Wynne yw Garthewin, Llanfair Talhaearn. Yn eu cartref hwy y sefydlwyd Theatr Garthewin lle perfformiwyd rhai o ddramâu Saunders Lewis am y tro cyntaf. Gweler awdl foliant Saunders Lewis i Robert Wynne, Garthewin, yn *Y Faner* (22 Chwefror 1941, t. 4). Cynhwyswyd hefyd yn R. Geraint Gruffydd (gol.), *Cerddi Saunders Lewis* (Caerdydd, 1922, tt. 6-7). i) *Tŷ Dol*: cyfieithiad o ddrama gan Henrik Ibsen. ii) *Y Cybydd*: cyflwyniad posibl o *Cybydd-dod ac Oferedd* gan Twm o'r Nant. iii) Actor ac ysgrifennwr oedd Robert Speight a cheir cyfeiriad at Thomas Taig gan Ioan M. Williams (gol.), *Dramâu Saunders Lewis, Y Casgliad Cyflawn*, Cyfrol 1 (Caerdydd: GPC, 1996, t. 325). iv) Saunders Lewis, *Eisteddfod Bodran, Gan Bwyll* (Gwasg Gee, 1952). Perfformiwyd *Eisteddfod Bodran* am y tro cyntaf yng Ngŵyl Ddrama Garthewin ym Mai 1950. Gweler cyflwyniad Ioan M. Williams i'r ddrama yn Ioan M. Williams (gol.), *Dramâu Saunders Lewis, Y Casgliad Cyflawn*, Cyfrol 1 (Caerdydd: GPC, 1996), tt. 325-6, lle dywed mai bwriad Saunders Lewis wrth ysgrifennu'r ddrama 'oedd bwrw'i lach ar Philistiaeth ddifeddwl, ddiegni Cymru ei oes ei hun...'

[187]Saunders Lewis, *Williams Pantycelyn* (Llundain: Foyle's, 1927).

[188]Cyfarfu'r Gweriniaethwyr fel grŵp am y tro cyntaf ym mis Chwefror 1949. Erbyn y Nadolig y flwyddyn honno, ac ar ôl ffrwgwd o fewn rhengoedd y Blaid, ymsefydlodd y Gweriniaethwyr yn blaid ar wahân. Chwalodd y mudiad yn 1957. Gweler Rhys Evans, *Gwynfor: Rhag pob Brad* (Y Lolfa, 2005), tt. 126-9.

[189]Cyfeiriad at yr aflwydd o gerrig ar yr arennau a fu'n poeni D.J. yn 1950-1.

[190]Dyma'r brawd, mae'n debyg, a ymunodd â'r Blaid Genedlaethol yn 1936 yn dilyn y Tân yn Llŷn. Gweler llythyrau Kate Roberts at D.J. (rhif 40, 11 Medi 1936, a rhif 45, 3 Rhagfyr 1936).

[191]William Richard Philip George: bardd a chofiannydd ac enillydd y Goron yn Eisteddfod Genedlaethol Caerfyrddin, 1974. Gweler *Cydymaith i Lenyddiaeth Cymru*, t. 218-9. Mae'n debyg mai cyfeiriad at nodyn gan D. J. Williams ar Noson Lawen a gynhaliwyd yn Abergwaun i ddathlu Dydd Gŵyl Dewi yw 'hanes y dathlu'; gweler 'Noson Lawen yn Abergwaun', *BAC* (14 Mawrth 1951, t. 5).

[192]D. J. Williams, 'Blac', *Y Genhinen*, Cyfrol I, rhif II (Gwanwyn 1951), tt. 97-9. Cynhwyswyd y portread hwn yn *Hen Dŷ Ffarm*, tt. 20-3.

[193]R. Williams Parry (1884-1956): enillydd Cadair yr Eisteddfod Genedlaethol yn 1910 am ei awdl 'Yr Haf'. Gweler *Cydymaith i Lenyddiaeth Cymru*, tt. 456-7 am fwy o wybodaeth amdano ynghyd â throednodyn 121.

[194]Hugh Bevan (1911-79): beirniad llenyddol ac awdur *Morgan Llwyd y Llenor* (1954) a *Dychymyg Islwyn* (1965). Gweler *Cydymaith i Lenyddiaeth Cymru*, t. 42.

[195]Nid ymddangosodd unrhyw ran o *Hen Dŷ Ffarm* yn *Y Llenor*.

[196]Cyfeirio y mae Kate Roberts at ail gyfrol farddoniaeth R. Williams Parry, *Cerddi'r Gaeaf* (Gwasg Gee, 1952).

[197]Rhoddwyd *Hen Dŷ Ffarm* i Wasg Aberystwyth i'w gyhoeddi. Gweler amddiffyniad D.J. i'w benderfyniad i'w gynnig iddynt hwy yn llythyr 112.

[198]At y gyfrol o farddoniaeth gan Waldo Williams (1904-71), *Dail Pren*, y cyfeirir yn y fan hon. Fe'i cyhoeddwyd gan Wasg Aberystwyth yn 1956.

[199]Edith Evans (1888-1976): actores tra enwog. Gweler ei chofiant: Bryan Forbes, *Ned's Girl: The Life of Edith Evans* (Elm Tree Books, 1977).

[200]Saunders Lewis, *Siwan a Cherddi Eraill* (Llyfrau'r Dryw, 1956).

[201]Merch Saunders Lewis.

[202]Awdur 'Rip Van Winkle' oedd Washington Irving (1783-1859). Fe'i cyhoeddwyd yn ei lyfr *The Sketch Book of Geoffrey Crayon, Gent.* (1820). Ynghyd â 'The Legend of Sleepy Hollow' a 'The Spectre Bridegroom', dau arall o'r 30 darn a gynhwysir yn y llyfr, fe'i hystyrir y cyntaf o'r storïau byrion modern.

[203]Llywelyn ap Gruffudd neu Llywelyn ein Llyw Olaf, a lofruddiwyd yn 1282. Yn 1263 cyhoeddodd mai ef oedd Tywysog Cymru.

[204]Bu Saunders Lewis yn ysgrifennu i'r *Empire News* o Hydref 1954 hyd Fehefin 1955.

[205]Cyhoeddwyd 'Syr Archibald Rowlands fel Cymro: teyrnged bersonol' mewn saith rhan yn *BAC* rhwng 6 Ebrill 1955 a 18 Mai 1955. Ni chyhoeddwyd y llithiau'n bamffled.

[206]Cyfeiriad yw hyn at erthygl Kate Roberts, 'D. J. Williams Abergwaun fel llenor', *Y Ddraig Goch* (Mehefin 1955, tt. 3-4).

[207]*Y Byw sy'n Cysgu* oedd y nofel hon. Fe'i cyhoeddwyd yn 1956. Yr oedd Kate Roberts wedi nodi ei bwriad i'w hysgrifennu mor gynnar ag 1951 mewn llythyr a anfonodd at Saunders Lewis. Gweler *Annwyl Kate, Annwyl Saunders*, llythyr 146, tt. 166-7 a throednodyn 3, t. 167.

[208]Ni chyhoeddwyd ysgrifau'r *Empire News* yn llyfr. Gweler hefyd droednodyn 204.

[209]Jean Marie Lucien Pierre Anouilh (1910-87). Dramäydd Ffrengig a enillodd glod rhyngwladol. Gwrthododd Anouilh realaeth a naturiolaeth gan bleidio'r hyn a elwid yn 'theatraeth' – dychweliad barddoniaeth a dychymyg i'r llwyfan. Galwodd ddau gasgliad o'i ddramâu yn *Pieces Roses* (Dramâu Lliw'r Rhosyn)

ANNWYL D.J.

a *Pieces noires* (Dramâu Du). Mae'r weledigaeth a geir yn ei waith yn gofyn y cwestiwn beth yw dyfnder y cyfaddawd sy'n rhaid i unigolyn ei dderbyn a'i weithredu cyn y medrir meddiannu hapusrwydd.

[210]Syr Noël Pierce Coward (1899-1973): dramäydd, actor a chyfansoddwr, ac awdur comedïau yn cynnwys *I'll leave it to you* (1920) a *The Young Idea* (1923). Serch hynny, ei ddrama ddifrif gyntaf, *The Vortex* (1924), a enillodd iddo statws dramäydd o bwys. Yn y theatr bu Coward yn cyfarwyddo, yn cynhyrchu, yn actio yn ogystal â chanu a dawnsio.

[211]Pierre Carlet de Chamblain de Marivaux (1688-1763): dramodydd, nofelydd a newyddiadurwr Ffrengig. Ei gomedïau ef, yn dilyn gweithiau Molière, a chwaraeir amlaf yn y theatr Ffrengig hyd y dydd heddiw.

[212]Saunders Lewis, *Gymerwch Chi Sigaret* (Llyfrau'r Dryw, 1956).

[213]David Jones (1895-1974): llenor ac artist. Roedd yn enwog am ei beintiadau dyfrlliw, ei ysgythriadau pren a'i lythrennu cain. Cyhoeddodd ei waith ysgrifenedig cyntaf, *In Parenthesis*, yn 1937. Gweler *Cydymaith i Lenyddiaeth Cymru*, tt. 305-7.

[214]Ar 4 Ebrill 1960 derbyniodd Hugh Griffith (1912-80), yr actor o Fôn, wobr Oscar ar gyfer yr Actor Cynorthwyol Gorau am ei ran yn y ffilm *Ben Hur*. Fe'i cydnabuwyd fel y dehonglwr gorau o waith Brecht ac enillodd glod am ei gyflwyniadau o gymeriadau Shakespeare. Hawliai fod ei bortread o'r Brenin Llŷr wedi ei seilio ar John Elias, y pregethwr o Fôn.

[215]Gweler hanes cyfnod D.J. yn Llandrillo yn *Yn Chwech ar Hugain Oed*, tt. 218-26. Bob Lloyd yw 'Llwyd o'r Bryn'. Gweler hefyd droednodiadau 360 a 362.

[216]David John Williams (1896-1950): awdur llyfrau i blant a chyd-sylfaenydd *Hwyl*, y comic Cymraeg a lansiwyd yn 1949. Gweler *Cydymaith i Lenyddiaeth Cymru*, t. 621. Ifor Owen oedd y sylfaenydd arall.

Diwedd y pumdegau

[217]Gan fod hawl gan Gwilym Lloyd George ar y teitl 'Major' tybiaf mai chwarae ar y teitl hwnnw y mae Kate Roberts trwy fathu'r gair 'Mwyadur'. Diddorol yw sylwi mai ystyr 'mwyad' yw 'y weithred o wneud yn fwy'. Hefyd defnyddir y gair 'mwyadur' am ficrosgop. Gweler *Geiriadur Prifysgol Cymru*, Cyfrol III, tt. 2515-16.

[218]'Llanddwyn' oedd ffugenw'r cystadleuydd buddugol yng nghystadleuaeth y nofel yn Eisteddfod Genedlaethol Pwllheli, 1955. Yr oedd Kate Roberts o blaid rhoi'r wobr o hanner canpunt i awdur y nofel *Blynyddoedd y Locust*, ond mynnai T. J. Morgan nad oedd y gwaith yn haeddu'r wobr. Penodwyd Islwyn Ffowc Elis yn ddyddiwr a chytunodd â Kate Roberts. Dyfarnwyd y wobr yn llawn i

'Llanddwyn', a oedd wedi esgeuluso amgáu ei enw gyda'i gynnyrch.

[219]Cyfres o dair erthygl gan Islwyn Ffowc Elis a gyhoeddwyd yn *Y Drysorfa* rhwng Chwefror ac Awst 1955 dan y teitl 'Y Grisial Ofnadwy'. Am gyfeiriad atynt gweler T. Robin Chapman, *Rhywfaint o Anfarwoldeb* (Llandysul: Gwasg Gomer, 2003), tt. 88-9.

[220]Saunders Lewis, 'Morgan Llwyd', *Efrydiau Catholig*, Cyfrol VII, t. 3.

[221]Moses Griffith (1893-1973): ymgynghorydd amaethyddol ac un o sylfaenwyr y Blaid Genedlaethol. Mae gan Saunders Lewis deyrnged iddo yn *Y Ddraig Goch* (Ebrill 1973, t. 4).

[222]Edwin Williams: athro yn Ysgol Ramadeg y Rhyl a oedd yn weithgar fel cynhyrchydd dramâu yng ngogledd Cymru ym mhumdegau'r ugeinfed ganrif ac ef oedd cynhyrchydd *Noë Obey* yng Ngŵyl Ddrama Genedlaethol Llangefni, 1955. Ef hefyd oedd cyfarwyddwr perfformiad cyntaf *Eisteddfod Bodran*; gweler Ioan M. Williams (gol.), *Dramâu Saunders Lewis, Y Casgliad Cyflawn*, Cyfrol 1 (Caerdydd: GPC, 1996), tt. 332-3, trn.5. Nid ymddengys fod y ddrama *Noë* wedi'i chyhoeddi yn y Gymraeg.

[223]Henry de Montherlant (1896-1972): dramodydd adnabyddus o Ffrainc. Un o'i ddramâu enwocaf oedd *Port Royal* (1954).

[224]Gweler troednodyn 207.

[225]John Gwilym Jones, 'Adolygiad o *Ffenestri Tua'r Gwyll*, Islwyn Ffowc Elis', *Llafar* (Gŵyl Ddewi 1956, tt. 98-100). Ail nofel Islwyn Ffowc Elis oedd *Ffenestri Tua'r Gwyll* (Gwasg Aberystwyth, 1955). Ni phlesiwyd y beirniaid llenyddol gan y nofel a bu collfarnu trwm arni. Gweler T. Robin Chapman, *Rhywfaint o Anfarwoldeb* (Llandysul: Gwasg Gomer, 2003), tt. 109-13.

[226]Cyfeirio at Ymgyrch Senedd i Gymru y mae Kate Roberts wrth iddi sôn am y 'Ddeiseb'. Dechreuwyd yr ymgyrch yn 1951 ar sail ryngbleidiol dan gadeiryddiaeth Megan Lloyd George. Cyflwynwyd y ddeiseb, a lofnodwyd gan yn agos i chwarter miliwn o bobl, i'r Senedd gan Goronwy Roberts, chwe blynedd yn ddiweddarach. Cyflwynwyd mesur ar gyfer sefydlu senedd yng Nghymru gan S. O. Davies o Aelodau Seneddol Cymru a gefnogodd y mesur. Gweler *Cydymaith i Lenyddiaeth Cymru*, t. 646 ym mis Mawrth 1955. Methiant fu'r ymgais gan taw chwech aelod yn unig o'r un ar bymtheg ar hugain

[227]Ar 10 Mai 1956 ysgrifennodd Saunders Lewis lythyr at Kate Roberts yn cydymdeimlo â hi ynglŷn â thrafferthion Gwasg Gee. Ychwanegodd: '... mi fyddai'n dda gennyf helpu'n ymarferol petai rhyw gyfle.' Gweler *Annwyl Kate, Annwyl Saunders*, t. 182. Ymddengys iddo newid ei feddwl ynglŷn â chynnig cymorth.

[228] Cyhoeddwyd cyfres 'Begw' yn gyfrol yn ddiweddarach dan y teitl *Te yn y Grug* (1959).

[229]Emyr Humphreys (1919 –): nofelydd, bardd a dramodydd. Dywedir amdano yn

Cydymaith i Lenyddiaeth Cymru (tt. 282-3): 'Saif ar ei ben ei hun fel nofelydd, fodd bynnag, yn ei ymdrech i ddarganfod parhad ystyrlon yng Nghymru'r ddwy ganrif ddiwethaf ac yn ei ymgais i wneud yr ymchwilio yn destun ei nofelau.'

[230]Kate Roberts, *Y Byw sy'n Cysgu* (Dinbych: Gwasg Gee, 1956). Darlledwyd *Y Byw sy'n Cysgu* yn ddrama gyfres wedi'i chyfarwyddo a'i chyfaddasu gan Emyr Humphreys. Gweler *Annwyl Kate, Annwyl Saunders*, t. 182, troednodyn 1.

[231]Amrywiad ar wyneb yw 'wymad'. Defnyddir 'wmed' yng Ngheredigion a gogledd Penfro.

[232]Ychwanegiad at 'ffrit' – peth neu berson diwerth. Gweler *Geiriadur Prifysgol Cymru*, Cyfrol I, t. 1315. Mae'r cyfuniad 'ffritgwn' yn dwyn i gof yr ymadrodd 'llechgwn'. Pobl ddiwerth a chachgïaidd yw 'ffritgwn' felly.

[233]Gweler 'Portread – D. J. Williams', *Y Faner* (5 Rhagfyr 1956, t. 3). Kate Roberts oedd awdur y portread hwn – gweler yr ôl-nodyn yn llythyr Kate Roberts at D.J. (10 Ebrill, 1957), rhif 137.

[234]Islwyn Ffowc Elis, *Yn Ôl i Leifior* (Aberystwyth: Gwasg Aberystwyth, 1956).

[235]Nid oedd nofelau Islwyn Ffowc Elis wrth fodd Saunders Lewis am nad oedd iddynt seiliau meddyliol dwfn. Er ei fod yn derbyn bod lle i weithiau ysgafn, arwynebol a phoblogaidd, ni fynnai ef eu darllen.

[236]Kate Roberts, *Y Byw Sy'n Cysgu* (Gwasg Gee, 1956).

[237]Jennie Eirian Davies (1926-82): bu'n ymgeisydd Plaid Cymru mewn isetholiad seneddol yng Nghaerfyrddin yn 1957. Fe'i trechwyd gan Megan Lloyd George. Bu hefyd yn olygydd *Trysorfa'r Plant* a'r *Faner* rhwng 1979 a'i marwolaeth yn 1982. Gweler hefyd droednodyn 244.

[238]Libretto oedd y gwaith hwn. Gweler Saunders Lewis, 'Serch yw'r Doctor', *Llafar*, Cyfrol VI, Rhif 2 (1957), tt. 9-28.

[239]Kate Roberts, 'Adolygiad o nofel Meurig Walters – *Diogel y Daw*', *BAC* (28 Mawrth 1957, t. 7). Gweler Meurig Walters, *Diogel y Daw* (Wrecsam: Hughes a'i Fab, 1956). Gweler hefyd *Cydymaith i Lenyddiaeth Cymru* am nodyn ar Meurig Walters, t. 608.

[240]Kate Roberts, 'Marw Islwyn Williams – Ysgrif Goffa', *BAC* (28 Mawrth 1957, t. 8). Gweler *Cydymaith i Lenyddiaeth Cymru* am nodyn ar Islwyn Williams (1903-57), t. 627.

[241]D. Jacob Davies, 'Ni smaliai gredu yn yr hyn a sgrifennai', 'O Nyth y Frân', *Y Cymro* (28 Mawrth 1957, t. 10).

[242] i) Glynfab (1855-1947): awdur dramâu a storïau byrion yn nhafodiaith y meysydd glo yn Ne Cymru yn cynnwys *Ni'n doi: dicyn o anas Dai a finna a'r Ryfal/ Shift y bora* (wyneb-ddalen – 'I gatw'r ên Dafottiaith yn fyw'), (Caerfyrddin: W.M. Evans a'i Fab, 1919), a *Y partin dwpwl: racor o anas Dai a finna a'r Ryfal/ Shift diwetydd* (W.M. Evans a'i Fab, 1919). ii) Jacob Abergwaun: Y Parch. H. T. Jacob, gweinidog gyda'r Annibynwyr ac un o gyfeillion D.J.

[243]Cyhoeddwyd *Tegwch y Bore* fesul pennod i gychwyn yn *Y Faner*. Fe'i cyhoeddwyd fel cyfrol yn 1967. Gweler sylwadau arni gan John Rowlands, '*Tegwch y Bore*', *Barn*, 66 (Ebrill 1968). Gweler hefyd Rhydwen Williams (gol.), *Kate Roberts: Ei Meddwl a'i Gwaith* (Llandybie: Christopher Davies, 1983), tt. 135-8.

[244]Kate Roberts, 'Brwydr Sir Gaerfyrddin', *BAC* (14 Mawrth 1957). Jennie Eirian Davies oedd ymgeisydd Plaid Cymru yn isetholiad seneddol Caerfyrddin a gynhaliwyd ym mis Chwefror 1957. Collodd ei hernes a'r ymgeisydd Llafur, Megan Lloyd George, a enillodd y sedd. Gweler Rhys Evans *Gwynfor: Rhag Pob Brad* (Y Lolfa, 2005), t. 183.

[245]Ellis Gwyn Jones, 'Adolygiad o'r *Byw sy'n Cysgu*, Kate Roberts', *BAC* (23 Mai 1957, t. 7).

[246]Ni chafwyd adolygiad gan Pennar Davies yn *Y Faner* ar Waldo Williams, *Dail Pren*, yn 1957.

[247]Cyfeiriad at gyfres o saith o erthyglau yn y *The Western Mail* – i) 'The curtain lifts on the Nazi Plan against Wales', *The Western Mail* (25 Mawrth 1957, t. 6). ii) 'How did Lord Haw Haw know so much', *The Western Mail* (26 Mawrth 1957, t. 4). iii) 'Uninvited Guests in the "Brown House": Briton heard secret radio link message', *The Western Mail* (27 Mawrth 1957, t. 4). iv) 'Abwehr diaries lift the veil', *The Western Mail* (28 Mawrth 1957, t. 4). v)'Invasion! 20 days when the sword was poised', *The Western Mail* (29 Mawrth 1957, t. 6). vi) 'Who was this man "Williams"?' *The Western Mail* (1 Ebrill 1957, t. 4). vii)'What sort of a people did they think we were?', *The Western Mail* (2 Ebrill 1957, t. 4). Yn yr erthygl 'Who was this man "Williams"?' cofnodir: 'Throughout the summer of 1940 they [the Germans] had been dispatching agents to this country to try to improve contact with Welsh Nationalist elements.' Honnir ymhellach fod cofnod yn yr *Abwehr Diaries* (14 Tachwedd 1940) yn nodi 'the success of an agent in getting through to the man who may well have been Wales's leading traitor'. Yna dyfynnir o'r *Abwehr Diaries*: '… the Spanish agent "Steinbutt", who was dispatched to England via Madrid and Lisbon by the Abwehr's Second Department, has had a meeting with the Welsh Nationalist leader Williams.' Ynghyd â'r erthyglau hyn sy'n bwrw cysgod amheuaeth dros genedlaetholwyr Cymru, gan gynnwys Plaid Genedlaethol Cymru, cyhoeddwyd y canlynol: 'We wish to make clear that the reference to Welsh "nationalists" in these articles implies no imputation against the Welsh Nationalist Party, but the phrase has been taken direct from the Abwehr documents, in which were recorded treasonable activities of certain disgruntled individual nationalists in various countries, including Wales.' Ymddengys fod cynnwys hyn yn y papur yn ffordd gyfrwys o wneud drwg i'r Blaid Genedlaethol heb gymryd y cyfrifoldeb am y weithred o'i phardduo hi a'i haelodau. Gweler hefyd Ivor Wynne Jones, *Hitler's Celtic Echoes*, a gyhoeddwyd gan yr awdur yn 2006, am wybodaeth am gofnodion gan MI5 yn rhestru Cymry amheus. Meddir am Saunders Lewis, 'I consider that

this individual is dangerous and should be arrested in the event of an invasion …'
Gweler erthygl yn y *Western Mail*, 'How Italian café owners in Wales could have
been shot as potential Nazi collaborators' (13 Ebrill 2006, t. 5).

[248]John Oswald Francis (1882-1956): dramodydd a aned ym Merthyr Tudful,
Morgannwg. Llwyfannwyd ei ddrama *Mrs Howells Intervenes* (a ailenwyd yn
ddiweddarach *The Bakehouse*) yn Llundain yn 1912. Gweler *Cydymaith i
Lenyddiaeth Cymru*, t. 212.

[249]D. Gwenallt Jones, 'Penodi'r Archesgob', *Y Llan*, Cyfrol VI, Rhif 46 (22
Tachwedd 1957), tt. 5 a 6. Yn y llythyr hwn y mae Gwenallt yn datgan: 'ni
fyddaf yn eistedd ar unrhyw bwyllgor na chomisiwn tan Archesgob di-Gymraeg
nac yn cydweithredu mewn unrhyw fodd!' Gweler hefyd erthygl gan ohebydd
'Hen Fradwres yw hi: Gwenallt yn beirniadu'r Eglwys yng Nghymru', *BAC* (28
Tachwedd 1957, t. 1).

[250]Cyhoeddwyd *Y Lôn Wen* yn 1960.

[251]D. Gwenallt Jones, *Cofiant Idwal Jones* (Aberystwyth: Gwasg Aberystwyth, 1958).
Gweler nodyn ar Idwal Jones yn *Cydymaith i Lenyddiaeth Cymru*, tt. 315-16.

[252]Yn 1936 y bu'r tanio.

[253]Saunders Lewis, *Brad* (Llyfrau'r Dryw, 1958).

[254]Yn yr araith hon fflangellodd Saunders Lewis Blaid Cymru am gefnogi'r syniad
o godi atomfa yn Nhrawsfynydd. Gweler cyfeiriad ati yn Rhys Evans, *Gwynfor:
Rhag Pob Brad* (Y Lolfa, 2005), tt. 194-6.

[255]Dr Noëlle Davies (1899-1983): ei gŵr hi oedd Dr David James Davies (1893-
1956). Dau o bileri'r achos ym mlynyddoedd cynnar y Blaid Genedlaethol.
Gweler erthygl bortread arnynt adeg cyhoeddi *Can Wales Afford Self-Government?*
yn *Y Ddraig Goch* (Awst 1939). Ynglŷn â D. J. Davies gweler erthygl Dr Ceinwen
H. Thomas yn Derec Llwyd Morgan (gol.), *Adnabod Deg* (Dinbych, 1977), tt.
140-53. Gweler teyrngedau iddo gan Saunders Lewis, Gwynfor Evans a Wynne
Samuel yn y *Welsh Nation* (20 Hydref 1956, t. 4), a chan D. J. Williams yn *Y
Ddraig Goch* (Tachwedd 1956). Ni chyhoeddwyd atgofion personol Dr Noëlle
Davies am ei gŵr.

[256]Adeiladau a stiwdio TWW yng Nghaerdydd a stiwdio ITV (Harlech) wedyn.

[257]Arglwydd Rhaglan, 'I take my stand', yn Keidrych Rhys (gol.), *Wales*, Rhif
2 (Hydref 1958), tt. 15-16. Lladd ar Gymru a'r Gymraeg yw prif ddiléit yr
arglwydd hwn.

[258]Gweler Rhys Evans, *Gwynfor: Rhag Pob Brad* (Y Lolfa, 2005), tt. 196-8. Diddorol
sylwi bod ymddiswyddiad Huw T. Edwards fel Cadeirydd Cyngor Cymru a
Mynwy ym mis Hydref 1958 wedi bod yn broblem i'r Blaid oherwydd ei fod
yn mynnu mai Llafurwr ydoedd. Yn ddiweddarach ymunodd â Phlaid Cymru
(gweler troednodyn 273) ond ailymunodd â'r Blaid Lafur yn 1964 (gweler
Gwynfor: Rhag Pob Brad, t. 248.)

[259]Gweler *Gwynfor: Rhag Pob Brad*, tt. 196-8. Aeth Gwynfor Evans i'r Unol Daleithiau a Chanada ym mis Tachwedd 1958 gan ddychwelyd ychydig cyn y Nadolig.

[260]Gweler Rhydwen Williams, 'K.R. ar y Teledu' yn Rhydwen Williams (gol.), *Kate Roberts: Ei Meddwl a'i Gwaith* (Llandybïe, Christopher Davies, 1983), tt. 26-9.

[261]Teitl y stori fer a ymddangosodd yn *Y Faner* (25 Rhagfyr 1958, t. 2), oedd 'Dianc i Lundain'. Fe'i cynhwyswyd yn y gyfrol *Te yn y Grug* yn ddiweddarach.

[262]Y bwriad oedd dysgu pynciau trwy gyfrwng y Gymraeg yn Ysgol Uwchradd Glan Clwyd. Bu Kate Roberts yn ysgrifennydd mudiad i gael Ysgol Gymraeg i Ddinbych rhwng 1958 ac 1960. Yn 1961 yr agorwyd Ysgol Gymraeg Dinbych yn Ysgoldy'r Capel Mawr. Yn ddiweddarach symudwyd yr ysgol i adeilad newydd sbon, Ysgol Twm o'r Nant. Agorwyd yr ysgol newydd hon gan Kate Roberts ar 23 Ebrill 1968. Gweler Derec Llwyd Morgan, *Bro a Bywyd*, tt. 48 a 50. Gweler hefyd *Annwyl Kate, Annwyl Saunders*, t. 186.

[263]Cyfres o raglenni a ddarlledwyd gan ITV oedd *Gŵr Gwadd*. Darlledwyd y gyntaf ar 4 Medi 1958 ac yna'n wythnosol tan 18 Rhagfyr 1958.

[264]Kate Roberts, *Te yn y Grug* (Dinbych: Gwasg Gee, 1959).

[265]Un o'r brodyr Lewis o Wasg Gomer, Llandysul.

[266]Ni chyhoeddwyd *Yn Chwech ar Hugain Oed* erbyn yr Eisteddfod yn 1959 ac nid ymddangosodd cyn Etholiad Cyffredinol Hydref 1959 chwaith.

[267]Gorsaf radio answyddogol a gychwynnodd ym mis Mawrth 1959 oedd 'Radio Wales' a fu'n darlledu propaganda cenedlatholgar trwy setiau teledu ar ôl i'r rhaglenni teledu ddarfod. Ymgais oedd hyn i dynnu sylw at y gwaharddiad a osodwyd gan y Llywodraeth ar ddarllediadau gan Blaid Cymru. Gweler Rhys Evans, *Gwynfor: Rhag Pob Brad* (Y Lolfa, 2005), tt. 203-4.

[268]Er mis Ionawr 1959 yr oedd Gwynfor Evans wedi penderfynu gwrthwynebu unrhyw weithredu uniongyrchol ac anghyfansoddiadol ar fater Tryweryn. Cefnogodd gynllun cyfaddawd gyda Lerpwl i rannu'r dŵr, ac unrhyw elw a ddeuai o'i werthu, gyda Phenllyn. Yn anochel, gwrthodwyd y cynllun gan Lerpwl a chan y Weinyddiaeth Dai a Llywodraeth Leol. Gweler *Gwynfor: Rhag Pob Brad*, tt. 200-2. Bu cryn wrthwynebiad i dro pedol Gwynfor Evans ar y mater hwn ac y mae hi'n rhyfedd, o gofio cefndir D.J. a'i ran yng ngweithred Penyberth, iddo gefnogi'r Llywydd mor ddirwgnach.

[269]Fel y gwyddys, ni fu gweithredu anghyfansoddiadol a radical yn Nhryweryn gan Blaid Cymru. Y mae ffydd D.J. y ceid tro pedol arall gan Gwynfor Evans a'i gefnogwyr o blaid gweithredu cadarn ar ôl etholiad 1959 yn anodd i'w deall. Anos fyth yw deall ei gefnogaeth i'r Gwynforiaid pan ddaeth hi'n hollol glir mai cadw at ymgyrchu cyfansoddiadol fyddai tacteg Plaid Cymru ar fater Tryweryn trwy gydol y frwydr.

Mae'n anodd derbyn amddiffyniad D. J. Williams o dacteg Plaid Cymru ar fater Tryweryn. Byddai gwrthdystio di-drais wedi bod yn opsiwn radical i'r Blaid. Yn lle hynny cyhoeddodd Gwynfor Evans ymateb diddannedd yn *Y Faner* (6 Mawrth 1959). Mae'r datganiad yn cynnwys y canlynol: 'Erys y busnes hwn yn gam mawr â Chymru ac yn anfri ar y genedl, ac ni ddylid edrych arno ond felly … Fodd bynnag, er mwyn esmwytho ychydig ar y dolur cymdeithasol ac economaidd, awgrymir y cynigion hyn:

i) Fod cyflogi Cymry hyd y byddo'n bosibl ar y gwaith yng Nghwm Tryweryn.

ii) Fod cyflogi Cymry wedyn ar staff sefydlog y Gronfa Ddŵr, ar ôl ei chwblhau.'

Awgrymwyd hefyd y dylid defnyddio rwbel a llechi chwareli Ffestiniog ar y gwaith o adeiladu'r gronfa, 'fel y caffai'r dynion sy'n segur waith'. Yna awgrymwyd y dylid sefydlu Cyd-fwrdd Dŵr yn cynnwys tri chynrychiolydd o Gyngor Gwledig Penllyn, a thri chynrychiolydd o Gyngor Dinas Lerpwl, a bod y cadeirydd a'r is-gadeirydd i'w henwi gan Gyngor Sir Feirionnydd. Gwelir o'r uchod fod y Blaid yn cydnabod hawl Lloegr ar dir Cymru.

[270]Cyfeiriad at ddychweliad Manawydan fab Llŷr o Loegr i Ddyfed. Gweler *Pedeir Keinc y Mabinogi*.

[271]Saunders Lewis, *Esther* a *Serch yw'r Doctor* (Llyfrau'r Dryw, 1960).

[272]Yn y golofn 'Gwylio a Gwrando efo Meic' yn *Y Cymro* (14 Mai 1959, t. 7), dywed y colofnydd am ddrama gyfres Kate Roberts, *Modryb a Nith*: 'Digalon, dienaid a difywyd ydoedd y bennod gyntaf o'r ddrama-gyfres newydd ar y radio, *Modryb a Nith*. Fe'm siomwyd bod awdur o safon Kate Roberts yn gorfod ymostwng i ddefnyddio dull mor elfennol o gyfleu stori ag a gawsom nos Sul; nid oedd un storïwr yn ddigon ganddi oherwydd troai dwy o'r cymeriadau, ar brydiau, hwythau yn storïwyr pan adroddent dalpiau hirion o'r hyn y mynnai'r awdur a redai trwy eu meddyliau.' Eto yn yr un golofn yn *Y Cymro* (4 Mehefin 1959, t. 5), dywed: 'Prin y llwyddodd y ddrama-gyfres *Modryb a Nith* i godi dim uwchlaw lefel siomedig ei phennod gyntaf fis yn ôl … Defnydd stori fer oedd yma, ac nid cynnwys addas i ddrama-gyfres; herciodd yn araf a chloff o bennod i bennod heb fawr o help gan y cynhyrchydd na'r actorion, heblaw am Nesta Harries a Charles Williams.'

[273]Ymddiswyddodd Huw T. Edwards o gadeiryddiaeth Cyngor Cymru, swydd y bu'n ddeiliad ohoni er 1949, ar 25 Hydref 1958. Rhwystredigaeth yn deillio o'i anallu i ddylanwadu ar y llywodraeth oedd yn gyfrifol am ei benderfyniad i ymddiswyddo. Yn 1959 cefnodd H. T. Edwards ar y Blaid Lafur ac ymunodd â Phlaid Cymru.

[274]Gweler troednodiadau 268 a 269.

[275]Emyr Humphreys. Gweler troednodyn 229.

[276]John Gwilym Jones (1904–88): dramodydd, storïwr a beirniad llenyddol. Gweler *Cydymaith i Lenyddiaeth Cymru*, tt. 320-1.

[277]Sonia Kate Roberts am y cais hwn gan Emyr Humphreys am ddrama deledu mewn llythyr at Saunders Lewis (7 Hydref 1959). Noda Dafydd Ifans yn *Annwyl Kate, Annwyl Saunders*, troednodyn 2, t. 190, yr ymddengys mai'r unig beth a ddeilliodd o'r bwriad i ysgrifennu'r ddrama deledu oedd pennod agoriadol nofel ar Ymneilltuaeth gynnar a chychwyn y chwareli ar ochrau Moel Tryfan. Cyhoeddwyd y bennod hon, 'Gras a Llechi: Pennod Ragarweiniol', yn yr *Arloeswr*, Rhif 3 (1958), tt. 24-6. Serch hynny, mae Kate Roberts yn nodi iddi baratoi drama ar gyfer y radio sain ar y thema hon, gweler troednodyn 285.

[278]Islwyn Ffowc Elis (gol.), *Storïau'r Deffro* (Caerdydd: Plaid Cymru, 1959).

[279]i)'Carafan' oedd teitl stori Gwyn Bangor; gweler *Storïau'r Deffro*, tt. 15-26. Enw cywir Gwyn Bangor oedd Gwyn Williams. Bu'n fuddugol yng nghystadleuaeth y Stori Fer yn Eisteddfod Genedlaethol Glynebwy, 1958. ii) Mairwen Gwynn Jones (*née* Lewis) oedd awdures y stori 'Ffantasi'; gweler *Storïau'r Deffro*, tt. 59-69. Hithau, dan ei henw morwynol, a enillodd Goron Eisteddfod Genedlaethol yr Urdd yn 1958 am dair ysgrif.

[280]Edward Joseph Harrington O'Brien (1890-1941): awdur, bardd a golygydd o'r Unol Daleithiau. Cyhoeddasai gasgliadau o storïau byrion yn yr Unol Daleithiau yn flynyddol yn nauddegau'r ugeinfed ganrif. Cafodd ddylanwad pell-gyrhaeddol ar ffurf, arddull a chynnwys storïau byrion y cyfnod.

[281]Fanny Edwards (1876-1959): awdures llyfrau plant, chwaer Gwilym Deudraeth ac enillydd Gwobr Goffa Syr Owen M. Edwards yn 1951. Er iddi gyfeirio at iaith wallus Fanny Edwards mae Kate Roberts yn hael yn ei gwerthfawrogiad o'i gwaith; gweler Kate Roberts, 'Fanny Edwards', *BAC* (3 Rhagfyr 1959, t. 3). Gweler y llythyr yn ymosod ar Kate Roberts gan L. A. Richards, 'Fanny Edwards', *BAC* (17 Rhagfyr 1959, t. 3).

Dechrau'r chwedegau

[282]Alun Oldfield Davies (1905-88): rheolwr y BBC yng Nghymru o 1957 hyd 1967.

[283]Aleksei Surkov: Pennaeth Undeb y Llenorion yn Rwsia o 1954 hyd 1959. Caiff ei ddisgrifio fel bardd gwlatgar.

[284]Cafodd Kate Roberts wobr o £100 gan Gyngor Celfyddydau Cymru am ei chyfrol *Te yn y Grug*; gweler 'Gwobrwyo Llenorion', *BAC* (14 Ebrill 1960, t. 1).

[285]Cais gwreiddiol Emyr Humphreys oedd cais am ddrama deledu ond ar gyfer y radio y bwriadwyd ei ddefnyddio. Yn y pen draw ymddengys na chafodd ei ddarlledu oherwydd ni cheir cyfeiriad ati yn y *Radio Times*.

[286]Yn ddiddorol iawn bu cryn wrthwynebiad i benodiad Rachel Jones yn

Gadeirydd Cyngor Cymreig y BBC. Fe'i beirniadwyd am ei diffyg Cymraeg ac ymddiswyddodd Gwynfor Evans o'r Cyngor yn hytrach na gwasanaethu odani. Gweler nodyn ar y mater yn Gwyn Jenkins, Andy Misell a Tegwyn Jones (goln.), *Llyfr y Ganrif* (Y Lolfa, 1999), t.282.

[287]Yr Academi Gymreig: cymdeithas genedlaethol awduron Cymru a sefydlwyd yn 1959 yn dilyn sgyrsiau rhwng Bobi Jones a Waldo Williams. Gweler *Cydymaith i Lenyddiaeth Cymru*, t. 4.

[288]Trefi yn yr Eidal.

[289]Bobi Jones, *Rhwng Taf a Thaf* (Llyfrau'r Dryw, 1960). Gweler *Cydymaith i Lenyddiaeth Cymru*, tt. 328-9 am wybodaeth ar Robert Maynard Jones (Bobi Jones).

[290]Kate Roberts, *Y Lôn Wen* (Dinbych: Gwasg Gee, 1960).

[291]Alun R. Edwards (1919-86): llyfrgellydd yng Ngheredigion a gysegrodd ei fywyd i hybu llyfrau Cymraeg. Gweler Rheinallt Llwyd (gol.), *Gwarchod y Gwreiddiau – Cyfrol Goffa Alun R. Edwards* (Llandysul: Gwasg Gomer, 1996).

[292]Nodir yn *Annwyl Kate, Annwyl Saunders*, troednodyn 1, t. 191, i Kate Roberts gadw ymron i hanner cant o lythyrau yn canmol *Y Lôn Wen*.

[293]William Monk Gibbon oedd enw'r bardd o Wyddel. Cyhoeddwyd *The Masterpiece and the Man: Yeats as I knew Him* yn 1959.

[294]Cyhoeddwyd *Tegwch y Bore* yn 1967.

[295]Ni wireddwyd dymuniad Kate Roberts i ysgrifennu rhagor am Winni Ffinni Hadog. Caewyd pen y mwdwl arni hi yn *Te yn y Grug* a gyhoeddwyd yn 1959. *Tywyll Heno*, ac nid *Y bais sy'n teyrnasu* oedd teitl y nofelig a ymddangosodd yn 1962 ac a ysbrydolwyd gan wragedd Capel Mawr, Dinbych. Credaf y bu ei hymweliadau ag Ysbyty Meddwl Dinbych hefyd yn un o'r dylanwadau a fu ar y gwaith hwn. Gweler troednodyn 149.

[296]Rhoddwyd medal anrhydedd Cymdeithas y Cymmrodorion i Kate Roberts. Mae gan Gwilym R. Jones gyfeiriad at gyflwyno'r anrhydedd iddi yn y golofn 'Ledled Cymru'; gweler Gwilym R. Jones, 'Medal i Kate Roberts', *BAC* (11 Mai 1961, t. 5).

[297]Ymwelodd Kate Roberts â bedd ei brawd, Dei, a fu farw yn Ysbyty Milwrol Imtarfa, Malta. Fe'i claddwyd ym Mynwent Filwrol Pieta ar yr ynys yn 1917. Gweler *Annwyl Kate, Annwyl Saunders*, troednodyn 3, t. 192. Nid ymddengys iddi gyflawni ei bwriad o adrodd hanes ei thaith yn *Y Faner*. Gwelir beirniadaeth Cystadleuaeth y Fedal Ryddiaith yn *Cyfansoddiadau a Beirniadaethau Eisteddfod Genedlaethol Frenhinol Cymru Dyffryn Maelor* (1961). Wyth cystadleuydd a gynigiodd am y fedal ond dyfarnwyd nad oedd neb yn deilwng i'w derbyn. Rhoddwyd hanner y wobr (£12.10.0) i 'Mietra'. Ffugenw'r cystadleuydd yn unig a gafwyd. Cyd-feirniaid Kate Roberts oedd Islwyn Ffowc Elis a John Gwilym Jones.

[298]Yr Athro J. E. Daniel, Bangor, a'i wraig Cathrin Daniel. Gweler cyfeiriad atynt yn *Annwyl Kate, Annwyl Saunders*, t. 117.

[299]D. J. Williams, 'Ni thawodd y bytheiaid', *Taliesin*, Cyfrol 1 (1961), tt. 22-9.

[300]E. Tegla Davies, 'Mewn Gward Ysbyty', *Taliesin*, Cyfrol 1 (1961), tt. 30-42.

[301]R. Gerallt Jones (gol.), *Fy Nghymru i* (Dinbych: Gwasg Gee, 1961), casgliad o ysgrifau gan amryw awduron.

[302]Gweler troednodyn 299.

[303]Gweler hanes araith Catherine Daniel yn Ysgol Haf Llangollen yn galw ar i Blaid Cymru weithredu'n uniongyrchol yn erbyn cynlluniau tebyg i argae Clywedog yn Rhys Evans, *Gwynfor: Rhag Pob Brad* (Y Lolfa, 2005), tt. 222-3. Nid oes datganiad gan Kate Roberts yn *Y Ddraig Goch* yn ail hanner 1961 ond cyfrannai'n achlysurol i 'Golofn y Merched'.

[304]Mae'n debyg mai cyfeirio at drafferthion yn ei llesteirio tra ysgrifennai *Tywyll Heno* y mae Kate Roberts yn y llythyr hwn.

[305]Yr araith 'Tynged yr Iaith' a roddodd gychwyn ar Gymdeithas yr Iaith Gymraeg. Amcan Saunders Lewis wrth ei thraddodi i'r genedl ar y radio oedd ceisio gwthio Plaid Cymru yn ôl i'w phriod lwybr o ymgyrchu dros Gymru yn radical heb osgoi dulliau anghyfansoddiadol.

[306]Saunders Lewis, *Excelsior* (Abertawe: Gwasg Christopher Davies, 1980). Gweler hanes gwahardd y ddrama hon yn 1962 yn y rhagair i'r argraffiad ohoni a ymddangosodd yn 1980. Fe'i darlledwyd gan y BBC ar Ddygwyl Dewi 1962 ond derbyniwyd gwŷs gan y cyfreithiwr Leo Abse ar ran yr aelod seneddol Llafur Llywelyn Williams. Hawliai hwnnw iddo adnabod ei hun yn y ddrama, ac yn dilyn cyngor gan fargyfreithiwr talwyd iawndal iddo a diddymwyd ailddarllediad arfaethedig ohoni. Am drafodaeth ar y ddrama a'i hanes gweler Ioan M. Williams (gol.), *Dramâu Saunders Lewis, Y Casgliad Cyflawn*, Cyfrol II (Caerdydd: GPC, 2000), tt. 276-90.

[307]W. C. Elvet Thomas oedd y gŵr y mae D.J. yn cyfeirio ato yn y llythyr hwn. Yn frodor o Gaerdydd cysegrodd Elvet Thomas ei fywyd i roi i lawer o blant y ddinas yr etifeddiaeth a gollwyd. Olrheinir yr ymdrech honno ac ymdrech ei deulu i ddiogelu eu Cymreictod yn ei gyfrol *Tyfu'n Gymro* (Gwasg Gomer, 1972).

[308]Mae'n debyg mai camddyfyniad yw hwn. Yr unig adnod yn Job sy'n sôn am gyweirio gwely yw adnod 13 ym mhennod 17: 'Os disgwyliaf, y bedd sydd dŷ i mi: mewn tywyllwch y cyweiriais fy ngwely.'

[309]T. H. Parry-Williams, 'Hon'. Cynhwyswyd yn Thomas Parry (gol.), *The Oxford Book of Welsh Verse* (Gwasg Prifysgol Rhydychen, 1962), rhif 282, tt. 455-6.

[310]'Dylanwadau: Saunders Lewis, mewn ymgom ag Aneirin Talfan Davies', *Taliesin*, Cyfrol 2 (Rhifyn Nadolig 1961), tt. 5-18.

[311]Saunders Lewis, 'Drinking and Discipline, *The Western Mail* (7 Tachwedd 1961, t. 9).

[312]i) Daw'r dyfyniad o ddrama Shakespeare, *Julius Caesar*, I, ii, ll. 140-1. Ar yr achlysur hwn y mae Cassius yn annerch Brutus ac yn ceisio ei argyhoeddi bod angen iddynt rwystro Julius Caesar rhag bod yn deyrn. ii) Wrth gyfeirio at y llythyr hwn yn ei ddyddiadur, (19 Tachwedd 1959), dywed D.J.: 'Sgrifennu llythyr i Saunders yn ei longyfarch ef a'r cwmni ar y perfformiad godidog o'i ddrama newydd Esther neithiwr – seiliedig ar lyfr Esther yn y Beibl. Awgrymu i S. yn gynnil, petai ef, y Mordecai modern, wedi parhau wrth y porth fel y gwas dirmygedig, y doi ei dro yntau i fod yn wladweinydd i arwain ei bobl, ac y byddai hynny yn fwy o glod iddo ef hyd yn oed na dod yn llenor, awdur Esther!'

[313]Gellir gweld llythyron Gwynfor Evans yn trafod y mater hwn â D. J. Williams yng nghasgliad D. J. Williams, LlGC, dyddiedig 28 Rhagfyr 1962 ac 11 Ionawr 1963.

[314]Dyma'r llythyr, yn ôl Rhys Evans, a fu'n gyfrwng i atal Saunders Lewis rhag cyflawni ei fygythiad o dorri ei gysylltiad â Phlaid Cymru ar gorn gweithred y Pwyllgor Gwaith yn diswyddo Neil Jenkins. Am drafodaeth ar y mater gweler Rhys Evans, *Gwynfor Evans: Rhag Pob Brad* (Y Lolfa, 2005), tt. 231-4.

[315]Saunders Lewis, 'Tröedigaeth Ann Griffiths', *Seren Gomer* (Hydref 1962, t. 69).

[316] Kate Roberts, 'Griffith John Williams – Gŵr o athrylith', *BAC* (24 Ionawr 1963, t. 8).

[317]Bobi Jones, 'Teyrnged Disgybl', *BAC* (24 Ionawr 1963, tt. 1 a 4).

[318]Dyfyniad o emyn gan William Williams, Pantycelyn; gweler *Caneuon Ffydd*, rhif 493 (Llandysul: Gwasg Gomer, 2001).

[319]Nid Alun Talfan Davies oedd golygydd *Barn* ond ef oedd y perchennog gyda'i frawd Aneirin. Emlyn Evans oedd y golygydd, ond mae'n amlwg fod bys Alun Talfan yn y brywes ym marn D. J.

[320]Dyfyniad o araith Macbeth: 'Vaulting Ambition, which o'erleaps itself/ And falls on the other'. Gweler *Macbeth,* Act 1. Scene VII yn *Macbeth*, William Shakespeare, edited by A.W. Verity, Cambridge University Press, Reset (1962).

[321]Cyfeiriad at ddarlleniadau *Te yn y Grug* ar y radio.

[322]Ar 10 Chwefror 1963 difrodwyd trawsnewidydd trydan gan ffrwydrad. Carcharwyd Emyr Llywelyn ac Owain Williams am flwyddyn yn dilyn y weithred a rhwymwyd John Albert Jones i iawn-ymddwyn am dair blynedd. Anfonodd Kate Roberts lythyr at Emyr Llywelyn yn cydnabod ei wrhydri. Cadwyd llythyr ateb Emyr Llywelyn sy'n nodi ei farn fod gweithredu'n ddi-baid ddyddiol tros Gymru yn fwy o aberth nag un weithred ramantus tebyg i weithred Penyberth a Thryweryn. Gweler *Annwyl Kate, Annwyl Saunders*, troednodyn 1, t. 195.

[323]O dan arweinyddiaeth Gwynfor Evans tyfodd ymgyrchu etholiadol i fod yn brif weithgaredd y Blaid. Arweiniodd hyn at fabwysiadu dulliau cyfansoddiadol a

gochel rhag beirniadu'r gyfundrefn wleidyddol Brydeinig. Anghofiwyd yn fwriadol bolisi cynnar y Blaid Genedlaethol o foicotio'r Senedd Lundeinig, a chollfarnwyd dulliau torcyfraith. Credai Saunders Lewis y dylid mabwysiadu dulliau ymarferol o wleidydda ynghyd â dulliau torcyfraith. Mae ei erthygl, 'Futility of mere cultural nationalism: Wales needs a call to heroism', a gyhoeddwyd yn y *Welsh Nation* (Ionawr 1964, t. 4), yn condemnio tawelyddiaeth. Meddai Saunders Lewis: 'If we realised the greatness of our past, the grim willpower that enabled the Welsh people to maintain their unity and their traditions in the face of relentless invasion ... might we not by such examples in our past history find new inspiration to join together in a general attack on the troubles of today?' Harri Webb oedd golygydd y *Welsh Nation* a enynnai lid Saunders Lewis.

[324]Saunders Lewis, *Merch Gwern Hywel* (Llyfrau'r Dryw, 1964).

[325]Kate Roberts, 'Yr Eglwys, y Byd a'r Wladwriaeth', *Y Drysorfa*, Cyfrol CXXXIV, Rhif 6, (Mehefin 1964), tt. 129-34.

[326]Gweler troednodyn 276 am gyfeiriad at John Gwilym Jones.

[327]Cyfeirio at Caradog Prichard (1904-80) y mae D.J. Newyddiadurwr oedd Prichard wrth ei alwedigaeth a threuliodd ran helaeth o'i oes yn Llundain. Yr oedd yn nofelydd ac yn fardd. Enillodd Goron yr Eisteddfod Genedlaethol dair gwaith yn olynol – Caergybi 1927, Treorci 1928 a Lerpwl 1929. Enillodd y Gadair yn Eisteddfod Genedlaethol Llanelli yn 1962. Yn 1961 cyhoeddwyd ei nofel nodedig *Un Nos Ola Leuad* ac yn 1973 cyhoeddodd ei hunangofiant *Afal Drwg Adda*. Effeithiodd cysgod tlodi a streic fawr Chwarel y Penrhyn, ynghyd â Diwygiad 1904, yn drwm ar ei fagwraeth. Dioddefai ei fam o iselder ac aethpwyd â hi i Ysbyty Meddwl, Dinbych yn 1923. Bu yno weddill ei hoes. Caiff ei gefndir trallodus fynegiant ysgytwol yn ei weithiau.

[328]Gweler adroddiad gan Kate Roberts, 'Ysgol Haf Plaid Cymru: Ysgol D. J. Williams', yn *Y Faner* (20 Awst 1964, t. 1, a 27 Awst 1964, t. 6). Cyfarfod teyrnged i D.J. a Siân, ei wraig, oedd cyfarfod cloi'r Ysgol Haf ar y prynhawn Sul.

[329]Tiwtoniaid yw unrhyw siaradwyr Indo-Ewropeaidd o'r ieithoedd Germanaidd. Fe ymfudodd y Tiwtoniaid i'r de a'r gorllewin gan darfu ar y Celtiaid a bygwth eu diwylliant.

[330]J. E. Jones, *Tro i'r Yswisdir* (Llandybïe: Llyfrau'r Dryw, 1964).

[331]Morfydd Llwyn Owen (1891-1918): gwraig gyntaf y seicoanalydd Ernest Jones a cherddores ddisglair. Priododd yn 1917 ond amharwyd ar y briodas gan dyndra rhyngddi hi a'i gŵr a achoswyd gan ei ffydd grefyddol hi a'i anghrediniaeth ef. Gweler *Cydymaith i Lenyddiaeth Cymru*, t. 449.

[332]Ysgrifennodd T. I. Ellis bum llyfr taith i'r gyfres 'Crwydro Cymru': *Crwydro Ceredigion, Crwydro Meirionnydd, Crwydro Maldwyn, Crwydro Mynwy* a *Crwydro Sir Fflint*.

[333]Kate Roberts, 'Gwrthdaro Mwyn: Adolygiad *Y Tadau a'r Plant*. Nofel gan Ifan Twrgenieff wedi ei chyfieithu o'r Rwseg gan T. Hudson Williams, Gwasg y Brython (1964)', *BAC* (29 Hydref 1964, t. 7).

[334]Ni chafwyd adolygiad gan Kate Roberts yn *Lleufer* yn 1965.

[335]Kate Roberts, 'Poen Wrth Garu', *Hon* (Gwanwyn 1965), tt. 20-2.

[336]Kate Roberts, 'Brwydro Efo'r Nadolig', *Barn*, Rhif 26 (Rhagfyr 1964), tt. 34-5.

[337]Kate Roberts, 'Y Daith', *Y Traethodydd*, Cyfrol CXX, Rhif 514 (Ionawr 1965), tt. 5-11. Y mis Hydref dilynol ymddangosodd stori arall ganddi; gweler Kate Roberts, 'Blodau', *Y Traethodydd*, Cyfrol CXX, Rhif 517 (Hydref 1965), tt. 146-53.

[338]Cyhoeddodd Kate Roberts gyfres o storïau i blant ym mhob rhifyn o *Trysorfa'r Plant* yn 1965. Ymddangosodd y gyntaf yn rhifyn Chwefror 1965, t. 69. Cyfeiriodd at y bwriad o lunio'r gyfres mewn llythyr at Saunders Lewis, sef rhif 184 yn *Annwyl Kate, Annwyl Saunders*, gan ddechrau, meddai, 'gyda'r stori am yr hen ŵr yn y Llyfr Du na allai fynd i ymladd oherwydd y rhew a'r eira'.

[339]Yr oedd Kate Roberts yn tueddu i ochri gyda chefnogwyr Saunders Lewis. Ni welai hi fod ymladd etholiadau Prydeinig a mynd i San Steffan yn flaenoriaeth i'r Blaid. Ar ôl Etholiad Cyffredinol Hydref 1964 ysgrifennodd Saunders Lewis at Nina Wynne gan ddweud: 'I think the idea that a nationalist movement can succeed by parliamentary elections has now been proved preposterous.' Gweler Rhys Evans, *Gwynfor: Rhag Pob Brad* (Y Lolfa, 2005), tt. 253-4.

[340]Gweler *Annwyl Kate, Annwyl Saunders*, troednodyn 2, t. 100, am wybodaeth am Henry Francis Jones ('Tegid', 1874-1949). Gweler portread ohono yn *Y Ddraig Goch* (Rhagfyr 1932).

[341]Ni chafodd y llun hwn ei gyhoeddi yn y gyfrol ddarluniau J. Gwyn Griffiths (gol.), *Bro a Bywyd: D. J. Williams 1885-1970* (Cyngor Celfyddydau Cymru, 1983).

[342]Er bod D.J. yn edmygydd mawr o Saunders Lewis ni allai gyd-fynd ag ef ynglŷn â rhoi'r gorau i ymladd etholiadau Prydeinig. Ni fynnai hyd yn oed dargedu rhai etholaethau allweddol. Ni rannai D.J. ychwaith ddrwgdybiaeth ac anesmwythyd Saunders Lewis ynglŷn ag arweinyddiaeth Gwynfor Evans o'r Blaid.

Diwedd y chwedegau

[343]Yng Ngorffennaf 1964 y cychwynnodd Saunders Lewis gyfrannu'n rheolaidd i'r *Western Mail*. Dechreuodd gyfrannu erthyglau Cymraeg i'r papur ym mis Mehefin 1965 a bu'n cyfrannu'n gyson iddo trwy gydol 1966 gan orffen gyda'i ysgrif 'Trwm ac Ysgafn' (31 Rhagfyr 1966).

[344]Gweler erthygl gan Gwynfor Evans, 'Pleidleisiau i'r Blaid fydd yn eu hysgwyd',

Y Ddraig Goch (Mawrth 1964, t. 1 a 5). Yn yr erthygl dadleuir o blaid ethol ymgeiswyr Plaid Cymru i gynrychioli'r wlad yn San Steffan. I Saunders Lewis, nid hyn oedd y nod pwysicaf i'r Blaid a'i ddymuniad yn ôl ei sylw yn y llythyr hwn fyddai dychwelyd at y polisi gwreiddiol o geisio ennill etholiad Prydeinig er mwyn boicotio'r senedd yn Llundain.

[345]Bu D.J. yn ceisio perswadio Saunders Lewis i fynychu dathliadau'r Blaid i nodi ei deugeinfed pen-blwydd ym Machynlleth.

[346]Mae'n debyg mai papur ar Ann Griffiths oedd y papur a draddodwyd i'r Cymmrodorion yn Eisteddfod y Drenewydd. Cyhoeddwyd 'Ann Griffiths: Arolwg Llenyddol' yn *Transactions of the Honourable Society of Cymmrodorion*, Rhan II (1966), tt. 244-56.

[347]Cynhaliwyd Eisteddfod Genedlaethol Llanrwst yn 1951.

[348]Y teitl a roddwyd ar yr ysgrif a gyhoeddwyd yn y *Western Mail* ar 8 Mai 1965 oedd 'Most Beloved in Wales'.

[349]Angladd Siân, gwraig D.J.

[350]Trafodir y ddrama fer *Yn y Trên* gan D. Tecwyn Lloyd yn *Safle'r Gerbydres ac Ysgrifau Eraill* (Llandysul: Gwasg Gomer, 1970), tt. 124-5.

[351]Cyfeiriad at erthygl Dafydd Bowen, 'Yr Athro Ysgol' yn J. Gwyn Griffiths (gol.), *D. J. Williams: Cyfrol Deyrnged* (Llandysul: Gomer, 1965), tt. 26-35.

[352]Saunders Lewis, 'Apothesis', *The Western Mail* (2 Hydref 1965). Adolygiad yw'r erthygl hon o J. Gwyn Griffiths (gol.), *D. J. Williams:Cyfrol Deyrnged* (Llandysul: Gwasg Gomer, 1965).

[353]Cyfeiriadau gan D.J. at erthygl Saunders Lewis, 'Y Ffydd Ddiffuant', *Llafar* (Gwasg Aberystwyth, 1951), tt. 7-16, ac at ddarlith Griffith John Williams, 'William Owen[-Pughe]', *Llên Cymru*, VII (1965), tt. 1-14.

[354]Kate Roberts, 'Un Funud Fach', *BAC* (23 Rhagfyr 1965, t. 4). Stori yw hon yn seiliedig ar anffyddlondeb gŵr i'w wraig. Mae'r wraig, yn annisgwyl, yn mwynhau cwmni dyn arall am brynhawn.

[355]Gweler troednodiadau 337 a 338 ar gyfer cyfeiriadau y storïau a ymddangosodd yn *Y Traethodydd* a *Trysorfa'r Plant*.

[356]Cymeriad yn nofel Charles Dickens, *David Copperfield* yw Mr. Micawber, yr optimist bythol-barod, 'in case of anything turning up' a fyddai'n gwella'i fyd.

[357]Nodir y rhaglen *Disgwyl Cwmni* yn y *Radio Times*. Cynhyrchydd y rhaglen oedd Nan Davies ac fe'i darlledwyd ar y Sul rhwng 4.15 a 5.05 y prynhawn. Disgrifiwyd y rhaglen gyntaf fel hyn: 'Disgwyl Cwmni, i gadw oed cyn oedfa'r hwyr gydag Ednyfed Hudson Davies a Lady Parry-Williams.' Ychwanegwyd ar waelod yr hysbyseb: 'O wythnos i wythnos fe wahoddir amrywiaeth o bobl i sgwrsio, i ganu, i actio ac i arfer eu dawn mewn gwahanol gyfeiriadau.'

[358]Gweler hanes Ananeias a Saffira yn Actau'r Apostolion: 5 1-10. Wedi gwerthu tir am swm o arian ceisiodd y gŵr hwn a'i wraig guddio peth o'r arian er mwyn

osgoi rhoi'r cyfan i'r apostolion i'w rannu rhwng y Cristnogion yn ôl eu hangen. Bu'r ddau farw yn dilyn cyhoeddi eu twyll gan Pedr.

[359]Ymddangosodd erthygl Saunders Lewis, 'Prydeindod' yn y *Western Mail* ar 30 Ebrill 1966.

[360]Trebor Lloyd Evans (gol.), *Diddordebau Llwyd o'r Bryn* (Abertawe: Gwasg John Penri, 1966). Robert Lloyd (Llwyd o'r Bryn; 1888-1961); gweler *Cydymaith i Lenyddiaeth Cymru*, t. 367.

[361] *Gallica: Essays Presented to J. Heywood Thomas by Colleagues and Friends* (Caerdydd: GPC, 1969).

[362]R. Tudur Jones, 'Taflu golwg ar Bobl y Pethe' [Adolygiad o Trebor Lloyd Evans (gol.), *Diddordebau Llwyd o'r Bryn* (Gwasg John Penry, 1966)], *Y Ddraig Goch* (Mehefin 1966, t. 6). Yn yr adolygiad hwn y mae Tudur Jones yn honni bod gohebiaethau Llwyd o'r Bryn yn darlunio cymdeithas wledig gynnes ac iddi nodweddion aristocrataidd. Cymdeithas yw hi sy'n meddwi'n rhwydd ar artistri llafar ac sy'n ymhyfrydu mewn cymeriadau od. Wrth gloi'r adolygiad dywed na ddylem ildio ein cefn gwlad i'n gelynion heb frwydr. Gellir tybio mai cyfeirio at golofn olygyddol fisol Tudur Jones yn *Y Ddraig Goch* a wneir yma pan sonnir am ei 'lythyr'.

[363]Yn Ionawr 1939 y cychwynnodd Saunders Lewis ei sylwadau wythnosol ar faterion politicaidd y byd yng 'Nghwrs y Byd' yn *Y Faner*. Gwnaeth ei gyfraniad olaf i'r golofn ar 2 Gorffennaf 1951.

[364]Saunders Lewis, *Cymru Fydd* (Llyfrau'r Dryw, 1967).

[365]Ysgrifennwyd *Problemau Prifysgol* yn 1962 o ganlyniad i gomisiwn gan y BBC. Drama ddychan ydyw ac er ei hysgafnder mae'n feirniadaeth lem ar fethiant Prifysgol Cymru i warchod diwylliant y Cymry a chyfrannu at fywyd cenedlaethol y genedl. Fe'i gwrthodwyd gan y Gorfforaeth rhag ofn y deuai ag achos enllib arall yn ei sgil, tebyg i'r achos a gafwyd yn erbyn *Excelsior*. Cyhoeddwyd *Problemau Prifysgol* yn 1968. Am drafodaeth ar *Problemau Prifysgol* gweler Ioan M. Williams (gol.), *Dramâu Saunders Lewis, Y Casgliad Cyflawn*, Cyfrol II (Caerdydd: GPC, 1996), tt. 417-31.

[366]Idris Foster (gol.), *Cyfrol Deyrnged Syr Thomas Parry-Williams* (Llys yr Eisteddfod Genedlaethol, 1967).

[367]Kate Roberts, *Tegwch y Bore* (Llandybie: Gwasg Christopher Davies, 1967). Ymddangosodd y nofel gyntaf yn *Y Faner* fesul pennod rhwng 1957 ac 1958.

[368]Bu cyfarfod rhwng Arwyr Penyberth ar 15 Gorffennaf 1968, y cyfarfod cyntaf a'r olaf rhwng y tri er tanio'r Ysgol Fomio. Y mae'r llythyr gwahoddiad a anfonwyd gan D.J. at Val wedi'i gadw, gweler LlGC, casgliad Lewis Valentine. Gan ei hyfryted fe'i cynhwysir yn ei grynswth yma:

49, High Street,
Abergwaun.
2 Mehefin, 1968.

Annwyl Val,

Diolch yn fawr iawn i ti am dy lythyr a'r copi o *Seren Gomer* yn cynnwys dy sgwrs eithriadol gadarn di yn y Seiet 'Profiad' gyda Raymond Edwards, ar y teledu, - sgwrs y clywais amryw, gan enwi yma ddim ond Wil Ifan ac Islwyn Ffowc, yn dweud ei bod hi'n un o'r goreuon yn y gyfres. Yn awr, Val, bwrw allan unwaith ac am byth o'th gof dy fod di drwy ryw slip y tafod wedi anghofio fy enw parchus i yn y sgwrs ar yr awyr. Mae dy gyfeillgarwch di a fi wedi bod erioed, fel y gwyddost, yn rhywbeth dyfnach nag y gall unrhyw air cyhoeddus, neu heb ei gyhoeddi, byth wneud y gronyn lleiaf o wahaniaeth iddo. Wedyn, bwrw'r llithriad bach yna, da ti, unwaith ac am byth i gornel pellaf ebargofiant, fel na ddychwelo byth mwy i flino dy enaid gorlednais. Dismiss such a mote, once and for all, from your noble and capacious mind, Mr. Valentine. For it never touched your beloved friend in bondage long ago in the slightest degree.

'Nawr Val, mae genny' newydd da eithriadol a fydd yn peri i'th galon di lamu fel yr hydd i'w roi i ti, - sef y posibilrwydd i ni'n tri, Saunders, ti a finnau, i gael ail undeb â'n gilydd, am y tro cyntaf gyda'n gilydd, er y dydd wedi i ni ddod allan o'r Llwyn Wermod, Awst 27, 1937, – 31 mlynedd yn ôl o fewn y dim.

A dyma fel y mae:

Nos Fercher diwethaf, Mai 29 fe alwodd Saunders a Mrs. S. yma, ar eu ffordd yn ôl wedi pythefnos o wyliau yn Iwerddon, gan aros yma mewn caffe hyfryd, 'Y Cartref', lle y caf i ginio yn gyson. Gwahoddwyd fi i ginio atynt y noson honno, - cinio a photelaid o win gyda hi, yn ddigon da i fynnu geirda Saunders hyd yn oed iddi. A gwyddost beth a olyga hynny, - a geirda arbennig drannoeth hefyd i'r gwesty wrth ymadael.

Ond dyma'r pwynt, – y Sul, y 14 o Orffennaf, yr wyt ti, fel rwy'n deall, i fod i bregethu mewn Cyrddau Mawr yng Nghrymych. Mae yna griw bendigedig o Bleidwyr yn y cylch yna; – cylch sydd wedi bod yn hynod o garedig i fi, drwy'r blynyddoedd. A chan wybod am dy gyfeillgarwch oes di a fi, y mae un ohonynt, Emrys bach Ifans wrth ei enw, un o'r goreuon o ran ei sêl, wedi trefnu dod lawr i Abergwaun i'm hôl i i'r cwrdd bore, fel y gallom gael diwrnod cyfan o gwmni'n gilydd.

Wedi siarad â Saunders am y peth, a'r syniad o gwrdd unwaith eto, y tri ohonom, y mae yntau'n barod i ddod yr holl ffordd i lawr o Benarth y dydd Llun dilynol, Gorff. 15, ac aros y nos honno yn y 'Cartref', fel y gallom gael cinio dathlu gyda'n gilydd yn y lle hwnnw, a dod lan i'r Bristol Trader wedyn am sgwrs bellach, ar ôl y ginio.

Fe olyga'r cynllun yna fel y gweli, dy fod di'n dod yn ôl gyda fi y nos Sul honno i aros yma. Fe wna i bwdin reis da yn barod i ti a fi ymlaen llaw, - yr unig beth yr wy'n barod i herio unrhyw ferch neu wraig 'ys dywedan nhw ym Morgannwg, i wneud ei well: dau beint o laeth, un ŵy a lond llwy fawr o siwgr brown, a'i ddigoni'n ara, ara! Fe gei di wneud y 'varieties' eraill.

Beth amdani hen ffrind? Os daw pob peth i ben yn ôl y trefniant yna, fel rwy'n mawr obeithio, - oni fydd Rhagluniaeth Fawr y nef wedi bod yn ogoneddus dirion at y tri ohonom, - a'r haul yn tynnu tua'r machlud!

Awgrymaf y gelli di anfon gair at Saunders yn sôn am yr hyn a ddywedais i yma er mwyn i ni allu trefnu'r cyfan mor fuan ac mor llawn ag sydd modd.

Daeth Saunders a Marged, fel y byddaf i yn ei galw, gwraig hyfryd iawn a digon o ddoniolwch ynddi, lan gyda fi ar ôl cael cinio yn y gwesty, er mwyn cael tawelwch, a chawsom noson fendigedig ohoni wrth fynd dros lawer o bethau fel y gelli ddychmygu, - a'th glustiau dithau'n cochi'n fynych, yn siwr o fod.

Wel, dyna'r cyfan yn awr 'te, - fe gaf air oddi wrthyt cyn hir, er mwyn i fi allu trefnu ymhellach gyda Saunders, - gan fawr obeithio y daw y bwriad i ben dan wenau'r nef.

Cofion gorau at bawb,

D.J.

[369]D. J. Williams, *Codi'r Faner* (Plaid Cymru, 1968).

[370]Ibid.

[371]Daw'r dyfyniad o'r Beibl, Llyfr y Pregethwr: 12 5: 'Ie, yr amser yr ofnant yr hyn sydd uchel, ac yr arswydant yn y ffordd, ac y blodeua y pren almon, ac y bydd y ceiliog rhedyn yn faich, ac y palla chwant: pan elo dyn i dŷ ei hir gartref, a'r galarwyr yn myned o bob tu i'r heol.'

[372]Saunders Lewis, 'Hunan-Lywodraeth i Gymru', *Barn* (Hydref 1968).

[373]Saunders Lewis, 'Pwyll Penn Annwfn', *Llên Cymru*, Cyfrol IX (1967), tt. 230-3.

[374]Saunders Lewis, 'Manawydan Fab Llŷr', *Y Traethodydd* (Gorffennaf 1969, tt. 137-142).

[375]Cyfeirio at brawf aelodau Byddin Rhyddid Cymru y mae Saunders Lewis yn y llythyr hwn. Cychwynnwyd y prawf ar 16 Ebrill 1969 a daeth i ben yn Abertawe ar 1 Gorffennaf 1969. Dedfrydwyd Dennis Coslett a Julian Cayo Evans i bymtheng mis o garchar yr un a Keith Griffiths i naw mis o garchar. Derbyniodd tri dyn arall – Harold Lewis, Vivian George Davies a William Vernon Griffiths – ddedfrydau o garchar wedi'u gohirio.

[376]Ar dudalennau *Barn* y mae Leopold Kohr yn trafod ymosodiad Prydain ar Ynys Angwila. Gweler Leopold Kohr, 'Angwila', *Barn*, Rhif 78 (Ebrill 1969), tt. 143-4. Y mis Awst dilynol cyhoeddwyd sylwadau Saunders Lewis ar achos yr FWA yn

Barn. Yn yr erthygl dywed mai gwystlon tros 'bob un ohonom ni sy'n ffieiddio'r arwisgiad ac yn awchu am ddisodli llywodraeth Seisnig ar Gymru' yw'r bechgyn a garcharwyd. Ychwanega, gan gyfeirio'i saethau miniog at Gwynfor Evans: 'Dyna'r pam, petai mymryn o foneddigeiddrwydd yn yr unig aelod seneddol a etholwyd yng Nghymru i amddiffyn hawliau'r Cymry, y disgwylid ei weld ef yn y llys yn Abertawe yn dangos ei Gymreigrwydd. Ysywaeth gwrthod a wnaeth. Ac yr oedd dau ohonynt o sir Gaerfyrddin.' Gweler Saunders Lewis, 'F.W.A.', *Barn*, Rhif 82 (Awst 1969), t. 258.

[377]D. J. Williams, 'Gair o goffa am Gwenallt a'i gefndir', *Barn*, Rhif 75 (Ionawr 1969), tt. 59-60.

[378]29 Ionawr 1968 a geir ar y llythyr, ond oherwydd i Kate Roberts gyfeirio at ysgrifennu erthygl goffa i Gwenallt a fu farw ym mis Rhagfyr 1968 y mae'n amlwg mai yn Ionawr 1969 y'i hysgrifennwyd.

[379]Kate Roberts, 'Gwenallt y Gwrthwynebwr', *BAC* (2 Ionawr 1969, t. 1).

[380]Richard Hughes Williams (Dic Tryfan, 1878?-1919): newyddiadurwr ac awdur storïau byrion. Cyhoeddwyd dwy gyfrol o'i straeon yn ystod ei fywyd, *Straeon y Chwarel* (dim dyddiad) a *Tair Stori Fer* (1916). Cyhoeddwyd detholiad o'i storïau, *Storïau gan Richard Hughes Williams,* ar ôl ei farwolaeth. Gweler *Cydymaith i Lenyddiaeth Cymru,* t. 632. Gweler hefyd lythyr 205 am sylwadau arno gan D. J. Williams.

[381]Cynhaliwyd Arwisgiad Charles, mab y Frenhines Elizabeth II, yn Dywysog Cymru yng Nghastell Caernarfon ar 1 Gorffennaf 1969. Diwrnod cyn yr Arwisgo lladdwyd dau ddyn o Abergele, William Alwyn Jones a George Francis Taylor, wrth gario bom a fwriadwyd i ddifa'r rheilffordd y byddai'r trên brenhinol yn teithio arni. Fe'u hadwaenir gan genedlaetholwyr fel 'Merthyron Abergele'. Gweler Andy Misell, Gwyn Jenkins, Tegwyn Jones (goln), *Llyfr y Ganrif* (Y Lolfa, 1999), tt. 317-18.

[382]W. I. Cynwil Williams, 'Eistedd wrth draed Gwenallt', *BAC* (2 Ionawr 1969), t.1 a 4.

Y Parch. W. I. Cynwil Williams, gweinidog Kate Roberts yn y Capel Mawr, Dinbych, am un mlynedd ar ddeg. Gweler ei ysgrif, 'Y Doctor Kate Roberts a'r Capel', yn Rhydwen Williams (gol.), *Kate Roberts: Ei Meddwl a'i Gwaith* (Llandybïe, Christopher Davies, 1983), tt. 51-8.

[383]Bobi Jones (gol.), *Kate Roberts: Cyfrol Deyrnged* (Dinbych: Gwasg Gee, 1969).

[384]Gweler D. J. Williams, 'Gweithgareddau Llys Aberteifi', *Barn* (Ionawr 1970, tt. 71-2).

[385]Kate Roberts, *Prynu Dol* (Dinbych: Gwasg Gee, 1969). Mae nodyn diddorol am ran Eric Malthouse yn cynllunio *Prynu Dol* yn *Annwyl Kate, Annwyl Saunders,* troednodyn 1, t. 229.

Mynegai

A

A. E. 11, 59, 64, 256, 258, 259,
    268, 323
'A. E. eto; neu y bach a'r mawr yn
    y greadigaeth' 323
'A Fydd Rhyfel Arall?' 334
A Summer Day 147, 335
'A Welsh State. The New
    Nationalism: a moral lead to
    the world' 37, 322
Aberdare Leader 140
Abergwaun 45-6, 50, 52-4, 57,
    61-2, 66, 68, 73-5, 81-2, 84,
    88, 90, 95, 100-1, 103, 115,
    117-8, 126, 141, 148, 154, 156,
    158, 164, 166, 171, 189, 202,
    207, 210, 214, 219, 222-3, 232,
    236, 239, 252, 257, 264-5, 267,
    271, 276, 278-9, 282, 290, 292,
    295, 297, 299, 305-8, 313, 315,
    318-9, 324, 326, 328-9, 335,
    338, 340, 344, 355-6
Abergynolwyn 244
Abernant 299
Aberteifi 70, 109, 150, 278, 318,
    330-1, 358
Aberystwyth 5-6, 28, 30, 48,
    52, 54, 70, 76, 82, 99, 102-4,
    108-10, 112-5, 121-3, 131,
    134-5, 141, 146, 152-4, 156-7,

165, 168, 174, 178-82, 186-7,
    189-90, 197, 225, 237, 258,
    271, 274, 278, 315, 318, 323-5,
    329, 331, 336-8, 340, 342-3,
    345, 354
Aber Dâr 49, 52, 55, 140
Aber Dau Gleddau 233
Abwehr Diaries 344
'Abwehr diaries lift the veil' 344
ab Talfan, Aneirin 149, 336
Academi 254, 261, 273-286, 317,
    349
'Adolygiad: *Ffair Gaeaf a Storïau
    Eraill*' 330
'Adolygiad: Storïau gan Dilys
    Cadwaladr' 329
'Adolygiadau: *Ffair Gaeaf a Storïau
    Eraill* (Kate Roberts) a *Storïau
    Hen Ferch* (Jane Ann Jones)'
    330
'Adolygiad o'r *Byw sy'n Cysgu*,
    Kate Roberts' 344
'Adolygiad o *Creigiau Milgwyn,
    Nofel am dair cenhedlaeth* gan
    Grace Wynne Griffith' 327
'Adolygiad o *Ffenestri Tua'r Gwyll*,
    Islwyn Ffowc Elis' 342
'Adolygiad o nofel Meurig Walters
    – *Diogel y Daw*' 343
Adnabod Deg 345
Aeneid 332

Afal Drwg Adda 352

'Ai Cymro ydyw gwir etifedd
   Coron Ffrainc?' 331

Ail Ryfel Byd 7, 107, 109, 111,
   113, 115, 117, 119, 121, 123,
   322, 330-1, 336

'Alaw Jim' 223

Alexander Pope 336

Alun Trygarn 145, 335

AMA 91, 328

Amgueddfa Genedlaethol 114,
   331

Amlyn ac Amig 111, 156, 331, 332

Ananeias a Saffira 354

Anguilla 312

'Angwila' 357

'Ann Griffiths: Arolwg Llenyddol'
   354

'An open letter to the Fishguard
   and Goodwick Urban Council'
   333

Annwyl Kate, Annwyl Saunders, 40,
   324, 328, 334, 339, 341, 343,
   346, 348-9, 350-1, 353, 358

Anouilh 23, 341

Anvil 197

ap Gruffydd, Llywelyn 14, 195

'Apothesis' 354

'Appeal to Teachers' 325

'Arbenigwyr' 149

Archesgob Macgrath 25, 229

Arglwydd Davies 331

Arloeswr 348

Arwisgiad 315, 358

'Athroniaeth Casglu Mwyar Duon
   "Cael a Meddiannu yw'r

Pethau Mwyaf Mewn Bywyd"'
   325

B

Barcynska, Countess 81, 326

Barn 18-9, 37-8, 194, 272-3, 281,
   291, 311-3, 344, 351, 353,
   357-8

Bassett, Huldah 186

Bebb, Ambrose 302, 322, 332

'Begw' 149, 161, 218, 333, 343

Beirniadaeth a Myfyrdod 327

Bevan, Aneirin 21, 221

Bevan, Hugh 340

Bili Bach Crwmpyn 246

Birkenhead 83

'Blac' 186, 340

'Blodau' 319, 353

Blodeuwedd 23, 132, 156

'Blwyddyn Lwyddiannus' 97

Blynyddoedd y Locust 342

Bod Cenhedlig 272

Bowen, Dafydd 292, 354

Bowen, Euros 251, 338

Brad 40, 233-4, 339, 344-6,
   350-1, 353

'"Bradychu Crist": Maer yn
   condemnio rhyfel' 331

*Braslun o Hanes Llenyddiaeth Cymru
   hyd 1535* 325

Breiz Atao 44, 46, 322

Brooke, Henry 229, 245, 254-5,
   265

Bro a Bywyd 346, 353

Bro a Bywyd: D. J. Williams 1885-

1970 353
'Brwydr Butlin's: Tirlun, Iaith a
    Moesoldeb ym Mhen Llŷn,
    1938-47' 333
'Brwydr Sir Gaerfyrddin' 344
'Brwydro Efo'r Nadolig' 353
Brython, Y 32, 89, 328, 332, 353
Buchedd Garmon 111, 155, 328,
    332, 337
Butlin 132, 333
Byd a Betws 332

C

Caernarfon 92, 99, 103, 143, 183,
    240, 244, 323, 326, 329, 335,
    358
Caerwyn Williams, J. E. 136, 190
Canada 346
Caneuon Ffydd 351
Canlyn Arthur 332
Cân neu Ddwy 338
Can Wales afford Self-government?
    337
Cap Wil Tomos 333
'Capten' 175, 323
'Capten a'r Genhadaeth Dramor'
    167
'Carafan' 348
Carr, E. H. 336
Cefnddwysarn 199, 202
Cefn Ydfa 176, 338
'Ceinwen' 167
Celtiaid 352
Cerddi'r Gaeaf 340
Cerddi Prosser Rhys 331

*Cerddi R. Williams Parry: Y Casgliad
    Cyflawn* 333
Cerddi Saunders Lewis 339
Chapman, T. Robin 327, 331,
    342
Charles, Thomas 332
'Charles Edwards' 329
Chesterton, Gilbert Keith 327
Cinna 337
Clapham Junction 207
Clawdd Terfyn 103, 330
Codi'r Faner 322, 334, 357
Cofiant Idwal Jones 345
Cofiant Tom Ellis 156
Cof Cenedl 333
'Coffáu H. R. Jones' 324
'Colbo Jones yn Ymuno â'r
    Fyddin' 167
Coleg Abertawe 20, 43, 92, 329
Coleg St. Edna 326
'Colofn y Chwith' 137
Collected Works 326
Comedie Francaise 210
Corneille, Pierre 156, 337
Cornel y Llenor 335
Coslett, Dennis 357
County Echo 37, 104, 330, 333
Coward, Noel 201
Crefft y Stori Fer 335
Creigiau Milgwyn 39, 79, 83, 326,
    327
Cripps, Stafford 178, 339
Cronfa Achub Ewrop 132
'Crwydro Cymru' 352
'Cwrs y Byd' 112, 115, 146, 155,
    157, 218, 305, 332, 336, 338

Cyfansoddiadau a Beirniadaethau Eisteddfod Genedlaethol Frenhinol 349

Cyfrol Deyrnged Syr Thomas Parry-Williams 355

Cymdeithas yr Iaith Gymraeg 303, 350

Cymdeithas y Cymmrodorion 349

Cymmrodorion Transactions 166

'Cymru a'i Safle yn y Byd, Trafod Safle Dominiwn' 336

Cymru Coch 95

Cymru Dyffryn Maelor 349

Cymru Fydd 23, 300, 305–6, 355

'Cymru Heddiw gan "Y Gwerinwr"' 336

Cymru'n Deffro 322

Cynan 28, 75, 293, 334

Cynghorwyr Sir Cymru 72

Cyngor Addysg Cymreig 123, 131

Cyngor Celfyddydau Cymru 348

Cyngor Cymru a Mynwy 346

Cyngor Sir Meirion 241

Cyngor Tref y Bala 241

Cyngor y Celfyddydau 250

CH

chwareli Ffestiniog 347

D

D. J. Williams: Cyfrol Deyrnged 354

'D. J. Williams Abergwaun fel llenor' 340

'Dafydd Ifans y Siop' 326

'Dafydd 'r Efailfach' 324

Daily Herald 179

Daily Post 296

Dail Pren 223, 340, 344

'Dal dy Dir' 334

Dalton 149, 336

Daniel, Catherine 263, 350

Daniel, Cathrin 350

Daniel, J. E. 350

'Dathlu Canmlwyddiant Daniel Owen. Protest Nofelydd' 328

'Dau ddiwrnod "anfarwol" yn nhref Aberteifi' 330

'Dau Hen Ddyn' 319

David Copperfield 354

Davies, Alun Oldfield 71, 151, 250, 348

Davies, Alun Talfan 272, 351

Davies, Cassie 71, 155, 236, 338

Davies, D. Hywel 337

Davies, D. J. 161, 234, 337, 345

Davies, D. Jacob 343

Davies, David James 345

Davies, Dr Noëlle 234, 345

Davies, E. Tegla 127, 261, 324, 332, 350

Davies, Edmund 328

Davies, Ednyfed Hudson 354

Davies, George M. Ll. 62

Davies, Hywel 254, 255
Davies, Ithel 336
Davies, J. Barrett 181
Davies, Jennie Eirian 221, 344
Davies, Nan 207, 297, 354
Davies, Pennar 207, 225, 338, 344
Davies, Rosina 116, 331
Davies, S. O. 342
Davies, Vivian George 357
Deian a Loli 323
de Marivaux, Pierre Carlet de
    Chamblain 201, 341
De Valera 237
Dial y Tir 130, 332
'Dianc i Lundain' 346
Dickens, Charles 354
Diddordebau Llwyd o'r Bryn 302,
    355
*Die Deutsche Keltologie und ihre
    Berliner Gelehrten bis 1945* 333
Dinbych 78, 79, 83-4, 88, 93, 96,
    103, 116, 119, 128, 132, 135,
    143-4, 147, 150, 161, 170, 174,
    176, 182, 188, 198, 206, 213,
    216, 224, 230, 237, 239, 243,
    247, 250, 259, 260, 262, 273-4,
    277, 280-1, 289, 294-5, 301,
    310, 313, 317, 333-4, 337-8,
    343-6, 349-50, 352, 358
'Dirgelwch y Drin' 331
Disgwyl Cwmni 297, 354
Disraeli, Benjamin 327
'Diwrnod i'r Brenin' 223
Dolfuss, Engelbert 330
'Dr Moger and Welsh hospitality'
    333

*Dramâu Saunders Lewis, Y Casgliad
    Cyflawn* 339, 342, 350, 355
Dri Chryfion Byd 103
'Dros y Bryniau Tywyll Niwlog'
    97
Drws y Society Profiad 338
'Dwy Wningen Fechan' 319
Dylanwadau 252, 254, 351

E

Edwards, Alun R. 349
Edwards, Charles 252, 293, 329
Edwards, Fanny 248, 348
Edwards, Huw T. 236, 245, 346-7
Edwards, Meredith 242
Edwards, O. M. 95
Efrydiau Catholig 132, 135, 152-3,
    209, 332, 342
Eidal 105, 165, 242, 279, 349
Eilian, John 331
'Eistedd wrth draed Gwenallt' 358
Eisteddfod Bodran 180, 339, 342
Eisteddfod Bodran, Gan Bwyll 339
Eisteddfod Caerdydd 104
Eisteddfod Genedlaethol
    Caerfyrddin 340
Eisteddfod Genedlaethol Dinbych
    103
Eisteddfod Genedlaethol Llanrwst
    354
Eliot, T. S. 156, 337
Elis, Islwyn Ffowc 23, 208-9, 211,
    248, 279, 342-3, 350, 356
Ellis, T. I. 281, 337, 352
Emlyn Arms 50, 323

Empire News 196, 198, 200, 218, 340-1

'Er Cof am Morris Williams: Teyrnged Dau Gyfaill' 332

Esther 242, 245, 256, 261, 265, 347, 351

Ethal, Huw 332

'Eunuch' 335

Euripides 156, 337

Evans, Caradoc 326

Evans, Clifford 242

Evans, David Caradoc 326

Evans, Dr Gareth 263

Evans, Edith 193, 340

Evans, Emlyn 351

Evans, Gwynfor 124, 195, 330, 333-4, 338, 345-7, 349, 351-3, 357

Evans, John 232

Evans, Julian Cayo 357

Evans, Rhys 334, 339, 344, 346, 350-1, 353

Evans, Trebor Lloyd 355

Excelsior 23, 265, 307, 350, 355

'Exegi monumentum aere perennius' 121

F

'Fanny Edwards' 348

Faust 327

'Fedw Deg' 147

Ford Gron 117, 331

Foster, Idris 136, 333, 334

Fouere, Yann 333

Francis, J. O. 226

Francis, John Oswald 345

Franco, Cadfridog 329

Free Wales Army 312

Freud 280

Full and Frank 326

'Futility of mere cultural nationalism: Wales needs a call to heroism' 352

FWA 357

Fy Nghymru i 262, 350

FF

Ffair Gaeaf 29, 101, 103, 330

Ffair Gŵyl Barna 160

'Ffantasi' 348

Ffasgiaeth y Blaid 102

Ffenestri Tua'r Gwyll 211, 342

Ffrainc 105, 110, 242, 331, 337, 342

G

'Gair o goffa am Gwenallt a'i gefndir' 358

Galsworthy, John 327

Garthewin 179, 193, 339

George, Gwilym Lloyd 206, 341

George, Lloyd 51, 61, 72, 89, 328

George, Megan Lloyd 342, 343, 344

George, W. R. P. 185

George, William 59, 73, 325

George, William Richard Philip 340

Gillies, William ac Ian 324
Glasynys 163, 338
Glynfab 223, 344
Glyn Ebwy 233, 235
Gower, Esgob 77
'Gras a Llechi: Pennod
    Ragarweiniol' 348
Great Love Stories of all Nations 324
Greek Chorus 27, 68, 324
'Griffith John Williams – Gŵr o
    athrylith' 351
Griffith, Grace Wynne 326, 327
Griffith, Hugh 341
Griffith, Ll. Wyn 248, 333
Griffith, Moses 210, 275, 342
Griffith, R. W. 165
Griffiths, J. Gwyn 330, 333, 338,
    353, 354
Griffiths, Keith 357
Griffiths, Theophilus 159, 190,
    338
Griffiths, William Vernon 357
Gruffudd, Pyrs 333
Gruffydd, R. Geraint 332, 339
Gruffydd, W. J. 55, 82, 188, 224,
    324, 326, 329, 331
Gwaed Ifanc 331
*Gwarchod y Gwreiddiau – Cyfrol
    Goffa Alun R. Edwards* 349
Gwasg Gee 26-7, 29, 34-5, 162,
    190, 205, 230, 238, 333-4,
    337-40, 342-3, 346, 349-50,
    358
'Gweithgareddau Llys Aberteifi'
    358
'Gweithiau D. J. Williams' 333

Gwenallt 24-5, 109, 118, 161,
    163, 182, 206-7, 229, 231, 278,
    313-6, 345, 358
'Gwenallt y Gwrthwynebwr' 358
Gweriniaethwyr Cymreig 182
'Gwobrwyo Llenorion' 348
Gŵr Gwadd 239, 346
'Gwreiddiau' 265
'Gwrthdaro Mwyn: Adolygiad Y
    Tadau a'r Plant. Nofel gan Ifan
    Twrgenieff wedi ei chyfieithu
    o'r Rwseg gan T. Hudson
    Williams, Gwasg y Brython
    (1964)' 353
Gwrthryfel y Pasg, 1916 326
'Gwylio a Gwrando efo Meic' 347
Gwynfor: Rhag Pob Brad 40, 335,
    346, 350, 353
Gwynn, Dennis 79, 326
Gwŷr Llên 164, 338
Gyda'r Glannau 332
Gymerwch chi Sigaret? 23

H

'Haf' 142
Haman 242
Harlech 114, 331, 345
Harries, Nesta 272, 347
'Hedd Wyn' 333
Heddiw 48, 101, 103, 134, 147,
    197, 248, 262, 290, 307, 330,
    336
Hélène, Marguerite 326
Hention, Margaret 265
Hen Atgofion 329

Hen Dŷ Ffarm 22-3, 30-1, 34-5, 191-2, 220, 237, 252, 256, 261, 298, 299, 333, 340

'Hen Fradwres yw hi: Gwenallt yn beirniadu'r Eglwys yng Nghymru' 345

Hen Wynebau 6, 22, 26, 28, 30, 77, 121-2, 130, 326, 333, 337

'Hen Ysgol Rhuthin' 331

Hitler, Adolf 104, 108, 226, 242, 280, 345

Hitler's Celtic Echoes 345

'Hon' 265, 350

Hooson, I. D. 163, 338

Horace 337

'How did Lord Haw Haw know so much' 344

'How Italian café owners in Wales could have been shot as potential Nazi collaborators' 345

Hughes, Arwel 221

Hughes, Gwilym Rees 330

Hughes, T. Rowland 163, 338

Humphreys, Emyr 218-9, 224, 244, 246-7, 250-1, 343, 348

Hunangofiant Rhys Lewis 327

Hunangofiant Tomi 332

'Hunan-Lywodraeth i Gymru' 357'

Hwngaria 175

'Hwyaden' 142

I

'I take my stand' 345

Ibsen, Henrik 339

I'll leave it to you 341

Imitatio 332

'Invasion! 20 days when the sword was poised' 344

Iolo Morganwg 330

'Iorwerth Peate a D. J. Williams' 336

Irish Republican Brotherhood 326

Irving, Washington 340

J

Jacob, H. T. 329, 344

James, Glanffrwd 242

Jameson, Margaret Storm 335

Jameson, Storm 147, 335

Jenkins, Dafydd 101, 164, 338

Jenkins, Neil 267-8, 270, 351

Jenkins, R. T. 140

Jenkins, Robert Thomas 334

Job 23, 265, 350

John Hughes, yr Athro 335

Jonah 105

Jones, Bobi 254, 257, 265, 271, 349

Jones, Cadfan 241

Jones, D. Gwenallt 345

Jones, David 201, 341

Jones, Dr Morris 93

Jones, Dr Ernest 280, 352

Jones, Dr Gwenan 42

ANNWYL D.J.

Jones, Dr Tom 331
Jones, E. V. Stanley 328
Jones, Ellis Gwyn 225, 344
Jones, Emyr Llew 273
Jones, Gerallt 254
Jones, Gwilym R. 185, 207, 334, 339, 349
Jones, Gwynn 82, 142, 149, 294, 327, 348
Jones, H. R. 50, 324
Jones, Henry Francis 353
Jones, Idwal 85, 345
Jones, Ivor Wynne 345
Jones, J. E. 91, 122, 182, 217, 320
Jones, J. R. 302, 311
Jones, J. T. 142, 334
Jones, Jane Ann 101, 330
Jones, John Albert 351
Jones, John Gwilym 246, 334, 342, 348, 350, 352
Jones, Mairwen Gwynn 348
Jones, O. D. 84, 258
Jones, R. Gerallt 350
Jones, R. Tudur 206, 355
Jones, Rachel 264-5, 349
Jones, Robert Lloyd 330
Jones, Selwyn 145
Jones, Thomas 322
Jones, Thomas Gwynn 327
Jones, Tudur 206, 303, 355
Jones, Vic 123, 124
Jones, Walter Sylvanus 325
Jones, William Alwyn 358
Jones Roberts, Cyrnol H. 117
Julius Caesar 351

K

'K. R. ar y Teledu' 346
Kate Roberts: Cyfrol Deyrnged 358
Kate Roberts: Ei Meddwl a'i Gwaith 344, 346, 358
Kohr, Leopold 357

L

Laura Jones 27, 68, 69, 324
'Ledled Cymru' 178, 338, 349
Lerpwl 136, 177, 182, 184, 229, 238, 243-4, 314-5, 332, 346-7, 352
Levi, Thomas 73, 325
Lewis, Dafydd 140, 168
Lewis, Harold 357
Lewis, Henry 71
Lewis, Roy 248, 268
Lewis, Saunders 3, 9-16, 18-9, 21-7, 29-31, 34-9, 42-5, 47-9, 51, 59, 64, 67, 70, 72, 78-9, 88, 96, 155, 217, 235, 254, 266-7, 293, 300, 307, 322-43, 345, 348, 350-5, 357-8
Lewis, Stanley 276, 280
Lewis, y Barnwr 93
Le Cid 337
Liefmann 256
Listener-In 73, 325

LL

Llafar 38, 293, 342-3, 354

Llais y Llenor 296

Llandeilo 52, 56, 143, 160, 220, 323, 325

Llandinam 114, 331

Llandrillo 341

Llangefni 197, 201, 210, 243-2

Llansannan 80, 83

'Lleisiau Da' 336

Llên Cymru 312, 354, 357

Llenyddiaeth Gymraeg 1900-1945 332

Lleufer 281, 353

Lloyd, D. Tecwyn 330, 354

Llwyd, Rheinallt 349

Llwyd o'r Bryn 302-3, 341, 355

Llyfr y Ganrif 349, 358

Llyfr y Pregethwr 357

Llŷn 7, 20, 32, 78, 229, 233, 235, 327, 333, 340

'Llyw ac Angor Cenedl: neges hen athro i'w hen ddisgyblion' 333

Llywelyn-Williams, Alun 143, 146, 148, 153, 336

M

Macbeth 155, 272, 351

'Maelgwn Gwynedd' 334

Malta 260, 349

Malthouse, Eric 358

Manawydan 242, 347, 357

'Manawydan Fab Llŷr' 357

Manceinion 196

Manchester Guardian 108

'Marw Islwyn Williams – Ysgrif Goffa' 343

Masaryk, Tomáš 337

Mazzini 161, 163-5, 179, 190, 194, 339

'Meca'r Genedl' 167, 175, 333

'Medal i Kate Roberts' 349

Medea 156, 337

Merch Gwern Hywel 293, 316, 352

Merriman, Ted 123

'Merthyron Abergele' 358

Mêt y Mona 330

'Mewn Gward Ysbyty' 350

Mignedd 178, 215, 339

Miles, Dilwyn 117

Millward, E. G. 265

Modryb a Nith 243-4, 347

Moger, Dr 133, 333

Mond, Syr Alfred 322

Monica 27, 39, 68-9, 324, 332

Montgomery Times and Observer 315

'Morgan Llwyd' 342

Morgan, Derec Llwyd 345, 346

Morgan, T. J. 83, 131, 188, 208, 227, 327, 330, 342

Morgan, Trefor 124

Morris, William 334

Morris-Jones, J. 294

'Most Beloved in Wales' 354

'Mr. D. J. Williams: Reinstatement opposed by only one Governor' 329

Murder in the Cathedral 337

N

Ned's Girl: The Life of Edith Evans 340

Ni'n doi: dicyn o anas Dai a finna a'r Ryfal / Shifft y bora 344
'Ni smaliai gredu yn yr hyn a sgrifennai' 343
'Ni thawodd y bytheiaid' 350
Nicholas, Thomas Evan 334
Niclas y Glais 135, 334
Noë Obey 342
NUT 328

O

O Gors y Bryniau 324
O'Brien, Edward Joseph Harrington 348
Oddeutu'r Tân 327, 328, 329
Oldfield Davies, Alun 71, 151, 348
Old Bailey, Llundain 328
Orinda 334
Oswestry Gazzette 178
Owen, Daniel 327, 328
Owen, Geraint Dyfnallt 338, 339
Owen, Ifor 341
Owen, Morfydd Llwyn 352

P

pabyddiaeth 102, 138
Paham y Gwrthwynebwn yr Ysgol Fomio 326
Parri, Bob 132, 164
Parry, R. W. 59
Parry, Thomas 332, 350, 355
Parry, Tom 127, 130, 136
Parry-Williams, Lady 354

Parry-Williams, T. H. 122, 294, 324, 350
Pearse, Pádraic Henry 326
Peate, Iorwerth C. 44, 147, 149, 331, 336
Pedair Cainc 22, 252
'Pembrokeshire County Council and Welsh; "English rampant, and Welsh couchant"' 330
'Penodi'r Archesgob' 345
Penrhiw 298, 299
Penyberth 12, 15, 20, 36, 181, 233, 327-9, 346, 351, 355
Phillips, Siân 242
Pieces noires 341
Pieces Roses 341
Plaid Cymru 13-6, 18-9, 21, 32-6, 40, 195, 224, 228, 234, 241, 245, 255, 262, 269, 272-3, 303, 312, 323, 332, 334, 337-9, 343-8, 350, 352-3, 357
Plaid Genedlaethol Cymru 88, 109, 322, 326, 344
'Plasau'r Brenin' 330
'Pleidleisiau i'r Blaid fydd yn eu hysgwyd' 353
'Poen Wrth Garu' 353
Political Writings and Speeches 326
Polyeucte 337.
Pope, Alexander 336
'Portread – D. J. Williams' 343
Prichard, Caradog 352
Problemau Prifysgol 355
'Prydeindod' 354
Prynu Dol 30, 319, 358
Publius Vergilius Maro 332

Pugh, J. Alun 328
Pwllheli 27, 60, 62, 122, 178, 233,
    323-4, 327, 333-4, 342
'Pwyll Penn Annwfn' 357

R

'Radio Wales' 240, 346
Richards, L. A. 348
Rip Van Winkle 14, 195, 340
Roberts, Catrin 31, 120
Roberts, Elwyn 133, 263, 290,
    298-9
Roberts, Goronwy O. 147, 335
Roberts, Major Hamlet 117, 331
Roberts, O. M. 263, 327, 328-9
Roberts, Richard Cadwaladr 327
'Roger Casement: Arwr ynteu
    bradwr' 326
Russel, George W. 258

RH

'Rheswm, Rhyddid a Rhyfel,
    1939-1942' 331
Rhiwbina 55-6, 60, 69, 71
Rhondda 7, 65, 71, 74-6, 78, 85,
    147, 168, 180
Rhosgadfan 55, 60, 88-9, 120,
    231, 238
'Rhwng Dau Damaid o Gyfleth'
    66Rhigolau Bywyd 27, 66,
    69-70, 323-4
Rhwng Taf a Thaf 257, 349
Rhydcymerau 68, 81, 127, 142,
    147, 159, 319

Rhydychen 24, 81, 134-6, 207,
    286, 333-4, 350
Rhyfel Cartref Sbaen 329
Rhys, E. Prosser 331
Rhys, John 75
Rhys, Keidrych 345
Rhys, Prosser 59, 168, 331, 334
Rhywfaint o Anfarwoldeb 342

S

'Safle Dominiwn i Gymru. Dadl
    rhwng Dau Lenor' 336
Safle'r Gerbydres ac Ysgrifau Eraill
    354
Samuel, Wynne 114, 122, 132,
    345
Sandys, Oliver 326
Saracen's Head yn Llansannan 83
Saunders Lewis: Meistri'r Canrifoedd
    332
'Saunders Lewis fel Gwleidydd'
    330
Scottish National Party 324
'Serch yw'r Doctor' 343
Seren Gomer 44, 271, 351, 356
'Sofraniaeth Genedlaethol' 336
'Some Passing Remarks' 325
Simpson, Mrs Wally 93, 329
Sir Ddinbych 93, 244
Sir Gaernarfon 32, 55, 60-1, 71,
    94, 136, 177, 325
Siwan 193, 194, 267, 340
Sophocles 156, 337
South Wales News 11, 37, 43, 322
Spaight, Robert 180

Spence, Lewis 62, 323-4

'Statws Dominiwn. Gair Olaf y Dr. Peate' 336

'Statws Dominiwn a Sofraniaeth (parhad o ddadl rhwng dau lenor)' 336

'Storïau Hen Ferch' 101

'Storïau i Blant' 323

Storïau'r Deffro 348

Storïau'r Tir 22, 30, 95, 167, 169, 178, 189, 304, 329, 331, 335, 339

Storïau'r Tir Coch 95, 331, 335

Storïau'r Tir Du 22, 30, 167, 169, 178, 189, 339

Storïau'r Tir Glas 95, 329

Storïau a Phortreadau 333

Storïau gan Richard Hughes Williams 358

Straeon Glasynys 338

Stryd y Glep 29, 162, 166-7, 169-171, 337-8

Studio Jon 297

Sunday Times 224

'Suntur a Chlai' 39, 326

Surkov 250, 348

Surkov, Aleksei 250, 348

Sven-Myer, Dr Gwenno 333

'Swper Calan Eto' 338

Swydd Gaint 242

'Syr Archibald Rowlands fel Cymro: teyrnged bersonol' 340

T

'Taflu golwg ar Bobl y Pethe' 355

Taig, Thomas 339

'Taith y Golygydd' 323

Taliesin 261, 263, 266, 278, 350, 351

Tân yn Llŷn 7, 32, 87, 340

Taylor, George Francis 358

Tegwch y Bore 222, 225, 230, 238, 259, 307, 344, 349, 355

Te yn y Grug 29, 272-3, 343, 346, 348-9, 351

'Teyrnged Disgybl' 351

The Bakehouse 226, 345

'The curtain lifts on the Nazi Plan against Wales' 344

The Forsyte Saga 327

The Life and Death of Roger Casement 326

The National Being 258

'The real peril to the Welsh Language' 325

The Scots Independent 323

'The Self Complacency of the Welsh People' 325

The Sketch Book of Geoffrey Crayon, Gent 340

The Vortex 341

The Wasteland 337

The Welsh Nationalist Party 1925-1945 337

The Welsh Outlook 11, 37, 39, 322

The Welsh People 326

The Young Idea 341

Thomas, Ceinwen H. 345
Thomas, Dr. William 156
Thomas, Elfed 265
Thomas, J. Heywood 302, 355
Thomas, W. C. Elvet 350
Thomas, Wyn 242
Thomas à Kempis 332
Thomas Gee a'i fab 78
Thorndike, Dame Agnes Sybil 337
Thorndyke, Sybil 156
Tiwtoniaid 279, 352
Tonypandy 34, 55, 71, 74-6, 78,
    128, 137, 140, 145, 325
Traed mewn Cyffion 29, 39, 84, 133
*Trafodion Cymdeithas Hanes Sir
    Gaernarfon* 325
Trafodion y Cymmrodorion 197
*Transactions of the Honourable Society
    of Cymmrodorion* 354
Trecŵn 328
Tro i'r Yswisdir 352
'Tröedigaeth Ann Griffiths' 351
'Trwm ac Ysgafn' 353
Tryfan, Dic 358
Trysorfa'r Plant 343, 353-4
Tryweryn 14-5, 17, 21, 32-3, 40,
    220-1, 228-9, 235, 241-2, 245,
    255, 287, 346-7
Tudur Aled 327
Twm o'r Nant 103, 278, 309,
    339, 346
Tŷ Dol 180, 339
Tyfu'n Gymro 350
'Tynged yr Iaith' 264-5, 350
Tywyll Heno 272, 273, 336, 349,
    350

U

UCAC 328
Unbroken Thread 326
'Un Funud Fach' 354
'Uninvited Guests in the "Brown
    House": Briton heard secret
    radio link message' 344
Unol Daleithiau 256, 346, 348
Un Nos Ola Leuad 352

V

Valentine, Lewis 120, 322-3, 355
von Goethe, Johann Wolfgang
    327

W

W. J. Gruffydd, Dawn Dweud 331
Wales 345
Webb, Harri 352
Welsh Nationalist 73, 325, 330, 333
Western Mail 55, 82, 88, 99, 105,
    112, 180, 223, 225, 255, 268,
    286, 293, 300, 302, 325, 327,
    329, 344-5, 351, 353-4
'What sort of a people did they
    think we were?' 344
'Where We Stand' 330
'Who was this man "Williams"?'
    344
'Why Liberal MP's deserted Welsh
    Home Rule' 325
'William Owen[-Pughe]' 354

Williams, D. J., Llanbedr 339
Williams, Alun Llywelyn 307
Williams, D. E. 334
Williams, David John 59, 341
Williams, Edwin 210, 342
Williams, G. J. 105, 163, 244, 322, 330
Williams, Griffith John 229, 266, 274, 351, 354
Williams, Gwyn 348
Williams, Ifor 135
Williams, Ioan M. 339, 342, 350, 355
Williams, Islwyn 149, 222-3, 226, 343
Williams, J. E. Caerwyn 190
Williams, Kyffin 52-3, 56-7, 60-1, 69-73, 75, 78, 81-2, 90
Williams, Llywelyn 350
Williams, Owain 351
Williams, R. Dewi 330
Williams, Rhydwen 238, 344, 346, 358
Williams, Richard Hughes 258, 314, 315, 358
Williams, Robert Dewi 330
Williams, W. I. Cynwil 358
Williams, Waldo 14, 23, 54, 161, 189-90, 201, 208, 213, 220-1, 223, 225-6, 242, 255-6, 274, 283, 314, 340, 344, 349
Williams Pantycelyn 322, 339
Williams Parry, R. 166, 297, 333-4, 340
Wilson, Harold 179
Wil Ifan 54, 356
Winni Ffinni Hadog 259, 349

Wormwood Scrubs 14, 98, 132, 195, 220, 228, 256, 337
Wrexham Leader 178
Wynne, Ellis 252
Wynne, Nina 339, 353
Wynne, R. O. F. 334, 339

Y

Yeats as I knew Him 349
Ymgyrch Senedd i Gymru 335, 342
Ym Môr y De 330
Yn Chwech ar Hugain Oed 6, 22, 168, 246, 252, 341, 346
Yn Ôl i Leifior 24, 221, 343
Yn y Trên 354
Y Byw sy'n Cysgu 29, 218, 225, 343
Y Cybydd 180, 339
Y Cymro 145, 223, 243, 335-6, 343, 347
'Y Daith' 353
y Drindod 157
Y Drysorfa 209, 276, 327, 342, 352
Y Ddolen. Chweched Llyfr Anrheg 332
Y Ddraig Goch 12, 51, 62, 64, 263, 273, 286, 303, 322-4, 326, 328-30, 337-8, 341-2, 345, 350, 353, 355
Y Faner 25, 34, 46, 57, 92, 109-10, 112, 116, 126, 128, 136, 141, 144-5, 148, 149-50, 164, 172, 178, 185, 197, 207, 209, 212, 214-8, 220, 223-5, 229, 236, 238, 243, 258-9, 274,

279, 280, 290, 294, 295, 307, 315, 323, 331-2, 334, 336-9, 343-4, 346-7, 349, 352, 355

Y Fedw Deg 147, 335

Y Foel Fawr 254

Y Fflam 333, 338

'Y Ffydd Ddiffuant' 354

'Y Gagendor' 322

Y Gaseg Ddu a Gweithiau Eraill 333

Y Genedl 45, 323

'Y Geni' 161

Y Goeden Eirin 139,334

'Y Gorlan Glyd' 25, 155, 158, 167

'Y Grisial Ofnadwy' 342

'Y Gwas' 248

Y Gwin a Cherddi Eraill 338

Y Llan 25, 44, 229, 345

Y Llenor 11, 58, 83, 323-4, 327, 329, 330, 340

Y Llinyn Arian 149, 333

Y Lôn Wen 257, 259, 345, 349

'Y Nofel Gymraeg' 323

'Y Parch. Fred Jones yn Abergwaun' 324

'Y Seneddwr, 1943-1950' 331

Y Traethodydd 103, 296, 330, 353-4, 357

'Y Tri. Stori Anorffenedig' 332

Y Wawr 11, 37, 315

'Y Wers Gymraeg yn yr Ysgol' 325

Y Winllan 324

Yr Academi Gymreig 349

'Yr Athro Ysgol' 354

Yr Efrydydd 322

'Yr Eglwys, y Byd a'r Wladwriaeth' 352

'Yr Hwyaden' 334

'Yr Un Stori' 334

'Ymaith â'r Bleidlais Estron! Ymunwch â'r Blaid Genedlaethol Gymreig' 322

Ynys y Trysor 330

Yr Haf a Cherddi Eraill 333-4

Yr Hyfforddwr 322

Ysgol Eilradd Gymraeg Glan Clwyd 239

Ysgol Fomio 15, 20, 168, 326-8, 355

Ysgol Gymraeg i Ddinbych 239, 346

Ysgol Haf Llandeilo 323

Ysgol Haf Machynlleth 56, 177, 324

'Ysgol Haf Machynlleth, Yr Arweinwyr yn parhau'n Dirf ac Iraidd' 324

'Ysgol Haf Plaid Cymru: Ysgol D. J. Williams' 352

Ysgol Twm o'r Nant 346

Ysgol Uwchradd Abergwaun 329

Ysgol Uwchradd Glan Clwyd 346

Ysgol Uwchradd Llandeilo 325

Llyfrau eraill
ar gyfer y darllenwr llengar...

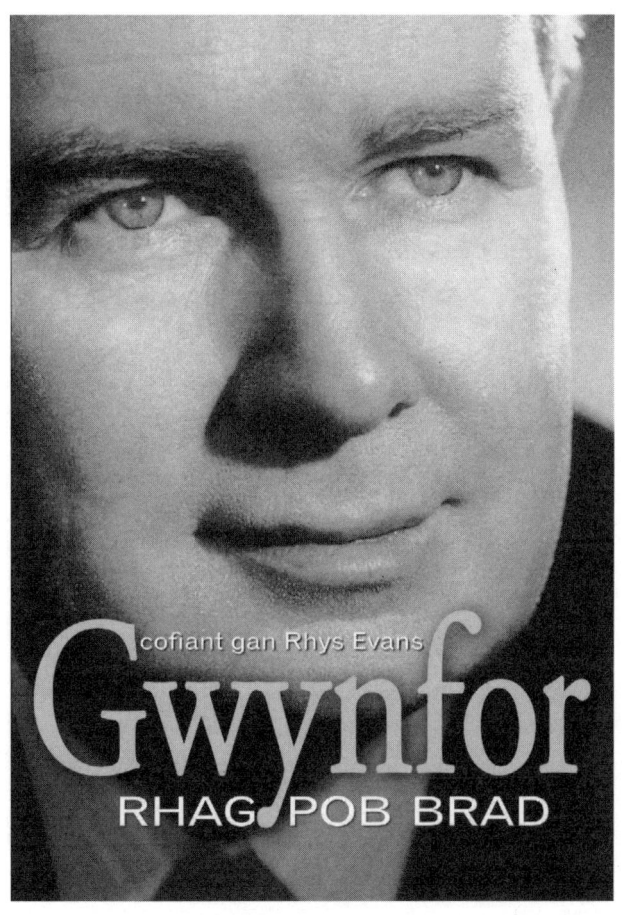

Gwynfor: Rhag Pob Brad
Rhys Evans
Y cofiant ardderchog a enillodd
wobr Llyfr y Flwyddyn 2006
0 86243 795 4
£24.95

Valentine
Arwel Vittle
Cofiant i arweinydd gwleidyddol a
chrefyddol; ar restr fer Llyfr y Flwyddyn 2007
0 86243 929 9
£14.95

Agoriad yr Oes
Dafydd Glyn Jones
Erthyglau ar lên, hanes a gwleidyddiaeth
Cymru gan un o'n meddylwyr disgleiriaf
0 86243 603 6
£14.95

Fy Hanner Canrif I
Emyr Price
Cofiant difyr a gonest yr hanesydd a'r
newyddiadurwr o Eifionydd.
0 86243580 3
£12.95

Am restr gyflawn o lyfrau llenyddol
a chyffredinol y wasg, mynnwch gopi o'n
catalog rhad – neu hwyliwch i mewn
i'n gwefan

wwww.ylolfa.com

lle gallwch archebu llyfrau ar lein

Talybont Ceredigion Cymru SY24 5AP
ebost ylolfa@ylolfa.com
gwefan www.ylolfa.com
ffôn 01970 832 304
ffacs 832 782